农业产业化发展研究

段博俊　段景田　著

中国农业出版社
北　京

序

Preface

农业产业化是以市场为导向，以经济效益为中心，以主导产业、产品为重点，优化组合各种生产要素，实行区域化布局、专业化生产、规模化建设、系列化加工、社会化服务、企业化管理，形成种养加、产供销、贸工农、农工商、农科教一体化的经营体系，使农业走上自我发展、自我积累、自我约束、自我调节的良性发展轨道的现代化经营方式和产业组织形式。这种经营方式从整体上推进传统农业向现代农业的转变，是加速农业现代化的重要途径。农业产业化的基本思路是确定主导产业，实行区域布局，依靠龙头带动，发展规模经营，实行市场牵龙头、龙头带基地、基地带农户的产业组织模式。其主要类型有龙头企业带动型、市场带动型、专业协会带动型、农科教结合型。与传统封闭的农业生产经营相比，农业产业化经营具有市场化、区域化、专业化、规模化、一体化、集约化、社会化、企业化的基本特征。农业产业化的关键是发展产业化龙头企业，即改造传统的农业生产方式使之与市场接轨，在家庭经营的基础上，逐步实现农业生产的专业化、商品化和社会化。农业产业化要解决的重点问题是在市场经济发展的趋势下，把千家万户分散的农户组织起来，与越来越大的市场衔接。

我国农业产业化的实践探索最早出现在山东潍坊，中央有关部门经过调研、总结，于 1993 年提出“农业产业化”这个对中国农业发展具有重大影响的概念，之后经过中央决策，逐步推广至全国。1996 年江泽民同志视察农业农村工作时，提出“农业发展也要靠两个转变”的重要思想，为农业产业化提供了理论基础。党中央、国务院高度重视农业产业化，为了加快推动农业产业化的发展，2012

年国务院出台了《关于支持农业产业化龙头企业发展的意见》（以下简称《意见》），进一步确立了农业产业化和龙头企业在发展现代农业中的重要地位，明确了加快发展农业产业化经营，做大做强龙头企业的总体思路、基本原则、主要目标和措施。《意见》指出，农业产业化是我国农业经营体系与机制的创新，是现代农业的发展方向。农业产业化龙头企业集成利用资本、技术、人才等生产要素，带动农户发展专业化、标准化、规模化、集约化生产，是构建现代农业产业体系的重要主体，是推进农业产业化经营的关键。支持龙头企业发展，对于提高农业组织化程度、加快转变农业发展方式、促进现代农业建设和农民增收具有十分重要的作用。《意见》还强调培育壮大龙头企业，打造一批自主创新能力强、加工水平高、处于行业领先地位的大型龙头企业，引导龙头企业向优势产区集中，形成一批相互配套、功能互补、联系紧密的龙头企业集群，推进农业生产经营专业化、标准化、规模化、集约化，建设一批与龙头企业有效对接的生产基地，强化农产品质量管理，培育一批产品能力强、市场占有率高、影响范围广的知名品牌，加强产业链建设，构建一批科技水平高、生产能力强、上中下游相互承接的优势产业体系，强化龙头企业社会责任，提升辐射带动能力和区域经济发展实力。

党的十九大提出乡村振兴战略，党中央、国务院2018年印发了《关于实施乡村振兴战略的意见》和《乡村振兴战略规划（2018—2022年）》，全面部署了乡村振兴的各项工作。产业振兴是乡村振兴的物质基础，推动乡村产业振兴，要按照农业高质量发展要求，继续深入推进农业供给侧结构性改革，大力唱响质量兴农、绿色兴农、品牌强农的主旋律，推动农村一二三产业融合发展，加快发展农产品精深加工、乡村旅游、休闲康养、电子商务等新兴产业，推动农业功能向生产生活生态发展，不断延长产业链，提升价值链。要坚持将乡村产业放在乡镇和农村，把产生的效益、解决的就业、获得的收入留在农业，真正让农业就地增值，让农民就近增收。

本书是笔者近些年针对农业产业化发展问题的研究成果，全书共有92篇文章，分上、下两篇。上篇为理论篇，主要是围绕农业产业化发展提出的一些理论探索，包括建立农业产业化发展模式、加快农业产业化龙头企业发展、建立农业产业化利益联结机制、建立和完善农业产业化发展指标考核体系、加快稻米产业发展、建立农产品供应链管理、加快农业现代化建设、推进农业标准化和农业信息化建设、构建新型农业经营主体、加快家庭农场发展、建立大农场与家庭农场的紧密型利益联结机制、转变家庭农场经营方式、加快农业“走出去”、推进一二三产业融合发展、构建农产品物流管理体系、抓好农产品流通管理创新、加快农产品电子商务发展、加快推进农产品品牌建设、发展农业生产性服务业、发展休闲农业等。下篇为实践篇，主要围绕农垦企业的实际提出建议，包括建立农垦企业农业产业化发展模式、加快垦区龙头企业农业产业化发展、推进农业产业化经营、构建农垦企业全产业链管理模式、加快农垦企业水稻产业链一体化建设、建立农垦企业“互联网+”农业产业链管理模式、加快产业化发展提高农垦小城镇经济支撑能力、进一步转变发展方式发展现代农业、加快构建新型农业经营主体、建立家庭农场经营模式和经营风险防范机制、培育新型职业农业工人、调整好大农场与家庭农场利益关系、构建“产业公司+大农场+家庭农场”经营模式、农垦企业如何在“一带一路”发展中抱团“走出去”、发展农产品加工业、拓宽农产品营销渠道、加快农产品电子商务发展、加强农垦企业农产品品牌建设、发展现代农业服务业、建立生产性服务业发展模式、加快农垦企业乡村旅游产业发展等问题。

本书大部分文章是笔者在2013—2020年围绕当前农垦企业在农业产业化发展方面存在的一些问题提出的一些观点和建议，其中21篇文章在省级以上刊物发表，文章提出的一些建议对加快农业产业化发展起到一定的推进作用，有些建议已在一些单位得到了运用，并取得了一定的效果，但限于笔者的理论水平，有些观点不一定完全正确，恳请读者批评指正。此外，在本书整理出版过程中，得到一些亲朋好友的帮助和支持，尤其得到中国农业出版社孙鸣凤编辑的支持，在此一并表示感谢。

段博俊　段景田

2020 年 6 月 15 日

目录

Catalogue

上篇　理论篇

下篇　实 践 篇

SECTION ONE | 上篇

理 论 篇

农业产业化发展模式刍议*

农业产业化是以市场为导向，以经济效益为中心，以主导产业、产品为重点，优化组合各种生产要素，实行区域化布局、专业化生产、规模化建设、系列化加工、社会化服务、企业化管理，形成种养加、产供销、贸工农、农工商、农科教一体化的经营体系。农业产业化的实质是对传统农业进行技术改造，推动农业科技进步的过程，推动农业产业化是加快农业经济发展的重要举措。本文就农业产业化发展模式问题提几点建议，供参考。

一、建立产业化发展模式应遵循农业产业化发展的原则

1. 坚持市场化的原则。要充分发挥市场配置资源的基础性作用，按照市场需要开发项目、组织生产，实现生产要素的优化组合。农业产业化是在市场经济条件下解决当前一系列制约农业经济发展的问题的有效办法，是区别于传统农业生产方式和组织形式的一种新体制。市场机制的发挥是农业产业化发展的决定性因素，以市场为中心，建立健全市场体系，积极推动引导农户和农业产业化组织把握市场脉搏，抢抓市场机遇，提升经济效益。

2. 坚持生产专业化原则。生产专业化是按照市场发展要求和社会化分工，以开发、生产和经营市场消费的终端农产品为目的，实现产前、产中、产后诸环节紧扣，种养加、产供销和服务等产业链相连接的系列化生产经营，从而提高产业链的整体效率和经济效益。

3. 坚持布局区域化原则。按照区域化比较优劣原则，进行资源要素的配置，建立主导产业生产基地，将一家一户的分散种养联合成千家万户的规模经营，创造区域产品优势和市场优势。

4. 坚持经营一体化原则。经营一体化即产供销一条龙、贸工农一体化经营，把农业的产前、产中、产后各环节有机地结合起来，形成“一条龙”产业链，使各环节参与主体真正形成“风险共担、利益共享”的利益共同体。

5. 坚持管理企业化原则。通过多元化、多层次联结方式构成一体化联合体，按现代企业模式实行公司制度，各经营主体均以法人的身份参与产业化经

---

* 本文撰写于2018年6月19日。

营，实行企业化管理。

6. 坚持利益分配合理化原则。龙头企业将加工增值的利益以提高原料合同收购价格、利润返还等方式，适当让利于农户。利益分配的合理化是农业产业化经营的关键，也是农业产业化经营的龙头企业与一般农产品加工企业的本质区别。

7. 坚持生态农业优先发展的原则。农业产业化一定要处理好发展速度、资源开发和环境承受能力的关系，坚决关停严重破坏生态环境的涉农企业。要大力推行生态农业和清洁生产模式，积极发展无公害产品、绿色食品和有机食品。

8. 坚持科技创新的原则。科技创新是推进产业化经营、促进产业化优化升级的动力，科技创新要求企业做好科技攻关，采用产学研一体化发展模式，积极开展科技成果的推广与应用，带动整个产业链的发展，同时要以技术为主线，不断向生产全过程拓展，形成自我服务、自我发展的生产经营体系。

9. 坚持特色农业优先发展的原则。在资源优势明显的区域，农业产业化要注重走特色化发展道路，产业化经营要立足于实际，要因地制宜、合理布局，发展壮大特色产品，提高产品竞争力。

10. 坚持社会化服务的原则。农业生产专业化达到一定水平之后，服务产业化也将更多地独立于生产环节之外。农业社会化服务应该向农户提供生产资料以及先进的农业生产技术、农作物病虫害预防培训、农机维修培训、农业生产管理知识培训等，使农业服务功能逐步向综合性、专业性方向发展，促进农业产业化的发展。

二、建立科学合理的农业产业化发展模式

近几年，我国农业产业化经营呈现了多种多样的发展模式，但仍处在继续探索之中，从国内外农业产业化发展的情况看，农垦企业应建立以下几种发展模式：

1. 龙头企业带动型模式。发展龙头企业是农业产业化发展的核心。龙头企业通过发展订单、吸纳农户或职工就业入股和通过“公司＋农户”模式等有效的利益联结机制，在农户或职工增收和就业方面起到十分重要的作用。发展龙头企业应面向市场，依托资源优势，扩大龙头企业规模，加大龙头企业科技创新能力，全力打造龙头企业品牌，积极发展外向型龙头企业，切实加强企业与农户相关的利益联结。国家要加大政策扶持力度，为龙头企业快速发展创造良好的环境。做大做强龙头企业是农业产业化发展的重要环节，要不断提升龙头企业整体素质，使其具有较强的市场竞争力，同时注重龙头企业并购重组，

支持具有比较优势的龙头企业，通过收购、兼并、租赁、控股和承包等方式，开展跨区域、跨所有制的联合与合作，盘活资本存量，培育一批起点高、规模大、竞争力强、带动力大的龙头企业和企业集团。

2. 专业合作带动型模式。该模式根据合作对象的不同，主要分两种类型：一是合作社，农户与农户之间通过股份制或股份合作制的方式自办专业合作社或其他名称的经济实体，合作社既统一组织产品生产、加工、销售，又统一物料供应和技术服务，做到风险共担、利益共享。二是专业协会，按不同行业、产业成立不同层次、不同类型的专业协作团队，为协会成员提供技术交流、信息传递、生产资料供应、产品销售等无偿或微利服务。

3. 主导产业带动型模式。其主要形式为“主导产业组织＋农户”，如家乐福、永辉超市、大润发等一批商业企业。抓好蔬菜生产这个主导产业，在农村建立蔬菜生产基地，直接指导农户按照市场需求标准进行生产。有的超市、蔬菜公司、批发市场则办起加工、配送中心，统一从农户采购，然后加工配送，以其规模经营优势降低成本，提高市场竞争优势。发展农业产业化经营的核心是主导产业，应围绕主导产业进行经营。

4. 市场带动型模式。围绕优势产业和产品的发展，通过培育农产品市场，特别是专业批发市场，带动农产品形成农产品专业化生产和规模化经营，构成“市场带动基地、基地带动农户”的生产经营格局。市场带动型农业产业化模式是以“专业（批发）市场＋农户”的发展模式为主，该模式一方面以合同或联合体的形式，把农户纳入市场管理体系；另一方面又以市场为纽带，将农户与企业（或客户）联结起来，有效地降低交易成本，提高农户产品营销效率和经济效益。

5. 农业科技园区带动型模式。该模式以高效农业科技园区为载体，以农业科研、教育、技术推广单位作为技术依托，以“科技园＋农户”为生产经营形式，以企业方式运作，与周边农户紧密结合，并在现有的农业科技成果基础之上，引进国内外高新技术、资金和各种先进设施，对新品种、新设施和新技术进行试验和示范，从而推动现代农业综合开发和建设。在这种模式中，农业科技园区以市场为导向，以先进适用技术为支撑，以政府指导、企业运作、中介参与、农户受益为原则，以转化与推广农业科技成果、培育新的经济增长点为目标，农户以土地、劳动力、资金等入股或通过与企业签订产品购销合同等形式参与园区建设。

6. 企业集团带动型模式。这种模式以“企业集团公司＋基地农户”为主要形式，以企业集团为核心，由公司提供技术、资金，由农户出土地和劳动力，并由企业集团负责企业管理和全程服务。这种模式一般是企业集团为发展某种支柱产业项目，通过承包使基地农户实行统一品种、统一技术措施、统一收获、统一加工销售，企业集团为基地农户提供全方位的服务，基地农户与企业集团形成利益共同体的一种产业化经营模式。

7. 中介组织带动型模式。这种模式以“农产联＋企业＋农户”为主要形式。中介组织包括专业合作社、供销社、技术协会、销售协会等。该模式以中介组织为依托，组织产前、产中、产后全方位服务，使众多分散的小规模生产经营者联合起来形成统一的较大规模的经营群体，实现规模效益。在行业协会的组织下，产品开发利用先进技术，实行跨区域联营，提高企业竞争力，扩大生产规模，形成集生产、加工、销售联结于一体的经营企业集团。

8. 休闲农业旅游带动型模式。该模式以绿色农业为基础，利用当地特有的自然条件和特色农业优势，以果园、花园、渔场、林场、养殖场等为依托，以“科学开发、综合运用、整合资源、打造品牌”为原则，经过科学规划和建设，结合农业生产、农村文化、农家生活，发展休闲观光农业项目，集赏花、垂钓、采摘、餐饮、住宿等于一体，吸引消费者体验田园风光、享受农家乐趣，满足他们回归大自然的心理需求，是一种具有生产、观光、休闲度假、娱乐、承包会议等综合服务功能的农业生产经营模式。该模式适用于具有一定规模且污染较少或无污染的、自然风光较好的靠近城市的地区。

9. 品牌带动型模式。该模式是以市场需求为导向，以资源优势整合为方向，以“品牌＋龙头企业＋农户”为主要形式，创建市场品牌，树立品牌形象，使品牌在经营过程中不断得到消费者的认可，以品牌优势拉动农产品生产，不断开拓农产品市场，扩大农产品市场占有率，最终促进相关产业共同发展的农业发展模式。在这种模式中，龙头企业通过企业化管理和市场化运作，实现品牌化经营，并不断地塑造和培育自己的品牌，使之成为名牌，并按照品牌化要求组织生产、优化品牌、精深加工、精美包装、树立品牌形象和信誉，以品牌优势拉动农业生产。该模式的优势是能发挥品牌效益，迅速占领市场，带动农户增收。

强化农业产业化龙头企业，推进农业产业化的快速发展*

发展农业产业化经营的关键是培养具有市场开拓能力，能进行农产品深度加工，为农户提供服务和带动农户发展商品生产的龙头企业。龙头企业是农业产业化经营的“领跑者”、农业现代化建设的“火车头”，没有产业化就没有龙头企业，同样没有龙头企业就没有农业产业化。农垦系统近几年为了发展农业产业化，建设了一大批农副产品加工龙头企业，这些企业促进了职工增收、企业增效，为农垦企业经济的全面发展起到了一定的作用，但在发展中也存在一些问题。笔者就如何强化龙头企业推进农业产业化的发展谈些建议，供参考。

一、目前龙头企业在农业产业化经营方面存在的主要问题

1. 产业化龙头企业发展不快，发展水平不高。黑龙江农垦系统产业化龙头企业分为总局管理局级龙头企业和农场级龙头企业。总局管理局级龙头企业规模比较大，但受机制体制的影响，普遍达产率低，效益不高；农场级龙头企业都是民营企业，规模小并且分散经营，达产率低，没有规模效益，发展速度缓慢。

2. 产业化龙头企业机制不活，推动力不强，影响农业产业化的发展。一是龙头企业的机制不活。总局管理局级龙头企业大部分是国有企业，农场级龙头企业多数是独资民营企业，由于机制不活，企业发展的动力不足，影响农业产业化的发展。二是龙头企业与产业化基地和农户利益联系不强。发展农业产业化的目的是增加农业职工的收入，但多数龙头企业与农户的利益关系没有理顺，在产业化发展中，农业职工没有得到龙头企业利益，这也是农业产业化发展不快的重要原因。

3. 产业化龙头企业拉动力不大，带动力不强。目前农垦系统多数产业化龙头企业与基地农户没有建立紧密型的经营关系。产业化的双方都是松散型的关系，没有建立利益风险机制，因此一方面造成龙头企业达产率低，经济效益低下，另一方面农户或合作方农产品价格和效益没有得到可靠的保障。

---

* 本文原载于《农场经济管理》2015 年第 1 期。

4. 产业化龙头企业发展的环境不好。产业化龙头企业的发展离不开当地政府和相关部门的支持，但在现实发展过程中，当地金融、税务、土地、环保、工商等部门对农业产业化龙头企业缺少政策上的支持，如多数农副产品加工企业在原材料收购季节，由于流动资金不足，缺少金融部门的支持，导致原料收购不足是造成大部分企业达产率低、效益低下的一个重要原因。

5. 产业化龙头企业服务体系不完善。在农垦企业经济体制改革后，原有的计划体制下的社会化服务体系（产品收购、生产资料供应）全部解体，之后自发地建立了一些民营企业，但这些公司由于受资金、技术的限制，规模小，服务不到位，影响了农业产业化的发展。

二、进一步强化产业化龙头企业，推进农业产业化的发展

1. 增强产业化龙头企业带动作用。当前农业产业化的模式主要是“公司＋农户”和“公司＋专业合作社”，这种以契约对公司与农户进行约束的模式，在理论上可以实现农业产业化龙头企业与农户的风险共担和利益共享，但在实践中由于农户和公司存在利益上的不一致，在利益分配上常出现矛盾，特别是当农产品价格波动较大时经常出现违约问题。同农户比，龙头企业在农业产业化经营中处于主导和强势地位，应采取经济手段鼓励龙头企业与农户建立紧密型利益联结机制，支持其与农户、合作社签订规范合同，发展订单农业，形成稳定的购销关系，降低农户生产风险，采取法律和政策手段约束农业产业化各参与方的行为，消除导致龙头企业与农户出现利益分歧的因素，使双方形成获取长期合作收益的稳定预期，从而增强龙头企业带动农户、推进农业产业化的能力。

2. 抓好农业产业化龙头企业和生产基地建设。农业产业化龙头企业是农业产业化经营的“火车头”，是联结国内外市场和农户的纽带，龙头企业经济实力的强弱、带动力的大小以及市场占有率的高低决定着农业产业化经营的规模和成效。因此农垦企业要围绕农业主导产业和国内外市场需求，抓好龙头企业建设，可以采取招商引资或发展本地民营企业的方式来组建或加强龙头企业的建设。农产品生产基地是龙头企业的依托，是农业产业化的基础，要在实施农业产业化战略的过程中，有计划、有步骤地加强农产品生产基地建设，要注意发挥优势、突出特色、合理布局、集中连片，围绕主导产业，逐步形成与资源特色相适应的区域经济格局，把农产品生产基地建设与农业主导产业的确立、龙头企业的发展、产业结构的调整、农业生产力的规划布局、适度规模经营的形成、服务设施和服务组织的建设紧密结合起来，逐步实现农产品基地的现代化、产业化管理。

3. 改革和完善产业化龙头企业的体制和机制。目前农垦企业下属的农副产品加工企业大部分是民营企业，规模小，布局比较分散，没有资金实力，效益低下，缺少市场竞争力，应进一步加大企业整合的力度。一是做好企业间的整合，组成企业集团，形成规模实力。如查哈阳农场所属的稻米加工企业有几十家，规模都比较小，品牌也比较杂，可以采取股份制改造和品牌整合，组建企业集团，统一品牌。二是增加国有企业和企业管理人员持股比例。目前大部分农场所属农副产品加工企业都是民营独资企业，国有农场和农场管理人员没有股份，农场没有支持龙头企业发展的动力。如黑龙江省农垦绥化管理局肇源农场就采取增加农场和农场管理人员在民营企业中的持股比例来提高粮米加工企业竞争力和动力，该场工业企业在同行业中取得比较好的经济效益。三是加大对总局管理局级产业化龙头企业体制和机制改革，实行股份制改造，增强企业体制和机制的活力。

4. 加大对农业产业化龙头企业的政策支持。一是各级政府和相关管理部门要加大对农业产业化龙头企业资金上的支持，各商业银行应深化内部改革，为产业化龙头企业提供贷款支持。二是建立民营中小企业信用担保体系，解决农业产业化龙头企业信用担保问题。三是国家财税部门要给予农业产业化龙头企业税收等方面的支持，如对农业产业化龙头企业实行一定的减税支持，降低企业经营成本。四是加大对农业产业化龙头企业的政策和法律保护，重点要在产业化龙头企业筹建、发展、融资、管理、监督以及法律保护、社会保障等方面给予帮助和扶持。

5. 建立产业化龙头企业社会化服务体系。一是各级政府和企业主管部门要把农业产业化龙头企业发展纳入区域战略发展规划中，帮助企业制定发展规划。二是要把产业化龙头企业纳入工业园区管理，抓好园区内供电、供水、供气、排水、道路等基础设施的配套建设，营造高效优质的服务环境和优惠政策环境。三是建立产业化龙头企业生产基地服务体系，主要从以下几方面入手：建立生产资料服务体系，重点做好化肥、农药、农机配件供应，降低农业生产资料采购成本，确保农业生产资料质量安全；建立农业技术服务体系，主要包括农业种植技术服务体系、农业科技研究中心、畜牧防疫技术服务体系；建立物流业服务体系，主要是以粮米生产、农副产品运输批发采购销售为主，发展物流产业提高农业生产效率，推动农业产业化全面发展。

6. 加强产业化龙头企业内部改革与管理。一是要建立和完善产权制度。当前多数民营企业内部产权不清已成为进一步发展的瓶颈，不利于实现规模经营，更不利于建立现代企业制度。对家族式的民营企业，应该实现从单一的家庭管理向由家族持股、聘请职业经纪人管理的现代模式过渡，以实现产权主体的多元化，健全企业内部权力机构，实现所有权与经营权的真正分离。二是加强产业化民营企业的内部经营管理。建立健全财务管理制度，完善企业内部财务监督与审计，规范财务信息的编制，加强人力资源的管理，重视员工的内部考核、培训，优化人力资源的配置，形成科学合理的选人、用人、留人机制，并将其制度化。三是加大企业科技投入。加快技术改造及新产品开发，重视科技创新，提高产品的技术含量，积极参与市场竞争，提高企业的市场竞争力。

加快农业产业化龙头企业快速发展刍议*

近几年随着农业产业化的不断发展，产业化龙头企业也得到不断壮大，已经成为农业现代化和带动农户就业增收的主体，也成为影响农业经济发展的重要力量。到 2014 年末，黑龙江省农垦齐齐哈尔管理局有农业产业化龙头企业 93 家，其中省级龙头企业 1 家，总局级龙头企业 2 家，产业化龙头企业总收入 2.5 亿元，主营业利润 1.5 亿元，从业人员 4 755 人。本文就农业产业化龙头企业发展中存在的问题及加快龙头企业发展等提出几点建议，供大家参考。

一、农业产业化龙头企业在发展中存在的主要问题

1. 龙头企业规模小、辐射带动作用不强。我国农业产业化起步较晚，发展过程较短，农业产业化龙头企业与其他产业的龙头企业相比，存在企业数量少、规模小、产品档次不高、科技创新能力不足、农产品附加价值较低等问题。龙头企业加工深度不够，加工转化和增值率低，发达国家农业产值与农产品加工业产值为 1∶3，而我国仅为 1∶0.8。龙头企业的辐射带动能力也有待提升，目前全国只有 40%的农户参与到农业产业化经营中来，产业化经营组织发展比较落后。

2. 龙头企业的实力弱、缺少拉动能力。在现有的产业化龙头企业中有实力的企业不多，尤其是近几年新成立的民营企业，绝大部分是中小企业，并且多数是在家庭承包经营及乡镇企业的农产品加工经营基础上发展起来的，属于低水平重复建设，规模小、层次低，未能真正带动一批基地、一个产业，市场竞争力差，并且从事农产品初级加工多，从事精深加工少。如齐齐哈尔管理局所属 35 家稻米加工企业，年总加工能力 123 万吨，但全局几十家稻米加工企业中，年加工能力达到 10 万吨以上的只有 2 家，并且多数加工企业受资金、原料收购限制，达产率低下，大部分企业达产率不足 50%，企业经营微利，发展速度缓慢，实力扩张有限。

3. 龙头企业的发展速度低、经济效益低下。由于农业产业化龙头企业之间各自为政，自求发展，重复建设，对有限资源的争夺更是在一定程度上加剧

* 本文撰写于 2015 年 5 月 10 日。

了龙头企业间的竞争，使得大部分龙头企业达产率低下，多数企业经营水平不高，影响企业的进一步发展。

4. 龙头企业与农户未建立产业化利益联结机制。在农业产业化经营链条中，龙头企业与基地或在农业大户之间经济利益是对立统一的，各参与主体都谋求利益最大化与风险最小化，没有真正形成“风险共担、利益均沾、互惠互利、共同发展”的农业产业化经济利益共同体。

5. 龙头企业的发展缺乏统一规划，没有形成有效的合作机制。在产业化龙头企业管理上缺少区域化管理，致使农业产业化的合作体系难以形成，在一定程度上阻碍了农业资源利用效率的提高，另外有些地方对产业化龙头企业没有统一规划，在有限的资源上建设过多的龙头企业，使得多数龙头企业不达产，造成产业化龙头企业产能过剩，给龙头企业的发展带来了不良影响。

6. 对龙头企业的政策扶持有待进一步加强。龙头企业的发展所需要的一些扶持政策还不完善，包括财政、税收和金融政策等支持不到位。当前中小企业贷款难、贷款成本高等问题尤为突出，据调查，目前农业产业化龙头企业的资金缺口比例达到50％～60％。

二、加快产业化龙头企业发展的几点建议

1. 进一步完善龙头企业带动农户的组织模式。在龙头企业带动农户参与农业产业化经营模式中，应加快由初级松散型向紧密型模式转变，重点加快发展“公司＋专业合作社＋农户”的模式。这种农业产业化模式，是以企业为龙头，以专业合作社为龙身，以广大农户为龙尾，是培育和带动新型经营主体的有效形式，农业产业化龙头企业将农户生产作为“第一车间”，通过建设规模化、集约化、标准化的生产基地，辐射带动农民专业合作社、专业大户、家庭农场发展农业生产，进入市场。

2. 加快推进龙头企业规模化发展。目前产业化龙头企业普遍规模小且分散，缺少市场竞争力，要通过收购、兼并、租赁、承包等方式，开展跨区域、跨所有制的联合与合作；要在大力培育重点龙头企业的基础上，引导和推动优势企业兼并重组，通过对生产、加工和贸易等环节的整合形成完整的产业链；要以优势企业为核心，聚合生产要素引领关联企业联合与合作，促进农业产业化、规模化、集群化发展。

3. 抓好龙头企业与生产基地建设。农产品生产基地是龙头企业的依托，是农业产业化的基础和关键环节，应有计划、有步骤地加强农产品生产基地的建设，要注意发挥优势、突出特色、合理布局、集中连片，围绕主导产业，逐步形成与资源技术相适应的区域经济格局。把农产品生产基地的建设与农业主

导产业的确立、龙头企业的发展、农业产业化结构的调整、农业生产力的规划布局、适度经营规模的形成、服务设施和服务组织的建设紧密结合起来，逐步实现农产品生产基地的现代化生产，不断提高农产品生产环节的集约化和经济效益。

4. 建立龙头企业与基地或农户的利益联结机制。利益分配是农业产业化经营的核心问题。农业产业化龙头企业在产业链中发挥着重要的桥梁枢纽作用，它一头联结市场，具有开拓市场、引导生产、加工转化、科技创新、销售服务等功能；另一头联结农户，具有带动农户和生产基地抵御市场风险、实现共同富裕的政策性功能。龙头企业要通过合同契约、保护价收购、股份分红和利润返还等多种形式，把加工、流通环节的一部分利润返还给农户，与农户形成“风险共担、利润共享”的经济共同体，作为产业化经营的重要环节，通过“龙头企业＋农户”“龙头企业＋合作社＋农户”“龙头企业＋基地＋农户”等组织形式，按照各方签订的合同，明确责权利。农户按照合同约定品种和数量进行农业生产，龙头企业按照合同约定收购生产的原料，进行农产品的加工和销售，并为农户生产提供相应服务，龙头企业与农户结成“风险共担、利润共享”的经济共同体。

5. 加大对龙头企业的政策扶持。一是加大龙头企业财政政策支持。财政部门要设立农业产业化专项资金，集中扶持龙头企业原料生产基地建设和技术改造升级。二是加大金融支持，搭建龙头企业融资平台。产业化龙头企业多数属于中小企业，融资难仍然是目前困扰企业发展的重要原因之一，金融部门要增加贷款额度、创新贷款品种、延长贷款期限、降低贷款利率、简化贷款审批手续、放宽抵押或担保条件，为企业融资贷款创造良好的环境。另外，政府部门应积极组建农业产业化担保公司，为中小企业提供信贷担保，缓解融资难的问题。三是各级政府要出台优惠政策支持龙头企业。主要从财政、信贷、科技、基本建设用地、发展环境等方面，加大对重点龙头企业的扶持力度，为龙头企业发展营造良好的环境。四是加大税收政策支持。欧美发达国家普遍通过减税、免税、延期纳税等税收优惠政策为农业产业化发展提供政策支持。

6. 推进农业产业化龙头企业合理布局。要有计划地整合资源要素，培育一批起点高、规模大、竞争力强和带动能力强的龙头企业，建立农业产业化示范区。以优势产品为基础建立生产基地，以优势产业为依托发展农产品加工业，以优势企业为核心聚集生产要素，引领相关企业联合与合作，实行集群发展，形成一批规模大、竞争力强、辐射能力大、带动面广的龙头企业集团。

7. 推进农业产业化龙头企业的技术进步和科技创新。产业化龙头企业不同于一般工业企业，它肩负着更多的社会责任，起到带动农户增收、促进企业增效的作用。在龙头企业技术创新难度大、创新能力普遍较弱的情况下，建议国家放宽对龙头企业的限制条件，将龙头企业纳入高新技术企业的范围，授予其技术创新企业的待遇，鼓励和支持农业产业化龙头企业率先执行国家制定的农产品质量标准，把质量及相应的技术规范引入农户，带动农户和基地的标准化生产。有条件的龙头企业要争取获得国际相关组织的质量认证、安全卫生认证，以取得进入国际市场的资格和国外消费者的信任。

8. 加强龙头企业与农户的合同管理。目前多数龙头企业与农户在产业化经营中合同履约率不高，其中一个重要原因是双方法律意识不强。要增强双方法律意识，提高执行合同的自觉性，还要加强合同管理，充实和完善合同内容，增加违约责任的条款。同时，政府相关部门要加大对龙头企业与农户合同执行的监督与管理。

对建立利益联结机制推进农业产业化发展的思考*

农业产业化经营是以市场为导向，以经济效益为中心，以家庭承包经营为基础，以主导产业为重点，由龙头企业和各种合作组织带动，通过优化组合各种生产要素，实现农业的市场化、社会化和集约化，形成种养加、产供销、贸工农、经科教一体化经营。农业产业化延长了农业优势产业链，有利于加快城乡一体化的进程，提高农业科技水平和农业职工群众的收入水平，促进龙头企业快速发展。但在产业化发展过程中，也存在一些问题，需要加以改进和调整。本文就在农业产业化经营中如何建立利益联结机制问题谈些建议，供参考。

一、农业产业化利益联结机制现状及存在的主要问题

（一）产业化利益联结的现状

农业产业化利益联结主要是指参与农业产业化经营的龙头企业与农户之间、龙头企业与各类服务组织之间，通过签订农产品产销合同等形式，实现利益分配和风险承担的方式。目前我国农业产业化龙头企业与农户的利益联结机制主要运营模式有：买断模式、合同模式、合作模式、企业化模式和股份分红模式等五种。一是买断模式。龙头企业通过对分散的农户生产的农副产品进行一次性收购，双方不签订任何合同，自由进行交易，其价格随行就市，这是龙头企业与农户利益分配的初级形式。二是合同模式。一般由龙头企业直接与农户签订合同，通过商品合同定价来进行利益分配，龙头企业与农户以契约为纽带建立起经济联系，双方按自愿、平等、互利的原则签订合同，明确各自的权利义务，这种方式目前是产业化利益联结的主要方式。三是合作模式。农民专业合作社等中介组织，将分散的农户组织起来，然后再与龙头企业联结，龙头企业与中介组织和农户之间分别以契约的形式相互联结，并根据交易额返还利润，合作三方各自按合作协议的规定分配利益，并承担相应的责任。四是企业化模式。龙头企业对某种农产品的生产、加工、销售等各阶段实行一体化经

* 本文原载于《农场经济管理》2017 年第 6 期。

营，使连续的各个生产阶段在同一企业内部进行，而农户将土地直接出租给企业，并获得在企业就业的机会。企业对所租用的土地进行统一规划与管理，按照企业的发展决策进行农产品生产与加工，并实行企业化管理。五是股份分红模式。龙头企业以股份或股份制的形式与农户结成利益共同体，农户以土地、设备、技术等生产要素入股，参与企业的经营管理，农户按股份分红，与龙头企业建立“风险共担、利益共享”的利益共同体。

（二）产业化利益联结存在的主要问题

1. 龙头企业带动农户发展的模式不完善、不科学。目前龙头企业与农户的利益联结形式主要是合同模式，农户与龙头企业签订合同，推行订单农业，其他形式如企业化模式、股份分红模式很少，龙头企业与农户的利益联结不能完全实现利益主体各方“风险共担、利益共享”，这是造成龙头企业带动力不强，产业化发展缓慢的一个重要原因。

2. 龙头企业与农户由于信息不对称，履约率低。衡量龙头企业带动农户作用程度的一个重要指标是合同履约率。目前农户与龙头企业利益联结模式大部分是合同模式或合作模式，合作双方主要靠合同来维系关系，这两种模式的优点是龙头企业生产经营可获得稳定的原材料供应，降低了由于货源不稳定造成的机会成本，也降低了市场风险；农户通过与龙头企业、与市场相联结，有了相对稳定的销售渠道，调动了农户的生产积极性。但是这种利益联结是一种不稳定的半紧密型联结，龙头企业与农户很难结成长期利益联结关系。据调查，多数龙头企业掌握信息多，与市场直接见面多，而农户掌握信息少，与市场直接见面少，龙头企业与农户掌握信息不对称，龙头企业在合同的制订、谈判、利益分配等方面都存在着明显的优势，而分散的农户明显处于劣势，因此签订的合同存在着利益不平等，一般在市场行情正常运行下易于履约，一旦双方认为与自己的利益不一致时，就很难正常履约。

3. 龙头企业与农户缺乏诚信，违约现象严重。一是龙头企业违约现象严重，主要表现在：龙头企业往往以市场价格变化为由，拖延甚至拒收农户产品或不按时支付货款；对农产品质量标准、等级等方面提出不合理要求，压级压价，变相损害农户的利益。二是农户违约现象也时有发生，具体表现在：因不能完成合同规定的数量或因产品质量不达标而进行违约，或随着市场价格变化而违约。

4. 各级政府相关部门对龙头企业与农户的利益联结机制指导不到位，尤其对电子商务和互联网应用方面还没有指导到位。在农业产业化经营中，国家相关部门在产业化基地建设和产业化龙头企业方面政策支持还不够到位，主要包括财政、金融、税收等政策方面，在一定程度上制约了农业产业化的进一步发展。

二、建立利益联结机制推进农业产业化快速发展的几点建议

1. 加快龙头企业与农户的合同管理，增强契约的稳定性。推行严格的合同化管理，明确双方的责权利，完善合同内容，加强违约的责任条款，提高双方的信誉度，建立平等利益主体关系。在签订合同时，应合理地安排监督仲裁机构，增加违约成本，促使合同双方自动履行，否则违约方将承担更大的损失。

2. 建立完善的利益联结机制。利益分配是农业产业化经营的核心问题。产业化龙头企业在产业链中发挥着重要的桥梁枢纽作用，它一头联结市场，另一头联结农户，具有带动农户和生产基地抵御市场风险、实现共赢的作用，即通过合同契约、保护价收购、股份分红和利润返还等多种形式，把加工和流通环节的一部分利益返还给基地或农户，与农户或基地建立“共担风险、利润共享”的经济体。龙头企业要科学合理分配经营利润，通过合同定购、提供贷款担保、提供贴息贷款和生产资料、实行保护价收购等措施，带动农户进入市场，实现互惠互利。另外，应积极探索股份合作、股份制、租赁经营、利润返还等多种形式，支持龙头企业与农民专业合作社等经营主体建立多种形式的经营联合体，并通过龙头企业与农户建立更加紧密合理的利益联结机制，让企业与农户或基地实现双赢或多赢。龙头企业应积极探索风险保障机制，设立风险资金，提高农户抵御自然与市场风险的能力。

3. 进一步完善龙头企业带动农户发展的组织模式。目前龙头企业与农户的利益联结大部分是合同模式或合作模式，这种利益联结是一种不稳定的半紧密型联结，龙头企业与农户很难结成利益共同体，并且由于信息的不对称，龙头企业凭借自身掌握的信息和主导地位，可以随意选择合作的组织，农户只能被动地接受合作的龙头企业；龙头企业多是利益的优胜者，龙头企业利用资金、技术、信息等方面的优势，从宏观上把握着市场行情和销售渠道，便于压低农产品的收购价，农户只能被动地接受交易价格。龙头企业与农户的利益合作关系应逐步从初级带动形式向高级带动形式发展，从以市场为纽带的合同买卖关系发展到用契约来约束双方行为的合作关系，再到以产权为要素的企业内部关系，真正实现利益联结程度由松散到紧密，企业带动农户的能力由弱到强，逐步实现龙头企业与农户“风险共担、利益共享”的经营体。在具体操作上，要逐步实现由合同模式向合作模式转变、由合作模式向股份合作运行机制转变，真正实现企业与农户由各自独立的利益主体转为统一的利益主体，实现龙头企业与农户的自觉联合，使两者在一定程度上形成相互依存、共担风险的

关系。龙头企业与农户不仅有严格的经济约束，而且还作为共同的出资方，组成新的企业主体，农户不仅能够以低于市场的价格购进生产资料，以高于市场的价格向企业出售农副产品，而且还可以以股东身份参与企业的重大决策，凭借股份分红，股份制或股份合作制这种利益联结方式从制度上保护了农户在农业产业化经营中形成的经济利益分配权，属于紧密型联结方式，这是农业产业化经营一种比较理想的组织形式。

4. 加强龙头企业与农户的电子商务发展。随着电子商务技术发展，互联网、物联网技术在农业上得到快速发展，龙头企业与农户应利用电子商务技术，解决双方信息不透明、信息不对称的问题。一是建立电子商务平台。在龙头企业与农户或基地之间要建立电子商务平台，龙头企业把市场信息，包括生产资料供应、生产技术、产品价格等信息利用电子商务平台及时与农户或基地沟通联系，解决信息不对称的问题。二是建立"互联网+农业"的管理服务体系，在龙头企业与农户或基地之间建设农业互联网。黑龙江省齐齐哈尔市依安县从2012年开始把农业信息化作为发展现代农业的重要手段，建立了全省第一家旱田农作物信息化管理系统示范基地，实现了信息自动采集、远程可视诊断、智能决策控制、灾害预测预警等智能管理，2015年实现了407万亩*耕地全覆盖，把农业物联网与绿色有机食品生产紧密衔接，建立了绿色有机食品物联网管理服务平台，对绿色有机食品基地生产、加工流程、流通销售、质量管理进行全程管理与服务，实现了以物联网建设为主线，从信息获取、质量追溯、精准管理、电子商务、数据应用等方面进行实践探索。建设了以"基地+农业物联网+龙头企业+质量追溯体系+产品质量保险+产品条形验证码+智能化仓储+品牌电子营销平台"为主要内容的绿色有机食品产业发展新模式。

5. 推进农超对接模式，加快农业产业化发展。农超对接是指大型连锁零售企业向农产品生产基地（包括农民专业合作社、产业化龙头企业、种植养殖大户）直接收购鲜活农产品，并组织配送到门店销售的流通方式。鲜活农产品包括未经加工或经挑选、清洗、切分、晾晒、冷藏、冷冻等工序加工的蔬菜、水果、鱼、畜禽等产品。农超对接的目的是通过缩短农产品的诸多流通环节，减少农产品流通成本，增加农户的收入，确保农产品的质量，其有利于建立农户与零售企业之间稳定的购销关系；有利于对农产品生产进行全程监督管理，提高农产品质量安全水平；有利于降低农产品流通成本，增加农户的收入；有利于树立农产品品牌，提高农产品的市场竞争力；有利于减少农产品进超市的费用。在农超对接中要选好模式，目前我国农超对接有多种模式，具体有：沃尔玛源头模式、麦德龙模式、联华模式、家乐福模式、永辉超市模式、大润发

* 亩为非法定计量单位，1亩≈667米^2。下同。——编者注

超市模式等。

6. 加大对产业化龙头企业的政策支持。一是各级政府相关部门要加大对农业产业化龙头企业的支持，财政部门要增加农业产业化专项资金投资，支持龙头企业扩大生产规模，推进技术改造升级，建立原料生产基地和研发基地；金融部门要增加产业化龙头企业贷款，尽快形成多元化投资体系，鼓励或引导民间资本、境外资本等参与农业产业化经营，兴办龙头企业，不断壮大企业的规模和实力。二是要制定和完善法律法规，并针对订单农业出现的违规现象，相关部门要进一步规范订单内容，明确法律效应，减少农业产业化经营中的不守信现象，增强龙头企业与农户法律意识，促进农业产业化经营步入良性的发展轨道。

建立农产品加工业产业化利益联结机制刍议*

农产品加工业的主要原料来自农产品，农产品的数量、种类、品质对农产品加工业具有重大的影响，因此建立产业化农产品原料基地可实现农产品生产的标准化、优质化、无公害化，进一步提高农产品的质量和安全性；实现原料和产品生产的系列化和均衡化，提高农产品加工企业经营的稳定性；实现原料和产品生产的规模式和批量化，降低生产成本，提高产量和企业的效益，保证农产品加工企业获得稳定的原料。实践证明，实施农业产业化运营是农产品发展的必由之路。从发达国家现代农业发展的经历看，农产品加工业基本都选择了农业产业化经营的模式，这样做有利于为农产品加工业提供稳定且可靠的农产品加工原料，从而提高农产品加工业的市场竞争力，有利于把千家万户整合到产业一体化经营中来，规避农民的市场风险，增加农户的经济效益，有利于发挥农产品加工业对农业的技术辐射效应，推进农业现代化的发展。本文就建立农产品加工业产业化利益联结机制问题做一探讨，供参考。

一、目前农产品加工业产业化利益联结机制存在的主要问题

（一）农产品加工业产业化利益联结的主要方式

目前，农产品加工业产业化模式主要有“加工企业＋农户”“加工企业＋中介组织＋农户”等利益联结方式。

1.“加工企业＋农户”利益联结方式。“加工企业＋农户”方式，即以技术先进、资金雄厚的加工企业为龙头，以分散的农户生产为基地，利用合同形式把农户生产与加工企业联结起来，加工企业与农户之间的权利和义务主要是通过合同来加以明确，从而降低市场交易成本，提高资源配置，促进农业内部分工的深化。目前加工企业与农户签订的合同主要有三种类型：一是服务型合同，即加工企业为农户提供产前、产中、产后系列化的服务，农产品收购价通过市场调节；二是保护型合同，即加工企业收购农产品时按保护价收购，与市

* 本文撰写于2019年6月18日。

场价高于保护价时按市场价收购，市场价低于保护价时按保护价收购；三是返利型合同，即农户分享一部分加工、流通环节的利润，一般是实行保护价收购基础上的利润返还，有的加工企业拿出一部分利润反哺农业，用于农业生产基地建设。这种利益联结方式使得加工企业拥有充足而稳定的原料来源，农户的农产品也有了比较稳定的销售市场，降低了加工企业与农户生产经营的不确定性，在一定程度上降低了交易的市场风险，达到互利互惠的目的，并成为当前农产品加工产业化的主要形式。

2. “加工企业＋中介组织＋农户”利益联结方式。“加工企业＋中介组织＋农户”利益联结方式是企业以契约合同和中介组织联结，规定中介组织在农产品收获后应交售一定标准、数量、价格的农产品，同时规定企业按时收购农产品和货款，中介组织把指标再分配给农户。这种利益联结方式主要有三种：一是合作社为中介组织的利益联结方式。这种方式由加工企业根据市场需求，通过合同与合作社约定农产品生产的数量、品种、品质，合作社再把生产任务分解落实到农户。通过发展农民专业合作社经济组织，提高了农民的组织化程度，增强了农民在农产品交易中的谈判地位，保护了农民的利益，同时降低了企业收购农产品时的交易成本，完善了加工企业与农户之间的利益联结，提高了市场的运行效率，这种方式也带动了农产品生产的规模化经营。二是专业协会为中介组织的利益联结方式。专业协会的主要功能是提供信息、调剂资金、协调生产、帮助交易谈判等，农户有经营自主权。其优点在于减少了农户单独寻找交易机会和降低了交易谈判的成本，有利于凝聚众多农户和实现规模效益。这种以专业协会为中介组织的农产品加工业产业化利益联结机制往往比分散农户直接进入市场更有利于增强农户的抗市场风险能力，农户可获得较高的经济效益。三是大户为中介组织的利益联结方式。在这种方式下，大户与合作社的作用基本相似，但是加工企业并不通过大户规定农户的生产计划，大户只是起到集中收购的作用，只有少数大户进行初加工，大户与农户间是一种市场交易的关系，收购时双方直接用现金结算，大户在收购时进行验级，再将集中收购的产品销售给加工企业，加工企业将再次验级。

（二）目前农产品加工业产业化利益联结方式存在的主要问题

1. 加工企业与农户的主体地位不对称。在农户与加工企业之间的经济合作中，小规模的农户与具有较强实力的加工企业进行谈判，两者之间合同的签订、价格的决定等主要由加工企业做主，农户处于被动地位，双方的责权利存在明显的不对称。

2. 加工企业与农户之间缺乏有效的利益协调机制。加工企业一方面受合同的约束表现出有限理性，另一方面受最大化利润的诱惑，表现出明显的投机性。“加工企业＋农户”方式从表面看是“风险共担、利润共享”，但受利益的诱惑，加工企业与农户均有违约发生。加工企业违约主要表现在：一是加工企业往往以市场价格变化、资金不足为由，拖延或拒收农产品；二是加工企业在农产品质量标准、等级等方面提出不合理要求，压级压价，有意损害农民利益；三是不按时提供必要的技术服务，或在市场价低于合同价时从市场购买农产品等。农户违约主要表现在两种情况：一是农产品质量达不到合同标准而违约，农户在标的物农产品中掺杂使假或不按技术要求或技术操作规程进行生产；二是在市场价高于合同价时往往将农产品私自出售，不能按合同完成规定的数量标的而违约。

3. 加工企业与农户之间面临日益增长的交易成本。在小规模加工企业带动农户时，加工企业与农户进行利益协调交易成本不高，但随着加工企业规模的扩大，特别是进行跨区域、跨地区经营时，加工企业直接与单独农户或合作社进行谈判、沟通、监督的成本就会上升，交易成本就会增大。

4. 加工企业与农户之间缺少有效的风险分担机制。农业生产受自然因素的影响有其特殊性，存在诸多的不确定性和风险性，如技术风险、自然风险、市场风险及政策风险等，事前的合同约束无法加以预测，因而当出现自然风险时，加工企业与农户都互相推诿责任，使得合同无法执行，从而加大交易成本。

二、建立农产品加工业产业化利益联结机制的几点建议

1. 建立农产品加工业产业化利益联结机制应遵循的原则。一是利益驱动原则。农产品加工业产业化联结机制对其参与主体有利益诱因，使参与的各主体在通过参加产业一体化经营中实现各自的利益目标。二是高效率的原则。在产业一体化经营中，各参与主体按照系统内的目标和一定的秩序、规则进行有规律的生产、经营和销售，这样一条龙的经营方式必然产生凝聚效应，更能有效地充分利用资源，创造价值。三是风险共担、利益共享的原则。这是产业化的经营能否继续发展的前提条件。各参与主体在一体化系统中的生产要素等投入以及他们在其中的资产产权得到承认、得到应有的回报，能极大地调动各参与主体的生产积极性，并通过经济利益的高效合作，实现组织系统的整体目标与参与主体的个体目标的最佳结合。四是自主经营、自负盈亏的企业化管理原则。农产品加工企业是龙头企业，农户也是单独经营的个体，双方是对等的主体，在经营上要自主经营、自负盈亏。

2. 加快以资产联结产权介入的运行机制的发展。资产联结产权介入的运

行机制是指农户以资金、土地、设备、技术等要素入股，在加工企业中拥有股份，参与企业经营管理监控，加工企业与农户不仅有严格的经济约束，而且作为共同出资者组合成新的企业主体，形成了“资金共筹、利润均享、积累共有、风险共担”的经济利益共同体。在这种利益联结方式下，企业与农户形成新型产权关系，农户不再是单独的原料供应者，而是资产、供销环节中利润的分享者。这种方式的优点是农产品生产、加工、销售等各环节集中在一个企业内，可以减少各环节之间的交易费用，降低经营成本，使企业有自己相对独立的农产品生产基地。这种运行方式利益共享主要采取两种方式：一是利润返还，加工企业以一定比例按农户交售的农产品数量返还给农户；二是股份分红，一般是按加入龙头企业的股金多少分配利润或经营亏损。农产品的产前、产后部门与农业生产直接结合在一个经济实体中，减少了中间环节，加快了农产品进入加工环节和投入市场的过程。

3. 积极培育农民专业合作社组织，推动“加工企业＋农民专业合作社＋农户”的发展。农民专业合作社是农民自愿结成的自助性经济组织，并以民营为主，需要政府支持引导，通过加强立法，承认个人产权，农民自愿入社，通过合作经济组织这一纽带，把农户、企业、市场有效联结起来，为农业产业一体化经营提供所需服务。“加工企业＋农民专业合作社＋农户”利益联结方式，提高了农民的组织化程度，增强了农民在农产品交易时的谈判地位，保护了农民自身的利益，同时降低了加工企业收购农产品的交易成本，完善了加工企业与农户之间的利益联结关系，提高了市场的运行效率。

4. 提高加工企业与农户契约双方的诚信意识，强化合同管理。一是推行严格的合同化管理，增加农户与加工企业违约的责任条款，改善信誉与合作关系，建立平等的利益主体关系；二是提高违约成本，降低违约效益，提高履约率，形成诚实守信的良好社会环境。在经营过程中，企业与农户的目的都是追求最大的经济效益，为达到这一目的，双方都可能会不择手段违约，因此为了更好地遏制违约现象，在签订合同时，应明确地规定各方的责权利，合理安排监督仲裁机构，增加违约成本，促使契约双方自动履约，否则违约方将面临更大的损失。

5. 建立加工企业与农户风险分担机制，推进农产品加工业产业化稳定发展。在“加工企业＋农户”模式下，签订农业合同时，引入期权理论中的卖权期权机制，是建立风险分担机制的一种有效的制度，即加工企业与农户签订合同后，如果农产品的市场价低于约定价格，农民就按约定价格向加工企业出售；如果农产品的市场价高于约定价格，农民就可以放弃期权而按市场价格向加工企业出售。这种权利与义务的形成是以农民为获得卖权而必须向农产品购买者即农产品加工企业支付一定的期权费为前提的，这样农民可以实现“高价时随行就市、低价时保底收购”，减少了农产品的销售风险和价格风险，对加工企业而言，既可以获得稳定的农产品原料来源，又可以通过期权来降低市场风险，因此这种模式既保证了农民的基本利益，又减少了企业承担的风险，形成了加工企业与农民的利益与风险共担的良性运行机制。

对建立和完善农业产业化发展指标考核体系的几点建议*

农业产业化发展指标体系就是指根据农业产业化发展的目标，依据现有统计资料和相关条件，设计和筛选的一系列指标，以全面反映和测评某一经济区域农业产业化发展的水平和程度，以便于进行动态分析和横向比较，为各级管理部门明确农业发展方向，为推进农业产业化发展提供决策依据。

一、建立和设置农业产业化发展指标体系的原则

农业产业化经营是一个动态的发展过程，在建立指标体系时，需要遵循综合性、层次性、统一性以及可操作性的原则。

1. 综合性原则。农业产业化经营涉及农业生产的产前、产中、产后各个环节，还涉及农户和职工的生产和生活，所以建立的指标应具有综合性，能够反映农业产业化经营的本质特征。

2. 层次性原则。农业产业化经营涉及龙头企业、基地、农户、合作组织及其他各个层面上的各种关系，因此建立指标体系时，需要考虑各项要素的层次关系。

3. 统一性原则。农业产业化经营指标的名称、内涵、单位的计算口径与指标要统一，并尽量与各级统计部门的指标一致，便于量化计算并使计量结果更具有可比性。

4. 可操作性原则。农业产业化经营选取的考核指标既要具有代表性，又要客观量化，以便进行定性评价和分析，使指标体系具有较强的可操作性。

二、建立和设置农业产业化指标考核体系

（一）农业产业化的基础指标

农业产业化的基础指标包括劳动力规模、产值规模、经济效益、生产规模、产品基地规模、龙头企业规模。

---

* 本文撰写于2014年3月31日。

（二）农业产业化服务社会化的指标

1. 产前服务指标。包括农业经营方式、生产资料供应、农机服务、燃料动力供应等。

2. 产中服务指标。包括农业生产的技术指导、农业经营指导、农业作业指导（包括机耕、机播、植保、机收等）。

3. 产后服务指标。包括农产品市场形成指标，产品收购、产品加工、半成品储运和销售等服务。

（三）龙头企业考核指标

1. 龙头企业对基地农户的带动力指标。

2. 偿债能力指标。反映长期偿债能力指标、反映短期内偿债能力指标。

3. 运营能力指标。账款周转率、存货周转率。

4. 赢利能力指标。资金利润率、销售利润率、成本费用利润率。

5. 龙头企业生产规模。生产、加工、储运、销售的农产品数量。

（四）农业产业化市场竞争能力指标

农业产业化市场竞争能力指标包括市场占有率、市场开拓能力、产品销售市场。

（五）农业产业化结构指标

农业产业化结构指标包括产业链长度、农业产业化经营的紧密程度。

（六）农业产业化科技进步指标

农业产业化科技进步指标包括技术创新能力（如生物化学性技术指标、机械性指标、组织性指标）、产品技术含量指标。

（七）农业产业化融资考核指标

农业产业化融资考核指标包括资金融通能力、资金融通成本。

（八）农业产业化发展前景方面的考核指标

加快稻米产业一体化发展的几点建议*

近年来，随着国家农业补贴和最低保护价政策的支持和水稻基础设施投入的加大，农垦企业水稻播种面积和产量得到大幅度的提高。黑龙江省农垦齐齐哈尔管理局 2017 年末水稻播种面积 104.2 万亩，占全局总播种面积的 49.1%；水稻产量 64.27 万吨，占全局粮食总产量的 60.1%；经济效益也得到一定的提高。但是由于受市场营销等因素的影响，稻米产业化发展不快，尤其是稻米加工效益不高，影响稻米产业的进一步发展。本文结合农垦企业的实际情况就稻米产业一体化发展问题谈几点建议。

一、当前稻米产业一体化发展存在的主要问题

1. 稻米加工企业达产率低。当前农垦企业稻米加工企业绝大多数是民营加工企业，规模小、数量多、达产率低。农垦齐齐哈尔管理局 32 家稻米加工企业全部是民营企业，规模普遍小，年加工能力在 2 万吨以上的企业 18 家，全局稻米加工企业达产率不足 50%，多数企业处在亏损的状态，生产经营困难。

2. 稻米加工企业与基地脱节，产业化水平低。目前农垦企业稻米加工企业多数没有与基地农户建立紧密型的利益联结体，没有自己的生产基地，多数加工企业在水稻收获季节在市场上按照市场价收购，由于流动资金不足和市场营销能力有限，多数民营加工企业不能按计划收购水稻，这也影响稻米产业化的发展。

3. 稻米加工企业先进产能不足。目前农垦企业多数加工企业都是初加工，稻米加工设备落后，产品附加值低，资源综合利用水平低，由于加工企业先进产能不足，产业链条短，稻米加工企业发展循环经济走产业一体化、产业多元化的道路少，因此企业抗风险能力差，创新能力弱。

4. 稻米加工产品品牌不强。目前农垦企业稻米加工产品品牌多、杂、乱，没有品牌竞争能力，如查哈阳农场所属民营稻米加工企业 20 多家，各加工企业都有自己的品牌，都在市场上打自己的品牌，而没有核心品牌，多数加工企业达产率不足 50%，经营十分困难，影响农垦企业稻米产业化的进一步发展。

---

* 本文撰写于 2018 年 12 月 14 日。

二、加快稻米产业一体化发展的几点建议

1. 加大稻米加工园区的整合。针对农垦企业稻米加工过剩、产能主要集中在中低端而高端产能供不应求的问题，稻米加工园区今后要重点把资金投向产业链中高端，实行定向定位招商引资，鼓励园区企业实行联合经营，项目转移承接，提高园区综合承载能力和内涵发展水平，积极促进优质项目向园区集中，突出产品特色，发展精深加工，发展循环经济，壮大园区的主导产业，把园区的产业链整合与分工协作结合起来，推动园区研发、生产服务、销售等环节环环相扣，提升园区产业发展层级。

2. 加大稻米加工企业与基地农户的利益联结。通过建立“稻米加工企业＋大农场（基地）＋农户”的紧密型利益联结模式，走稻米产业一体化发展的路子。稻米加工企业要通过大农场与农户建立利益联结，建立稻米加工企业的生产基地，年初稻米加工企业和大农场与农户签订水稻收购合同，年底按合同收购水稻。为提高农户参与合作的积极性，加工企业要通过以下政策加大对基地农户的扶持：一是签订的水稻收购合同要体现“让利于民”的政策，年底收购水稻时，当市场收购价低于年初合同价时按合同价收购，当市场价高于年初合同价时按市场价收购；二是加工企业形成的利益要在加工企业、大农场（基地）和农户之间合理分配，并及时返给农户；三是加工企业要在生产资料、农业科技措施上给予大农场和农户扶持，以促进大农场和农户参与合作的积极性。

3. 加快大米品牌整合，提高产品市场核心竞争力。目前农垦企业大米品牌数量多、混、杂，在市场上没有形成竞争优势，同质竞争倾向严重，尤其在市场上没有形成自己的名优产品品牌，好大米卖不出好价钱，应加快企业生产方式由数量型、粗放型向质量型、效益型转变，加大大米品牌的整合。要根据地域特点，以优化品牌整合为先导，区别品牌质量、积温、生态水系、土壤结构等自然因素和民俗文化等人文因素，从生产源头和产销全程建立绿色有机品牌，并打包成捆营销，以品牌为核心。强化整体品牌的冲击力，建立产品质量追溯体系，打造全产业链食品安全品牌，按照相关标准对大米品质科学划分等级，把各单位品质优势发挥到最大化，形成品牌带产业、长粒带圆粒、一业带百业的农业生产新格局，实现农垦企业好大米卖出好价钱，把稻米加工产业打造成农垦企业的支柱产业。

4. 加大大米产品的营销。水稻产业发展要聚焦产销两端，要积极营造大米产品直营仓，要在全国建立大米线上线下交易平台和渠道，建成交易网络，让消费者吃到纯正的绿色有机优质大米。建立直营渠道，可以通过北大荒集团

统一运作，让渠道建设推动品牌建设，以满足消费者多样化需求。农垦企业在大米品牌营销上要注重向稻米文化、生态稻米、稻米精深加工等延伸。在大米产品营销上要发挥品牌引领作用，进一步扩大“三品一标”农产品生产规模，尤其要加大生态有机大米生产规模，实施品牌共创共享，加大地理标志产品申报、认证、保护工作，尽快培育一批有影响力的品牌。加强稻米产品专利权、商标权的保护，严厉打击制售假冒伪劣产品行为，着力解决大米品牌杂乱等问题，加强稻米加工行业信用体系建设，规范市场行为。要加大大米产品品牌宣传，要利用中国绿化博览会（简称绿博会）、中国黑龙江哈尔滨国际经济贸易洽谈会（简称哈洽会）、国际大米节等平台，加大产品的宣传，促进大米的销售。

5. 强化稻米产业政策支持。水稻产业是农垦企业主导产业，在保障国家粮食安全方面发挥着重要的作用，需要国家继续给予政策支持和保护，应重点继续加大产品补贴和最低价保护。要对有一定规模的水稻加工企业给予加工费用补贴，对重点产业化龙头企业实行专项加工费补贴办法，这有利于发挥产地加工的优势，促进其摆脱困境、转型升级，激活加工产业，推进稻米加工企业健康持续发展。另外农垦企业要建立稻米生产质量安全保障体系，重点建立从产地田间到百姓餐桌的全产业链稻米质量安全追溯体系和平台，充分利用大数据、物联网等现代信息技术，推进监管信息化建设和产品可追溯管理，健全质量安全监管衔接协作机制，加强水稻种植、收购、储存、销售的监督体系建设，推进稻米产业一体化的发展。

推进农超对接，加快农业产业化发展*

传统的农产品销售环节流通成本高，效率低，农产品质量没有保障。自2010年中央1号文件提出全面推进农超对接以来，各地农超对接工作已全面开展起来并取得较好效果。本文就农垦企业积极开展农超对接工作谈几点建议，供参考。

一、农垦企业加快发展农超对接工作的重要性

1. 发展农超对接有利于建立稳定的购销关系，促进农产品销售。发展农超对接可以推动农户与超市之间建立紧密的利益关系，并且按照合同规定，在农商利益互惠的基础上，各自承担相关法律和经济责任。一方面可以稳定农产品销售渠道，让农户从农产品销售的市场风险中解脱出来，专心致力于农产品的生产，可促进农产品生产专业化和规模化；另一方面，超市可以获得数量稳定、质量安全可靠的农产品货源，并经过分检、加工、配送，将物美价廉的商品销售出去，促进农产品销售。

2. 发展农超对接有利于建立产品监督体系，提高农产品的质量。农超对接可以按照签订合同的规定，建立农产品生产过程的监督管理体系，超市按照食品卫生和质量安全标准提出产品生产要求，并通过建立“互联网+农业”网络化管理体系，直接参与农产品生产监督管理，超市和农民专业合作社可按规定给予农户技术指导，并提供统一的生产资料，确保农产品的质量。

3. 发展农超对接有利于减少流通环节，降低流通成本。传统农产品销售方式流通环节多，交易时间长，成本高，损耗大，流通效率不高。发展农超对接可以促进物流网络化的发展，尤其是第三方物流的发展，包括冷链物流的发展，并且农超对接实现供销直接见面，有利于减少农产品流通环节，降低物流成本，提高农产品流通效率和效益。

4. 发展农超对接有利于创建农产品品牌，提高市场竞争力。传统的农产品销售模式，因农户生产产品质量、规格不同，不能形成品牌优势，产品卖不出价钱。在农超对接模式中，超市将按市场需求指导农户进行生产，不仅品种

* 本文撰写于2016年4月18日。

丰富，而且质量也有保证，容易形成自有品牌，可促进农产品市场竞争力。农垦企业目前大米品牌比较杂，形不成市场竞争力，如查哈阳农场几十家大米加工厂，各有自己的品牌，对外自打品牌，形不成合力。发展农超对接就可以进行品牌整合，按要求统一产品质量、规格、包装，形成统一的品牌，增强市场的竞争力。

5. 发展农超对接可以实现农业增收、职工增效。发展农超对接不但可减少流通环节，降低流通成本，而且可以促进农业生产规模化和产业化，实现职工增收。另外，发展农超对接有助于职工在农产品生产、专业合作社、农产品运输、仓储等环节就业，促进剩余劳动力就业。

二、农垦企业发展农超对接的几点建议

（一）积极寻找符合自身条件的农超对接模式

近几年我国已进入农超对接广泛实施的时代，在超市和农民专业合作社（包括产业化龙头企业）对接的过程中，根据各个地区不同情况及各超市的不同经营理念及竞争优势，产生出多种农超对接模式，如家乐福“直采”模式、麦德龙“源头”模式等，农垦企业应根据各自不同的发展情况，寻找自己的农超对接模式。现介绍几种农超对接模式：

1. 家乐福“直采”模式。该模式采用“直采”方式，依据采购半径的不同，建立全国和地区两个农超对接采购部门。其核心是通过农民专业合作社来组织农户的产品，即“超市＋农民专业合作社＋农户”模式，不经过任何的中间环节直接向农产品生产者采购农产品。

2. 沃尔玛“源头”模式。主要业务模式有三种：①产地直接采购，由沃尔玛经过实地考察，选择可靠的农产品生产基地，委托第三方加工配送服务商，按照商品采购计划定时定量采摘农产品，并检验农药残留，包装配送到门店销售；②生产基地（或农场）自供，由沃尔玛通过实地考察，确定某一生产基地（或合作农场），并签订长期采购协议，由生产基地（或合作农场）直接向超市供货；③特别采购，是由沃尔玛专门的采购小组，针对特殊时期部分地区农产品卖难问题采取的特别采购行动，其目的是通过特别采购，协助政府缓解当地农产品卖难问题，保障农户收益。

3. 麦德龙“源头”模式。该模式是从指导农户的种养开始，保证农产品从基地、农场、加工、物流到销售符合消费者最安全的要求，建立鲜活农产品质量追溯体系，实现从农场到餐桌的全过程产品质量控制及可追溯。

4. 联华模式。该模式为保护农产品质量，建立并依托生产基地，将原来流通领域中多个采购环节转变为产销对接，实行订单招标，由原来商品产后采

购逐步转为产前招标订购，由单一的零售经营转变为产加销一体化经营模式，基本采用“超市＋专业合作社＋农户”的模式进行农超对接。

5. 家家悦模式。此模式分三种类型：①紧密型，超市免费提供种子，确定种植面积、品种、数量、标准、价格，全程参与基地的管理，按协议的标准定价整体收购；②半紧密型，产区有一定的种植技术和种植面积，但缺少种植标准，管理不规范，采用联户的形式，引导农户规范种植标准，形成规模化种植；③松散型，主要是针对路途远、南北差异大、容易运输的商品，家家悦公司不能完全参与全过程管理，由当地政府牵头，形成企业与种植养殖公司、加工公司的合作。

6. 永辉超市模式。永辉超市成立于2001年，是中国500强企业之一，永辉超市对接的情况是：采购规模大，成本降低明显，合同期限长，货源相对稳定。永辉超市合作对象是农民专业合作社和现代农业公司，农民专业合作社要求主要成员中农户占多数，联合种植面积达到一定规模；现代农业公司（种植农业基地）要求拥有自建农业基地，采取连片种植，“三品”优先。

7. 大润发模式。该模式主要采用“公司＋基地＋农户”的专业经营模式，助推农业产业化、商贸现代化发展，大润发超市的肉品、蔬菜水果一律采用CAS（台湾优良农产品标志）认证，新鲜又便宜，产地直接送达，减少中间环节。

8. 华润万家模式。目前主要推出的是农产品合作基地模式，即“超市＋基地”的供应链模式，直接与鲜活农产品产地的农民专业合作社对接，建立“优质来源、追溯保证”体系，形成独有的供应链，打造产供销一体化的全程产业链及自有品牌产品，构建核心竞争优势。

（二）严格按农超对接标准组织好农产品生产

农超对接的超市经营的农产品，首先是要得到消费者认可的质量安全可靠的农产品。超市的农产品质量标准，是由超市按国家优质产品标准制定的，目前农产品标准包括国家标准、商业标准、进出口行业标准、农业标准等。在食品安全方面，超市采用强制性指标，包括实验室指标、安全指标、卫生指标等。农垦企业在农超对接中，要严格按农超对接要求组织农业生产，建立农产品的质量监督体系，要把“三品”生产管理纳入农超对接标准中来。农垦企业在“三品”生产中有一定的优势，到2014年末垦区“三品”生产基地监测面积达到3 250万亩，“三品一标”农产品扩展到10大类80余个品种。下一步要重点抓好有机产品的生产，并把有机农产品生产作为与农超对接的主要产品项目，在有机产品生产上要建立生产标准管理体系，并严格按有机产品生产标准组织农业生产，建立有机产品检验检测体系和可追溯体系，要把“物联网＋农业”管理手段纳入有机产品监督管理体系中。

（三）加强农超对接后专业合作社和家庭农场的管理

目前农垦企业专业合作社和家庭农场生产都是按现代农业生产组织方式进行生产经营，为了做好农超对接，必须强化专业合作社和家庭农场的组织管理，进一步提高专业合作社和家庭农场管理人员的素质。一是要提高农户参与农超对接工作的积极性。农超对接工作直接涉及农户的切身利益，要提高农民专业合作社和家庭农场的组织化程度。二是要帮助农民专业合作社和家庭农场建立农产品可追溯管理体系。农产品可追溯管理体系关键是对农产品种植、采购、运输、加工、发货等各环节进行跟踪，要求所有参与农超对接的农户都必须按标准使用化肥农药，并对每项农事活动都做可靠记录，如果农户不按追溯管理体系要求去做，追溯管理体系就建不起来。三是加强对农民专业合作社和家庭农场管理人员的培训和业务指导。重点要结合农超对接合同条款进行业务培训，上级业务部门要有计划、有步骤地开展各项科学教育活动和业务指导。

（四）支持产业化龙头企业积极参与农超对接

目前农业产业化龙头企业参与农超对接的积极性不高，参与对接的企业不多，尤其是民营产业化龙头企业参与的不多，下一步要鼓励产业化龙头企业积极参与农超对接。国家要对参与农超对接的龙头企业给予一定的政策支持，包括税收、金融、财政方面的支持，并通过产业化龙头企业的发展带动农户（专业合作社和家庭农场）的经济快速发展。

浅析农业产业链*

农业产业链由农业产前、产中、产后三部分组成，涵盖农、林、牧、渔等多个部门。本文就农业产业链的特征及其与农业产业化的关系提几点建议。

一、农业产业链的特征

1. 农业产业链具有各行业产业链的共同特点。农业产业链由基础链、拓展链、循环链三部分组成。基础链是农业产业链的最初形态，如“公司＋农户”“公司＋基地＋农户”等都属于基础链；在基础链基础上，农业产业链横向纵向拓展，形成拓展链；在生态环境和市场环境的影响上，拓展链不断发展，进一步形成循环链。

2. 农业产业链的目标是“1＋1≥2”。任何一个产业链形成，其最终目的都是保护和扩大各个利益主体的原有利益，如果没有基本的利益保证，产业链难以形成稳定的循环系统，所以保值和增值是成为农业产业链生存的根本，也是所有农业产业链的基本特点。

3. 农业产业链的拓展是精深加工赢利环节的延伸。一般延长农业产业链，会加大农业产业链的空间，但是由于专业化导致效率的提高，农业产业链的延长，不仅缩短了从生产到消费的周期，并提高了工作效率。

4. 农业产业链是有组织的系统。农业产业链是由农业产业中最具有竞争力的企业，以农产品为纽带，把相关的企业和部门联结起来，构建成一体化组成系统，目的是提高效率、生产出高附加值的农产品，并在市场中更具有竞争力。

5. 农业产业链具有特殊性。一是基础链的脆弱性。由于农业生产受到季节性的约束，大多数农产品又难以实现连续性生产，直接影响内部生产要素同步扩大及其一体化建设。另外，农业一般远离城镇、交通落后、信息不发达、生活环境差，影响人才引进、技术提高和融资，致使基础链发展后劲不足。二是农业产业链具有更强的路径依赖。农业产业链的均衡一旦形成，强烈的路径依赖使得其未来的生命期内很难突破原有的发展轨迹，农业产业链很难依靠自身力量打破旧的均衡，实现自我更新。三是农业产业链受地理空间的影响较

---

* 本文撰写于 2019 年 3 月 18 日。

大。无论是种植业还是养殖业，其发展都受到地理空间的制约，离开了特定的土壤、气候、水源等自然条件，农业产业生存与发展的基础就会存在问题，从而影响农业产业的发展。

二、农业产业链与农业产业化的关系

农业产业化以市场为导向，以经济效益为中心，以农户为基础，并依靠龙头企业来实现科技进步，对农业经济进行区域化布局、专业化生产、一体化经营、社会化服务、企业化管理。农业产业链与农业产业化的主要区别：一是两者的运动状态不同。农业产业化表现为动态性，而农业产业链则表现为相对静止的状态。农业产业链是在一定的经济技术条件下，因分工、技术进步、产品特性及市场需求状况等因素的作用逐渐建立起来的，其结构具有一定的稳定性。二是两者的组成要素不同。农业产业化涉及农业产、供、销的整个过程，具体包括农业产业经营理念、发展趋势、发展模式等内容。而农业产业链是具体的不同农产品产业链的集合体，农、林、牧、副、渔各业的产业链，如水稻产业链、果品产业链、蔬菜产业链等的总和构成了总的农业产业链。三是两者的关注点不同。农业产业化注重利用合适的产业方式来节约交易费用，提升农产品的市场竞争力，并通过一定的制度合理地分配产业利益。农业产业链则侧重于从功能角度反映执行某种功能的产业之间的关系以及其联系效用、相互作用的方式和程度，更多地强调整个产业链运行的效率问题。农业产业链与农业产业化也有相同点：两者都是以农业生产和农产品为核心，同时涉及农产品的加工与销售。产业链是产业化的前提和基础，产业化把生产、加工、销售各个分散化和独立的环节纳入一体化生产经营体系，实行产业化经营，可以克服有些产业链松散和脆弱的状态，促进产业链的稳定和规范，确保产业链各个环节的主体效益目标的实现，并能拉长和拓展产业链，使产业链质量和功能得以进一步增强。

三、农业产业链的主要模式

按照不同的角度，农业产业链模式的分类方式有所不同。按行业分类有种植业产业链、林业产业链、畜牧业产业链、渔业产业链；按照作用的层次分类有宏观产业链、中观产业链、微观产业链；按照产业链市场发展轨迹可分为基础链、扩展链、循环链；按照产业链涉及的内容可分为供应链、销售链、代理链、生产链、管理链等；按产业链组织形式分为公司企业模式、合作社模式、合同生产模式；按照龙头带动的参与者不同，可分为龙头企业带动型、中介组织带动型、专业市场带动型等模式。按照农业产业链形成过程中农产品交易主体之间的关系，农业产业链可分为技术推动型、优势农产品带动型、农产品市场需求拉动型和产业链主体联动型四种模式。

1. 技术推动型农业产业链模式。技术推动型农业产业链模式的主要特点是掌握核心技术的中游企业或组织具有市场主导权，上游和下游企业或组织处于被控制和支配的地位（图 1）。

图 1 技术推动型农业产业链模式

2. 优势农产品带动型农业产业链模式。优势农产品带动型农业产业链模式（图 2）的主要特点是上游企业或组织对初级农产品基本上处于垄断的地位，并且有较强的地域特点，规模较小而分布零散。中游企业或组织对上游企业或组织的资源依赖性较强，中游企业或组织众多，竞争环境激烈。当前上游企业或组织管理能力比较低下，整体素质不高，发展到一定阶级后，往往成为中游或下游企业或组织的附属产业。这也是该产业链模式不稳定的根源。

图 2 优势农产品带动型农业产业链模式

3. 农产品市场需求拉动型农业产业链模式。农产品市场需求拉动型农业产业链模式（图 3），其主要特点是产业链的核心是农产品最终消费者，强调消费者的满意程度，此种产业链具有较强的浓缩度和伸缩弹性，信息交换快，市场导向明确，缺点是农业产业链缺乏发展后劲。

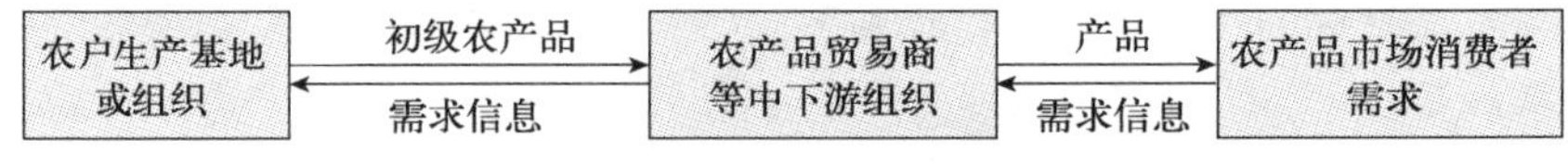

图 3 农产品市场需求拉动型农业产业链模式

4. 产业链主体联动型农业产业链模式。产业链主体联动型农业产业链模式（图 4），是技术主导型和市场需求拉动型的有机结合，其优点是不仅具有发展后劲，而且发展导向明确，具有较强的发展优势。

图 4 产业链主体联动型农业产业链模式

加强农产品供应链管理的几点建议*

农产品供应链管理是指以农产品加工企业为核心，以信息流通网络为依托，应用系统的方法来管理从农产品的生产一直到加工成成品并顺利转移到消费者手中的过程，使得农户、加工企业、批发商、零售商直到最终用户的信息流、物流、资金流等在供应链上流动，达到供、产、运、加、销有机衔接，使农产品产前、产中、产后与市场之间联结成最佳的系统优化运行状态，最终实现供应链上各个主体共赢。本文就建立农产品供应链管理提出几点建议。

一、加强农产品供应链管理的重要性

1. 加强农产品供应链管理可以完善农业产业利益分配机制。与传统企业管理模式相比较，供应链管理超越了机构、企业间的界限，把有关方面都联系起来，形成利益共同体，供应链中所有参与者的首要目标是整个供应链的总成本最小、效益最高，共同使最终消费者满意，以提高整个供应链的竞争力。

2. 加强农产品供应链管理可以提高农产品在国际市场上的竞争力。当今农产品在国际市场上的竞争不单独是某个生产组织具体产品的单一体的竞争，而是表现在整个产业链整个运作体系的全面性、整体性竞争，而供应链管理则是提供这种竞争优势的有利条件。供应链管理的核心是通过业务外包，利用外包资源和服务来减少整个农产品供应链的运行成本及产品成本，从而增强农产品供应链的竞争力。

3. 加强农产品供应链管理可以进一步完善农产品物流管理。农产品供应链核心企业通过实施基于农产品供应链的一体化物流管理，将整个流程中涉及的包装、运输、储存、装卸搬运、流通加工、物流信息、配送等要素视为相互联系、相互依存的有机整体加以管理，可以进一步增强整个物流管理系统效率。

二、目前农产品供应链管理中存在的主要问题

1. 农产品供应链节点主体发育不完善。一是农产品批发市场发育不完善。

* 本文撰写于2018年11月15日。

当前农产品物流的主体仍是农产品批发市场，但大部分农产品批发市场还很落后，主要表现在：基础设施落后，农产品大多数属于生鲜易腐产品，需要先进的储藏设施保鲜，需要低温运输设备进行快速运输，但多数批发市场未能达到这些要求；交易方式落后，目前交易方式主要是对手交易，农副产品全部摆在摊位上，由卖主与客户面对面讨价还价交易，导致批发市场价格波动大；有的批发市场不成规模，未建立准入制度，缺乏必要的政策扶持；信息化程度低，电子商务还未被应用。二是主要零售终端农贸市场无法保证消费者安全。目前农产品的零售终端主要是农贸市场、连锁超市，但农贸市场本身规模小、经营不规范、产品质量难以保证、信息化程度偏低，无法提供准确的销售信息反馈，也不能为供应链下游的消费者提供安全保证。三是农产品生产者未能完全介入农产品供应链。农产品生产者是农产品物流的起点，虽然有些地区已经实行了订单农业或建立起生产基地，将农户完全纳入公司管理，但仍然有较多农户与供应链运作主体保持独立。

2. 农产品供应链节点之间的衔接存在问题。一是农产品物流仍然处于无序状态。目前受传统的“重生产、轻流通”思想影响，很多地方缺乏商品意识，缺乏市场营销概念，不重视向外发布信息，不重视商品包装和品牌开发，农产品优势产业不突出，无法实现农产品的有序流动。二是农产品交易成本高、消费群体小、不利于合作。农产品具有鲜活易腐性及生产上的区域性、季节性和分散性等特点，同时农产品是人们生活中的必需品，具有消费群体小的特点，造成农产品交易成本偏高，不利于稳定的供应链合作伙伴联营的形成。

3. 农产品流通过程中信息交换存在问题。农产品供应链中的各主体要建立协同关系，信息不畅会阻碍供应链各主体之间建立信息关系。目前农产品市场没有统一的信息系统，各企业间信息化程度差距较大，发展不平衡，供应链上企业之间缺乏统一的信息平台。解决不断发生的农产品质量安全问题需要构建和完善可追溯的信息系统。由于缺乏信息流通和监管系统，农产品流通过程相关信息存在信息滞后、失实问题。

三、加强农产品供应链管理的几点建议

（一）建立农产品供应链模式

目前农产品供应链整合的方式可分为成员之间整合和加工企业内部整合两种。成员之间整合是指农户、加工企业、销售商之间的相互协调，包括物流、资金流、信息流整合。在成员之间整合上又包括垂直整合和水平整合，垂直整合指从农业生产资料的采购、农产品生产、销售至最终的消费者的过程中相关的农户、加工企业、销售商的整合；水平整合主要指各个分销商的整合，当加

工企业的库存不能满足分销商的需求时，不同分销商之间可以进行库存的协调。农户、加工企业、销售商之间的有效协调整合，能够减少库存、降低成本、提高农产品供应链的管理水平和运作效率。加工企业内部的整合是指加工企业内部之间各项活动的整合，包括产品开发与农产品采购、生产、库存、销售各部门之间的协调整合。根据以上农产品整合方式，应重点建立以下农产品供应链整合模式：

1. 建立以加工企业为核心的供应链模式。在农产品供应链中，由于农户分散经营、组织化程度低，在供应链中处于薄弱环节，因此可以建立以加工企业为中心的一体化供应系统。在该模式下，加工企业具有较强的市场力量，以加工企业为核心能够保证经济活动的稳定性，在资金、技术、生产资料等方面由企业为农户提供支持，在生产原料方面由于签订了订购合同，原料供应得到了保证。这种模式下加工企业与农户的关系，一般通过签订合同加以约束，加工企业以较小的投入拥有稳定的原料供应基地，这比新建生产基地成本要少，同时也减少农户的市场风险，农户通过合作社进行组织，然后与加工企业签订收购合同，既减少了市场价格波动的风险，也保证了与企业平等交易的地位。在该模式下，加工企业经营效果的好坏成为供应链能否成功的关键。

2. 建立以物流企业为核心的供应链模式。对有些农产品特别是大宗农产品，可以建立以物流配送为中心的供应链体系。此外，对于生鲜农产品可以通过构建加工物流一体化的物流中心实现农产品的快速配送，减少流通环节，提高农产品的新鲜度与产品质量。这种由物流中心主导的一体化农产品供应链一般是以商业企业为主的一体化物流体系。该模式以物流中心为核心，联结供应链上下游环节，由于物流中心一般具有较大的运输能力和规模，一般可以同时为多个上下游环节提供物流服务。多数物流中心由原来的批发市场发展而来，通过批发市场的改造，采用先进的电子信息技术，配备完善的物流设备和信息平台，使得物流中心成为联结生产、加工、销售的核心环节。此外，目前有些有实力的连锁企业已经组建了自己的生鲜配送中心。

3. 建立以超市为中心的供应链模式。随着经济和现代物流技术的发展，有些超市建立了大规模配送中心方式，通过农产品采购和连锁销售实现规模经营，这种方式在有些地区已经逐渐取代农贸市场和个体商贩等传统零销方式。在有些知名度高的超市，如永辉超市、大润发超市，由于集中采购与配送量大、市场覆盖面广等优势，多具有稳定的基地或货源，并与基地建立了稳定的合作关系，其中果品配送多由参与联营的商家完成或利用专业的配送公司完成，有的超市也通过自建配送中心，自行组织货源完成原料采购、加工及配送。

4. 建立以核心企业与批发市场合作的供应链模式。这一模式是供应链中除超市及合作社外的其他核心企业与批发市场合作的模式，该模式核心企业利用批发市场提供的产品和信息集散、价格形成与供求调节和市场服务等功能及交易平台，通过一级批发市场分别与超市、社区市场、便民连锁店等零售终端的批量采购者和次级批发商连接，如果品一般是利用批发市场提供的交易场地、信息平台、仓储、运输等服务设施，来达到宣传企业、联系合作伙伴、维护合作关系、及时批发交易的目的。该模式主要特点是企业与农户间合作基础是短期合同，农户处于供应链的起点端，劳资关系属于资本支配劳动型，这一种企业与农户合作性较弱，而利益竞争较强的模式，其利益分配机制尚未形成，农户收益的稳定性较差，因此这种模式是适应市场竞争需要而向成长阶段发展的供应链运作过渡模式。

（二）加强农产品供应链管理的保证措施

1. 建立农产品供应链各参与单位间的利益分配机制。完善好供应链各参与单位利益分配是协调好农产品供应链的核心问题，使各参与主体在各个经营环节实现利益平衡，是促进农产品供应链顺利活动的关键。如供应链核心成员在一定程度上要保障各参与主体能够获得比较稳定的合理收益，这样既保证加工企业有稳定的原料，又促进供应链的稳定，使各参与方都关心供应链的整体发展。当前应重视生产基地、专业合作社和农户的利益，增强参与合作的积极性。

2. 建立高效的农产品信息交易平台。信息网不健全是造成农产品供应链各节点组织不够顺畅、协调不到位的重要因素，我们要积极学习发达国家的一些比较成熟的做法和经验，如利用农业信息咨询公司向农产品生产商、中间商和消费者及时提供各类信息，发挥信息在农产品流通中的作用。

3. 促进农产品供应链创新。要积极支持龙头企业到大中城市开办农产品超市，加强农产品批发市场建设，加快和完善农产品物流体系建设，逐步把营销网络延伸到各大中心城市。目前各农业生产企业实力有限，因此农产品供应链上的各参与单位必须通过功能整合协调运行，才能实现农产品供应链整体效益最大化。

4. 各级政府和企业主管部门要支持农产品供应链发展。要创造良好的环境，在税收、融资、土地使用等方面给予龙头企业优惠政策，提供优质服务，支持龙头企业发展。另外，也可以参照发达国家的经验，建立各种农产品行业协会，提高农产品供应链的组织化程度，从农产品供应链起点解决无序竞争问题，并通过建立行会协会来构建信息平台，协调各参与单位的信息与利益，保障农产品供应链信息顺畅、利益均衡，并进行有序发展。

加快农业现代化建设的几点建议*

随着经济发展和社会进步，农业现代化建设在我国特定的社会主义建设中，已经显得越来越重要，并且从新型工业化、城镇化、信息化、农业现代化协调发展的角度看，农业现代化处于关键地位。从近几年的发展看，农业现代化明显滞后于新型城镇化和工业化建设，在这种情况下只有加快农业现代化建设，才能加强农业的基础地位，保障农业稳定可持续发展。本文就农垦企业推进农业现代化建设问题提几点建议，供参考。

一、农垦企业推进农业现代化建设的重要性

1. 加快农业现代化建设有利于巩固农垦企业经济发展的基础。农业是国民经济的基础，农业现代化建设，尤其是通过用现代物质条件装备农业、用现代科学技术改造农业，将显著增强农业的综合生产能力，大力提高土地产出率、资源利用率和农业劳动生产率，从而进一步强化农业在经济发展中的产业基础地位。

2. 加快农业现代化建设有利于促进农垦企业第二、三产业的发展。一是农业现代化建设可以加快农业内部产业体系的完善和农业产业链条的延长，从而带动相关的农业生产资料生产、加工、销售和农产品收购、储藏、加工、销售等加工业和流通业的发展。二是农业现代化建设要求有更高、更多的科技成果的应用，要求有更及时、更有效的信息提供，将带动农垦企业科学技术、教育培训、信息咨询等服务业的发展。三是农业现代化建设需要有更多的资金投入，要求有更有效的农业风险规避与完善补偿机制，将带动金融、保险等产业的发展。四是农业现代化建设能够进一步促进保护生态环境、生态农业、休闲农业等农业新动能的充分开发，有利于带动旅游产业发展。

3. 加快农业现代化建设有利于提高农垦企业职工收入和生活水平。近几年农垦企业加快农业现代化建设，企业职工收入得到大幅度提高。黑龙江省农垦齐齐哈尔管理局 2015 年人均可支配收入为 22 042 元，比 2000 年增长 580.94%，年均增长 13.64%，农业职工收入水平得到有效提高。由此可见，

* 本文撰写于 2016 年 8 月 8 日。

农业现代化建设是促进农垦企业职工收入增加的重要途径。

4. 加快农业现代化建设有利于拉动农垦城镇消费市场的需求。农业现代化建设会扩大农业职工对工业产品和消费市场的需求，市场需求的扩大进一步刺激工业与其他非农产业的扩张。特别是我国，农业是国民经济的主要生产部门，是市场的主体，农业的发展在很大程度上制约着整个经济的发展。农业现代化建设有助于通过增加职工收入刺激农业生产投入和生活消费两方面的市场需求。

5. 加快农业现代化建设有利于维护社会稳定。农业现代化建设能够促进职工收入的增加，实现职工更加充分就业；能够带动和创造更多非农产业的发展，增加就业机会，提高收入水平；能够带动教育、文化、科学技术等事业的发展，提高职工的科学文化知识和综合素质等。因此，农业现代化建设可促进社会的和谐与稳定，为经济进一步发展创造有利的社会环境。

二、加快农垦企业农业现代化建设的几点建议

1. 加快农业先进技术的推广。建立高产、优质、高效的现代农业，实现农业现代化，必须依赖科技进步。目前我国农业科学技术发展比较快，粮食增产与发达国家差距不大，但是缺少强大的农业科技推广系统作为依托，因此应尽快建立新的农业技术推广工作创新系统，形成农业技术推广网络体系。要重点增加基层企业农业技术推广人员，加强基层农业技术推广人员在职培训和技能训练，建立农业技术推广网络，建立以国家投入为主的多途径、多渠道农业技术推广投入管理体系。

2. 提高农业劳动者科技文化水平，培育新型职业工人。在发展现代化农业的过程中，人的现代化是第一位，没有掌握现代科技文化知识和现代管理技能的人，不可能使用和操作现代化的机器设备，也不可能接受和应用新的科学技术成果，因此发达国家在发展农业现代化的同时，非常重视发展农业教育，提高农民科学技术文化水平的工作。几十年来，发达国家农业就业人数大幅度减少，而农业生产却大幅度增长，这与农民素质的提高密切相关。在我国，农业人口中具有较高文化素质的人员所占比重很低，农垦企业近些年从事农业工作的人员大部分具有初高中文化水平，真正有一定学历的技术员比重低，造成农业生产管理后续乏人。据调查，多数在农业高等院校学习过、有一定专业技能的人员，不愿从事农业生产。因此要大力发展农业职业教育，逐步建立起多渠道、多层次、多形式的农业职工培训体系，尽快通过新型职业工人的培养，造就一批懂技术、会经营的以农业为职业的新型人才队伍，并由他们带动现代农业的发展，促进农业由传统农业向现代农业转变。

3. 扩大土地规模，实行适度规模经营。实现土地适度规模经营是提高农业劳动生产率、实现农业现代化的必经途径。农垦企业多年来实行土地承包制，有些是实行长期承包经营，应尽快通过土地流转政策促进土地向种田能手集中，逐步扩大农业经营规模、发挥规模经济效益，在坚持农业基本经营制度的基础上，进一步加快推进农业经营体制机制创新，培育规模经营主体，加快探索建立市场化的流转机制、服务化的土地经营制度、合作化的经营组织形式和产业化的经营方式，推进适度规模经营。当前农垦企业受多年土地承包方式的限制，仍实行一家一户的生产经营，在一定程度上影响了先进技术和现代化农业机械作用的发挥，也增加了农业的生产成本，因此应进一步鼓励有一定经营管理能力、有技术、有资金的农户或非农人员组建农业生产合作社成片承包土地，实现规模经营，提高农业生产的效率，增加职工收入，农垦企业要加大土地流转的改革，地方政府和金融部门要给予政策和贷款等方面的支持，相关部门要给予技术指导。

4. 加快发展现代农业服务业。现代服务业的主体就是生产性服务业。目前我国总体上已经进入以工促农、以城带乡的发展阶段，进入加快改造传统农业、走中国特色农业现代化道路的关键时期，因此发展服务农业的生产性服务业可在以工促农、以城带乡中发挥重要作用。重点做好以下工作：一是构建现代农业服务体系。重点构建以农垦企业为主导，民营企业和合作经济组织为基础，农业科教研及涉农企业广泛参与，公益性服务与经营性服务相结合，专项服务与综合服务相协调的新型农业社会化服务体系。二是加快完善市场流通体系。发展大型农产品综合批发市场、区域农产品物流中心、现代农产品交易公共信息平台和电子商务平台。重点建设一批设施先进、特色突出、功能完善、交易规范的农副产品批发市场。三是加快发展农产品物流体系。积极发展农产品连锁配送、专营直销、冷链物流等现代物流，大力构建产地与销地、专业与综合、批发与零售、传统与新型相结合的农产品市场流通体系。四是加快发展新型农业技术服务业。积极鼓励具有资质的企业、个人，通过合法途径开办各类服务性机构，国家应给予政策扶持，大力探索农业技术推广新机制和新方法。五是加快发展农业信息技术服务业。加快构建以传统媒体与电子网络相结合的现代农业信息化体系，为广大农户及时提供各项惠农政策、先进高效种养模式、网上绿色产品博览会等各种信息服务，推进信息进户，满足农户及时获取各类农业信息的需要。实施“农业网上”工程，积极引导农业产业化龙头企业、专业合作社、经济组织和种养大户等各类市场主体发展农业电子商务，促进农产品流通与销售。六是建立农业金融保险服务体系。国家应加快农村金融保险改革的步伐，积极推进农村金融保险制度创新、产品创新和服务创新，发展农村金融保险机构，增加农户小额贷款投入，扩大农业保险的覆盖面。

5. 积极转移农业剩余劳动力。农业劳动力顺利转移是实现农业规模经营的前提条件，也是实现农业现代化的重要举措。只有转移劳动力并使其获得相对稳定的职业或工作，农业劳动力人均负担的耕地面积才能增加，扩大农业经营规模才有可能。只有农业生产经营者的科技知识、管理能力等素质得到提高，农业规模经营的效益才能得到保证。在剩余劳动力转移方面要抓好农业内部吸收劳动力工作，在农业内部向有比较优势的行业转移，如林业、渔业、畜牧业等。积极发展劳动密集型产业，如设施农业、休闲农业、旅游观光农业等。积极推进农业产业化经营，加大农产品深加工。加快小城镇建设，发展民营企业以吸纳更多的劳动力，实现剩余劳动力就业。要积极加快工业化、城镇化与农业现代化统筹协调发展，加快制度创新，减少劳动力转移的束缚，包括土地制度改革、教育培训制度改革。建立统一的劳动力就业市场，制定统一的劳动力市场规划，扩大公共财政覆盖的范围，尤其是要大力发展教育卫生事业，逐步建立和健全劳动保障体系。要采取综合措施，提高农业综合效益，充分挖掘农业内部吸纳劳动力的潜力，大力发展农垦城镇经济，促进农业劳动力就近就地转移。

发展农业现代化需要健全配套措施*

目前在农业现代化的发展中，突出的问题之一是农业科技推广服务体系不健全，最突出的表现包括科技入户渠道不畅，技术人员服务手段落后，公益性推广与经营性没有分离，基层推广机构缺乏生机和活力，民营农业科研和推广发展不足等，无法满足现代农业发展的需要。本文就发展农业现代化需要健全配套措施问题，谈几点建议，供参考。

1. 建立新型农业科技推广体系。建立新型科技推广体系，并按照“公益性、区域性、综合性、层次性”的原则，加快构建多元化、多层次的农业技术推广体系，要依靠农垦系统资源优势，加快农业科技示范场和科技园区建设，充分发挥现有农业科技园区的示范、辐射和带动作用，进一步完善农业科技服务体系。创新农业推广的组织形式、服务方式，探索农业推广新的运行机制，尽快形成国家、企业、个人、全社会共同参与的新型农业推广网络，形成多元化、服务社会化、形式多样化的推广队伍，鼓励科研单位参与农业技术开发、转让、咨询、服务工作。发挥各类高效示范场（园）的辐射带动作用，加速科技成果转化，强化龙头企业的科技创新和产业带动作用，加快科技人才培养，建立结构合理、素质较高的农业科技队伍，开展提高职工素质和专业技能的培训活动，培养一批高水平的农业科技管理队伍。

2. 建立现代农业物流服务体系。为实施和发展绿色物流，物流企业必须将其经营战略与环境保护有机结合起来，构建绿色物流体系。物流中的运输工具，特别是公路运输工具，对环境的影响较大，污染源主要是废气、噪声。要实施联合一贯制运输，提高物流的现代化程度；要统一集货、统一送货，减少物流和提高配送效率；要树立企业绿色形象，建设物流园区，发展绿色物流，形成与货物运输密切相关的货运、物流配送、物流储备、加工生产、内外贸易的服务和产业链。

3. 积极推进农业产业化经营。结合当地资源优势，通过多种形式和渠道筹措资金，推进农业产业化发展。发展龙头企业和优势产业是发展农业产业化的关键，而农业产业化是发展农业现代化的必由之路。发展农业产业化有利于清洁生产，有利于农业废弃物再利用，有利于相关产业的融合，同时，发展农

---

* 本文撰写于2017年6月19日。

业产业化也可加快我国农业走上健康发展的道路。

4. 加强农业信息技术的建设。在现有的农业信息网站的基础上，研发新一代农业信息体系，利用网络信息系统提供农业动态、农产品供求、农业新成果、农业新技术、农业政策等信息。加快农业自然资源、农业政策法规、种子种苗、农药及病虫害防治、农业气象、土壤、农产品市场行情分析、农业科技成果等信息建设，拓展农产品订单交易和网上交易，为农业从业者提供及时的信息资源。加快农业信息化建设，在农产品生产、资源高效利用、环境监测等方面广泛应用云计算、移动互联网、物联网等信息技术，主要包括农业管理信息网，农业综合服务信息网，农业技术研发、应用与推广信息网，资源循环再利用信息网，农业电子商务平台，重要废弃物交易平台等，在不断完善提高的基础上逐步形成集管理与决策、技术与研发、咨询与商务等为一体的信息体系。

5. 建立完善农产品科技检测体系。建立完善对农业资源、环境、产量的评估和预报体系，对农业灾害的预警体系，对农作物病虫害、自然灾害的应急机制等，加快气象等设备设施建设，实施人工影响天气，增强抗灾能力，运用先进的农业经营管理方法和农业科技成果，提高农产品的质量安全。

6. 建立农产品质量安全管理体系。农产品质量安全是国家公共安全的重要组成部分，对维护公众健康安全、保障社会稳定、增强农产品国际生产竞争力、实现农业可持续发展具有重要作用。重点建立和完善农产品质量安全标准体系，使生产有标可依、产品有标可检、执法有标可判；建立农产品认证管理体系，要引用国际上农产品认证管理体系，完善我国农产品的质量认证，提高农产品在国际上的竞争力；建立农产品质量监管体系，健全监管组织体系，明确管理主体及其责任，注重多部之间在监管领域各环节上的分工与协调，向“品种监管为主，分级监管为辅”的模式转变；建立农产品质量安全信息管理体系，对农产品质量安全信息的收集、管理、加工、储存、传递、反馈及应用，要建立健全农业信息发布体系；建立农产品质量安全追溯管理体系，重点按照“生产有记录、信息可查询、流向可跟踪、质量可追溯”的要求，规范农产品质量安全追溯操作规程。

7. 加大农业科技体系的改革。要建立产、学、研相结合的科技运行机制，支持产业化龙头企业与大专院校、科研机构建立长期稳定的合作关系，共建技术开发实体。要以项目开发为纽带，组织产、学、研联合攻关，农业科研立项要坚持“公开、公正、公平”的原则，全面推行项目招标制。在体制上，应该将农业科技运营的主体由政府逐步移交给企业，由企业根据产业升级需要直接研发、运营农业科技，提升农业的科技化水平，而政府需要在政策和资金上进行扶持。

加快推进农业标准化建设*

农业标准化是现代农业发展的基础，是增强农产品国际竞争力的有效手段，推进农业标准化建设是农业结构调整的必然要求，是保障农产品质量和食品安全的前提。农业标准化的主要内容是规范农业生产，形成农产品生产、加工、销售一体化的产业格局，是开展农产品产地认证、产品认证的依据。本文就加快推进农业标准化建设问题谈几点建议，供参考。

一、目前农业标准化建设中存在的主要问题

1. 农业标准化建设体系还不完善。我国农业标准化工作开展得比发达国家晚，且标准配套性和可操作性不强，产前、产中、产后等农业生产过程的标准化体系建设还不完善，标准化执行力度不足，农业企业参与标准化建设意识不强。

2. 农业标准化意识不强。我国农业生产者标准化意识普遍不高，虽然农产品数量比较充足，但大多档次不高，优质农产品比较匮乏，普通品种较多，专用品种少，农产品缺乏产后储存、精加工、包装手段以及相应的技术规范，农产品加工水平落后于发达国家，很难参与国际市场竞争。

3. 农业标准执行力度不够。目前普遍存在农业标准重制定、轻实施的情况，导致标准的制定、实施、推广存在严重脱节，农业标准制定和实施缺乏统筹规划。国家标准、行业标准、地方标准均自有体系，有的内容重复甚至自相矛盾，导致农业技术标准利用率较低。

4. 农业标准化监测监管不到位。近些年国家加大对农产品标准化监测监管的投入，但真正实现“从田间到餐桌”的全程全面监控还有很长一段路程要走，对问题多、风险隐患大的地区及产品监管力度还有待加强。

二、加快推进农业标准化建设的几点建议

1. 加强农业生产经营全过程标准化建设。农业生产经营包括产前、产中、

* 本文撰写于2018年7月13日。

产后三个阶段，因此农业标准化的范围还应拓展到产前、产中、产后整个生产经营的各个阶段的标准化。通过对农业生产的生产资料、产业环境、生产过程等各个节点的标准化，农产品的品质提高得到保证，食品安全得以实现，并在一定程度上提高农业生产的效率，增加农业生产的收益，实现农业生产经济、社会、生态效益的提高。

2. 加快农业标准化示范区等综合园区建设。提高现代农业示范区、园艺作物标准园、畜禽标准示范场等建设水平，采取优选基地、推广良种、技术服务、产业化运作等综合措施，推动农业标准化基地的建设。通过引入与研制结合的方式，建立绿色、有机、无公害的农产品生产、加工和流通全过程农业标准体系，加快推广农业标准化生产与养殖技术，加强农产品质量安全的源头控制，强化生产技术规范执行，推行企业化运作与产业化经营，提高农业标准化示范区、示范场组织化程度。

3. 建立和完善各种服务体系。农业标准化贯穿农业生产的产前、产中、产后各个环节，相关环节的技术推广机构都应纳入农业标准化管理服务体系。利用各种宣传和流通渠道推广农业标准化技术和管理信息，加强市场信息的收集和传递，开展相关的技术和管理方面的指导与服务，建立和完善农业生产标准化检测与评估体系。

4. 加强农业标准化的监督管理。农产品的质量安全监管涉及“从田间到餐桌”的全程监控，需要各级质监、工商、农业等部门的密切合作。需要继续加大对农产品质量监测的投入，特别是市场准入性检测至关重要。如“三品一标”，除了在认证时对产地环境和产品质量安全严格审核外，还要加强证后监管，只有把好每个环节，才能确保“三品一标”产品的质量安全。

5. 提高农业标准化意识。通过宣传教育增强全社会的农业标准化意识，使相关生产者、经营者全方位地了解掌握并且能够自觉执行标准，切实保障农产品的质量安全。要充分利用各种媒体和信息宣传工具，宣传农业标准化知识，尤其是对基层生产农户，要广泛开展农业标准化的技术培训，推广农业标准化的经验与技术，引导农户形成并提高农业标准化意识和自觉性。创新农业标准化的推广模式，在推广农业生产标准化的操作流程时应创新流程模式，将农业标准化技术等内容制作成直观易学习和接受的流程图。加强对农户规范化的培训，通过示范区、示范基地等，进行农业生产标准化全程指导，加强农产品质量分级标准的宣传和推广，提高农户的农业生产标准化意识。

加快农业信息化建设的几点建议*

农业信息化是指通过加强农村广播电视网、电信网和互联网等信息基础设施建设，充分地开发和利用信息资源，构建信息服务体系，促进信息交流和知识共享，使现代信息技术在农村生产经营、公共服务、政务管理及生活消费等各个方面实现普及应用，主要包括环境信息化、社会经济信息化、生产信息化、科技信息化、教育信息化、农业生产资料市场信息化、农产品市场信息化及农业管理信息化等。本文就加快农业信息化建设问题谈几点建议，供参考。

一、加快农业信息化建设的重要性

1. 加快农业信息化建设是实现农业生产方式转变的需要。目前我国农业正处于由传统农业向现代农业转变的时期，为了进一步加快农业生产方式的转变，必须解决农产品市场体系建设不健全、农业生产组织化程度低、农业社会化服务体系不完善等问题，要将现代信息技术应用于农业生产经营，推动信息化与现代农业建设的有效结合，实现农业产业产前、产中、产后的对接。

2. 加快农业信息化建设是实施乡村振兴战略的需要。乡村振兴是加快我国现代化建设的重大战略，没有农业信息化，就不可能有农业农村的现代化，也不可能实现农村的全面小康。在新形势下，增强农业综合生产能力，加快推进城镇化，实现城乡公共服务均等化等，迫切需要实现农业信息化建设。

3. 加快农业信息化建设是推动城乡经济社会一体化发展的需要。构建功能完备、运转高效的城乡一体的社会化服务体系，是促进信息下乡、电商发展的需要，是实现以工促农、以城带乡发展的重要途径；加快实现农业信息化建设也是推进文化教育、公共卫生、医疗救助、社会保障等方面的需要，是加快城乡服务均等化、促进农村改革发展的需要。

4. 加快农业信息化建设是加快培养高素质农民的需要。加快农业信息化建设，可将农民培养成有文化、懂技术、会经营、善管理的高素质农民，通过农业信息化建设，农村可抓住信息网所提供的低成本、多样化、广覆盖的

---

* 本文撰写于2018年10月23日。

信息传播、知识扩散机遇，向广大农民传播各种先进适用的专业技术知识，并提供多样化的信息咨询服务，进一步提高农民的素质，使之尽快成为高素质农民。

二、加快农业信息化建设的几点建议

1. 加快信息网络基础设施建设。要以通信技术、计算机网络技术、人工智能技术、多媒体技术等各种资源数据库为基础，以农业专家系统、多媒体系统和决策支持系统开发工具为平台，建立各种各样的有关农作物生产、销售的技术系统和经济决策支持系统，并把农业专家系统配置到乡村，直接面向农民，引导他们认识和应用该系统，实现农业生产的自动化和智能化。同时要建立信息传播网络体系，通过农业信息网、新闻媒体网、农业信息网站及农业社会化服务组织合作，形成横向相连、纵向贯通的农业市场信息服务网络，形成集信息采集、加工、发布、服务于一体的市场信息服务体系。

2. 加快培养农业信息化服务人才。农业信息化需要一大批既懂现代信息技术和现代农业技术，又善于经营现代信息产业的专业人才。在农业信息人才培养方面，要加大投入，大专院校要加强农业信息化人才教育，逐步培养一批适应农业信息化发展的专业队伍。另外要利用多种形式加强对现有人员农业科技知识、农业法规政策、产业化经营、市场经济等方面进行培训，尽快培养一批掌握农业信息化技术的人才，还可加强对具有一定文化程度的农民的培训指导，形成一支结构合理、素质良好的为农业提供信息化服务的队伍。

3. 加大农业信息化建设的投入。各地区各单位要抓住国家经济信息化建设的机遇，加大对农业信息化基础设施的投入，各地政府要建立农业信息化专项基金，纳入财政预算管理，要积极引进社会资金投入，按照“谁投资、谁受益”的原则，鼓励各类企事业单位和民间组织对农业信息化建设进行投入，以促进农业信息化建设的快速发展。

4. 培育和扩大农业信息网络的用户。农业信息服务的主要对象是直接从事农业生产和农产品经营的农民、商人和产业化企业，因此需要对基层的农业技术推广机构、农业管理部门、产业化龙头企业、专业合作社及农户进行互联网知识培训、宣传，培育网络信息的中介机构，通过这些机构和用户，将互联网上的信息传播到分散的农业生产者或经销者手中，以提高农业信息资源的利用率，推动农业信息化建设。

5. 加大各类农业信息资源的开发与管理。要拓宽信息采集渠道，建立门类齐全的信息采集系统，发挥整体功能，做到区域信息与全国性信息相结合，纵向调查与横向收集相结合。加强信息源建设，一是要围绕农业信息需求多样化的实际，加强农业信息源和信息渠道的开拓、发掘及信息采集整理工作。二是对农业的信息要进行深层次挖掘开发，提高信息的精准性、完整性、适用性，保障农业信息网络能够提供符合广大农户需求的有效信息资源，提高农业信息加工、处理、分析一体化水平。三是要盘活现有信息资源，充分发挥现有资源的利用效率。四是要加快农业信息资源数据库建设，农业信息资源库包括农业自然资源信息、农业科技信息、农业政策法规、农产品市场信息、人才资源信息等。五是要加强各种农业信息资源的建设、有序管理和应用开发，充分利用现代信息处理技术、数据库技术、多媒体技术，建立农业信息资源保障体系。

发展农村物流园区的几点建议*

农村物流园区是以农资批发市场、农产品批发市场或者大型的农产品生产基地为依托，把分散的、形式各异的、服务功能不同的农资和农产品物流企业、加工企业、批发商、零售商聚集起来，通过物流园区的整合、协作，将农资和农产品收集、流通、加工、仓储、包装、配送等多种功能集为一体，为农村物流主体提供现代化和全方位的物流服务。以物流园区为主导的物流模式，通过对原有批发市场的改造，采用先进的电子信息技术辅助农产品交易，配备完善的物流体系和信息技术平台，使园区成为联结生产、加工、零售的核心环节。当前随着国家对农产品物流的进一步重视，以及现代物流理念的普及和流通产业自身发展的需要，一大批农产品批发市场被改造升级为农产品物流园区，但在发展中也出现一些问题，需要加以改进。本文就加快发展农村物流园区问题谈几点建议，供参考。

一、物流园区的主要作用

1. 整合农业产业链。农村物流园区是一个高标准、现代化的集农产品贸易、农资农机贸易、农产品加工、农业物流和农业展示推广于一体的综合性农业物流园区，它是为整条农业产业链服务的，不仅具有一般物流园区所具备的仓储、运输、加工、交易的功能，也衍生出农产品深加工、农业推广、信息服务、农产品质量安全检验与追踪、电子商务、金融服务、旅游观光的功能，其服务功能覆盖整条农业产业链。

2. 实现城乡间经济活动的双向流动。城市有相对发达的第二、三产业，农村则主要发展种植业、养殖业等产业，城乡之间产业链条未整合，表现为相对“断链”的状态。农村物流园区是连接农村与城市的平台，通过引进城市的加工业和第三方物流业，增加农产品的附加值，保证农产品安全、高效、高质地流入城市，连通城市商贸业；通过园区的交易平台和推广平台，使农资、农具和大型农业设施等城市工业品顺利进入农村、服务农业。

3. 提供集成物流服务。随着农村产业运作过程不断专业化、信息化、网络化，物流服务不断向高级化发展，其中一个突出表现就是需要集成物流服

---

* 本文撰写于2019年4月27日。

务。农村物流园区解决了农村物流行业资源分散、单个物流企业竞争弱等问题，实现规模化、集约化经营，从而降低了农产品物流成本，提高了农产品物流运作效率，改善了农产品物流服务质量，同时大型农资物流园区为企业提供从生产到仓储的一系列服务，最终目标是打造专业化、多功能、一站式的现代大型农资商贸中心，商贸中心不仅具有交易服务的功能，还具有研发、博览、信息、检测等现代商业综合服务功能。

二、农村物流园区发展中存在的主要问题

1. 缺乏统一合理的规划。一是规划不具体，定位不准。有些地方没有从实际出发，没有制定具体的园区建设方案，造成“有规划、无进展”现象，还有些地方在园区规划上缺乏经验，规划不清晰、不合理、可操作性不强。二是重规模、轻效率。有的地方盲目求大，忽视园区的效率。

2. 基础设施不完善。由于农村经济基础薄弱，基础设施不能满足农村物流园区的需要，主要是交通基础设施、供电、供水等不配套，影响园区的发展。

3. 盲目性投资开发。当前物流园区的开发大部分采用“政府规划、企业主导”的模式，这种模式的主要问题在于政府虽然在宏观上规划了物流园区，明确了园区的功能定位，但有些主导开发物流园区的企业在开发过程中未能按照政府的规划进行，并且开发建设过程涉及的环节多，需要政府多部门协调配合，但由于各部门之间各自为政，未能将物流园区的建设作为工作重点，影响了物流园区的推进。

4. 信息技术落后，物流服务和经营水平低下。有些地方物流园区信息技术应用水平较低，如电子商务、互联网、条形码、电子数据交换、管理信息系统等信息技术未能得到广泛使用，造成园区入驻企业不能共享信息资源，直接影响到物流园区的效率。

5. 扶持政策不到位。为加快农村物流园区的发展，各地都制定了一系列的有利于农村物流园区发展的优惠政策，包括税收政策、用地政策、财政政策、融资政策、行政事业收费等。但由于审批环节较多、审批过程烦琐、审批效率低，再加上在政策的执行上，有些政策相关人员不积极、服务不到位，真正受惠的企业并不多，优惠政策的作用不甚理想。

三、加快农村物流园区发展的几点建议

1. 统筹规划合理布局。农村物流是一个相互联系、相互分工协作、有等级层次的网络体系，如果农村物流形不成体系、布局不合理，很难加快物流产

业的发展和提高物流的效率。各级政府要把物流园区作为区域总体经济发展规划的有机组成部分，统一规划、统一运筹，发展不同层次的物流体系，改善农村物流的网点布局，在规划物流园区时要完善相应的配套措施。一是建立农村物流业统一管理制度。各级政府应努力打破部门界限，建立统一的管理制度，要成立农村物流业的规划、决策和管理的专门机构，协调各部门物流运行的制度、政策，提高物流发展的效率。二是建立常态化协调机制。组建由各区域物流业多部门组成的协调机构，围绕区域间物流发展整体规划，制定市场管理制度，破除地方保护壁垒，做好分工与协作等问题，以实现物流基础设施合理布局和建设，并有效地衔接一体化地区内的各种运输方式。三是做好物流园区的选址工作。农村物流园区的选址要坚持以下原则：适应性原则，要与当地的自然条件（气象、地质、水质、地形等）相适应，要与农村物流和经济发展趋势的方针政策相适应，要与农业资源分布和需求相适应，要与农村土地利用规划相适应；战略性原则，选址要具有全面、长远的战略规划，既要考虑当前的需要，更要考虑未来的增长情况及园区与周围地区经济的长远发展；低碳环保原则，选址应注意自然环境、交通环境的不利影响，要注意农产品废弃物的处理要符合环保要求，实现绿色可持续发展；经济性原则，选址要考虑成本问题，包括建设成本和运输成本，要优先考虑利用现有仓储区、货场改建，还应考虑一定数量和素质的劳动力供给因素，减少劳动成本，选址还应考虑尽量靠近货物转运枢纽、交通主干道出入口，缩短运距、减少物流服务的时间、降低运输成本。四是推进农产品物流标准统一化建设。重点推进农产品物流硬件标准建设，探索农产品物流的基础标准化，最大限度发挥设备作业能力，提高作业的效率。还要积极推进农产品物流信息编码与数据交换的标准化建设。

2. 加大农村物流园区的环境建设。一是给予政策上的支持。各级政府要制定对大型物流设施政策支持，主要是财政、土地、税收等方面的支持，提高企业参与物流园区的发展与建设的积极性，另外各级政府要为物流发展提供良好的法律环境，在政策法规上提供良好的保障，要建立规范化市场监督机制，强化市场的内部管理，规范市场秩序，打破地区和行业界限，建立起农产品进城、农资和消费品下乡的绿色通道。二是多方筹资共建物流园区。大型、超大型的建设项目和大型物流枢纽工程应由各级政府出资兴建；中型建设项目（如物流中心、支线道路）可采取政府与民间联合投资的办法；小型物流设施建设（如配送中心、物流基地）可按照“谁投资、谁受益”的原则吸引社会资本以股份合作制的形式兴建。要加大政策扶持的力度，吸引民间资本向农产品物流领域投资，此外物流业的发展要进一步放宽投资限制，鼓励外商投资，兴办合资、合作性物流企业。

3. 加强农村物流园区的信息化建设。农村物流园区是农产品、农资物流信息的汇集地，建立农产品、农资物流交易平台和农产品、农资物流园区管理平台及物流信息公共平台势在必行。在功能规划方面，物流交易平台可以提供农产品订货、仓储、加工、运输、销售的服务信息及消费者需要的农产品相关信息。物流园区管理平台可以使管理企业及时监控物流园区运作信息，控制整个农产品物流园区的农产品物流过程，实施集成化管理，改善农村物流园区的经营管理环境，促进农产品交易市场快速发展。物流信息公共平台可发布和查询政策信息、交通信息、人才招聘信息等公共服务信息。物流企业可以通过平台完成从业资质审核、工商注册、税务申报、动植物检疫申报等网上申报流程，政府和行业协会通过平台采集农产品物流企业数据。

4. 完善农村物流园区服务功能。物流园区将质检、储存、包装、加工、配送等物流活动紧密地协调在一起，将多种物流活动在一个物流园区内整合，既节约了物流空间，也为客户提供多功能的一体化的服务，实现物流园的规模经营。物流园区还应积极引进配套服务企业，建立起物流园区综合支持系统，提供金融、保险、工商、税务等配套服务，还可设立综合服务中心、停车场管理处、加油加气站等设施，为客户和消费者提供信息咨询、安全、车辆维修、设施维修等服务，进一步完善农产品物流园区的功能，更好地为物流园区的企业和客户服务，带动整个物流园区的发展壮大。

5. 抓好物流园区的经营管理。在经营方式上坚持市场化运作，政府应以引导、服务、协调、监督为主，不干涉园区内具体经济活动，即使是政府直接投资建设的农村物流园区，也应聘请代理公司进行管理，按市场化管理。要不断创新运营模式，建立农产品物流园区现代企业制度，农产品物流园区内各企业应实现自主经营、自负盈亏、公平竞争、合理运作，避免垄断。

6. 积极发展物流园区主体。大力发展和壮大农村物流的主体，是改善农村物流的关键。一是采取多渠道、多形式、多元化的方式，尽快培育一批农村物流企业，重点要发挥龙头企业的作用，鼓励龙头企业与运输企业、商业企业间的联合，打造一批优势物流企业。二是积极引进发达地区和国外物流企业，利用其先进的管理、技术和资金优势，依靠其网络和信息，发展农产品物流业。三是大力扶持农村营销大户、农业合作社，支持农民开展农产品加工、销售服务和自办购销组织。四是积极培养农村现代物流人才，地方政府要加大对农村物流人员的培养和培训，物流企业应根据物流的特点，加强对农村物流人员的培训，建立农村物流教育培训中心，要建立多层次的职业教育体系，使物流人才结构与市场需求对接，大力发展职业教育，积极提高农民素质，增强现代物流意识，改变“小而全、大而全”和自货自运的经营模式。

7. 积极推广和提高农村物流技术。农产品的大宗物流主要经过的环节是：生产者→产地市场运销批发商→销地市场零售商→消费者。在整个物流链条上，技术创新是物流业发展的重要支撑，农产品采摘、保鲜、分选、包装、运输、储存等环节的技术是农产品物流环节的关键技术，因此要把技术创新放在突出的位置，加强农产品流通环节的保鲜、运输、储存等技术的研发力度，各级政府、龙头企业要加大对流通环节技术创新投入或政策支持力度，推动农产品物流技术的推广应用。

8. 加大物流园区的基础设施建设。农村物流园区作为物流网络最重要的节点，是农村物流产业集聚地，是完善物流网络、开展物流活动的重要基础设施。物流园区建设具有本身效率低、综合效率高的特点，因此需要以政府为主体，规划物流园区功能、投资园区的基础设施，并积极引导社会资本投入，要按照国家的要求，减轻税收负担、加大土地政策支持、改善经营环境、鼓励资源整合、促进物流园区的发展。建设多种类型的物流管理模式，可依据投资模式的不同，建立不同的物流园区管理模式：一是管理委员会模式。该模式可参照开发区的管理模式，设立管理委员会，对物流园区进行管理，提供企业登记、土地使用、人事代理等服务，物业管理委托专业的公司提供。二是股份公司管理模式。该模式采用管理股份公司的形式来管理物流园区，在物流园区设立董事会、监事会、总经理以及相关部门等管理层级，按照责权利相结合的原则来管理物流园区。这也是市场化管理模式，把物流园区当作一家独立自主、自负盈亏的公司来管理，这种模式多见于主体企业开发的物流园区。三是房东管理模式。该模式是开发商完成物流园区的基础设施建设和配套设施的开发之后，把土地、房屋、仓库、办公楼、信息平台等设施租给入驻园区的物流企业。投资开发商开发完后，只收租金，不参与物流园区的经营管理，物流园区为企业提供的服务由政府部门进行供给或者由专业公司来运营。四是协会模式。该模式是由物流行业协会负责整个园区的管理，组织协调园区内企业物流服务，政府给予必要的支持。五是业主委员会模式。该模式是由参与物流园区建设的企业组成业主委员会，成为园区的决策机构，组建管理部门，负责具体的经营，这种模式是一种松散的结合，物流园区的事都要由业主委员会决定，随着业主的增加，决策的时间也会变长，效率比较低。

构建新型农业经营体系的几点建议*

新型农业经营体系是指以家庭农场经营为基础，以新型农业经营主体为核心，以农业社会化服务和农村金融服务为支撑的立体式、复合型的现代农业经营体系。构建新型农业经营体系有两个关键因素：一是扶持发展种养大户和家庭农场，引导和促进农民专业合作社规范发展，培育壮大农业产业化龙头企业，打造高素质的现代农业生产经营队伍；二是健全农业社会化服务体系，培育壮大经营性服务组织，支持多种类型的新型农业服务主体开展专业化、规模化服务，积极推广合作式、托管式、订单式等服务形式，创新农业社会化服务机制。本文就构建新型农业经营体系问题谈几点建议，供参考。

一、当前新型农业经营体系存在的主要问题

1. 经营主体地位不明确。目前，家庭农场及专业大户主体的登记管理办法还没有出台，家庭农场和专业大户等新型农业经营主体不能在工商部门登记注册，还不具有法人资格，严重制约了这些新型农业主体的进一步发展，不利于扶持政策的落实。

2. 专业合作社内部运行机制不规范。多数专业合作社规章制度不完善、组织机构不健全、民主管理不落实、收益分配不合规，部分专业合作社还存在着核心成员内部控制不健全。有些龙头企业尚未建立起现代企业机制，还没有与农户建立起比较紧密的利益联结机制，带动农户发展生产、增加收入的能力不强。

3. 农业社会化服务滞后。新型农业经营主体的发展离不开现代化服务组织提供的专业化服务。目前农业社会化服务体系不健全，公益性服务机构能力不强，经营性服务组织较弱，服务方式落后，服务内容单一，整体服务水平不高。

4. 扶持政策不到位。近年来国家对专业大户、家庭农场、农民专业合作社等新型农业经营主体在土地流转、人员培训、农业补贴、税收、融资等方面出台一系列扶持政策，但对新型农业经营主体的扶持政策目标还不够明确，扶

---

* 本文撰写于 2019 年 5 月 20 日。

持还不够具体，支持的力度还不够大，缺乏对政策执行的监督和评估。

二、构建新型农业经营体系的几点建议

1. 加强高素质农民的培育。目前培育高素质农民还面临很多问题，如尚未制定有关农民教育的专门法律，农民教育得不到法律和政策保障，没有建立规范的职业农民岗位标准和准入制度，缺乏相应的投入机制、补贴机制和激励机制，农民教育培训缺乏统一规划和专门的管理部门，农民接受职业培训的比例普遍低。针对这些问题，加强高素质农民培育应重点做好如下几方面工作：一是强化教育培训制度设计。各级政府应加快制定农民教育的法律法规，加强农民教育的法制建设，建立农民教育管理制度和政策。二是构建多元职业农民教育培训体系。建立农业院校、农业科学院、农业技术推广中心等多主体、多层次、多形式和灵活有效的体系和机制，建立高、中、初等职业农民培养体系，加强分类指导、分层次培训职业农民。三是逐步建立职业农民准入制度。农业职工准入制度的建立，一方面能够进一步完善职业农民教育培育体系，另一方面可以强化农民扶持政策，使优惠的政策被从事农业生产、拥有农业技能的高素质农民获得，增强优惠政策的使用效果。四是制定有针对性扶持政策，推动初、中等农民职业教育需要进一步完善职业农民培训补贴制度，增加资金投入，对参与培训的农民不收费或少收费并提高补贴标准，提高农民参与职业教育的积极性。五是鼓励大学毕业生加入职业农民队伍。国家应进一步完善大学毕业生到农村就业创业的政策措施，为大学生到农村就业创业提供相应的社会保障，在贷款、融资、技术等方面给予优惠政策，鼓励大学毕业生投身农业成为高素质农民。

2. 加快发展适度规模经营的家庭农场。一是加快制度创新推进土地流转。①完善农村土地承包政策，在落实土地集体所有权的基础上，稳定承包权、放活经营权；②建立土地有序流转机制，鼓励农民承包土地向专业大户、家庭农场、农民专业合作社等新型农业经营主体流转；③加强土地基础建设，探索通过“互换并地”等方式解决承包土地分散化问题，将土地确权登记、互换土地与农田基础设施建设结合起来，整合商品粮基地、高标准农田建设、农业综合开发、土地整理、农田水利等项目资金，大力建设连片成块、旱涝保收的优质农田。二是提供与家庭农场相匹配的社会化服务。应出台相应的政策，提高新型农业社会化服务的水平，成立社会化服务机构，利用现代物质装备提供规模化、机械化作业，确保家庭农场生产经营活动的开展。重点采取政府订购、定向委托、奖励补助、招投标等方式，引导专业合作社、专业服务公司、专业技术协会、涉农企业等经营性服务组织参与公益性服务，开展病虫害防治、动物

疫病防控、农田灌排、地膜覆盖和回收等生产性服务，整合现行的涉农服务平台，搭建集技术指导、农产品营销、农资供应、土地流转、农机服务、疫病防控等服务于一体的综合服务平台，促进农业社会化服务供需有效对接。

3. 规范农民专业合作社。目前农民专业合作社存在的主要问题是总体规模小，制约着合作社作用的发挥；财务管理不规范，缺乏有效的监督；专业人才缺乏、科技水平低。要进一步规范农民专业合作社的发展，一是完善法律法规。进一步完善现有的法律法规制度，鼓励农民创办专业合作社和股份合作等多元化、多类型合作社，深入推进示范社建设行动，把示范社作为政策扶持重点，促进合作社规范化建设，完善合作社税收优惠政策，规范合作社开展信用合作，建立合作社培训基地，培养合作社人才队伍。二是建立和完善监督制度，保障普通成员权益。在内部监督上，强化监事会在合作社治理中的作用，进一步规范合作社审计结果报告制度，保障成员对经营情况的知情权；在外部监督上，应加入外部审计的强制性条款，对合作社的外部审计和具体实施方法进行明确规定。三是加强合作社教育，提高合作社成员的从业素质。充分利用和整合现有的各种农业教育培训资源，构建包括学历教育、职业教育、农村基础教育等多层次、广覆盖的教育体系，形成完整的合作社教育体系，推动合作社的发展。四是探索多种融资渠道，解决资金缺乏的瓶颈。要充分挖掘和发挥合作社集聚人力、资金等资源的潜力，可以在农民专业合作社内部开展融资、信贷的探索，金融机构根据农业经营组织形式的转变，重点满足农民专业合作社的融资需求，制定专门的信贷政策扶持合作社的发展。五是培育营销能力，提高合作社的市场竞争力。应通过重点扶持和支持合作社建立营销网络、建立产品品牌，提升合作社的营销能力，提高其在市场上的竞争力，增强对合作社经营管理人员营销知识技巧的培训，开展和推广各种产销对接，组织合作社参与产品推介会、展销会等活动。

4. 支持农业产业化龙头企业的发展。目前农业产业化龙头企业发展中存在的主要问题是：龙头企业规模小，辐射带动能力不足，土地规模生产的效率低影响龙头企业发展，利益联结机制不完善等。下一步应加大对龙头企业的政策扶持，一是推动企业兼并重组，向集团化发展。各地政府应大力培育龙头企业，引导和推动优势龙头企业兼并重组，整合生产、加工、贸易等关键环节，形成完整的产业链。重点以优势产区为基础建立生产基地，以优势产业为依托发展农产品加工业，以优势企业为核心聚合生产要素，引领关联企业联合与合作，促进农业产业化、规模化、集团化发展。二是推动龙头企业与专业合作社、家庭农场等主体深度融合。随着农业生产经营方式的深刻变化，农业生产领域加快向产前、产后延伸，为了从产业链上提升产品质量、优化产业结构，应以农业产业化龙头企业为核心，将初级松散型的“公司＋农户”组织模式，发展为紧密型的“公司＋专业合作社＋农户”模式，使龙头企业与农户的利益联结更加紧密。农业产业化龙头企业将农户生产作为“第一车间”，通过建设规模化、集约化、标准化生产基地，辐射带动农民专业合作社、专业大户、家庭农场发展生产、进入市场。

5. 建立健全农业社会化服务体系。当前农业经营服务组织存在的主要问题是：经营服务组织大多作为单体存在，单打独斗，分散弱小，功能单一，形不成规模和体系，难以为农户提供综合性产业链全程服务；涉农公益性服务由于内在机制不活，很难发挥相应的作用。应重点在以下几个方面加强农业社会化服务：一是构建新型农业服务体系。在政策制定上应以解决当前农业社会化服务组织分散、弱小等问题为着眼点，以推进农业服务规模化来构建新型农业社会化服务体系。二是积极培育发展规模化的农业服务主体。推进农业服务规模化关键是培育规模化的服务主体，为新型农业经营主体提供规模化、专业化、产业化的服务。当前重点要培育好涉农龙头企业、专业合作社。三是要统筹融合涉农服务资源。既要统筹好农民专业合作社、涉农企业等经营性服务资源，也要发挥农业、农机、水利、科技等涉农部门服务资源，要推动基层农业服务组织向企业化转型，创新体制机制，增强经营服务活力。四是加强农业基础服务设施的建设。加大推广农业技术推广服务体系、农产品供需信息服务体系、农产品质量评估服务体系、农产品运输销售加工服务体系、农业风险防护体系等建设，加快粮食烘干、仓储、冷链、物流等基础设施建设，加强基层农业技术推广、动植物疫病防控、农产品质量监管等公共服务机构等办公场所建设。五是加强农业社会化服务人才队伍建设。要建立适合当地发展的乡土人才队伍，完善乡土人才培养机制，集中开展农业实用型技术和技能培训，全面提升乡土人才的素质，积极支持职业教育和培训体系的多层次、多元化和市场化发展，提高职业教育培训水平，加快培养一批素质优良的农业社会化服务队伍。

强化新型农业经营主体，助推乡村振兴*

新型农业经营主体是新时期乡村振兴战略实施的重要推动力量，是发展我国农村经济建设、实现农业现代化、促进农业增收的主力军，大力发展新型农业经营主体，不仅为我国粮食安全提供保障，而且对乡村振兴起到积极的作用。本文就新型农业经营主体当前存在的一些问题及进一步加快新型农业经营主体发展等提出一些建议，供参考。

一、目前新型农业经营主体发展存在的主要问题

1. 新型农业经营主体规模偏小。目前我国新型农业经营主体大部分规模偏小，层次不高。究其主要原因，一是土地流转费用偏高，限制了土地的流转；二是农村劳动力不足，并且劳动力价格上涨；三是农村生产性服务水平低，并且农业生产要素价格的上涨直接导致农业生产成本的升高，限制了新型农业经营主体规模化发展。

2. 新型农业经营主体发展不快。目前农业产业化龙头企业的农产品加工大多处于初级加工阶段，存在产业链条短、精深加工不足、产品附加值低、效益低下等问题。有些农民专业合作社和农业大户多以直接出售原粮为主，并未实现农产品再加工，尤其是黑龙江省农产品加工业加工转换率低，全省一半以上的原料销往省外。新型农业经营主体的农产品加工转化率低，增值能力不强，产业化龙头企业带动农户增收能力弱。

3. 新型农业经营主体成员素质低。懂技术、善经营、会管理、能营销的复合型人才少，多数新型农业经营主体的体制机制不规范，主要原因是组织机构不合理，产权制度不明晰，利益分配机制不健全。

4. 新型农业经营主体资金缺口大。融资难、融资贵问题是限制新型农业经营主体发展的瓶颈。当前多数新型农业经营主体的贷款渠道主要是农村信用合作社，其贷款利率较高，并且贷款需要一定的担保或以不动产作为抵押物，还需要一系列的资产信用评估，新型农业经营主体的贷款融资困难影响了其自身的发展。

---

* 本文撰写于 2019 年 7 月 22 日。

二、加快新型农业经营主体发展的几点建议

1. 鼓励新型农业经营主体向农业产业一体化发展，增强市场竞争力。积极发展农产品加工业，重点培育产业化龙头企业，增强辐射带动能力，通过订单农业、股份制合作等多种形式，与农户、专业大户、家庭农场、农民专业合作社等经营主体有效对接，形成“风险共担、利益共享、合作共赢”的利益联结机制。要重点鼓励农户、家庭农场、合作社以资金、技术等要素入股龙头企业，形成产权联合的利益共同体。要积极引导资本，依托农业园区发展现代农业，优化产业布局。支持工商资本在良种繁育、高标准设施农业、科研示范推广等适合企业化经营的领域发展种养业。

2. 鼓励土地承包经营权向专业大户和家庭农场流转，发展多种形式规模经营。一是加强土地流转平台建设，开展流转供求信息、合同指导、价格协调、纠纷调解等服务，引导土地依法自愿流转。通过推广委托流转、股份合作流转、季节性流转等方式推进连片流转，提高规模经营水平。二是建立土地优先向专业大户和家庭农场流转的有效机制，以资金扶持为导向，鼓励土地流转户与专业大户、家庭农场签订长期租赁合同，发展稳定适度的规模经营。

3. 发展多种形式的农民专业合作社。一是规范发展农民专业合作社，指导合作社制定合作社章程，建立健全内部管理制度，做到民主办社、民主管理。二是积极发展土地股份制合作社，坚持农户自愿原则，稳妥推进土地股份制合作社发展，并鼓励发展农民专业合作社联合社，在专业合作基础上支持相同产业、相同产品的合作社组成联合社，着力发展农产品储藏、销售和加工，提高市场竞争力和带动农户的能力。三是引导合作社开展内部信用合作，重点引导产业基础牢、经营规模大、带动能力强、信用好的农民专业合作社开展内部信用合作。建立健全内部相关规章制度，确保规范运行。

4. 加大力度培育高素质农民。一是加强高素质农民培训，各级政府要制定高素质农民培养规划，重点对种养大户、家庭农场经营者、合作社带头人等高素质农民开展培训，培养大批农村适用专业的技术人才，要扩大培训规模，建立高素质农民的职业培训制度。二是建立合作社带头人培训制度，着力打造高素质合作社领导人才队伍和辅导员队伍。鼓励吸引大中专毕业生兴办家庭农场和农民专业合作社。三是加强龙头企业经营者的培训，培养一大批农业产业化发展急需的经营管理人才。

5. 拓宽融资渠道，为新型农业经营主体发展提供资金保障。一是创新机制，增加内部融资渠道。通过合作制、股份合作制、股份制等组织形式，以带地入社参股、扶贫资金入股等进行融资，从而实现“资源变资产、资金变股

金、农民变股东”，壮大新型经营主体实力。二是鼓励社会各界非农工商资本进入农业领域。在国家政策的引导下，灵活运用政策支持新型农业经营主体发展壮大，同时建立动态监管机制，规范工商企业，促进其发展现代农业。各级政府对生产经营管理效益好、发展规模大、示范带动作用强的新型农业经营主体给予优惠政策支持。三是创新农村金融制度。重点创新农村金融产品和服务方式，允许农民专业合作社开展信用合作，为新型农业经营主体提供资金支持，扩大农村有效担保抵押物范围，建立健全金融机构风险分散机制，将新型农业经营主体的土地经营权、住房财产权、土地附属设施、大型农机具等纳入担保抵押物范围；建立新型农业经营主体信用评级，增加对新型农业经营主体的授信额度。四是创新贷款担保机制，由地方财政出资成立担保公司，为新型农业经营主体提供担保服务，另外也可由产业化龙头企业为合作社和家庭农场提供贷款担保。

6. 积极为新型农业经营主体打造农产品品牌。一是鼓励支持农业产业化龙头企业引入“互联网＋”、大数据、物联网等高科技农业技术，加大农产品品牌的宣传。二是加强农产品知名品牌与知名电商的合作，如北大荒品牌与国内知名电商的强强合作。

7. 构建社会化服务机制。一是加快培育农业经营性服务组织。采取政府订购、定向委托、奖励补助、招投标等方式，引导农民专业合作社、专业技术服务公司、涉农龙头企业等经营性服务组织参与公益性服务，大力开展病虫害防治、动物疫病防控、农田灌溉排水、地膜覆盖和回收等生产性服务。二是强化农业公益性服务体系。全面推行以公益性服务人员包村联户（合作社、企业、基地）为主要模式的工作制度，不断增强公共服务的能力。三是创新农业社会化服务方式。整合现有涉农服务平台，搭建集技术指导、农产品营销、农资供应、土地流转、农机服务、疫病防控等服务于一体的综合服务平台。促进农业社会化服务需求有效对接，积极推广“专业服务公司＋合作社＋农户”“涉农企业＋专家＋农户”等服务模式。

8. 加大对新型农业经营主体的政策支持。一是加大财政支持的力度。政府要给予农产品加工企业更多的财政补贴倾斜，促进新型农业经营主体规模产业化水平的提高。二是加强农村基础设施和公共服务设施建设。重点加大农村水利设施、气象服务、公路和网络建设投入，为农村新型农业经营主体开展电商提供保障。三是完善农业保险制度。要增设由政府财政支持的政策性农业保险品种，建立政府财政支持的农业风险补偿基金，提高农业保险补贴标准，降低新型农业经营主体发展生产面临的自然风险。

加快发展新型农业经营主体，助推农垦经济振兴*

新型农业经营主体是新时期乡村振兴战略实施的重要推动力量，加快发展新型农业经营主体不仅为我国粮食生产构建安全保障，而且为加快推进农村产业振兴、经济发展提供动力。本文就农垦企业加快发展新型农业经营主体问题谈几点建议，供参考。

一、发展新型农业经营主体对加快农垦经济发展具有重要作用

1. 发展新型农业经营主体可以加快农业生产方式的转变。培育专业大户、家庭农场等规模经营主体可以促进新技术、新品种的发展，发展农民专业合作社、产业化龙头企业能为农户提供科学技术指导，尤其是在当前资源环境约束增强和粮食需求增长矛盾制约下，加快转变农业生产方式，可以更多地采用科学技术，增加资本、技术等生产要素的投入，提高土地生产率、资源利用率和农业生产率，因此加快培育新型农业经营主体可以推进农业集约化经营，加快农业生产方式的转变。

2. 发展新型农业经营主体可以提高抗市场风险能力。随着我国对外开放的加快，国际农产品供求和市场价格的波动对国内农产品市场影响越来越大，另一方面国内农产品市场体系不完善，在国内外市场供求、能源、资本等多种因素的影响下，我国农产品市场波动幅度加大，与此同时，我国农产品进口规模不断增大，对国内农业生产的压力增大，尤其是对大豆、玉米等大宗产品的影响较大。以传统的一家一户农户为生产主体的农业经营体系面对剧烈变化的国内外农产品市场，显得力不从心。而加快培育产业龙头企业、农民专业合作社等新型农业经营主体，提高产供销、贸工农一体化经营体系，延长农业产业链，促进农业产前、产中、产后各环节深度融合，提高农业的组织化程度，可以进一步增强农业应对国内外市场风险的能力。

3. 发展新型农业经营主体可以进一步提高经营主体成员经营素质。由于

---

* 本文撰写于2018年12月29日。

农业比较效益低下，农民或农业职工的社会地位低，新生代不愿从事农业，导致农村青壮年劳动力不足，农业劳动力素质下降，有些地方老人、妇女成为农业生产的主力，因此，培育农民专业合作社、专业大户、家庭农场、产业化龙头企业，构建经营主体多元化、经营方式多样化的新型农业经营体系，已经成为推动农垦经济进一步发展的客观需要，可以进一步提高农业经营主体成员的素质。

4. 发展新型农业经营主体可以推进农产品质量的提高。随着经济的发展、城乡居民收入的增加，农产品消费的安全意识增强，对农产品的质量安全要求日益提高。传统的经营方式难以建立覆盖全过程的标准化体系和质量追溯体系，发展新型农业经营主体，通过建立农民专业合作社、产业化龙头企业、社会化服务组织等，可以将分散的农户组织起来，建立统一的农业生产经营、技术规程，实现农业生产经营全过程、全产业链质量管理体系，建立从田间到餐桌的质量追溯体系，可以进一步保障农产品的质量安全，满足城乡消费者对产品质量安全的需求。

二、加快发展新型农业经营主体的几点建议

（一）目前新型农业经营主体发展中存在的主要问题

1. 新型农业经营主体规模偏小。目前农垦企业主要是一家一户的家庭农场经营，农户之间没有经济联系，大农场（国有农场）与家庭农场只是土地承包费用收缴关系，家庭农场按承包合同缴完土地承包费后自主经营、独立核算、自负盈亏，家庭农场生产经营、产品经营完全是自行决定。由于家庭农场规模小，没有与大农场和产业化龙头企业建立经济利益联结，在市场上是单打独斗，没有市场竞争力。

2. 新型农业经营主体产业化程度不高。目前新型农业经营主体农产品大都是初级加工，产业链短、深加工不足、产品附加值低、经济效益低下。如黑龙江省农垦齐齐哈尔管理局所属农产品加工企业全部是民营企业，主要从事稻米加工，由于加工企业规模小，深加工能力不足，加之农产品原料收购不足，多数企业达产率不足50%，大部分企业处在亏损边缘。

3. 新型农业经营主体成员素质不高，体制机制不健全。当前农民专业合作社和产业化龙头企业的经营管理人员素质低，懂技术、会管理、善经营、能营销的复合型人才缺乏。新型农业经营主体管理体制机制不健全，主要表现在规章制度不完善，组织结构不合理，产权不够明晰，利益分配机制不健全等。

4. 新型农业经营主体社会化服务体系不健全。新型农业经营主体发展专业化生产离不开现代化的社会服务体系，但目前农业经营主体社会化服务体系

不完善、不健全，主要表现在农业社会化服务体系不健全，公益性服务机构能力不强，经营性服务组织实力不够，服务方式落后，服务内容单一，整体服务水平不高。另外，农业和农村金融服务落后，支持服务农业发展的能力弱，金融产品和服务方式有待提高。

5. 新型农业经营主体扶持政策不到位。近期国家对农民专业合作社、家庭农场等新型农业经营主体在经营管理人员培训、农业补贴、设施农业用地、信贷服务、税收等方面出台了一些扶持政策，但是受各种因素的影响，有些政策还没有完全落实，缺乏对政策执行的监督和评价。

（二）加快新型农业经营主体发展的几点建议

1. 加大产业化龙头企业与生产基地或农户的利益联结，推动农业产业一体化建设。目前农垦企业经营主体主要是家庭农场，由于大农场和产业公司没有建立产业化利益联结，家庭农场规模化、产业化水平普遍比较低。应通过建立“产业公司＋大农场＋家庭农场”的紧密型利益联结机制，加快农垦企业产业化发展，推动农业产业一体化建设。在发展方式上，首先产业公司（或龙头企业）与大农场建立紧密型产业化利益联结，大农场再与一家一户的家庭农场建立产供销一体化的利益联结，产业公司和大农场在年初与家庭农场签订生产资料投入、产品收购的合同，生产资料价格不得高于市场价，产品收购价不得低于市场价。产业公司形成的利润要在产业公司与大农场和家庭农场之间进行合理分配，尤其是产业公司需返还的利润要及时地返还给家庭农场，以提高家庭农场参与产业化合作的积极性。

2. 加大对农业产业化龙头企业的政策支持。目前产业化龙头企业规模小、达产率低、效益低下，应加大对产业化龙头企业的支持。一是各级政府和主管部门要支持产业化龙头企业建立生产基地。目前农垦系统的产业化龙头企业多数没有自己的生产基地，受市场价格变动和流动资金不足等因素影响，农产品原料收购普遍不足，达产率低，效益不高。要通过和大农场与家庭农场建立利益联结机制，建立自己的生产基地。二是加大对龙头企业的政策支持。要支持龙头企业通过兼并、重组、收购、控股等方式培育一批行业发展领军企业，支持龙头企业与专业大户、家庭农场、专业合作社有效对接，鼓励龙头企业创办专业合作社，推进企业与专业合作社和家庭农场深度融合发展，鼓励农户、家庭农场、专业合作社以资金、土地、科技等要素入股龙头企业，形成利益共同体。三是加大龙头企业品牌整合。目前农垦企业民办加工企业品牌多、杂、小，如黑龙江省查哈阳水稻加工企业几十家，各自都有品牌，在市场上互相竞争，多数企业效益不高，应通过品牌整合，提高品牌的整体效益。

3. 加大力度培育新型职业农工。乡村振兴的关键是人才。要加强组织管理，将新型职业农工培育纳入农业现代化目标考核；要用足人才引进的政策，支持大专院校、中等职业院校毕业生成为高素质农民（农工）；要以农业院校和科研院所为基地，组织农业科技专家，对新型农业经营主体带头人和骨干人才进行培训，提高高素质农民（农工）的专业技术和综合管理素质；要积极推进财政、税收、金融、保险等扶持政策向高素质农民（农工）倾斜；要优先安排高素质农民（农工）参加各种学习、考察、交流活动。探索“学校＋专业合作社＋农户”“公司＋基地＋农户”等融合培育模式，推进固定课堂、田间课堂、流动课堂一体化建设，形成高素质农民（农工）培育工作面向产业、融入产业、服务产业的新格局。

4. 拓宽融资渠道，为新型农业经营主体发展提供资金保障。金融部门要加大对新型农业经营主体的投入。要创新金融服务方式，扩大有效担保、抵押物范围，建立健全金融机构风险分散机制；建立新型农业经营主体信用评定制度，开展新型农业经营主体信用评级，增加对新型农业经营主体授信额度；要创新贷款担保机制，可由财政出资成立担保公司为新型农业经营主体提供信用担保服务。

5. 积极构建新型社会化服务体系。一是加快培育农业经营性服务组织，采取政府订购、定向委托、奖励补助、招投标等方式，引导专业合作社、专业服务公司、专业技术协会、涉农企业等经营性服务组织开展病虫害防治、动物疫病防控、农田灌溉、地膜覆盖和回收等生产性服务；二是要创新农业社会化服务方式，整合现有涉农服务平台，农垦企业要搭建集技术指导、农产品营销、农资供应、农机服务、疫病防控等服务于一体的综合服务平台，促进农业社会化服务供需有效对接；三是积极推进“专业服务公司＋专业合作社＋农户”“涉农企业＋专家＋农户”等服务模式。

6. 加快新型农业经营主体电子商务的应用。鼓励支持农业产业化龙头企业引入互联网、物联网、大数据等新技术，强化新型经营主体主导产业，将其产品做成家喻户晓的知名品牌；加大大型龙头企业与知名电商如阿里巴巴、京东等电商的合作；加大绿色有机农产品主题网络的建设，打造国内外知名绿色有机农产品网站，加快品牌农产品“走出去”的步伐。

加快发展家庭农场的几点建议*

农垦企业办家庭农场已有 30 多年历史，家庭农场已经得到了较快的发展。家庭农场作为新型经济体对推动农垦企业经济改革起到了巨大作用。但是在家庭农场发展中也存在一些问题，已影响到农垦企业的进一步发展。本文就家庭农场在发展中存在的问题及加快其发展等谈几点建议，供参考。

一、制约家庭农场发展的主要因素

1. 家庭农场主体地位不明确，土地流转较难。家庭农场要实现规模经营，需要大面积长期限的土地承包经营权，但农垦企业家庭农场大都是按职工人数承包到户，多数是长期限承包，家庭农场之间没有流转政策，耕地承包经营权都在职工个人手中，在一定程度上限制了规模化经营。

2. 家庭农场发展缺乏政策扶持。家庭农场要适应规模化经营的要求，对农机、资金、技术等需求大，这都需要政策支持。家庭农场运营需要一定数量的资金，规模扩张、农机购置需要大量资金的支持。目前针对家庭农场的金融、财政、税收、用地、保险等方面的优惠政策还不多，家庭农场资金的投入来源主要是家庭农场经营者个人积累和借款，这就影响了家庭农场的进一步发展。

3. 家庭农场发展缺少人才支持。家庭农场作为一个组织，其管理者除了需要农产品生产技能，更需要有一定的管理技能，需要有进行产品生产决策的能力，需要有与其他市场主体进行谈判的技能和市场开拓能力。另外，尽管大部分经营者多年从事农业生产，有一定的实践经验，但毕竟受学历、理念等因素的影响，难以有效承担现代农业发展的重任，需要进一步提高经营素质。

4. 家庭农场发展缺乏配套服务支持。家庭农场的生产经营需要政策法律体系、科技体系、服务体系、金融体系、信用应用体系等支持，为家庭农场的生产经营活动提供稳定的政策环境、强大的科技支撑、有效的金融支持和丰富的市场信息。客观要求有相应专业合作社或行业协会来提供市场信息、技术指导、产品销售等方面的支持。

---

* 本文撰写于 2016 年 6 月 15 日。

二、加快家庭农场发展的对策

1. 积极引导土地向有经营能力的家庭农场流转。家庭农场的主要特征是实现规模经营和集约化经营。要实行集约化经营，就必须对土地及设施进行长期投资，需要家庭农场所经营的土地具有长期稳定性，使家庭农场对其发展有一个长远规划，愿意对土地改良、排洪设施建设、大型机械进行投资。一是制定农垦企业土地流转相应政策，加快土地的流转速度；二是建立土地优先向种地能手流转的制度，鼓励土地转出户与被转户家庭农场签订中长期租赁合同，发展稳定适度的规模经营。

2. 尽快建立家庭农场认定制度。农民专业合作社有自己的法律法规，家庭农场也应有明确的内涵。如果家庭农场的界定含糊不清，必然使它的登记制度难以得到规范的建立和执行，因此加强对家庭农场的界定，是建立健全家庭农场登记注册制度的前提。一是要明确家庭农场的经济地位，家庭农场是农业企业，需要工商注册，遵守一切市场经济的法律法规，享有决策自主权，能够按照企业制度制定发展方向；二是明确土地流转对象，明确哪些人和企业能成为土地流转的对象，要明确流转给家庭农场的土地时间具有长期性，要保持家庭农场土地规模稳定，国家要确定家庭农场工商注册基本条件。

3. 积极培育家庭农场主体的高素质农民。家庭农场经营者要有一定的专业知识、管理经验以及熟悉有关的法律法规知识，应具有较高综合素质，但目前许多地方面临农业发展无人才的状况，素质较好的劳动力大部分转向非农业行业，农业经营者的素质普遍不高。一是制定家庭农场经营者新型农民群体培训规划和具体措施；二是不断完善对职业农民培育的支持政策，落实职业农民教育培训补贴政策，构建面向市场多元化的职业农民培育体系；三是开展针对农业专业合作组织、家庭农场、农产品加工经营管理人员等各类人员的培训，重点培养生产技能型、经营管理型、技术服务型和市场营销型等适合现代农业发展需要和符合市场需求的职业农民，不断提高职业农民的素质；四是引进或培养一批大中专毕业生成为职业农民，改善职业农民队伍的文化结构。

4. 加大对家庭农场发展的政策扶持。家庭农场具有企业的性质，需要国家在资金和技术上的支持，并保证支持政策的稳定性和长期性。一是加大对家庭农场的财政支持。设立家庭农场专项发展资金，国家支农补贴如良种补贴、农机具补贴、农资补贴等向家庭农场倾斜。优先安排家庭农场承担农田水利设施建设、中低产田改造、农业综合开发、土地整理、测土配方施肥和新品种新技术推广等方面的项目。二是创新金融服务，鼓励金融机构针对家庭农场等规模经营主体扩大有效抵押物范围。创新家庭农场贷款担保，简化担保手续，可采取一户多保、土地反担保、联场担保、抵押、质押等方式，确保信贷资金到位，支持家庭农场利用大型农机具、居民房屋产权、林权和土地承包经营权抵押贷款。三是加强农业保险对家庭农场的支持，建立家庭农场风险分散机制，并根据当地作物特点扩大保险范围，尽量分散家庭农场经营者面临的风险。

5. 强化对家庭农场发展的社会化服务支撑体系建设。要加快构建以公共服务机构为依托，合作经济组织为基础，龙头企业为骨干，其他社会力量为补充，公益性服务和经营性服务相结合，专项服务和综合服务相协调的新型农业社会化服务体系。一是积极引导和扶持农民专业合作社，为家庭农场提供产前、产中、产后服务，使其成为家庭农场连接市场的纽带；二是大力培育农业产业化龙头企业，为家庭农场提供良种、农机、植保以及农产品加工、储运、销售等一体化服务；三是采取定向委托、奖励补助、招投标等方式，引导经营性组织参与公益性服务，大力开展农技推广、农机作业、抗旱排涝、统防统治、产品营销、农资配送、信息提供等各项生产性服务。

6. 加快家庭农场组织方式由低端向高端的发展。家庭农场由个体走向联合，是家庭农场的发展趋势，“农民专业合作社＋家庭农场”“龙头企业＋家庭农场”“龙头企业＋专业合作社＋家庭农场”等方式是家庭农场发展壮大的必然选择。家庭农场“联社”形式可以是行业性的，也可以不分行业联合；经济关系可以是松散型的，也可以是紧密型的。家庭农场“联社”基本形式以“股份合作制”为主，即以一定数量的家庭农场共同出资为基础，组成家庭农场战略联盟性质的经济共同体，办一些“产加销、贸工农、多种经营”的经济联合体。

7. 家庭农场要加快向新型产业发展。一是向乡村型家庭农场发展，着重展示农村具有的传统文化、乡村独有的特色农业、乡村传统节庆等，承载着建立特色乡村、提升农民的社会地位的任务；二是城镇型家庭农场，位于都市边缘的家庭农场可以办休闲式家庭农场，自然条件优越，基础设施完备，主要满足城市居民休闲放松、养生、生态教育、欣赏田园风光的需求；三是生态型家庭农场，此类家庭农场一般远离城市、交通不便、人口稀少、农业资源结构较单一，农业用地成规模、污染少、生态资源保护较好，适合发展较大规模、单一品种、集约化、机械化的家庭农场，可以发展休闲生态旅游业。

8. 加强家庭农场的精细化管理。家庭农场经营者必须按照企业管理模式来核算成本、加强管理、提高经营效益。家庭农场内部经营活动要有组织性、计划性，建立明确的绩效考核制度，严格考核家庭农场每位人员在生产经营中实际劳动和物化劳动状况；要把农场收支与家庭收支等严格分开，正确反映劳动生产率和盈利状况；家庭农场要积极主动地开拓市场，真正成为市场竞争的重要主体。

9. 家庭农场要建立经营风险防范机制。随着经营规模的扩大，家庭农场的风险也在相应扩大，主要面对自然风险、市场风险、技术风险和人为风险，为此应建立风险防范机制。一是积极参加农业保险。农业保险是专为农业生产者在从事种植业、林业、畜牧业和渔业生产过程中，对遭受自然灾害、疾病等事故所造成的经济损失提供保障的一种保险。二是开展多种经营，实行主业与辅业相结合，这是分散风险的一种有力措施。开展多种经营活动包括生产和市场范围的扩大，目的是分散风险，使一些经营活动的减收被其他经营活动的增收所抵消。三是增强市场意识，家庭农场要研究市场，积极参与市场经营活动。在应对市场风险方面，不但要重视农产品市场分析，避免陷入"丰收陷阱"，更要加强生产的组织化程度，通过行业协会、订单农业、合作社联合等方式稳定市场，畅通产后渠道，保障收益，提升农业生产组织化程度，积极参与合作，通过合作凝聚力量。

建立“大农场＋家庭农场”紧密型利益联结机制的几点思考*

目前农垦系统正按照中共中央、国务院《关于进一步推进农垦改革发展的意见》深化改革，并以垦区集团化、农场企业化为主线，推动资源资产整合、产业优化升级，建设现代农业的大基地、大企业、大产业，努力形成农业领域的航母。党中央决策部署为农垦企业改革发展指明了方向。本文就强化大农场（国有农场）与家庭农场利益联结、助推农场企业化改革问题谈几点建议，供参考。

一、建立“大农场＋家庭农场”紧密型利益联结机制的重要性和必要性

1. 可以加快农场企业化经营的步伐。党中央、国务院2015年就下发文件，要求国有农场进行集团化和企业化改革，农场重点进行企业化经营。按照目前农场的经营方式，即“大农场套小农场”双层经营体制，农场不直接进行土地经营，土地经营成果与农场经营没有直接关系，家庭农场按承包合同交完利费后，自主经营、自负盈亏，与农场经营成果没有利益关系，这种经营方式不符合农场企业化改革要求。建立“大农场＋家庭农场”紧密型利益联结机制，就会有效地解决农场企业化经营问题，即农场的经营与家庭农场经营利益直接联结在一起，盈亏风险直接与大农场和家庭农场利益挂钩，符合农场企业化经营的改革目标。

2. 可以增强国有农场在市场上的竞争力。目前多数家庭农场与大农场签订土地承包利费收取合同，并采取利费上打的办法，即签订合同后一次性缴齐利费，家庭农场上缴利费后独立核算、自主经营，与大农场没有利益关系。家庭农场在市场上单打独斗，尤其是在农产品销售上，家庭农场各自独立销售，没有形成竞争力。建立大农场与家庭农场紧密型利益联结机制，可以使大农场与众多的家庭农场形成利益联合体，增强市场上的竞争力。

3. 可以加大农业科技投入。目前大农场与家庭农场都是独立的经济体，

---

* 本文原载于《中国农垦》2018年第11期。

没有建立利益联结机制，在科技上只是服务与被服务的关系，大农场只是进行科技方面的指导，加上家庭农场都是单独经济实体，并且土地多数一年一承包，缺少科技投入的动力，如果加强大农场与家庭农场的利益联结，农场就可以组成“大农场＋家庭农场”利益联合体，增强经济竞争力，加大科技创新和科技投入能力。

4. 可以加快“三品一标”工作的推进。目前垦区“三品一标”工作发展很快，到2014年末垦区绿色农产品面积达到3 250万亩，但由于实行一家一户家庭农场经营，有机农业发展不快，如黑龙江省农垦齐齐哈尔管理局2016年有机农业只有27万亩，占播种面积的12.5%，没有形成规模效益。有机农业涉及土地3年的转换期，要发展有机食品，生产用地需保持长期稳定，一般不低于10年，而目前农场土地承包多数是一年一承包，土地承包不稳定。如果建立“大农场＋家庭农场”紧密型利益联合机制，就可加快有机农产品的发展。

5. 可以使农场增收、职工增效。建立“大农场＋家庭农场”紧密型利益联结机制，农业产、供、销实行一体化经营，把一家一户家庭农场经营与大农场捆绑在一起经营，可以增强经济实力，统一产品品牌，加大“三品一标”工作力度，提高科技投入，增强规模效益，进一步增强企业的市场竞争力和企业抗风险能力，从而增加企业收入和职工收益。

二、建立“大农场＋家庭农场”紧密型利益联结机制的路径

建立“大农场＋家庭农场”紧密型利益联结机制要通过建立以下七种模式来加以推进并加大农场企业化改革的步伐。

1. 建立“产业公司＋大农场＋家庭农场”利益联结合作模式。一是建立“产业公司＋大农场＋家庭农场”合作机制，年初由产业公司通过大农场与家庭农场签订产品收购合同，确定收购产品的数量、价格、质量，年底大农场与产业公司直接按年初签订的合同收购农产品。当市场上农产品价格低于年初合同的价格时，可按合同确定价格收购；当市场上农产品的价格高于年初合同的价格时，可按市场上的价格收购，要确保家庭农场的产品价格高于或者等于市场的价格。二是建立“产业公司＋大农场＋家庭农场”合作共赢的利益返还机制，产业公司与大农场要积极支持家庭农场的经营发展，产业公司的盈利部分要定期通过大农场返还给家庭农场，增强家庭农场参与合作的积极性。

2. 建立“品牌＋大农场＋家庭农场”利益联结合作模式。目前黑龙江垦区农产品品牌杂、小、乱，尤其是大米品牌，农垦齐齐哈尔管理局有水稻加工厂几十家，全部是民营加工企业，每家都有自己的品牌，在市场上各打各的品

牌，互相竞争，形不成品牌规模效益。大农场可通过品牌整合，建立统一的品牌，并通过“品牌＋大农场＋家庭农场”利益联结合作机制，进行统一运作，如查哈阳农场大米品牌几十种，农场可进行有效的整合，建立查哈阳农场大米品牌，形成规模效益，统一品牌在市场上进行销售，所形成的品牌效益要在产业化公司、大农场与家庭农场之间进行合理的分配，使农产品形成品牌效应。

3. 建立“产业公司＋大农场＋专业合作社”利益联结合作模式。目前农垦企业的专业合作社发展缓慢，并且不规范、不科学，要建立规模化专业合作社，并与农场和专业公司合作，推进专业合作社的发展。一是加大农业专业合作社的规模化发展，目前农垦企业内部专业合作社规模小、发展慢，要把单独的家庭农场组成规模化的专业合作社，即“专业合作社＋家庭农场”模式。二是加大农场与专业合作社的利益联结，即建立“产业公司＋大农场＋专业合作社＋家庭农场”利益联结机制，通过产业化公司和大农场把专业合作社和家庭农场带上市场，专业公司通过带动大农场和专业合作社及家庭农场形成产业公司规模效益，产业公司要把所形成的一部分利益，通过“产业公司＋大农场＋专业合作社＋家庭农场”模式，返给大农场和专业合作社及家庭农场，以提高大农场和专业合作社及家庭农场参与合作组织的积极性。如大山种羊场2018年把105户水稻种植的家庭农场组成专业合作社，种植水稻1万亩，农场与专业合作社和家庭农场签订收购合同，农场以每千克3.6元的价格收购水稻，统一打造“十三叶”大米品牌，统一包装打造高端米，预计合作社比上年分散经营增加收入200万元。该场计划用两年时间，采取“专业公司＋大农场＋专业合作社＋家庭农场”的模式，把农场所有水田全部纳入合作社管理，农场与专业公司和合作社及家庭农场进行利益对接，利用农场仓储中心，实行统一收购，统一加工，统一包装，打造高端米，达到农场增收、家庭农场增效的目的。

4. 建立“科研机构＋大农场＋家庭农场”利益联结合作模式。目前农垦企业科技开发与应用主要是通过农场生产科学技术部门进行推广，家庭农场缺少科技开发和投入的积极性，因此，要建立有效科技投入利益合作模式，增加科技开发与投入，加快农业生产的发展。一是建立“科研机构＋大农场＋家庭农场”利益联结合作模式，大农场要积极引进科研机构、大专院校等机构的科研成果，并通过合理的利益分配机制，与家庭农场进行有效合作。二是促进农垦内部科技服务组织与大农场和家庭农场合作，推进科技创新与应用，即建立“科技服务公司＋大农场＋家庭农场”利益联结合作模式。在利益分配上，大农场要做好科技服务机构与大农场和家庭农场之间的利益合理分配，调动科技服务部门与家庭农场参与科技合作的积极性。如查哈阳农场2010年与天津天隆科技股份有限公司合作，共同研发北方杂交粳稻，经过近7年的精心培育先后培育出优质、高产、耐寒、抗倒、适于农业机械化的优良品种70余个，其中天稻261经过黑龙江农垦总局两年全面水稻品种区域性试验，性状表现突出，2018年经黑龙江省农垦种子管理局审批进入垦区水稻生产试验，年底前审定，第二年进行推广，将有助于农场与公司和家庭农场经济效益的提高。

5. 建立"种子+大农场+家庭农场"利益联结合作模式。在种子应用推广等方面要进行有效的合作，要积极引进开发新品种，通过种子产品推广、销售，提高种子相关合作的积极性。大农场要积极与种子研发部门合作，积极引进推广新品种，提高土地生产的经营效益，但在种子推广、销售方面形成的效益，要在科研机构、大农场、家庭农场等主体之间进行合理的分配，提高各参与方的积极性。

6. 建立"绿色农业+大农场+家庭农场"利益联结合作模式。目前农垦系统绿色农业发展较快，如农垦齐齐哈尔管理局"三品一标"绿色食品认证面积达到142万亩，但是有机农业发展较慢。随着我国经济的快速发展，健康生活理念的普及，有机农业发展潜力较大。农垦企业应通过建立"有机农业+大农场+家庭农场"的利益联结合作模式，积极发展绿色有机农业。在发展过程中，由于有机农业有3年的转换期，加上市场认识等问题，有机农业形成规模效益期限较长，在转换期，农产品的销售价格低，环境治理成本高，农场可以适当给予扶持，如降低有机农业用地收费标准、加大对发展有机农业的土地治理投入、对家庭农场因转换期产品价格低所造成的亏损给予适当的补贴等。当3年转换期结束，有机农业出现经济效益上升时，大农场可适当提高其土地收费，并通过"产业公司+大农场+家庭农场"模式，提高其有机农产品价格，增加绿色有机农业的效益，其产生的效益要在专业公司、大农场与家庭农场之间进行合理分配，以提高各参与方的积极性。

7. 建立"互联网+大农场+家庭农场"利益联结合作模式。当前现代信息技术快速发展，农垦企业要充分利用"互联网+"提高农业的经济效益，发展"互联网+"现代农业，其根本目的是通过新一代信息技术与农业生产经营的深度融合，提升农业生产、经营、管理水平，促进一二三产业融合发展。要重点通过建立"互联网+大农场+家庭农场"利益联结合作模式，推动农场经济发展，大农场主要通过电商等互联网平台，与一家一户的家庭农场建立利益联合体。这种合作方式通过物联网、大数据、移动互联网、云计算、空间信息和智能装备等新一代信息技术与农业资源要素（土地、水、劳动力、资金、信息等）的重新配置和深度融合，产生一个更高产、高效、优质、生态、安全的更具有竞争力的新产业，包括大田种植、设施园艺、畜禽养殖和水产养殖，实现农业全链条、全产业、全要素的在线化和数据化。农场要通过建立"互联网+大农场+家庭农场"利益联结的合作方式，处理好电商平台与大农场和家庭农场的利益关系，调动各方参与合作的积极性。

三、建立“大农场＋家庭农场”紧密型利益联结合作机制的保障措施

1. 提高农场各级管理者对建立“大农场＋家庭农场”紧密型利益联结机制的积极性。为了加快推进“大农场＋家庭农场”紧密型利益联结机制的建立，上级各级主管部门要对通过建立该机制所形成的农场经济效益提取一定比例的奖励基金，奖励大农场各级管理人员，用于推动建立“大农场＋家庭农场”紧密型利益联结机制工作的开展。

2. 积极引进各产业公司加入“公司＋大农场＋家庭农场”建立紧密型利益联结模式。一是要积极鼓励农垦总局、管理局两级下属的产业公司参与“产业公司＋大农场＋家庭农场”利益合作模式对接，建立紧密型利益联结体，重点抓好主导产业的利益对接，如总局下属的米业公司、油脂公司与农场水稻、大豆产业的利益对接。二是要鼓励民营企业参与农场各主导产业“产业公司＋大农场＋家庭农场”利益对接，如民营大米加工业与大农场和水稻种植户的家庭农场利益对接，建立产供销一体化的利益联结体。

3. 建立利益调节机制，提高各参与方利益合作的积极性。通过建立“产业公司＋大农场＋家庭农场”利益联结机制，促进产供销一体化经营，提高农场的规模效益，增强农场市场竞争力，提高产业公司等企业的经济效益。企业主管部门和大农场要做好利益调节工作，把农产品加工、销售过程形成的一部分利益，通过“产业公司＋大农场＋家庭农场”利益联结机制返还给家庭农场，以提高家庭农场参与合作的积极性。

转变家庭农场经营方式，推进农场企业化经营*

国有农场长期以来实行农场统一经营和家庭农场分散经营相结合的双层经营体制，作为双层经营的一个层次，家庭农场实行的是“独立经营、自负盈亏”的经营方式，家庭农场按规定上缴农场土地承包费后，生产投入、产品收入等自主经营、独立核算，这种承包方式对解决农场负盈不负亏和吃大锅饭问题起到巨大的作用，提高了家庭农场的生产经营积极性。但随着市场经济的发展，也相应地出现一些问题急需解决。本文就加快转变家庭农场经营方式、推动农场企业化经营等问题谈几点建议，供参考。

一、当前大农场与家庭农场双层经营体制下家庭农场经营方式存在的主要问题

1. 不适应农场企业化经营的需要。目前大农场对家庭农场的承包方式是年初签订土地承包合同，核心内容是确定土地上缴费用的标准，家庭农场按规定缴齐土地承包费后，自负盈亏、自担风险，家庭农场在市场上自行采购生产资料、自行销售农产品，大农场没有与家庭农场建立利益联结机制，没有生产经营的权利。而一家一户的家庭农场，在产品经销和生产资料采购上，由于规模小，在市场上形不成价格优势，这种经营方式不符合农场企业化经营的需要。

2. 不利于农场企业化改革。当前大农场与家庭农场没有建立产业化利益联结模式，一家一户的家庭农场都是独立经营主体，在产品经销、生产资料采购上都是自主经营，与大农场没有建立利益联结体，这种方式不符合农场企业化改革的需要。党中央、国务院要求农垦集团化、农场企业化改革，这就要求农场向企业化转变，农场的产供销都要实行产业化经营，而目前农场双层体制下的家庭农场经营方式，使大农场与家庭农场利益脱节，各自独立经营，严重地影响了农场产业化经营，不利于农场企业化改革。

3. 不利于家庭农场进一步发展。一家一户的家庭农场都是独立经济体，实行独立核算、自负盈亏，有助于提高家庭农场的积极性，但单独的家庭农场

---

* 本文原载于《农场经济管理》2019 年第 1 期。

由于经营规模小，缺少品牌、资金、技术等方面的优势，在市场上单打独斗，没有规模竞争优势，尤其是在农产品营销上没有价格话语权，因此难以得到在农产品深加工和销售环节的利润分配。通过转变家庭农场的经营方式，建立“产业公司＋大农场＋家庭农场”的紧密型利益联结机制，可扩大生产经营的规模，增强农产品市场价格的话语权，提高经营收入；可以把农产品加工、销售环节的一部分利润返给家庭农场，进一步增加家庭农场的收益，提高家庭农场发展生产经营的积极性，推动家庭农场经济进一步发展。

二、进一步加快转变家庭农场的经营方式

发展新型农业经营主体是构建农业集约化、专业化、社会化、组织化相结合的新型农业经营体系的核心，现阶段新型农业经营主体主要是家庭农场和专业合作社，如何转变家庭农场的经营方式，可以结合农垦企业目前存在的问题建立以下几种经营模式。

1. 构建“产业公司＋大农场＋家庭农场”经营模式。这种模式是先由大农场与家庭农场建立紧密型利益联结体，然后由大农场与产业公司建立利益关系，大农场处于核心位置，产业公司与大农场统一与家庭农场签订产品收购和大宗生产资料采购的合同，产业公司形成的利润要在产业公司、大农场、家庭农场之间合理分配，尤其是优先返给家庭农场。产业公司要充分发挥在资金、技术、品牌、市场等方面的优势，积极支持大农场和家庭农场生产经营，建立产业化生产基地，使大农场、家庭农场与产业公司形成产供销一体化的利益共同体。

2. 构建“品牌＋大农场＋家庭农场”经营模式。要转变过去大农场与家庭农场只签订土地利费上缴合同的经营方式，建立主要农产品收购、大宗农业生产资料统一采购的紧密型利益联结模式，主要农产品收购销售、大宗农业生产资料采购及科技的投入等统一由大农场经营，大农场与家庭农场建立“利益共享、风险共担”的经营方式，家庭农场除与大农场签订利费上缴合同外，还应与大农场签订农产品收购、大宗生产资料采购的合同。在生产资料采购上，不得高于市场采购价格；在农产品收购上，当市场价低于年初合同价时按合同价收购，市场价高于销售合同价时按市场价收购，以鼓励家庭农场参与大农场经营合作的积极性。大农场收购的农产品可利用农场统一的品牌对外进行销售，可提高农产品市场销售价格的话语权，如查哈阳农场可采用“品牌＋大农场＋家庭农场”的经营模式，把一家一户的家庭农场组织起来，与大农场建立紧密型利益联结机制，通过产品收购，大农场统一对外打造查哈阳绿色有机大米品牌进行销售，或与产业公司进行利益合作，农场在农产品加工、销售环节形成的利益，要按一定比例返给家庭农场。

3. 构建“科技部门＋大农场＋家庭农场”经营模式。这种经营模式是由大农场引进先进的农业科技技术进行推广试验，并与家庭农场进行利益合作，形成的利润在科技部门、大农场、家庭农场之间进行合理分配，此种经营方式必须保证家庭农场合理分配利润，在产品收购上要保证家庭农场产品收购价不得低于市场价，科技推广田形成的利润要通过建立利益返回机制及时返给家庭农场，如查哈阳农场 2010 年与天津天隆科技股份有限公司合作，共同研发北方杂交水稻，经过 7 年的精心培育，先后培育出优质、耐寒、高产、抗倒伏、适用机械化的优良品种 70 多个，其中天稻 261 经过黑龙江农垦总局区域试验，性状品质表现突出，2019 年采用“科技部门＋大农场＋家庭农场”的经营模式，在查哈阳农场进行大面积推广，形成的利润在大农场、家庭农场、天隆公司之间进行分配，这种经营方式会进一步提高科技部门、大农场、家庭农场的经济效益。

4. 构建“有机农业＋大农场＋家庭农场”经营模式。目前农垦系统有机农业发展缓慢，主要是有机农业有 3 年的转换期，加上品牌和市场认识问题，有机农业形成的规模效益期限较长。在转换期内，农产品的销售价低，环境治理成本高，所以发展有机农业离不开大农场的支持，必须采取“有机农业＋大农场＋家庭农场”的经营模式，大农场可在合同签订期限和土地治理上给予支持，在转换期内给予适当政策支持。当转换期结束时，农场通过与产业公司重点合作，利用有机农业的品牌等优势，可提高有机农业的产品收购价，增加有机农业的生产效益。在加工和销售环节产生的经济效益，要在产业公司、大农场、家庭农场之间进行合理分配，以提高各参与合作方的积极性。

5. 构建“大农场＋专业合作社＋家庭农场”经营模式。这种经营模式是由家庭农场按照主导产品组成专业合作社，由专业合作社与大农场进行利益合作，大农场利用品牌、市场、资金等方面的优势与专业合作社和家庭农场合作，如大山种羊场 2018 年就是利用“十三叶”大米农产品品牌把 105 户家庭农场组成 1 万亩规模的水稻专业合作社，统一打造“十三叶”大米品牌，并统一加工包装，打造高端大米，预计每年可增收 200 万元，该场计划两年时间内把全场所有水田全部按“大农场＋专业合作社＋家庭农场”的经营模式进行管理。

6. 构建“互联网＋大农场＋家庭农场”经营模式。该模式是由大农场利用互联网平台，通过电商与一家一户的家庭农场建立利益联合体，这种合作模式主要是利用目前电子商务平台技术，即物联网、互联网、云计算、空间信息、智能装备等技术与农业生产要素（土地、水、劳动力、资金、信息等）重新配置和深度融合，实现农业全链条、全产业、全要素的在线化和数据化，要通过建立“互联网＋大农场＋家庭农场”的利益联结模式，处理好电商平台与大农场和家庭农场的利益关系，提高各参与合作方的积极性。

三、建立转变家庭农场经营方式的保障措施

1. 各级领导要重视家庭农场经营方式的转变工作。党中央、国务院要求农垦向集团化、农场向企业化改革。目前农场的经营方式是由大农场对家庭农场收缴土地承包费用，大农场与家庭农场都是独立的经济体，大农场对家庭农场没有经营权，这种经营方式不符合党中央、国务院对农垦改革的要求，只有建立“产业公司＋大农场＋家庭农场”的紧密型利益联合体，才能做到农场向企业化转变，才能实现农垦集团化、农场企业化改革的目标。因此农垦系统各级领导要重视家庭农场经营方式的转变，做好家庭农场经营方式转变工作，把家庭农场与大农场和产业公司利益联结起来，推动农场企业化改革。

2. 建立“产业公司＋大农场＋家庭农场”的利益共享、风险共担机制。转变家庭农场的经营方式，目的是推动农场企业化改革，加快农业经济的发展，提高职工的收入。在推动家庭农场转变经营方式，建立“产业公司＋大农场＋家庭农场”利益联结机制时，一定要实现产业公司、大农场、家庭农场利益共享、风险共担。通过建立一体化的产业经营模式，实现产供销效益增加，并把在农产品加工、销售环节上实现的利润在产业公司、大农场、家庭农场之间合理分配，要建立利益返回机制，重点要把一部分利润及时返给家庭农场，以增强家庭农场参与合作的积极性。

3. 产业公司要积极参与大农场和家庭农场的利益联结合作。目前黑龙江省农垦总局、管理局两级所属的产业公司没有与大农场及家庭农场建立产业化利益联结，没有产业化生产基地，产业公司与大农场及家庭农场经营脱节，各自都是独立经营体，没有建立利益联结机制，这样的经营方式，不符合党中央、国务院提出的农垦向集团化改革的要求。产业公司只有与大农场及家庭农场建立紧密型利益联结机制，才能实现农垦向集团化、农场向企业化改革的目标。因此农垦总局、管理局所属的产业公司要积极参与家庭农场经营方式的转变，与大农场和家庭农场建立紧密型利益联合体，走产供销一体化经营合作模式，建立产业化生产基地，实现与大农场和家庭农场利益共享、风险共担。各级产业公司要充分利用资金、品牌、技术、信息、市场等方面的优势，参与大农场和家庭农场的经济合作，增强集团企业的经济实力，实现农垦经济的快速发展。另外，有些农场可以鼓励或吸收民营企业参与大农场和家庭农场的利益合作，建立“民营企业＋大农场＋家庭农场”的利益联合体，实现产业一体化经营，并通过建立“利益共享、风险共担”机制，确保民营企业、大农场、家庭农场利益分配合理，以调动民营企业参与合作积极性，推动农垦经济的快速发展。

对农业“走出去”的几点思考*

近几年，我国加快农业“走出去”的步伐，黑龙江省是农业“走出去”的大省，在农业“走出去”方面走在全国的前列，黑龙江境外农业开发项目有80多个，在俄罗斯、东南亚和中亚等地先后建立了粮食、畜产品、果蔬等生产基地，仅黑龙江省农垦牡丹江管理局在俄罗斯滨海边疆区开发土地就有130万亩。目前农业“走出去”主要有以下特征：投资主体多元化，早期的农业“走出去”多数由政府主导，参与的主体较为单一，目前主体日益多元化；“走出去”区域日趋广泛，主要是粮食、大豆等生产基地和天然橡胶、木薯等稀缺资源开发；投资领域多元化，涉及粮食生产、蔬菜生产、畜禽养殖、森林开发、农产品开发、渔业养殖及渔业捕捞等；投资形式多样化，以独资、合资、参股等多种形式租赁土地，建立生产加工基地、农业资源开发、农产品贸易等。本文针对黑龙江省农业“走出去”问题提几点建议，供大家参考。

一、当前农业“走出去”存在的主要问题

1. 企业规模小，抵御投资风险能力差。目前黑龙江省农业“走出去”企业大多是民营企业，企业经营规模普遍较小，并且各自为战，由于规模小限制了企业科技的投入，进而制约了企业竞争优势的形成。

2. 融资难，“走出去”的企业缺少资金支持。民营企业在境内外融资难、融资贵是一个普遍的问题，并且农业对外投资项目前期的市场开发成本高，因此导致一些“走出去”的企业陷入困境。

3. 国外投资环境多变，影响“走出去”企业的开发与发展。投资环境不稳定是制约农业“走出去”企业发展的重要原因之一。目前我国农业投资国主要是俄罗斯以及一些非洲国家，这些国家农业生产条件很好，但多数政局不稳，政策的连续性差，缺少法律保障。此外，一些国家由于粮食危机，禁止在本国生产的粮食出口。有些国家就业、税收政策及通关手续非常苛刻且多变，如俄罗斯规定不仅大型生产机械过境需要缴纳15％的关税，而且在基地生产的产品返销国内必须缴纳20％的关税。

---

* 本文撰写于2015年11月26日。

4. 缺乏跨国经营人才。目前我国农业“走出去”企业普遍缺少了解国际投资市场情况、风土人情、产业政策、会计语言，有农业跨国经营管理经验的管理人才，导致投资企业营销方案计划、营销策略、广告的创意与投资、后期经营等一体化全程服务技术和理念不足，限制了投资企业的经营，影响了“走出去”企业开展各种农业经济活动。

5. 国家对农业“走出去”企业政策支持不够。主要表现在国家对农业“走出去”企业优惠政策和配套措施没有跟上，“走出去”企业项目审批程序烦琐；双重关税负担重，企业融资成本高；投资风险大，国家惠农政策享受不到，使得“走出去”企业缺少竞争力。

二、对农业“走出去”的几点建议

1. 加快推进抱团“走出去”的战略。农业“走出去”企业大多数是民营企业，因为在国际化的发展中，企业规模扩张不是通过自身的资本积累，而是主要通过资本积聚，包括在全球范围内的融资及跨国公司之间的合并、联合、收购等方式实现。因此国家应尽快以较低的成本组建一批大型企业或企业集团，主要对现有中小民营企业通过资本和品牌的整合形成企业集团，增强投资国的市场竞争实力。一是通过整合优质资源组建企业战略联盟。目前在国际上主要有企业跨国人才管理联盟、国际化网点联盟、跨国研发联盟和跨国资本联盟。战略联盟一直是企业国际化的重要模式，通过各类企业优势资源的重新组合，共同组建大型联盟，能更好地发挥各自的优势，增强企业在国际市场上的竞争力。二是通过境内外并购重组不断发展壮大企业。当前我国在境外的农业企业数量多，但小而分散，产业集中程度差，产业竞争力弱，单个企业市场占有率低，产业组织高度分散化，并面对国外跨国公司的竞争，企业处在被动的局面，所以应积极支持优势企业强强联合，将它们整合成企业集团，使其发展成为有自主研发实力的龙头企业。三是充分发挥农垦企业和国家产业化龙头企业在境外农业合作开发的作用。农垦企业在俄罗斯已优先“走出去”，并取得较好效果，应进一步整合所属企业，并以北大荒集团的优势“走出去”，增强在国际市场上的竞争力。

2. 国家要加大对“走出去”企业的政策支持力度。制定促进农业企业“走出去”的管理措施和优惠政策。一是对农业“走出去”企业提供财政金融支持。为解决“走出去”企业前期市场开发成本高、经济效益低下问题，减缓“走出去”企业市场风险压力，国外很多国家都对涉外企业投资项目建立金融支持和政策补贴体系，除提供贷款和股权融资外，还提供专项基金补贴政策，鼓励农业企业开拓国际市场。二是完善汇率保障机制。目前汇率的波动对我国农业跨国经营冲击较大，易造成巨大的汇兑损失。因此需要建立国际化的汇率保障机制，由政府出面建立强有力的外汇担保机构，确保企业一个交易期内汇率波动幅度可控，减少企业汇兑损失。三是对农业“走出去”企业提供投资保险。企业参与国际化经营比在国内经营要承担更多的风险，需要建立一套优惠的保险体系，国家应承担一部分费用补贴。四是对农业“走出去”企业提供信息支持。目前农业“走出去”企业在经营中遇到的问题之一是市场信息掌握不充分，国家驻外机构应通过加强对驻在国家的政治经济形势、民族宗教等相关信息进行收集、整理、评估，为“走出去”企业提供及时、准确、专业、权威的信息，减少企业经营中的盲目性。

3. 农业“走出去”企业要吸引和培养国际化人才。农业“走出去”企业在战略措施的制定和实施上，对投入国的法律法规和民族风情、投入方式、经营发展预算等方面，都需要依靠高素质的人才来保障。吸引和培养国际化人才除政府的努力外，“走出去”企业也应该采取有力措施，大型企业可通过吸引和培养两种方式来建立自己的国际化人才体系，在引进其他跨国公司和各类高校培养出来的懂外语、懂外贸、懂管理的复合型人才的同时，企业自己也需要培养具有企业责任感的高级复合型国际化人才，建立自己的人才培养体系。

4. 完善农业“走出去”企业对外投资的模式。目前我国农业企业还处在国际化的初级阶段，大部分企业实力比较弱，多数是以贸易式模式进入国际市场。黑龙江省农业企业对外发展早期模式以农产品出口、对外劳务输出等为主，目前发展为对外直接投资（新建、并购、海外种植等）、境外农业资源开发、对外承包工程、对外劳务合作、设立境外研发中心、建立国际营销网络、提供境外咨询服务等多种形式并举。在今后的发展中，企业要随着跨国经营经验的增多，适时地选择资源承诺更多、市场渗透更深、控制更强的跨越式国外市场进入模式，形成一批有实力的农业跨国企业和著名品牌。国家应积极支持有竞争力、有专业技术和技能的农业“走出去”企业开展跨国经营，并相应在信贷、税收和外汇上提供优惠政策。

5. 加强农业“走出去”企业风险防范。农业“走出去”企业要注重风险防范，境外企业既有可能面临财务、价格、汇率等市场经营风险，也有可能遇到当地政局动荡、政策法律、文化差异等非市场风险，因此要提高“走出去”企业风险防范意识，建立“走出去”企业风险防范机制，要重点建立企业投资风险防范体系、筹资风险防范体系、农业经营风险防范体系、农业保险防范体系、金融汇率风险防范体系，建立企业内部控制管理体系。

6. 实施全产业链“走出去”战略。当前多数农业“走出去”企业从事单人贸易或种植养殖业务，在国外市场单打独斗，各自为战，没有形成规模实力，在国际市场缺少竞争力，没有继续发展的能力。下一步应在企业整合的基础上实行农业全产业链“走出去”的发展战略，要从产业链源头做起，在由田间到餐桌所涉及的种植与采购、食品原料和饲料原料的加工、粮食加工、贸易与物流、品牌推广、食品销售等每一个环节，实现安全可追溯，形成安全、营养、健康、高效的食品供应全过程的协作体系。如北大荒集团可按全产业链发展模式，与投资对象国建立稳定的开发合作关系，实行全产业链集中连片开发，建立境外农业开发园区，实行农产品产业的系统开发与经营。

构建现代农业产业体系的几点建议*

发展现代农业，推进农业发展方式转变，必须按照高产、优质、高效、生态、安全的要求，加快一二三产业融合发展，建立健全农业产业体系。本文就构建现代农业产业体系问题谈几点建议。

一、构建农产品加工体系

目前我国农产品加工企业存在的主要问题是：企业规模小，以初级加工品为主，产业链条短，副产物的综合利用率低，加工增值能力不高，农产品加工缺乏品牌竞争意识，企业管理水平低等。应加大支持力度，加快农产品加工业的发展。

1. 发展精深加工拓展市场空间。发展农产品加工业要实现由初加工向精深加工的转变，实现产业升级，提升整体水平，满足人们对加工农产品多样化、优质化的需求，关键在于科技进步，用高新技术改进农产品加工业的产业结构、组织结构和产品结构。黑龙江省农产品加工业要围绕重点产业及产品，以企业为主体，以科技创新为依托，针对农产品加工科技发展中存在的问题，按照从原料到最终产品的产业一体发展的要求，全面推进农产品加工产业的升级，形成具有核心竞争力的农产品加工产业体系，开发一批具有较大市场潜力和较高市场占有率的名牌产品，建设一批科技创新基地和产业化示范生产线，培育一批具有较强创新能力的农产品加工企业。

2. 建立农产品加工产业化组织模式。除了在加工过程中必须有能源和辅助材料，农产品加工业的主要原料来自农产品，农产品的数量、种类和品质对农产品加工业具有重要影响，因此，原料基地是农产品加工企业的“第一车间”，是农产品加工业的起点，是构成农产品加工业的基本要素。通过基地建设，可以实现原料或产品生产的标准化、优质化、无害化，从而提高农业加工产品的质量和安全性，实现原料和产品生产的系列化和均衡化，提高农产品加工企业经营的稳定性，实现产品生产的规模化、批量化，降低生产成本，提高产品质量。原料基地可以提高企业效益，是企业核心竞争力的重要来源，是加

---

* 本文撰写于 2019 年 4 月 24 日。

工企业健康成长的源泉。保证农产品加工企业获取稳固的原料。实践证明，实施产业化运营是农产品加工业发展的必由之路，从发达国家现代农业发展的经验来看，农产品加工业基本都选择了农业产业化的组织模式。因此，必须将农产品加工业的发展与推进农业产业化密切结合起来。重点建立以下农产品加工产业产业化组织模式：一是加工企业与农户的利益联结模式。该模式是以技术先进、资金雄厚的加工企业为龙头，以分散的农户生产为基地，利用合同形式把农户与加工企业联结起来，加工企业与农户之间的权利和义务，主要通过合同来明确，从而降低了市场交易成本，提高了资源配置效率，促进了农业内部分工的深化。目前加工企业与农户签订合同利益联结方式主要有三种：第一种是服务型合同，即加工企业为农户提供产前、产中、产后系列化服务，对农户利益给予补偿，但农产品收购价通过市场调价；第二种是保护型合同，加工企业收购农产品时，如市场价高于保护价，按市场价收购，企业承担一定的市场风险；第三种是利益返还型合同，即农户分享一部分加工、流通环节的利益，实行合同保护价收购基础上的利润返回。二是“加工企业＋中介组织＋农户”的联结模式。该模式是企业以契约合同和中介组织联结，规定中介组织在农产品收获后应交售一定标准、数量、价格的农产品，同时规定企业按时收购农产品和返还货款。“加工企业＋中介组织＋农户”联结模式主要有三种类型：第一种是专业协会为中介组织，专业协会的主要功能是提供信息、调剂资金、协调生产、帮助交易谈判等，农户拥有经营自主权；第二种是合作社为中介组织，加工企业根据市场需求，通过合同与合作社约定本年度生产的数量、品种及主要品质，合作社把生产任务分解落实到农户；第三种是大户为中介组织，大户只是起到集中收购作用，大户与农户间是一个市场交易关系，收购时双方之间直接结算，大户在收购时进行验级再将集中收购的产品销售给加工企业。三是资产联结产权介入的模式。该模式是指农户以资金、土地、设备、技术等要素入股，在加工企业拥有股份，参与企业经营管理监督。在这种利益联结方式下，企业与农户形成新型产权关系，农户不仅提供原料，而且是产、供、销环节平均利润分享者，农户融合加工企业是一种比较先进的融合方式。

3. 加大农产品加工产业政策支持。一是加大农产品加工业的财政支持，运用财政补贴政策鼓励农产品加工业发展。各级财政部门要把支持农产品加工业发展作为财政支农工作的重点，发挥财政资金引导作用，通过贴息、补助和配套政策进行招商引资，吸引农民、企业和社会各方面的资金投入农产品加工业。对新建加工企业的土地、规划、建设等费用实行“减、缓、免”等办法，加强农业产业化资金项目管理，提高资金使用效率。要创新政府扶持农产品加工业的投入机制，把分散在各个部门的扶持政策和扶持资金集中到一个农业的权威部门，进行统一运作，发挥扶持政策和扶持资金的最大效益。二是优化农产品加工业融资的环境。建立一个以国家财政性投资为引导，信贷资金为支持，民间投资为主体，外资和证券市场资金等各类资金为补充的多元化、多层次、高效率的农产品加工业融资体系。完善符合农产品加工企业特点的信用评级和授信制度，适当放宽农产品加工企业信用等级、抵押率、资产负债率，贷款的期限可适当延长，简化企业贷款审批手续，加快贷款进度，创新金融产品，拓宽金融服务范围，增加融资渠道。除了贷款外，银行应该发挥量多面广、信息灵通的优势，在银行承兑、贴现、保理风险投资等方面为企业提供多方面的服务。实行差异化服务，根据农产品加工企业金融需求，积极提供资产、负债、中间业务一体化服务。三是政府应进一步加大农产品企业的扶持力度。建立健全农产品加工金融的信用担保体系，建立专门的农产品加工企业贷款担保基金及担保机构，按照“政策引导、多方出资、市场运行”的模式，为企业提供担保，提高企业资金运用的时效性和银行信用资金的安全性。增强农产品加工企业上市的培育工作，扩大资本市场融资。

二、构建农产品流通体系

目前农产品流通体系存在的主要问题是市场体系不健全，市场对生产缺乏导向作用，市场主体发育程度低，交易成本高，农产品流通的信息化程度低等。应适应农产品产业化生产经营发展需求，用现代交易方式围绕提高农产品市场竞争力，提高农民收入，保障消费者的利益。

1. 加强农产品市场体系建设。目前农产品流通的主要形式有零售网点、贸易市场、批发市场、专业市场、期货市场及电子商务等。重点抓好农产品批发市场和专业市场的建设，一是加快现有批发市场的改造和提升，加快批发市场由初级市场向中高级市场转变，并以批发市场为中心，根据商品流向、交通、仓储设施条件，合理布局，形成城乡农贸市场相互依存、相互配合的市场体系，做到科学规划、合理布局、优化结构。二是加快建立农产品专业市场建设，着重引导城市连锁和超市向农村延伸，逐步形成以主城区或县城为批发配送中心，中心镇为配送点，乡镇和村社为销售终端的农村现代流通经营网络。

2. 实施农产品现代冷链物流管理。随着农业结构的调整和居民消费水平的提高，农产品产量和流通量逐年增加，全社会对生鲜农产品的安全和品质提出更高的要求。目前我国冷链物流的设备还比较落后，冷链设施更新速度慢，冷藏技术水平低，鲜活农产品通过冷链流通比例低，并且农产品在流通环节损耗严重，物流成本高，因此需要加大投入，推进冷藏设备的完善和提高，加快冷链物流技术引进和推广。在硬件设备上，要配备使用先进冷藏运输设备，改造和更新现有的设备。在软件设备上，引进信息系统，降低物流成本，保证冷链食品和流通方向的准确可靠，提供可溯源性信息支持，并通过信息平台对信息的处理和传递，对各种冷藏车和冷库进行全面的动态监控，及时掌控冷链运输动态和库存产品的保质情况，确定冷藏产品的数量和位置，确保冷链产品的质量与安全，提高作业管理效率，实现供应链的一体化管理。

3. 推进农产品电子商务发展。一是完善农产品电子商务平台建设。坚持政企参与多方推进、应用型与共享型相结合、安全性与高效性相结合的原则，要完善农产品电子商务组织管理体系，政府要建立独立的管理机构，对电子商务平台建设与发展进行统一规划和指导。二是建立农产品电子商务平台的社会服务体系。要充分利用当地教育、科研、技术资源，推进技术服务体系建设。三是完善区域电子商务平台支撑体系。要重点建立电子商务交易平台，建立物流体系及支付体系等电子商务支撑体系。四是建立农产品电子商务运营模式。要根据当地的实际情况建立不同的模式：①自上而下的电子商务模式，这种模式是由政府主导国家投入，通过政府机构运营的平台推动农民做电子商务；②自下而上的电子商务模式，这种模式是农民自发地利用市场化的电子商务平台，不需要国家出资投入，农民根据自身对创业致富的要求，自发地寻求出路，农民在网上发布信息，直接与客户谈订单、谈价格、谈需求，面对面地沟通，将生产与市场需求直接对接，克服了供需不平等、信息错位等问题；③产业分散化模式，此种模式简单易用，对农户的互联网知识水平、信息化、物流、银行等基础设施要求不高，农产品需正常的种植，不需要加工，直接拿到批发市场销售；④产业集群化模式，此模式的特点就是起点高、规模大，并且拥有非常完整的配套体系，如物流体系、交易平台、监管机制等；⑤自建平台模式，在一些特殊产业的集聚地，由于知名度非常高，经济条件好，农民的知识水平高，通过自建平台开展电子商务，为客户提供更安全的交易平台和更完善的客户服务。

三、构建一二三产业融合发展的体系

随着城镇化和工业化的快速发展，农业基础设施不断完善，农业信息化的应用加快，但一二三产业融合还处在初级发展阶段。一是农业与第二、三产业融合程度低、层次浅，主要是农业与第二、三产业融合程度不紧密、链条短、附加值不高。二是新型农业经营组织发育迟缓，对产业融合的带动能力不强。有些新型主体成长慢、创新能力弱，不具备开发新业态、新产品、新模式和新产业的能力。三是利益联结机制松散，合作方式简单。四是先进技术要素推广能力不强。由于农业存在着自然与市场风险，许多社会资本和先进技术向农业推广缓慢。五是农村基础设施滞后，涉农公共服务供给不足，目前许多农村供水、供电、供气等条件差，道路、网络、通讯、仓储、物流设施落后。这些对农业产业融合发展都带来相应的影响。应重点抓好以下产业融合工作：

1. 建设高标准的农产品示范基地。以互联网与传统农业深度融合为途径，以发展精准农业和农产品电子商务为重点，科学确定示范基地建设地点和发展方向，全力推进“互联网＋农业”高标准示范基地建设。

2. 培育多元化产业融合主体。加快培育新型农业经营组织的发展，鼓励支持家庭农场、专业合作社、协会、龙头企业、农业社会化服务组织及工商企业，开展多种形式的农村产业融合发展。鼓励新型农业经营主体探索融合模式，创新商业模式，培育知名品牌。在土地利用、品牌认证、融资租赁、税费政策等方面给予优惠待遇。

3. 支持多种类型的新产业新业态的发展。推动互联网、物联网、云计算、大数据与现代农业结合，构建依托互联网的新型农业生产经营体系，促进智能化农业、精准农业的发展。引入文化、民族及现代元素，对传统农业种植养殖方式、村镇生活设施等进行特色化改造，鼓励发展多种形式的创意农业、景观农业、休闲农业、农家乐、农业文化主题公园、特色旅游村镇。利用生物技术、农业设施装备技术与信息技术相融合的特点，发展现代生物农业、设施农业、工厂化农业。鼓励新型农业经营主体利用互联网、物联网技术，在农产品、生产资料以及工业品下乡等产购销活动中，打造集生态园区、农产品加工、休闲旅游等多功能于一体的三产融合综合体。

加快一二三产业融合发展的几点建议*

构建农业产业体系就是要通过优化调整农业结构，充分发挥资源比较优势，促进农牧渔结合、种养加一体、一二三产业融合发展，延长产业链，提升价值链，提高农业的经济效益、生态效益和社会效益，促进农业产业转型升级。本文就加强一二三产业融合发展问题谈几点建议，供参考。

一、构建一二三产业融合发展的模式

农业产业要达到健康发展的目标，必须走农业产业融合这条道路，这是一个极其复杂而庞大的系统工程。农业产业融合发展的目标是通过三个产业在各个环节的有效组合，提高农业产业生产效率，降低农业生产成本，进而增加农业产业产值，增加农业从业人员经济收入。促进农业产业融合，要从全产业链入手，重点需要构建四种一二三产业融合发展的模式。

1. 农业内部产业重组型融合发展模式。农业内部产业主要是指种植业和养殖业，现代农业的经营主体方式是将种植业与养殖业融合为一体，要依托农业自身的资源性优势，将种植业与养殖业的部分环节或者全部环节科学地结合在一起，从而达到全方位整体化的经营方式。

2. 农业产业链延伸型融合发展模式。农业产业从种植、收获、仓储到销售、运输、加工等涉及众多环节，农业产业延伸到各个领域。真正做到农业产业健康科学发展，必须将农业的产前和产后的各个环节进行有效延伸，这样才能真正形成一体化的发展模式。

3. 农业与第二、三产业交叉型融合发展模式。就目前的农业发展形势看，当前发展比较好的是农业与第三产业的融合发展。农业作为一个特殊的产业，有其特殊的产业特性和优势，现代农业的发展已经不仅仅局限于农作物的生产，而是将其生产的全部过程融合到第三产业中。当下比较流行的农业观光游就是农业与第三产业融合发展的典型，有效地提升了农业的产业价值。

4. 先进技术对农业渗透型融合发展模式。现代农业的经营方式已经不再是传统的单一经营方式，互联网科技的快速发展，已经将传统农业带入互联网

---

* 本文原载于《农场经济管理》2018 年第 9 期。

时代。电子商务就是互联网时代的产物，“互联网＋农业”的模式已经是全球认可的农业生产方式，这种方式有效提高了农产品到商品的转化率，解决了从地头到餐桌“最后一公里”的问题，大大提升了农业的产业价值。

二、加强农垦企业一二三产业融合发展的几点建议

（一）当前一二三产业融合发展存在的主要问题

1. 农业与第二、三产业融合程度低、层次浅。现阶段农业与第二、三产业的融合还处于初级阶段，并没有达到紧密结合的程度，产业链没有得到有效的延伸，融合后产生效益并不高。

2. 新型农业经营组织发育迟缓，对产业融合的带动能力不强。由于农业产业的特殊性和其他各种因素的影响，新型组织发展速度缓慢，带动性不强，还不能适应融合发展的需要，而且新型组织的数量有限，不能达到现代农业发展的要求。

3. 农业与第二、三产业利益联结机制松散，合作方式简单。目前农业产业融合方式单一，主要是订单农业模式，而且没有应用到各个环节中去，没有真正做到将农业种植户的利益和新型经营主体的利益紧密结合在一起，这种利益联结机制是松散的、不紧密的。

4. 先进技术要素融入不足。农业生产受自然因素和市场因素影响大，加之农业的投入产出比不高，所以抑制了资金和技术向农业产业投入的增长速度。农业融合型人才缺乏也抑制了先进技术成果向农业产业转化的速度。

（二）加强农业与第二、三产业融合的几点建议

1. 培育多元化产业融合主体。产业融合发展的主体是多元化的，要鼓励家庭农场、专业合作社、龙头企业、中介机构、社会化服务组织以及工商企业开展多种形式的农业产业融合发展。将他们打造成农业产业融合的主力军，农业产业融合发展的排头兵，进而带动农业与第二、三产业的融合。新型农业经营主体作为农业产业的主力军，自身具有很多独特的优势和潜力，鼓励新型农业经营主体在产业融合中发挥示范作用，进行各种科学的尝试，应用现代化的理念和方式助推农业与第二、三产业快速融合。

2. 建立农业与第二、三产业融合发展的现代农业产业体系。一是进一步推进农垦城镇化发展进程。将农业产业融合与城镇发展战略规划进行有效衔接，在城镇化的发展过程中逐步强化农业产业融合，建立符合农垦特点的产业园区，在园区内将第二、三产业与农业进行有效融合，加快经济发展速度，进而推动农垦城镇化发展。二是加强农业内部融合发展。农业要发展，首先要练

好“内功”，搞好农业产业基础融合发展，做好与林业、畜牧业的有效结合发展，积极调整农业产业结构，大力发展循环农业经济。三是促进农业产业链延伸。加快打造农业全产业链发展，将产业链向前和向后进行有效延伸，进而提高农产品加工转化率和附加值，增加农业从业人员收入。

3. 建立农户与产业链利益联结机制，推进产业融合。农业与第二、三产业融合发展涉及产业链上不同环节、不同主体，能否形成合作经营的利益联结机制是关键。利益是驱动产业发展的重要因素，要通过各种方式方法上的创新，让农业与第二、三产业达到有效融合，进而提高农业产业附加值，让农户从中受益，农户受益后必然会主动参与到农业产业融合当中。各级政府要出台优惠政策，通过各种经营合作模式，鼓励和引导有实力的企业创办或参与农业合作组织的生产经营，进而加强农业合作组织的实力。鼓励龙头企业建立与农户风险共担的利益共同体，引导龙头企业入股合作组织，支持农民专业合作社入股或兴办龙头企业，并采取“保底效益＋按股分红”等形式，让农户分享加工、销售等环节的收益，进一步提高农业合作组织获得更高经济效益的能力。

4. 加强涉农领域的技术创新，推进产业融合。一是加强农业科技研发与推广。科技是农业发展的原动力，利用现有的科研机构和大专院校的科研力量，参与到农业科技研发和技术推广中去，对农业产业链的各个环节和各个过程进行研发，进而将研发成果推广到农业生产中去，促进农业产业融合发展。二是培养农业产业融合发展的人才。利用现有的职业技校和一些专科学校的教学资源，开设一些农业基础性专业和课程，主要是培养一线的农业产业工人，传授他们农业产业链各个环节需要的基础性生产技术和经验。三是大力发展农业新型业态。农业产业融合发展离不开互联网技术，互联网技术对农业产业发展的影响是划时代的，打破了传统农业的种植、生产和销售模式，为现代农业发展注入了新的活力。应利用现有的互联网技术和网络销售平台大力发展农产品电子商务，提高农业全产业链价值，促进农业从业人员增收致富。

5. 建设高标准农产品示范基地，推进产业融合。以互联网与传统农业深度融合为目标，以发展精准农业与农产品电子商务为重点，科学确定示范基地建设地点和发展方向，全力推进“互联网＋农业”高标准示范基地建设。鼓励新型农业经营主体利用互联网、物联网技术，在农产品、生产资料等产购销活动中进行融合发展。

6. 加快休闲农业的发展，推进产业融合。农垦企业要积极利用周边城镇发展旅游产业的机会，打造农业特色旅游产业，进而带动第二、三产业的发展。利用好历史、文化和民族等现代元素，将原汁原味和改良过的农业分别呈现给大家，以满足不同群体的需要。发展多种形式的休闲农业、农业文化主题公园、农家乐、特色旅游村镇等，打造成集生态园区、农产品加工、休闲旅游等多功能于一体的三产融合综合体。同时要创新休闲农业旅游发展模式，加快与旅游相关的产业融合，通过“旅游＋农业”“旅游＋文化”“旅游＋电商”“旅游＋美丽乡村”等模式，整合优质旅游资源，加快旅游产业的融合发展。

7. 加快农产品加工业转型升级，推进产业融合。一是加快产业调整，促进产业转型升级。要依靠市场化机制，通过建立有效的产能退出机制和政策。有计划地提高农产品加工项目的投资规模和科技含量，控制新建农产品加工项目的数量，打造农业产业航母集群，增加市场竞争力，淘汰现有的农产品加工产业落后产能。二是抓好农产品加工园区建设，为产业集聚、发展打造平台。农业加工园区的定位一定要准，随着生活水平和健康意识的提高，人们对高端和特色农产品的兴趣越来越浓，所以农业加工园区应定位在高端和特色方面。园区应根据这个定位目标来选择入住园区的企业，支持和鼓励园区内的企业开展多种形式的合作经营，进而提高企业的竞争力和抵御市场风险的能力。三是加快品牌整合，增强市场竞争力。目前农产品品牌的数量多而杂，而且企业规模比较小，经营方式落后，市场竞争能力弱。将现有农产品品牌进行科学整合，打造绿色有机品牌，利用互联网技术监控农业生产的全过程，打造全产业链食品安全。逐步淘汰竞争力较弱的中小型企业，打造具有行业竞争力的龙头企业。

促进产业融合发展，推动乡村振兴*

产业融合是指一二三产业融合为一体的复合型产业，通过农产品生产、储藏、加工、运销、综合利用、餐饮、休闲旅游、医疗保健等一体化融合发展，促进产业链延伸，提升价值链，促进一二三产业融合发展。乡村振兴必须把促进一二三产业融合发展作为重要抓手。目前我国农业产业融合发展态势良好，创新创产活力迸发，新产业新业态大量兴起。本文就农垦企业促进产业融合发展，推动乡村振兴谈几点建议，供参考。

一、当前农业产业融合存在的主要问题

产业兴旺是乡村振兴的前提条件和内源动力，但当前农垦企业在农业产业发展中存在一些难点：一是主要农产品生产过度依靠国家政策支撑。当前我国大力推行农产品价格改革，水稻仍属保护收购价格的农产品，黑龙江省农垦企业是水稻主产区，属于国家最低收购价格执行区域，由于过度依靠国家保护收购价的支撑，水稻价格仍高位运行，而下游产品大米价格低迷，加工企业盈利水平低下，多数企业达产率不足。如农垦齐齐哈尔管理局水稻加工企业多数达产率不足 50%，行业利润率低下，大多数处于亏损边缘，多数中小民营企业长期处于停产状态。二是农产品国际竞争力不强，未形成对外开放的局面。农垦企业多数农产品除上交国库外，大部分在国内低价销售，全方面、多层次、宽领域的农业对外开放的格局尚未形成。三是农业产业融合程度不高，主要是产业融合主体不强，产业化龙头企业带动力弱。黑龙江省农垦总局和管理局所属的龙头企业自身带动能力弱，与产业基地（农场和农户）利益脱节；农业与其他产业的融合度不高，如休闲农业、观光农业、旅游农业、创意农业发展不快，尤其是农业与文化、历史、风土乡俗等融合不多；农业的链条短，农垦齐齐哈尔管理局农产品加工值与农业产值之比为 0.38∶1，而发达国家能达到 3.7∶1；利益联结机制未建立起来，目前产业链各主体间建立股份制和股份合作制等紧密型利益联结方式的比例不高，大农场与家庭农场未建立起紧密型利益联结机制，大农场与家庭农场只签订土地利费交费合同，家庭农场交完利费

* 本文撰写于 2019 年 12 月 3 日。

后，自主经营、自负盈亏，农场缺少对家庭农场产供销的利益联结，使得分散的家庭农场农产品低价销售，生产资料采购上在市场上单打独斗，缺少竞争的合力。三是农业资源要素和环境约束趋强。随着农业现代化进程的加快，农业的资源要素和环境对农业的约束越来越高，如农垦企业有知识的青壮年劳动力多外出打工，农业的从业人员的老龄化现象严重，生态环境压力大，近几年农垦企业加大"三减"的力度并且效果明显，但农药化肥过量施用现象仍然严重，秸秆焚烧问题的形势仍很严峻。

二、促进农垦企业产业融合发展的几点建议

（一）建立和完善产业融合发展体系

1. 推进产城融合发展。坚持产城融合发展方向，将产业融合发展与新型城镇化建设有机结合，加强农业产业融合与城乡规划、土地利用规划有效衔接，引导第二、三产业向城镇产业园区集中，培育农产品加工、商贸物流等专业特色小城。

2. 加强农业内部融合发展。坚持农牧、农林、农渔、农副结合，坚持农业循环发展，调整优化农业结构，促进粮食、饲草改革，推动经济作物综合协调发展，大力发展循环农业，发展规模化养殖场，加快林下经济的发展。

3. 促进农业产业链延伸。重点加快农业由生产环节向产前、产后延伸，提高农产品的转化率和附加值。延伸产业链就是依托农业生产基础和优势，不断挖掘农业多种功能，推进产业化发展，提升价值链，就是发挥资源优势、环境优势、产业优势，大力发展精深加工、休闲农业、健康养殖业等产业，促进全产业链发展。当前农垦企业要重点延伸高质量产业链条，完善高质量服务体系，坚持产业发展的重点向追求高质量、高效益、可持续转变，坚持质量第一、效益优先、绿色导向。

4. 积极开发农业多种功能。农业除了为人类提供粮食外，还有休闲观光的功能，要积极顺应当前广大人民群众到乡村进行休闲观光等精神消费的需求，推进农业与旅游、教育、文化等产业的深度融合，发展休闲农业、观光农业、创意农业、乡村旅游业等，使农业旅游产业成为农村振兴的支柱产业。

（二）加快完善产业链利益联结，推进产业融合发展

1. 创新产业链与农户的利益联结机制。鼓励龙头企业与农户建立利益联结模式，目前主要利益联结模式有：龙头企业带动型、合作组织带动型、品牌产品带动型、专业市场带动型、乡村旅游带动型，要积极创新发展订单农业、股份合作、利润返还等多种紧密型利益联结形式，积极探索农户入股龙头企

业、农民专业合作社等新型农业经营主体的方式。

2. 创新大农场与家庭农场利益联结机制。目前家庭农场与国有农场是土地承包关系，并且多数是一年一签合同，家庭农场一次性上缴利费后自主经营、自负盈亏，产品经营、生产资料采购等完全自主经营，在市场上单打独斗，缺乏市场竞争力。国有农场要加快企业化改革，加大与家庭农场的利益联结，建立"大农场+家庭农场"紧密型利益联结机制，并采取"产业公司+大农场+家庭农场"的模式，把众多的家庭农场聚集起来，实行生产资料统一供应、产品统一采购、统一营销，增强大农场与家庭农场的经济实力，提高市场竞争力，增加大农场和家庭农场的经济效益。

3. 提高农户的经营能力。加快培育新型农业经营主体，鼓励新型职业农工、外出务工经商人员返回农场领办合作社、兴办家庭农场，鼓励发展农产品加工业和流通业，完善农民专业合作社管理办法。

4. 健全农业风险防范机制。要积极探索农业风险保障制度，提高风险担保能力，国家涉农政策要与农户利益联结机制挂钩。加大农业保险政策的支持，农垦企业要重点发展阳光互助保险，扩大农业保险的覆盖范围和提高保险赔付力度。

（三）建立产业融合发展的保障措施

推进产业融合发展，把分散的一家一户农业经营方式转换为集约化、标准化、规模化的现代农业，关键是将新技术、新模式、新主体引入农业，用现代发展理念引导农业，用现代技术改造农业，提高农业的竞争力。

1. 加强农业科技开发与推广。目前我国农业发展处于由增产导向转向提质导向的关键时期，推动农业科技创新是提高农业发展质量效益和实现农业绿色发展的重要途径。支持企业、科研机构等开展产业融合的科技创新，建立产学研结合的农业科技创新体系；推进农产品精深加工、储藏、分级包装等新技术，加强农业绿色生态；推广适合休闲采摘的农产品新品种、提质增效技术研发应用，推动农业发展质量、效益、整体素质全面提升；推广农科教、产学研模式，鼓励专家、学者与新型农业经营主体的对接。

2. 加强品牌建设。推行标准化生产，培育农产品品牌，目前黑龙江省农垦企业除北大荒品牌、完达山品牌、九三油脂品牌外，其他大都是民营企业的品牌，如农垦齐齐哈尔管理局大米品牌有十几种，这些品牌多、杂、乱，缺少系统管理，多数没有市场竞争力，迫切需要加强品牌建设。实行农产品品牌战略，保护地理标志产品，加快打造北大荒品牌、民营企业品牌，要进行有效整合，实行一局一品牌战略，有利于各具特色的地域优势转化为市场竞争优势，破解农产品同质竞争和增产不增收的问题，促进农业区域结构、产业结构、品种结构优质化。

3. 培养产业融合发展的人才。十九大报告提出实施乡村振兴战略，培养一批懂农业、爱农村、爱农民的“三农”工作队伍，形成促进产业融合发展的队伍保障，加快发展农业职业教育，着力培育新型职业农工，加大政策的扶持力度，鼓励科技人员在研究单位和农业企业间双向流动，到农业企业或农民专业合作社任职，完善知识产权入股、分红等激励机制。

4. 大力发展农业的新型业态。一是实行“互联网＋”现代农业行动，大力发展电子商务，完善配送及综合服务网络体系。二是加快休闲旅游产业的发展，推动科技、人文等元素融入农业，发展农田艺术景观等创新农业。农垦企业要把乡村文化旅游产业作为战略性支柱产业来培育，使之成为农垦经济新的增长点，靠近城市的农垦企业要树立全城旅游的理念，配置文化旅游资源，规划文化旅游布局，推进景区建设，融合产业发展。如黑龙江省农垦齐齐哈尔管理局的位于城郊的齐齐哈尔种畜场、依安农场、富裕牧场，重点把一个区域整体作为功能完善的旅游区来建设运营和管理，实现景点内外一体化，做到处处是旅游景点，人人是旅游形象。

5. 树立产业融合发展的典型。推动产业融合发展要注重典型引路，加强分类指导，要围绕产业融合发展模式立体培育，要进行政策创新和投融资，积极探索和宣传产业融合发展方面的好经验、好做法，树立一批典型，引进一批可推广的发展模式，以此加快产业融合发展的步伐。

6. 加大产业融合发展的政策支持。各地政府和主管部门要在农产品加工、仓储、物流等建设方面给予政策支持，当前重点对农垦企业观光休闲度假旅游经营活动等方面给予政策支持，要加大投资支持的力度。各级政府和主管部门要安排专项建设资金支持农业产业融合发展项目，要引导社会资本向农垦企业产业融合发展领域投资。各级领导要重视产业融合发展，引导各地因地制宜地探索产业融合发展模式，制定具体的产业融合发展规划，落实产业融合发展的目标，引导资金、技术、人才等要素向农业产业融合发展聚集，进一步推动农垦企业经济的快速发展。

加快城乡融合发展的几点建议*

党中央、国务院印发了《关于建立健全城乡融合发展体制机制和政策体系的意见》，这是对我国城乡融合发展做出的重大安排。建立健全城乡融合发展体制机制和政策体系是一个系统工程，其目的是重塑新型城乡关系，走城乡融合发展之路，促进乡村振兴和农业现代化。推进城乡融合发展，对推进城镇化、乡村振兴，全面建成小康社会都具有十分重要的意义。本文就加快城乡融合发展的问题谈几点建议，供参考。

一、目前城乡融合发展存在的主要问题

1. 城乡要素流动渠道不畅。随着城镇化的发展及农业现代化水平的提高，农业生产规模化经营成为发展趋势，但是农村土地流转受其成本高、相关制度保障缺位等因素制约，流动的效率仍偏低。

2. 农村劳动力单向流出，高素质劳动力流入不充分。随着城镇化进程的加快，大量的人口尤其是高素质人口迁移到城镇，造成农村人力资本匮乏，农村人口空心化、老龄化等问题突出。

3. 农业产业化发展不快。无论是城镇发展还是乡村振兴，都离不开产业的支撑。目前城乡产业发展水平差异较大，城乡产业发展不均衡，尤其是农业产业化发展不快，是制约城乡融合发展的重要原因。

4. 农村资本要素缺乏，金融支持力度不够。近些年，国家加大了惠农支持的力度，出台了一系列的支农惠农政策，财政向农村建设倾斜，但对社会资本的撬动作用不大，资本下乡面临用地难、用工难、发展难等问题，涉农企业融资难、融资贵等问题仍有待解决。

二、加快城乡融合发展的几点建议

促进城乡融合发展，要从推动城乡要素配置合理化、产业发展融合化、公共服务均等化、基础设施联通化、居民收入均衡化等方面入手，推动城乡要素

* 本文撰写于 2019 年 7 月 1 日。

融合发展，走城乡一体化的发展道路。

1. 推动城乡要素配置合理化。要围绕着实现城乡要素双向流动和平等交换，增强要素流动的协同性，让市场形成价格引导要素配置，提高要素配置的效率。一是深化农村土地制度改革，改革激活土地资源资产，完善土地利用管理政策体系。积极探索土地要素城乡平等交换机制，推进集体建设用地多元化利用。二是推进户籍制度的改革。应继续深化户籍制度改革，逐步放宽城镇落户的条件，从体制机制上解决城乡劳动力市场分割问题，实现城乡居民平等就业。推进“三权”分配改革，在坚持农村基本经营制度的基础上落实集体所有权，稳定农户承包权，放活土地经营权，维护进城落户农民土地承包权、宅基地使用权、集体收益分配权，引导进城落户农户依法自愿有偿转让上述权益，将居民的户籍变化与“三权”脱钩。三是引导人才流动，培育高素质农民。鼓励新型农业经营主体下乡返乡创业就业，鼓励社会各界投身乡村建设，加大农业人才资本开发，大力支持农业技术下乡，通过现场培训、指导、远程教育等方式，为农业企业、农民专业合作社、家庭农场等提供农业技能培训、技术支持，尽快提高农民的生产水平。四是优化资本配置。加大政府的投资，提升农业可持续发展等重要领域的支持力度，加强高标准农田建设，支持农业科技创新能力条件建设，提高农业机械化水平和农业科技装备水平，充分发挥财政资金引导作用，加快建立涉农资金统筹整合长效机制，建立财政、金融、保险、担保有机结合的多元化投入保障体系，提高农业金融服务水平。

2. 推进城乡产业融合发展。围绕产业链延伸、价值链提升和供应链优化，建立适应新产业、新业态、新模式发展特点的管理机制，推动要素融合、产业融合和功能融合。要以城乡产业融合为导向，建立产业融合发展机制，要构建根植于农村，以农村、农业资源为依托，以农民为主体，以一二三产业融合发展为路径，建立城域特色鲜明，承载乡村价值、创新创业、利益联结紧密的乡村产业体系，实现乡村产业多元化，农业全产业链发展的目标。一是建立新产业、新业态培育机制。积极搭建城乡产业协同发展平台，引导工业反哺农业，城市支持农村，用城市现代科技来改造传统农业，用城乡的工业发展来延长乡村的农业产业链，用互联网、物联网来推进农业业态的发展。二是要推进农业供给侧结构性改革，转变农业发展方式，走质量发展之路。要大力发展现代农业，提高农业劳动生产率，创新产业组织方式，通过推动农民专业合作社经营组织发展，将城乡相关产业进行结合，促进城乡资源优化组合，切实推动城乡产业融合发展。三是积极发展第三产业。制定政策推动乡村旅游业、生态农业、创意农业、休闲农业的发展，推动一二三产业的融合发展。

3. 推动城乡公共服务均等化。当前城乡在公共教育、医疗卫生、社会服务等基本公共服务方面还存在较大的差距，需要加大力度推进城乡基本公共服务均等化。城乡基本公共服务均等化是实现劳动力等生产要素在城乡双向自动流动的前提条件，也是促进城镇化与工业化同步发展的重要基础，为此应全面提升农村教育、医疗卫生、社会保障、养老、文化体育等公共服务水平，逐步建立城乡统一、市民与农民公平享有的基本公共服务体系。积极推动公共服务向农村延伸，社会事业向农村覆盖，进一步加快城乡基本公共服务的标准化、均等化。重点抓好以下几点工作：一是推进城乡基础设施建设。要适应城乡体系结构和人口流动变化的趋势，统筹城乡基础设施建设布局，补齐农村基础设施短板，完善基础设施网络。基础设施联通是高效率联通，要提升建设质量、运营标准和管理水平，提升基础设施利用效率。二是建立城乡融合发展的义务教育体制机制。重视和优先发展农村教育事业，吸纳和储备优秀乡村教师，促进城乡之间教育交流和互动制度建设，补充和完善各类乡村教育资源，推动优秀教育资源城乡共享。三是建立乡村医疗卫生服务体系。统筹推进医疗、医保和医药“三医联动”改革，以更好地解决城乡居民看病难、看病贵的问题。四是建立城乡公共文化服务体系。推动文化资源重点向农村倾斜，提高服务的覆盖面和适用性，并加大农村文化服务设施建设。五是完善城乡统一的社会保障体系。加快实现各类社会保险标准统一、制度并轨，统筹城乡救助体系。同时要加大农村养老服务设施建设，推动农村养老服务体系建设。

发展休闲农业，加快推进一二三产业融合发展*

目前，国内观光休闲农业发展很快，尤其是随着人民群众生活水平的日益提高，休闲需求与日俱增，休闲农业的形式也逐渐呈现多元化，休闲农业功能由传统观赏风景、采摘水果拓展到休闲、观光、采摘、体验、旅游等功能，呈现出休闲农业发展生命力。目前休闲农业规模不断扩大，内涵不断充实，模式丰富多样，并且呈现出一系列新特点：一是休闲农业的分布地区不断发展壮大，休闲农业已遍布全国各地，一些省把发展休闲农业作为新农村的基础工程来抓；二是产业规模逐年壮大，休闲农业逐步成为促进农民增收和满足城乡居民消费需求的民生产业，成为区域经济发展的朝阳产业，成为农村经济发展的支柱产业；三是产业类型多样，由原来传统的观光采摘为主向农家乐、休闲农庄、休闲农业园区和民俗村等形式转变；四是产业品牌影响扩大，各地围绕“高、新、特、优、雅、奇”努力打造特色休闲品牌，一批服务能力好、休闲功能强、知名度高的休闲农业品牌初步形成。农垦企业近几年也加大休闲农业的发展，但与国内先进地区比较，发展仍较慢，并且休闲农业在发展中仍存在很多问题。本文就农垦企业加快休闲农业发展问题谈几点建议，供参考。

一、休闲农业发展中存在的主要问题

近几年，农垦企业把发展休闲农业作为增加职工收入、促进企业产业结构调整、促进城乡一体化发展的重要工作来抓，充分发挥农业自身优势，整合农业生产要素，休闲农业得到一定的发展。休闲农业的开发实现了效益农业、生态农业、观光农业的协调发展，但在发展的过程中由于各级领导对发展休闲农业重要性认识不足，落实不到位，仍存在很多问题：休闲农业总体经营规模偏小，没有形成独立的产业体系；多数休闲农业项目起点低，基本是以职工或企业自行开发为主，缺乏宏观指导、缺少科学规划和市场调查；政府及农垦企业在政策、资金等方面扶持力度有限；基础设施不配套、不完善；品位档次不高；结构不合理；建设内容雷同，特色不够鲜明；旅游产品开发少，经营管理

---

* 本文撰写于2017年9月28日。

不规范；品牌意识不强、宣传推介力度不够；难以形成规模效益和品牌效益。究其原因主要有以下几个方面：

1. 缺少发展理念。目前休闲农业特色不明显，经营项目大部分都是农家餐饮、观光、休闲垂钓，而且休闲农业缺少产业化、市场化理念，农业科技含量低，农产品附加值不高，处在产品价值链的低端。

2. 缺少规划设计。主要是缺乏总体的规划和有效有力的引导，规划的前瞻性、科学性、可操作性不强，有的项目规划档次低，缺乏文化内涵，难以形成市场竞争力。

3. 缺少文化内涵。目前黑龙江省农垦系统在发展休闲农业中，合理挖掘农业文化内涵不足，没有充分挖掘农耕文化、北大荒文化、本地文化和民俗风情，并有机地融入产品之中。有些地方把有乡土气味的民宅及建筑等资源进行改造，而且全部失去乡土性，难以真正达到休闲、娱乐、体验的功效。

4. 缺少品牌意识。在休闲农业的开发过程中，没有品牌化意识，没有品牌就意味着没有特色，顾客也就没有挑选的余地。如果休闲农业能在品牌中合作，就可创造服务需要，实现不同休闲场所和游客多赢的品牌营销策略。

5. 缺少特色。主要表现在休闲农业特色不鲜明、经营模式单一。当前休闲农业大多是农户自主经营，资金投入有限，内容单一，精品、亮点、特色不突出，经营者品牌意识较淡薄，缺少创新，出售的产品多为初级农产品，且包装简单，低水平重复建设和同质化现象严重，导致休闲农业对当地经济发展推动有限。

6. 缺少管理能力。目前休闲农业景点多是由不同组织形式投资经营，各个景点经营思路、规划等差异很大，休闲农业统一管理难度大。并且休闲农业的安全、卫生、娱乐、餐饮等服务设施的开发与管理不完善，服务水平低，服务人员素质低下，与休闲农业服务达到的专业化水平要求差距大。

7. 缺少人才。农垦企业有文化的年轻劳动力多数都流向大中城市，导致从事农业的劳动力趋向老龄化、女性化，农业后继乏人已成为农业发展的一大难题。由于从事农业的劳动力能力相对较弱，缺少开拓能力，也在一定程度上制约当地休闲农业的进一步发展。

二、加快休闲农业发展的几点建议

1. 科学地编制休闲农业的发展规划。休闲农业是利用农业自然和历史景观、农业生产活动、农村民俗文化，通过科学规划和开发，为人们提供生产、生活、生态、旅游、休闲、教育、增收等多种功能为一体的农业旅游活动。休闲农业定位要清晰，目标要明确，通过发掘自身优势，对接周边城市消费群体。休闲农业要走科学设计的发展模式，在设计思路上按照“因地制宜、突出特色、合理布局、和谐发展”和“合理开发、永续利用、保护耕地”的要求，注重区域定位、功能定位、形态定位，避免雷同、重复建设，做到有序开发、规模发展；在规划上要提高内涵，深入结合自然资源、产业特色、历史文化及消费需求，分门别类地多元化发展当前休闲观光农业。要依据当地“十三五”规划对休闲农业的发展目标、空间布局、配套设施、品牌特色、人才培训、宣传推介等各个方面统一考虑，形成体系，充分利用田园景观、乡村风貌、乡土风情、农耕文化等资源，将农业生产、生活、生态、经济等功能协调、融合，走出一条资源利用与经济快速发展持续、协调发展之路。

2. 发展适合农垦企业特色的休闲农业发展模式。目前休闲农业发展模式主要有观光采摘型、民俗体验型、农事体验型、科普教育型和生态休闲型五种模式。观光采摘型休闲农业是利用田园风光和绿色景观，利用农业生产的场地、产品、设备、作业及成果获取收益的休闲农业类型，主要是以水果、蔬菜、花卉的采摘为主题，让游客在亲近自然的同时享受到收获的乐趣；民俗体验型休闲农业是以农村民俗风情为载体开展休闲活动的休闲农业类型，民俗体验型休闲农业应重点开发民族民俗风情、民族民俗文化、民族民俗农事节庆等；农事体验型休闲农业是由农户提供土地，游客参与耕作、种植花草、果树、蔬菜，让市民体验农业生产的全过程，享受由播种、管理到收获的农作乐趣；科普教育型休闲农业主要是利用农业观光园、农业科技生态园、农产品展销馆、农业博览园为游客提供了解农业生产技术、增长农业知识提供条件；生态休闲型休闲农业主要是以生态感知、亲近自然、自然风光观赏、野外体验、度假休闲、身体修复等为游客的休闲旅游过程，资源依托主要是乡村自然、人文资源中具有较高的体验、观赏和游憩价值的生态环境、生态养殖基地、生产过程等。农垦企业可根据自身的自然资源、历史资源、文化资源等发展不同类型、不同档次、不同特色的休闲农业，并逐渐由单一功能发展到复合功能的休闲农业，建立具有观赏、品鉴、体验、休闲、度假、教育等多功能的休闲旅游业，与森林公园、风景区、自然保护区相结合，发展生态旅游，与观光、采摘、农耕、垂钓、特色餐饮相结合。目前休闲农业一般以农家乐、休闲农庄、农业科技园、观光采摘园、农业观光园和民俗村为主，农垦企业要通过“旅行社＋农户”“行业协会＋企业＋农户”等模式创新发展休闲农业的发展模式，也可以采用“公司＋专业合作社＋农户”发展模式，公司对参与接待服务的农户进行专业培训，并制定相关的规定，以规范农户的行为，保证接待服务水平，保障公司、农户和游客的利益，农民专业合作社通过土地、劳务等形式参与休闲农业的开发经营活动，公司以租金或按股分红或按劳付酬的方式分配收益。

3. 挖掘休闲农业产业的文化内涵。休闲是一种对社会发展进程具有校正、平衡、弥补功能的文化精神力量，休闲农业要立足本地特色，开发高品位的休闲农业文化产品。一是推进休闲农业“三生”与“六次”产业相结合。“三生”指生产、生活和生态，“六次”产业即：一次产业（农业）＋二次产业（加工业）＋三次产业（服务业）＝六次产业（休闲农业其形式是相加的，效果却是相乘的）。二是将自然风景、文物古迹与民俗文化有机结合。理想的休闲农业应将当地服饰、饮食、民俗、交通、礼仪、节目、游艺、农业等结合起来，并充分开发村落及周边的休闲项目，以满足游客的需求，延长游客停留的时间。三是打造纯乡土旅游吸引游客。以家为基本旅游接待单位，形成一定规模的经营主体，游客居住此地可亲身体验当地人们的日常生活、生产过程，可参与当地传统节日及其他特色活动，可观赏独具地方特色的自然和人文景观。四是挖掘文化内涵。休闲农业产品体系中，要深度挖掘本地的民俗风情、民俗文化、农耕文化、民间技艺等反映本土文化的东西，要赋予休闲农业文化内涵和时代特征，满足旅游者对文化的鉴赏、体验、学习需求，提升休闲农业的档次和水平。五是充分利用休闲观光农业的文化优势。农垦企业要充分利用北大荒文化中的军旅文化、知青文化、黑土地文化等优势。

4. 延长休闲农业产业的产业链，促进一二三产业的融合发展。要加大休闲农业规划区升级改造力度，改善交通、水电、通信设施等环境条件。在景区建设上，深入挖掘潜能，注重多元化发展趋势，打造集观光、体验、餐饮、住宿、会展于一体的多元综合经济形态，延伸旅游者消费活动，增加和延长农业休闲产业链。要发展与休闲旅游相关的加工制造、文化创意、生态农业等产业，推进农垦企业旅游产业群的形成，要着力发展以乡土特色为原料的纪念品，要着力培育大型、高端的综合休闲农业园与旅游带，将文化景区、民俗村、观光园等乡村资源统筹整合成集观光、休闲、度假、会展、购物于一体的旅游产业集群，实现休闲农业与文化、会展等产业的有效融合。积极开展星级休闲农业园、星级民俗旅游村，通过规范化增强旅游吸引力。

5. 打造休闲农业品牌。要发挥自然、文化、民俗等资源优势，找准市场定位，深入发掘和筹划特色旅游产品，进一步培育区域性名优特色品牌。积极发展特色餐饮、农事体验等民俗特色项目，加快发展星级休闲农业园、星级民俗旅游村。加快引进大型知名国际旅行社和特色高端品牌连锁住宿、餐饮企业，统筹整合集观光、体验、休闲、度假、购物于一体的旅游产业群，培育具有核心竞争力的农业休闲旅游知名品牌。如农垦齐齐哈尔管理局应重点围绕AA级景点北大荒鹤城鲜花港、AAA级景点富裕牧场柯尔克孜民族村等重点景点打造休闲农业。

6. 加大对休闲农业发展的政策支持。休闲农业是一项系统性强的工程，需要各级各部门协调配合，加强对休闲农业的政策支持。财政部门应安排专项资金，重点支持特色明显、运行规范、前景广阔的休闲农业，同时制定优惠政策，引导工商资本、民营资本和外来资本投资开发，建立起以政府和企业扶持为主，社会参与的投入机制。金融部门要优化信贷结构，把休闲农业建设纳入支持重点，适当放宽担保抵押条件，简化审批手续，并给予优惠贷款利率支持。土地部门要鼓励通过废弃园地、林地、荒山等进行开发，盘活存量土地，对休闲观光农业管理配套所需土地应优先安排。其他部门要进一步优化公共服务，对休闲农业发展给予支持。

7. 加强人才的培养。通过培训尽快培养一批守法纪、懂技术、会经营、讲诚信的休闲农业经营人才，扶植一批经营水平高、经济实力强、市场信誉好、发展后劲足的旅游企业，同时可组织部分经营者“走出去”，到经营水平高的地方学习，还可通过培训，让经营者掌握一门传统手工艺术品，进一步助推休闲农业的全面健康发展。

8. 强化休闲农业发展宣传。各级领导要从战略的高度出发，统一思想，充分认识发展休闲农业的重要性，进一步加强对发展休闲农业的组织领导。同时加大宣传的力度、扩大影响、提高知名度，通过举办各种节庆、节会及农博会、绿博会、农展会等活动搭建平台、设立窗口，向社会重点宣传推介休闲农业旅游，扩大市场占有率。可利用新闻媒体、网站等开展多渠道、全方位的宣传推介，进一步培育和扩大市场规模，获得稳定的客源。

9. 加强规范化管理，提高服务水平。要加强标准化建设，建立评价标准、经营标准、管理标准，健全的评价标准可以规范休闲农业的发展，引导经营者向规范化方向管理。休闲农业经营者要提高管理水平，建立规章制度，加强内部管理，同时要加强从业人员的培训，培养复合型人才，提高从业人员的整体素质，规范服务行为，提高服务水平。

加快“文化＋农业”融合发展的几点建议*

“文化＋农业”融合发展是以文化创意为核心，赋予农业发展以崭新的思维和理念，并通过创意把文化艺术活动、农产品和农耕活动以及市场需求有机地结合起来，形成良性互动的产业价值体系，为农业的发展开创新的空间，并实现产业价值的提升。“文化＋农业”融合发展能够充分发挥人才、信息、科技、市场、资金等方面的优势，不仅可以带动特色农业的发展，而且可以充分地利用土地资源的限制，走可持续发展之路。本文就“文化＋农业”融合发展问题谈几点建议。

一、“文化＋农业”融合发展的重要作用

1. 可以促进农业产业结构的调整。在传统农业经营方式下，推动农业发展的生产要素主要是土地、劳动力、资本等，农业发展主要依赖传统的生产要素资源，而文化创意农业强调的是将生产要素内化，以各种文化资源、智力资本、科技等投入生产经营环节，有效地突破传统生产要素资源的限制。“文化＋农业”正是运用创意元素对文化资源进行加工，以此集聚资金推动产业发展，因为“文化＋农业”是一种利用农村文化资源，且少占耕地、少耗能源、高附加值的适应健康发展要求的产业形态。农村的耕地、草地、林地等资源有限，但是农村丰富多彩的自然景观、民俗风情、传统文化、人文资源等为“文化＋农业”融合发展提供了基础，再加以必要的创意、资金、技术、信息和管理等资源配置，并通过市场化和产业化的有效组织，可以实现一二三产业的协调发展。

2. 可以加快城乡一体化发展。城乡一体化是实现城市与农村之间生产要素合理流动和优化组合，促进城乡经济和社会生活紧密结合、协调发展的新型城乡关系。加快“文化＋农业”融合发展，是推动经济、文化、科技相互发展在产业层面的具体表现，符合城乡融合发展的要求。“文化＋农业”融合发展在城乡融合发展中，以农村文化资源和区域文化特色为核心，以自然农业生态为依托，以改善人居生活品质为目标，以规范化的产业运作为手段，实现经济

* 本文撰写于2019年9月17日。

生态、自然生态、文化生态三位一体的发展模式。

3. 可以满足社会多样化的消费需求。随着经济发展和人们生活水平的提高，人们的需求日趋多样化，而“文化＋农业”融合发展能够适应和满足多样化的需求。一是文化创意赋予农产品新的创意，改变了农产品的常规用途，提供了优质、新颖、安全的创意产品，满足了人们的文化精神需求。二是“文化＋农业”融合发展能够满足农业休闲观光旅游的需求。通过“文化＋农业”融合发展，打造智慧农业、创意农业、休闲农业，使田园美观化、农居个性化、农村景区化、农业旅游化，从而引导人们走进乡村，体验田园生活，回归自然，创造绿色消费新风尚。三是“文化＋农业”融合发展可以满足人们绿色体验消费的需求。文化创意会让农村环境更优美，有利于人与自然和谐相处，满足人们的体验消费需求，如用农作物秸秆编织手提袋、动物、杂物等，用树根制作根雕等工艺品，文化创意农业形成规模效应以后，可以带动农产品的批量生产。所以，推动“文化＋农业”融合发展，能够发挥绿化、美化、净化城乡的作用，为绿色 GDP 发展做出贡献。

4. 可以提高农村人力资源的质量。发展“文化＋农业”融合发展，要求产业参与者必须具备一定的文化素养和专业技能。“文化＋农业”融合发展能够帮助农民有意识地提升综合素质，为农民提供发挥能力和增加收入的机会。因此，“文化＋农业”融合发展能够带动一系列休闲观光等服务业的发展，促进农民迅速向服务业转移，带动农业生产规模化，加快城镇化的发展。

二、构建“文化＋农业”融合发展模式

1. 休闲观光农业模式。休闲观光农业是指通过创意转化将农业田园景观、自然生态、环境资源进行重新设计和开发利用，结合农业生产、农业经营活动、农村文化及农家生活，给人们提供观光旅游、交流农业经验、体验农业生产劳动与农民生活、享受农业成果、利用田园休憩健身的“文化＋农业”融合发展新兴产业模式。休闲观光农业是结合生产、生活、生态三位一体的农业，是集产供销及休闲旅游服务等产业于一体的农业发展方式。休闲观光农业具有以下几种模式：“文化创意＋休闲农业”“文化创意＋休闲牧场”“文化创意＋苗木产业”“文化创意＋休闲渔业”。

2. 民俗风情体验模式。该模式是以农村风土人情、民俗文化为旅游吸引物，充分突出农耕文化、乡土文化和民俗文化特色，开发农耕展示、民间技艺、时令民俗、节庆活动、民间歌舞等文化旅游产品和服务项目，增加农村民俗文化内涵，并获取经济效益和社会效益。其主要模式有果园采摘、森林体验、城市近郊游等。

3. 健康养生业模式。健康养生产业属于新兴的现代服务业，该模式是借助文化创意，为健康养生产业流入发展创造力，延伸产业链和价值链，提升产业附加值。健康养生产业在其发展过程中需要解决要素融合、产业融合、产城融合等问题，需要通过与文化创意产业融合发展，催生新创意、新模式、新业态。健康养生产业可从国学文化、中医文化、武术太极、饮食文化等挖掘文化资源，文化产业也可在旅游、演艺、体育、艺术、广播影视等行业中凸显健康养生理念。从产业链看，健康养生可容纳数十个行业，产业链上游主要从事研发生产，涵盖生物、医药、营养、保健、食品等行业；产业链中游主要从事服务消费，涵盖健康、养生、医疗、旅游、体育、农业等行业；产业链下游主要涵盖文化、艺术、科技、创意等行业。文化创意产业与健康养生产业融合发展的关键在于资源共享，短板互补。目前其主要模式是“文化创意＋健康养生小镇”，该模式一般以健康为小镇开发的出发点，将文化体验、健康养生、医疗美容、生态旅游、休闲度假、体育运动、健康产品等业态聚合起来，实现文化与健康相关消费聚集，形成具有文化底蕴和健康养生功能的特色小镇。“文化创意＋健康养生小镇”可以依托长寿文化大力发展长寿经济，形成以食疗养生、山林养生、气候养生为核心，以养生产品为辅助的健康餐饮、休闲娱乐、养生度假等功能集聚的健康养生养老体系；也可以依托医药文化发展医药产业，推动健康养生、休闲度假等产业发展的医养特色小镇，还可以原生态为基础，以健康养生、休闲旅游为发展核心，重点发展养生养老、休闲旅游、生态种植等健康产业。

4. 农产品会展模式。农产品会展是以会展业为依托，农产品推广和交易为目的，通过举办各种类型的农业会议和农业展览，形成信息流、人才流、资金流、物流，创造商机并促进农业发展的一种经济业态。主要包括农业博览会、交易会、订货会、展览会、农业论坛、洽谈会、交流会等形式。农产品会展是农业和会展业发展到一定阶段的有机结合。“文化创意＋农产品会展”融合能有效地推动农业发展，提高农民收入和推动农业市场化、产业化和国际化发展，并且带动旅游、餐饮、物流等相关产业发展，具有示范引领、辐射带动、商务促进、统筹城乡、国际化发展的功能。

5. 农产品电商模式。农产品电商模式是指在互联网开放的网络环境下，买卖双方基于浏览器或服务器的应用方式进行农产品的商贸活动，是一种新型的商业模式，是促进农业发展、农民增收的重要途径。目前农产品电商的主要模式有：平台卖货模式，这种模式下产品通常是相对固定的，而顾客不固定，它以产品运营为核心，对产品和运营的要求较高，食品类电商平台还需要食品经营许可证，要求卖方必须注册公司或个体工商户，平台卖货模式需要从业户具有一定的综合实力。微商模式，也叫朋友圈模式，这种依据朋友进行电商交易的企业和个人越来越多，这种方式下的经营者和客户一般有较强的关系，并且以客户运营为主，甚至需要对用户进行一对一维护，其好处是只要得到用户信任，基本不会再出现货比三家的现象。农场基地供货模式，该模式的用户基本上自有种植基地或者养殖农场，由于农产品收获期相对较短，而且目前大部分是机械化或半机械化作业，所以很多农产品会集中上市，这种模式在一定程度上可以增加农产品的附加值，提高种植者和养殖者的利润，减少中间环节，对农产品滞销起到了一定的缓解作用。

6. 民俗演艺业模式。该模式是依托民间艺术表演方式形成的产业模式，即农村利用当地的民俗文化，自发组织演艺团队进行演艺产品开发，为当地居民和游客表演传统的民俗节目，以此吸引游客，为地方旅游活动增色。目前我国民俗演艺主要有舞龙舞狮、古彩戏法、木偶戏、传统茶道、西河大鼓等。随着人们生活品位和欣赏水平的不断提升，依靠庸俗、低俗当卖点取悦观众的节目越来越没有生存土壤。“文化＋民俗演艺”融合发展，要不断寻求新的文化消费，创新节目内容，提高演艺水平，以赢得观众的欢迎和市场的认可。

三、“文化＋农业”融合发展应坚持的原则

一是坚持适宜性原则。文化创意与农业融合发展的驱动力来源于区域资源要求，资源要素直接制约着区域文化产业布局和发展领域。由于我国广大农村的经济社会差异较大，因此在产业发展方式和产业内容上不能生搬硬套，而应以本地优势资源为依托，以提升产业发展质量和效益为重点，选择与区域自然和社区条件相适应的发展路径。二是坚持系统性原则。文化资源、社会资源、资金和市场需求在“文化＋农业”融合发展过程中起着重要的作用，任何要素一旦缺少，就不能在系统中发挥作用。农村文化设施、经济环境、创意人才和现代化经营管理的欠缺，会导致农村资源开发不足、效益不高、产业化程度低，也会导致文化产业缺乏技术含量和创意元素，难以产出文化精品，形成文化品牌。“文化＋农业”融合发展的主要手段是整合，即充分挖掘当地文化资源，寻找文化资源产业化发展恰当的突破口。争取政府政策的资源，为产业化发展创造良好的制度环境，建立科学的财政投入和税收管理体系，吸引金融、企业、资本市场和社会资金等多元投资主体进入产业领域。尊重市场，研究市场，在产品创新升级中不断拓展市场。

四、建立“文化＋农业”融合发展的保障机制

1. 进一步优化发展环境。营造良好的“文化＋农业”融合发展环境，需

要建立完善的政策、资金、技术、物流、信息等支撑体系，地方政府应发挥行政管理的职能，创建有利于“文化＋农业”融合发展的组织系统和发展环境，鼓励和吸引各级金融机构和民间资本进入产业发展领域。充分利用技术服务机构，吸引高校、科研机构和相关企业的共性技术、关键技术和核心技术，提升产业创新能力。建设现代化农村物流体系，培育专业化物流市场，构建“文化＋农业”融合发展组织系统、联合采购、集中管理、统一配送、分散经营的物流管理模式，充分利用信息化、互联网等手段，对区域内产业主体提供相关产品、市场、技术、行业发展动态等信息，加大对外宣传力度，提高知名度。建立投资咨询、生产评估、产权交易、信用担保、法律服务等社会中介服务体系，为“文化＋农业”融合发展提供全方位服务。

2. 培育品牌，增强产品市场竞争力。品牌是“文化＋农业”融合发展核心竞争力的集中体现，是资源配置、产业经营、内涵提升和营销扩展能力的综合反映。区域内的资源决定农村文化品牌形成的途径，自然资源和人文资源所蕴含的巨大潜力是品牌形成的基础，因此，对文化资源的盘点、保护和开发就成为品牌管理的首要环节。产业经营是以市场为导向将资源品牌转化为产品品牌的过程，有效合理的产业化使地域文化内容更加丰富、特色更加鲜明，是品牌培育的必要环节。增加文化附加值的重要途径是提升品牌内涵，提升品牌内涵的主要方法是创新，创新是品牌的精髓，可以保证品牌的独特性，因此，不断更新和充实产品文化内涵是农村文化品牌管理的核心环节。营销扩展是文化品牌的传播推广环节，各级政府可以通过大型宣传活动，塑造区域形象，实施区域营销战略，发挥品牌效应，营造市场优势，提高产品的知名度和影响力。

3. 积极引导企业转型，走“文化＋农业”融合发展路子。产业发展的核心主体是企业，产业融合发展的主要实施者也是企业。积极引导企业参与农业经济社会发展在研发、设计、技术、产品、服务等方面的业务合作，以及在人才、信息、资本等方面的资源对接，降低生产经营成本，提升市场快速响应能力和风险抵御能力，强化核心竞争力，实现品牌和业务多元化发展，引导传统农业中有条件的企业利用成熟经验、专业知识和资源能力优势，转向价值链高端，进行服务产品的创新，实现企业转型发展。

4. 开发特色休闲旅游产品。在产品开发过程中应尊重自然和文化资源，避免浅层次开发、低水平开发和不当开发等现象。农村居民是产业发展的主体，熟知当地的传统文化，并对文化资源充满感情，是“文化＋农业”融合发展能够形成特色的可靠来源。但农村居民在休闲消费需求的把握和产品开发的能力上存在一定程度的欠缺，需要产业利益相关企业来弥补，将农村特色资源转化成可满足观光、体验、度假、运动、娱乐等休闲需求的不同类型和不同主题的旅游产品，同时应赋予“文化＋农业”融合发展的产品时代特征和内涵，提升产品文化品位。政府应积极促进产业在产品、功能、服务等方面的创新发展，提高文化产品的附加值和客户对产品功能、服务的满意度；在技术资源利用上，鼓励企业充分利用信息技术，结合企业的文化资源，提高文化产业在产品设计、生产、加工等环节的科技含量，提升产品的创新能力；在产品营销上，鼓励企业利用先进的技术，改变传统的营销方式，创造出能满足消费者需求的服务信息平台和营销渠道；在管理上，支持企业结合自身特点，利用信息化的工具，设计一套有效的产品质量管理体系，提升运行效率。

对构建绿色物流管理体系的几点建议*

发展绿色物流可以实现对货物的全程绿色化运作，保证货物的品质，绿色农产品只有在绿色物流体系下才能保持新鲜和洁净。而绿色物流又是对环境负责的物流体系，它既包括从原材料的获取、产品生产、包装、运输、仓储，直至送达最终用户手中的正向物流过程的绿色化管理，也包括废弃物回收与处置的逆向物流的绿色化管理。发展绿色物流不仅有利于保护环境，节约资源，实现社会经济的可持续发展，还有利于提高企业的竞争力。本文就构建绿色物流体系问题提出几点建议，供大家参考。

一、目前绿色物流管理中存在的主要问题

1. 发展绿色物流理念淡薄。目前发展绿色物流理念还比较淡薄，人们对它的认识还非常有限，无论是政府、企业还是消费者，对它都只是了解，但不清晰。一是政府部门缺乏对绿色物流的长远规划，仅有物流的思想而没有“绿色”的概念，致使人们对绿色物流理解不一致；二是部分绿色食品企业沿用传统物流模式，即使出现一些损耗，也能得到局部经济效益时，对传统物流高损耗、低效率采取默认态度；三是消费者只重视绿色食品标志，往往会忽略绿色食品物流环节的次生污染。

2. 绿色物流基础设施不完善。绿色食品生产基地多数都远离城市，部分物流基础设施不完善，如物流线路存在土路、沙石路等，严重降低物流效率，使绿色农产品的损毁率增加，运输过程中产生的尘土、噪声和废气也对道路两边村庄的生活环境造成不利影响，这与绿色物流所强调的生态环保理念相违背。绿色食品基地分散，致使仓储设施落后，库容小且分散，各种综合性绿色食品货运枢纽和物流配送中心的建设发展缓慢，存在着资源和人力的浪费，违背了绿色物流节约资源的原则。

3. 冷链物流不配套。目前黑龙江省大部分生鲜、果蔬类绿色食品仍在常温下流通，冷冻冷藏设备普遍陈旧落后，冷库建设相对较少，冷藏车的比例较低，冷链设施设备严重不足，冷链物流技术相对落后。黑龙江省物流企业规模

---

* 本文撰写于 2017 年 6 月 5 日。

小而多，组织化程度低，管理手段落后，缺乏具有一定规模和影响力的第三方冷链物流企业。

4. 绿色物流配套制度不健全。绿色物流的实施需要企业、政府、农产品生产者和消费者共同关注和支持。目前，黑龙江省在这方面还十分欠缺，物流体制还不完善，缺乏相应的政策法规，造成绿色物流无法可依、无章可循、无序发展，并且执法力度不严，现有的政策法规并没有起到规范物流企业、促进绿色物流发展的作用。另外，黑龙江省扶持绿色食品产业发展的政策多，而对绿色食品的绿色物流方面却关注得少，缺乏激励绿色物流发展的扶持政策。

5. 绿色物流信息系统有待升级和完善。信息化是绿色物流发展的重要条件之一，目前在物流管理系统中，存在信息交流不畅、信息化程度较低等问题，并且不同部门之间的技术标准和信息标准存在差异性，严重制约着物流运行效率和服务质量的提高。

二、构建绿色物流管理体系的几点建议

绿色食品具有营养性、安全性和无污染性，其鲜活食品还具有鲜活性、易腐性、保质性等特点，这些特点对绿色食品物流提出更高的要求，要求绿色食品从进入物流系统开始，直到送达最终消费者手中所进行运输、仓储、包装、装卸、流通、加工等一系列物流活动都必须是“绿色”的。绿色食品对食品的保鲜和安全性要求极高，需要在低温或冷冻条件下运输、储存、加工的绿色食品占绝大部分，这就需要有较高的控温技术、先进的冷藏设备和完整的冷链体系，以减少绿色食品在流通领域因缺乏必要的冷藏条件和技术而导致的损失。因此，需要加快建设从基地到餐桌全过程的绿色农业物流体系。

1. 积极转变观念，树立绿色物流理念。加大对绿色物流的宣传，使绿色物流理念深入人心。一是政府部门应率先转变观念，重视绿色物流，积极利用广播、电视、网络等媒体向大众宣传绿色思想、绿色理念，加强物流绿色化建设，提高企业和消费者的绿色物流意识。二是企业要深刻理解绿色物流理念，并自觉地根据绿色物流的要求改进技术，保证物流活动的全面绿色化。三是消费者应积极响应政府的绿色号召，将绿色意识与日常行为紧密联系起来，在消费行为中主动购买通过绿色物流方式进行流通的绿色农产品。

2. 完善绿色物流的基础设施。要完善绿色物流基础设施，包括绿色运输、绿色仓储等方面的建设。绿色运输的基础设施建设必须从优化运输道路和绿化运输工具入手。一是加强农村道路建设，实现村村通公路；二是淘汰高耗能、高污染、低效率的传统运输工具，选择先进的绿色运输专用设备；三是加强绿色仓储基础设施建设，要在绿色理念的指导下改造仓库、建设新库，运用新技

术手段科学选址，合理布局库存，以提高绿色食品仓储能力。

3. 加强冷链物流建设。首先应该加强冷冻冷藏设施建设，引用国外先进技术，生产节能高效的冷藏车，并扩大其在物流活动中使用的比例。同时，还应在改进和完善现有冷库的基础上，加快新冷库的建设，增加冷库数量，扩大冷库的服务规模。此外，还应推广冷链物流的全程自动控温技术，普及低温环境下进行分等分级、包装加工的物流手段，以不断完善冷链物流体系。

4. 发展第三方物流，推进第四方物流。由于社会大生产的发展和专业化分工的不断深化，第三方物流、第四方物流等专业物流服务企业形态应运而生，并且已经成为物流行业发展的必然趋势。目前，黑龙江省第三方绿色物流企业数量较少，尚未形成统一高效的第三方绿色物流市场。大力发展农产品第三方物流已成为实现农产品物流绿色化的一个有效途径。政府部门应通过鼓励合作、兼并、整合等手段来扩大第三方绿色物流企业的规模，使其成为物流行业发展的主导力量。而对于在第三方物流基础上产生的第四方物流企业，具有第三方物流不具备的优势和特点，是第三方物流企业转型升级的方向。

5. 加快绿色物流的信息化建设。为了建设现代化的绿色物流信息体系，应对现有的农业网络进行集成、整合，改变其小而散的局面。一方面，政府应加强物流先进技术的推广，引导企业利用全面质量管理、电子数据交换、电子订货系统、全球定位系统等先进信息技术，对绿色食品物流各环节进行实时跟踪、有效控制与全程管理。另一方面，要注重绿色物流网络平台的建设，确保信息完整、及时、有效，并逐步扩大网络的覆盖面，使其适合绿色食品“走出去”战略，形成调度合理、配置高效、具有国际化的物流信息网络系统。

加快农产品物流发展的几点建议*

我国是一个农业大国，农产品物流在国民经济中有着重要地位。农产品物流包括农产品生产、收购、运输、储存、装卸、包装、配送、流通、加工、分销、信息活动等一系列环节，涉及国民经济运行效率和运行质量，涉及农业的现代化和农民的利益。但当前我国农产品物流仍处于十分落后的状态，农产品不能做到货畅其流、加工增值，农产品物流技术落后，物流损耗大，损害了农民的利益，本文就加快农产品物流发展的问题提几点建议，供参考。

一、加快农产品物流发展的重要性

1. 加快农产品物流发展有利于实现农业经营规模化。现代农产品物流的发展要求农产品种植业实现规模化和专业化，以此来增加农产品的质量和供应总量，有利于组织货源，也有利于采选、分类、包装、加工等农产品流通的发展。

2. 加快农产品物流发展有利于实现农产品加工来提高农产品的价值。一般刚刚脱离农业生产领域的初级产品，由于大小不一、形态各异，市场价值较低，而经过一定的加工，如挑选、分类、整理、清洗、分段、包装等，送入市场，价值就会提高 3～10 倍；如果进行深加工，改变原有形态，将水果、蔬菜加工成水果汁、蔬菜汁，价值就会提高 10～30 倍。农产品物流正是抓住了农产品这一特征，紧密围绕着农产品流通加工环节，以农产品加工企业为龙头，以满足消费者为目标，实现农产品的增值，提高经济效益。

3. 加快农产品物流发展有利于扩大劳务输出和增加新的就业。大力发展农产品物流，可以节约农产品流通成本，使大量的低效劳动力从销售环节中解放出来，使较多的农业劳动力参与输出。同时，发展农产品流通还可以创造出大量的就业岗位，农产品采购、分类、包装、加工会从传统农业中分离出来，与此相关的第二、三产业可得到迅速的发展，从而加快农业剩余劳动力的就业。

4. 加快农产品物流发展有利于提高农产品加工企业的竞争力。发展农产

* 本文撰写于 2018 年 9 月 29 日。

品物流，尤其是第三方物流，可以使一些农产品加工企业集中精力发展自身的核心竞争力，将物流业务外包农产品物流部门营运。而农产品物流部门可根据自身的专业设备和专业技术，加快农产品从原材料购入到产品销售的周转速度，进一步降低企业的库存，进一步加快企业的资金周转速度，提高企业经济效率和市场竞争力。

二、加快农产品物流发展的几点建议

（一）目前农产品物流管理存在的主要问题

1. 各级领导不重视农产品物流发展，“重生产、轻流通”观念仍然存在。在发达国家，农业生产环节和产后环节投入比为3∶7，而我国农产品产后商品化处理占比仅为1%，加工比例不足10%。并且农产品供应中存在产销的行政壁垒，地方保护现象严重，农副产品跨地区外销障碍多，增加了流通成本，加大了大宗农产品物流环节的经营风险。

2. 农产品加工处理水平低。农产品在流通过程中，多数需进行初级加工，包括整理、分类、分级、烘干、防腐、包装等处理，但由于农产品经营缺少设备、装备水平低，并且由于缺乏农产品深加工能力，多数农产品以初级产品形式进入流通或终端消费，影响了农业产业效率和农民收入的提高。

3. 物流效率落后，技术水平低。一是存储条件差。当前农业仓储设施建设滞后，仓储条件和机械设备水平低，分布不合理，通用仓库多，专用仓库不足，特种仓库（如低温库、冷藏库）严重短缺。二是装卸搬运的机械化水平低。货梯升降平台、叉车等装卸设备数量不足，大多数靠人工操作。由于装运、接卸设备不配套，粮食的“四散”（散储、散卸、散装、散运）作业无法大范围开展。运输、储藏、保管、装卸、搬运、包装等技术水平低，致使农产品物流过程中损耗大，流通的成本高。

4. 信息化水平低。目前广大农户获取农产品流通信息主要是通过中介组织或电视广播，通过这些渠道获得的信息量有限，质量难以保证。信息化存在的主要问题：一是信息网络不健全。物流信息网络缺乏，虽然目前有的地区有了农业信息网、交通运输网，但农产品加工仓储网、农资信息网等还处于起步阶段。二是信息网络覆盖面不大。目前有相当一部分农村地区尚未实现“三通”，市场信息闭塞，缺乏先进的信息设备和完备的农业信息网络。三是市场信息服务不到位。目前一些农产品批发市场仍采用传统的板报、广播等方式发布少量品种、价格信息，有的农产品市场根本没有农产品信息服务，不可能为农产品生产、加工、流通提供全面、及时的信息，农产品信息化服务体系建设落后。

5. 农产品物流主体不健全。目前农村普遍缺乏具有独立产权的代表农户利益的经济组织，分散、规模小的生产经营方式呈现无组织分散状态进入市场，缺乏市场竞争力，成立的农业行业协会组织不健全、功能不完备等。第三方物流企业刚刚起步，运作管理不规范，营销能力尚未得到充分体现。此外，多数农产品物流企业规模小，网络不健全，市场覆盖面窄，带动作用较小。整体上看，我国农产品物流领域运作主体的竞争力还很薄弱。

（二）加快农产品物流发展的几点建议

1. 加快农产品物流向组织化、规模化发展。目前发达国家十分注重物流企业集团化、连锁化、集约化、协同化的发展，在多数发达国家，农产品物流的主体主要是企业化经营的农场、农产品批发市场与零售企业以及农户联合起来的协同组织。我国应吸取发达国家的经验，发展农产品产业化经营，创新物流主体。一是创新农户组织，培育农民专业合作社，由农民专业合作社参与农产品物流市场交易，进一步降低交易成本。二是创新中介组织，发展第三方物流。目前农产品物流形式主要是传统自营物流，以小规模、零星为主，配送成本高、效率低，发展第三方物流将会有利于解决这些问题。

2. 加大农产品物流基础设施建设。各级政府要积极筹措资金，加大农产品物流基础设施建设，加大农村公路网建设，实现乡乡通公路、村村通公路，建立立体的交通网络；加大农产品仓储设施建设，重点加大特种仓库（如低温库、冷藏库）建设，加大装卸搬运机械化投入，主要是运输、储存保管、装卸搬运等设备；此外还要搞好农产品批发市场建设，合理发展物流园区。

3. 加大农产品物流标准化体系建设。首先推进农产品物流设施和装备标准化建设，包括运输设备、物流器具、包装、信息接口等；其次加快制定农产品物流计量标准、技术标准、数据传输标准、作业和服务标准等，尽快形成统一的农产品物流行业标准，加快与国际接轨。

4. 加强农产品物流信息化建设。目前信息技术应用与信息咨询服务对于农产品物流发展越来越重要，发达国家非常重视利用信息网络建设将农产品生产、流通、消费各环节连接起来，并重视信息的使用与分析。我国要加大农产品信息网络建设，扩大市场信息咨询服务，加快市场信息的传递和电子商务的建设，切实为农户和企业提供市场信息服务。重点扩大信息覆盖面，要加快农产品加工、仓储网络建设，要把信息网络建设到乡村，为农村搭建信息平台，使信息实现双向流通。

5. 加强农产品物流人才的培养。物流企业要拥有一批具有先进物流理念、掌握先进物流技术的队伍，才能在市场竞争中立于不败之地。所以应该加强物流人才的培养，重点采用物流企业与高校联合开办短期培训的方式培训一批物流人才，也可通过招聘引进一批物流人才充实到物流企业。

6. 加快绿色物流的发展。当代物流营运作为商品贸易的重要环节，同样也存在着高效节能等可持续发展问题，发展绿色农产品物流就显得非常重要，这关系到环境保护问题，更关系到人类的身心健康。发展绿色农产品要从绿色农业生产、收获、仓储、运输、消费过程中实现全程绿色化。

7. 实现农产品物流精准化。加快信息技术和互联网等的普及，使电子商务广泛用于农产品物流管理，加上便利交通运输，进一步加快农产品的物流速度，实现农产品配送、运输等精准化。美国等发达国家大部分鲜活农产品物流链为“生产地—配送中心—超市与连锁店—消费者”，经由批发市场的农产品相对数量在不断下降。加快专业物流的共同配送，根据农产品加工企业或农户，按其订单需要品种、品牌或品质比例配送到加工车间或其他所要达到的地方，实现“门到门服务”。美国等发达国家，专业物流服务已经形成规模，其最大特点就是共同配送。

8. 各级政府要重视农产品物流业的发展。各级领导要改变过去对农产品物流不重视的观念，要重点改变过去“重生产、轻流通”的观念，进行制度创新，并通过一系列的产业政策引导人、财、物等基本要素向农产品物流业倾斜。加强政策支持，营造良好的环境条件，对专门的物流公司提供优惠的政策和资金支持。完善法律法规，严惩商业欺诈行为，促进农产品供应链成员建立诚信体系。此外，深化农产品物流管理体系改革，调整机构，设立监管农产品物流主管部门，消除多头管理、政出多门的弊端，提高农产品流通效率。

抓好农产品流通管理的创新*

农产品流通是指农副产品中的商品部分通过买卖形式实现从农业生产领域到消费领域转移的一种经济活动，其流通过程包括收购、调运、储存和销售等环节。本文就农产品流通创新问题谈几点建议。

一、当前农产品流通管理存在的主要问题

1. 流通方式不利于提高产品质量。一方面，农产品流通的“小规模、大群体”的离散性制约着大型产业组织的产生，致使产业难以进行规模性投入，产品质量和生产经营水平得不到提高，长期处于低水平运营状态。另一方面，生产者与消费者处于被隔离状态，生产者不了解消费者的需求，很难提高产品的质量和准确掌握市场的需求量。

2. 组织化程度低，渠道不畅。近年来农产品“卖难”现象时有发生，影响农户的收益，其根本原因是农产品流通渠道不畅，流通的组织化程度低，农产品经销企业大多规模小、专业化程度低、缺乏深购远销能力，难以做到农产品“大进大出”，制约了农产品生产的发展。农产品流通缺乏龙头企业和营销组织体系。

3. 营销方式落后，经营管理水平低下。目前大量农产品主要靠贩销户自发组织、分散经营，管理粗放。各类农贸市场虽然有一定的数量和规模，但主要是为经营户提供一个经营场所，设施简陋、经营档次低下、交易方式传统。多数中小企业及商户诚信度不高、经营不规范、商品质量难以保证，竞争无序的情况时有发生，品牌农产品缺乏保护措施，导致市场管理混乱。现有营销方式，如电子商品、物流配送、联营销售等没有得到推广和应用。

4. 基础设施薄弱，物流效率低下。农产品流通具有数量大、品种多、价值低、季节性强、易腐烂、技术要求高等特点，但当前农产品物流基础设施差，社会化、专业化、产业化程度低，由于没有高效的物流管理体系，很多农产品只能在产地销售，农产品运输难、储存难、保鲜难的问题普遍存在。虽然近些年物流设施有了一定的发展，但边远地区、山区设施滞后，仍然影响农产

---

* 本文撰写于 2018 年 9 月 22 日。

品的收购与外运，并且缺少专业运输设备，如专用仓库、冷藏车、保鲜库，很多生鲜农产品在运输中损耗大。

5. 农产品交易成本高，不利于农产品流通。农产品流通一般要经过生产者、产地经销商、销地农贸市场或超市、消费者等环节，由于存在多重经销环节，经过反复倒运，流通过程成本增高，包括人工费、存储费、运输费、加工费、摊位费、进场费等，加上正常损耗费用大，造成交易费用增大，不利于农产品流通。

6. 流通市场监管落后，市场秩序混乱。目前各级政府和主管部门普遍存在“重生产、轻流通”的现象，对农产品市场化、国际化发展趋势了解不多，现有的农产品流通政策、法律、法规及市场体系、市场信息体系、质量标准体系不健全，没有为农产品流通创造良好的营销环境。各级政府和主管部门对农产品流通市场管理不到位，对农产品流通企业支持和扶持力度不够。

二、加强农产品流通管理的几点建议

（一）顺应农产品流通管理的发展趋势，加强农产品流通的管理

目前我国农产品流通管理将呈现产业化、品牌化、标准化、绿色化、规模化、网络化、多元化的发展趋势。

1. 加快农产品流通向产业化发展。农产品流通产业化是把农产品流通向前延伸到农业生产过程，向后延伸到商品销售领域，形成一个产业链条，使农产品流通集流通加工、包装、储存、运输、配送以及农产品生产和销售中的技术、信息服务为一体，调控农业生产和农产品销售。农产品流通通过产业化，可以降低交易成本、减少流通环节、缩短流通时间、减少产品损耗、提高产品质量、增加企业利润。

2. 加快农产品流通向品牌化发展。品牌是农产品质量和信誉的象征，具有品牌的农产品会增强市场上的竞争力。农产品流通通过产业化、标准化、规模化经营，注册商标、开展品牌活动，让普通商品品牌化，形成自己的品牌，进一步掌握市场的主动权，增强农产品在市场上的竞争力，加快企业经济的发展。

3. 加快农产品流通向标准化发展。农产品标准化就是在农产品生产中按一定标准对农产品进行处理，使之更适合市场销售，便于储藏、保管、消费。随着超市、连锁店、便利店等新型零售业态大批涌现，遍布城乡，成为消费者购买消费品的首选场所，农产品在市场中的销售也随之增加，农产品流通标准也随之得以快速发展。

4. 加快农产品流通向绿色化发展。农产品绿色流通，一方面指经营无害

农产品、绿色农产品和有机食品，引导农户开展绿色农业生产；另一方面指通过科学的物流设计、管理与实施，使农产品运输、包装和分销方案合理化、最优化，运输包装重复使用，销售包装无害、易处理，减少空载，提高工作效率，以减少对农产品的污染以及对环境的污染。

5. 加快农产品流通向规模化发展。规模大的农产品流通企业在经营品牌、利用信息、组织货源、服务客户等方面具有优势，还可以通过提高运输利用率，降低运输成本。

6. 加快农产品流通向网络化发展。互联网为农产品流通提供了信息平台，电子商务突破了时间和空间的限制，扩展了流通范围，提高了农产品流通的效率，农产品流通的网络化交易是农产品流通发展的趋势。

7. 加快农产品流通向多元化发展。随着市场的开放，农产品流通进一步呈现以批发市场为主，物流中心、电子商务、直接交易、电视购物等不断发展的多元化形势。农产品流通主体也呈现多元化趋势，除原有的国有商业企业、供销社外，农产品物流业中的民营企业、股份制企业等各类企业也得到发展，特别是农业产业化龙头企业在发展农产品物流方面起到了积极作用，同时，农村的农民专业合作社、家庭农场等均得到了较快的发展。

（二）加快农产品批发市场流通管理创新

现阶段促进农产品流通管理效率提高的重点是将农产品批发市场作为流通的核心环节加以完善、创新，总的改革的基本目标就是以有效的宏观调控为基础，以批发市场为中心，建立多元主体参与、多层次的市场体系，以企业化管理为运行机制，构建企业化的市场组织制度。加快农产品批发市场流通管理创新应重点采取以下对策：

1. 积极培育大型中介组织。培育大型农业产业化组织应成为农产品批发市场组织建设的重点。一是积极培育产业化龙头企业。要依靠龙头企业，并以“公司＋批发市场＋农户”“公司＋批发市场＋中介组织＋农户”“公司＋销地批发市场＋产地批发市场＋农户”的形式畅通农产品流通，加快农产品批发市场的形成。二是发展市场中介组织。提高农户参与流通的组织化程度，重点发展属于农户自己的中介组织，能真正代表农户利益，并为农户提供全方位服务的流通组织（如农产品销售合作社）参与市场竞争。

2. 发展加工、配送和连锁批发经营。积极推进农产品批发市场发展加工、配送和连锁批发业务，主要发展配送中心，为超市、酒店等餐饮和零售企业搞好配送服务。农产品批发市场还可以引进配送企业，培育农产品配送产业。对有条件的批发市场可以直接建立连锁批发市场。

3. 发展批发代理和拍卖经营。对已经具备条件的农产品批发市场，尤其是销地批发市场，要积极尝试进行拍卖交易。对于拍卖设施不完备的农产品批发市场可以暂时采取比手势等传统的叫价方式，对于档次高、标准化和规格化程度高的农产品批发市场要逐步尝试电脑拍卖。

4. 全面改造升级农产品批发市场基础设施。各地政府要加大对农产品批发市场基础设施建设的扶持力度。对于传统的、档次低的农产品批发市场，要加强基础设施建设，重点是市场场地硬化与水电路配套，交易场所以及农产品加工、储藏、保鲜和物流配送等设施的建设，改变批发市场设施简陋和脏、乱、差的状况；对于规范的、档次高的农产品批发市场，在完善基础设施的基础上，重点提升市场功能的农药残留检验检测，加强农产品标准化、信息管理、信息收集发布、电子结算等方面建设，有条件的要建设拍卖大厅和电子报价系统；对新建的批发市场，在市场基础设施投入上要有一定的规划和标准，起点要高，避免在以后发展过程中出现硬件设施落后、影响升级的情况，造成不必要的损失浪费。

5. 加强农产品批发市场的监督与管理。国家要尽快出台农产品批发市场法和其他配套法规，通过立法来规范农产品批发市场。在国家还没有颁布农产品批发市场法的情况下，可制定地方性的农产品市场管理法。各地要加强农产品批发市场的监督管理，推动农产品批发市场管理走向规范化的管理轨道。

抓好农产品冷链物流管理的几点建议*

冷链物流是随着科学技术的进步和制冷技术的发展而建立起来的，是以冷冻工艺学为基础，以制冷技术为手段，在低温条件下确保农产品在加工、运输和销售过程中最大限度地保持天然食品原有的新鲜程度、色泽、风味及营养的一种物流方式。冷链物流的构成包括冷冻加工、冷冻储藏、冷藏运输、冷冻销售。本文就抓好农产品冷链物流管理问题提几点建议，供参考。

一、当前农产品冷链物流发展的状况

我国农产品冷链物流已初具规模，每年约有4亿吨生鲜农产品进入流通领域。2016年果蔬、肉类、水产品的冷链流通率分别达到22%、34%、41%，冷藏运输率分别达到35%、57%、69%，冷链物流规模逐年增长。农产品冷链物流基础设施逐步完善，冷链物流技术逐步得到推广，大型肉类屠宰企业已开始应用国际先进的冷链物流技术，从屠宰、分割、加工、冷却等环节低温处理起步，逐渐向储藏、运输、批发、零售环节延伸，向全程低温控制的方向发展，农产品冷链物流环境逐步改善。国家重视农产品冷链物流发展，近几年中央1号文件均要求加快农产品冷链物流系统建设，促进了农产品流通的快速发展，农产品冷链物流的重要性进一步被广大消费者认可。

农产品冷链物流虽然取得了较快的发展，对推动农产品流通起到一定的作用，但总的看来还仍存在一些问题。

1. 冷链物流总体发展滞后。 主要表现在流通腐损率高，我国果蔬流通腐损率为15%，发达国家普遍在5%以内。在冷藏运输率指标上，美国达到80%～90%，日本达到98%，而我国果蔬只有30%，肉类只有50%，冷链物流尚处在发展的初期。

2. 冷链物流的基础设施落后。 全国公路冷藏保温车拥有量仅为5.4万辆，(占货运汽车的0.4%)，与发达国家差距大，我国2014年冷链运输率为25%，而美国和日本冷链运输率为85%、95%，生鲜农产品冷链物流发展与发达国家差距较大。

---

* 本文撰写于2018年10月25日。

3. 冷链物流各环节、上下游产业不配套。 发达国家充分认识到农产品产后低温储藏加工的重要性，农产品产值70%以上是通过产后处理（储藏保鲜加工）来实现的，其中美国农产品产后产值与采收时自然产值之比为3.7∶1，日本为2.2∶1。相比之下，我国农产品产后低温储藏加工投入的力度不够，农产品产后产值与采收时自然产值比为0.38∶1。我国大型农产品批发市场很少配备冷藏冷冻设施，造成大批量鲜活农产品的质量损失。

4. 冷链物流信息化水平低。 冷链物流需要较高的硬件设施和物资运输能力，这就需要物流系统具备较强的应急处理能力和管理水平，目前我国冷链物流行业的信息化水平较低，不仅相关冷链物流信息化设施配备水平较低，软件系统的应用也不够广泛，运营人员应用信息系统水平有限。

5. 缺乏冷链物流的法律法规，市场监管体系没有建立起来。 为了保证冷链物流每个环节不出现产品质量问题和保证一些农产品市场安全问题，需要有完善的法律法规、统一的标准和技术规范来保证冷链物流运转正常。我国冷链物流法律法规不健全，冷链物流各环节设施、设备及操作规程、温度控制等均没有统一的技术规范和标准。

二、加强农产品冷链物流管理的几点建议

1. 加强农产品冷链物流基础设施建设。 要加大对生鲜农产品冷链物流基础设施投资，对冷链物流运输设备进行升级改造，引进先进的冷链物流运输设备；要在交通便利的城郊建立适宜生鲜农产品储存的配送中心，进一步提高生鲜农产品的储存效率和物流中转率；努力建设并完善生鲜农产品的冷链物流信息系统，实现对冷藏设备的全程监控和管理。

2. 积极推广和使用农产品低温包装和保鲜技术。 对生鲜农产品需要从生产地到储藏、运输，最后到达消费者家中的冰箱的每一个环节都必须保证农产品处于低温保鲜状态。在整个流通过程中，不管需要用什么来保持包装内物品的低温，最后都归结到包装开发和涉及的基础原理。因此要大力开发并推广使用农产品产后低温包装和保鲜技术，进一步提高农产品冷链物流发展水平。

3. 组建农产品冷链物流联盟。 目前推动农产品冷链物流行业的发展必须联合各方面力量，成立一个由农户、运营商和投资者组成的企业集团，即成立一个能满足消费者、供应商、销售商三方面需求的冷链物流模式。除了本地销售的农产品外，外销的农产品可以由供应商将货物运送到主要消费城市的冷链物流整合中心，再由整合中心整合后进行近距离运输，发送到零售直销点。

4. 推动农产品冷链物流行业标准化建设。 积极推进冷链物流标准化建设，与西方发达国家先进标准接轨，实现冷链物流标准的统一，进一步提高冷链物

流行业的规范程度。此外，要积极借鉴发达国家法律法规，制定冷链物流行业的相关法律法规和质量管理制度，建立冷链物流行业的质量管理体系。

5. 加强农产品冷链物流行业的协调与管理。借鉴发达国家的经验，组建行业协会，加强行业内部的协调。行业协会作为政府与企业的纽带应发挥作用，完善现行农产品冷链物流产业管理，应积极宣传政府出台的政策和法规，为改善企业的经营提供新的理念和技术支持，发挥行业协会在政府与企业之间、企业与企业之间在沟通情况、咨询服务、提供信息等方面的协调作用。

6. 完善农产品冷链物流相关制度。国家要进一步制定和完善农产品冷链物流政策和法规，制定冷链温度控制制度，出台冷链物流环境监控办法，促进农产品冷链物流产业发展。政府要出台鼓励农产品冷链物流发展的土地、税收、融资、用电、建设冷库等优惠政策，帮助研究解决冷链配送运输中的中转配送难、配送货车停靠难等问题，进一步放宽冷链运输车运输交通管制，在车检、审验、车辆管理等方面提供支持。

加快转变农产品销售模式*

为了适应农业现代化的发展，应加快转变农产品的销售模式。本文就建立新型农产品销售模式谈几点建议，供参考。

一、传统的农产品销售模式

传统的农产品销售模式主要有批发市场销售模式、“公司＋农户”销售模式、合作社销售模式、农产品经纪人销售模式和农户直接销售模式。

1. 批发市场销售模式。该模式是指通过建立影响力大、辐射能力强的农产品专业批发市场来集中销售农产品，农户可以将自己生产的农产品送到批发市场进行统一销售。其优点是销售量大、销售集中，对于季节性强的农产品是一种有效的模式，并且可以在一定程度上实现快速、集中运输，集中储藏，集中加工和保鲜，解决了农产品分散性的问题。但也存在一定的问题，农产品经纪人在销售过程中通过赚取差价的方式损害了农民的利益，并且信息传播速度慢，很难准确地反映市场供求关系。

2. “公司＋农户”销售模式。该模式是通过建立“公司＋农户”农业产业化的经营模式，实现农民增收、企业增效的双赢目标。具体主要是通过区域性农产品销售公司，先从农户手中收购产品，然后对外销售，农户与公司之间的关系由合同确定，在生产前明确。这种方式在一定程度上解决了“小农户”与“大市场”之间的矛盾，帮助农户解决卖粮难问题，同时又为公司稳定了原料，让公司集中精力做好产品加工工作，提高了农产品的附加值，增加收益。该模式目前存在的主要问题在于农户与公司都有违约可能，当农产品市场价格高于合同价格时，农户可能违约，当农产品市场价格低于合同价格时，公司又可能拒绝收购农产品。

3. 合作社销售模式。该模式是指通过综合性或区域性的社区合作组织，如流通合作体、专业协会等合作组织销售农产品，农户加入组织后，在销售时就可以与其他加入合作社的农户统一销售，提高了销售议价能力，降低了交易风险。合作社与销售公司较为相似，不同之处在于合作社的组织形式是松散

---

* 本文撰写于2019年3月4日。

的，缺乏约束力，难以进行标准统一的销售行为。其主要缺陷是农民参与合作社是自愿，自主意识不强，合作社组织松散，缺乏动力和资金，很难有效开拓市场。

4. 农产品经纪人销售模式。农产品经纪人是指通过农产品收购、储运、销售以及信息传递服务等中介活动而获取佣金的经纪组织和个人。该模式优点是适应性强，能够适应各种农产品销售，稳定性好，可以使农户与销售商之间维持稳定的合同关系。其缺点由于农产品经纪人个人能力有限，缺乏市场经济知识，应对各种风险能力弱。

5. 农户直接销售模式。该模式是指农户将自己生产的农产品直接运给周边地区销售，这也是最为传统的农产品销售模式。这种模式难以适应农业现代化的发展，但目前仍然有很多农户采用这种模式。其优点是销售灵活，有利于本地区农产品及时销售，满足周边地区人民群众的生活需要，自行销售回避了经纪人、中间商、零售商，可获得实实在在的利润。但这种模式销量小，又难以形成规模，销售量不稳定，有时受地区市场影响，价格波动较大，损害了农民的利益。

二、加快转变农产品销售模式的建议

1. 建立农超对接销售模式。农超对接销售模式是近年来快速发展的一种新型农产品销售模式，它是指超市直接向生产者采购农产品，或者生产者直接将其生产的农产品销售给超市的一种产销模式。超市与农户双方通过直接对接，实现减少中间环节，降低交易成本，提高流通效率，保证产品质量，促进农民增收，稳定交易关系。目前在市场上主要有家乐福模式、麦德龙模式、华润万家模式、龙辉模式等，这些模式主要采用“超市＋基地”的供应链模式，直接与农产品产地的农民专业合作社对接，产品涉及蔬菜、水果、禽蛋、肉类等各种城市居民生活必需的鲜活农产品。农超对接销售模式与传统销售模式对比有三方面的优势：一是减少流通环节，降低交易成本。农户与超市之间直接对接，减少了中间环节，节约了生产者与终端销售商在合作伙伴搜寻、信息获取、议价、多次决策上的成本，避免了层次加价导致的价格上升，最终降低了交易的成本费用。二是有利于稳定市场价格。农超对接销售模式减少了大量中间交易环节，避免了农产品利润过多地被中间商获取，同时超市与农户多为长期稳定的契约关系，因此也有利于价格的稳定和产品质量的保障。三是有利于提高农产品品质，确保消费安全。超市与农户一般存在长期的合同关系，农户为了维持稳定的合作，会更加注重农产品的品质，有利于确保农产品质量安全。

2. 建立农产品电子商务模式。农产品电子商务模式是我国近年来基于互联网新兴的农产品销售模式。目前主要有四种模式，分别是O2O（从线上到线下）模式、C2C（个人对个人）模式、B2C（企业对个人）模式和B2B（企业对企业）模式。一是O2O模式，是一种线上和线下一同运营的模式，主要根据是当前农产品行业基本特征和农产品电子商务发展的阶段，超市和较大的农贸市场较多使用这种电商运营模式。考虑到农产品消费者和生产者的特点，线上交易和线下消费体验的运营模式是比较切合实际的，其特点是线上与线下相结合，运营灵活，适合农产品生产者和消费者都很零散的情况。二是C2C模式，是个人对个人的运营模式，一般需要中间交易平台作为保障系统，这种运营模式比较适合农户素质较高的地区，如无公害农产品的小规模农户电商运营。采用此类模式的一般是在城镇较近的城乡接合部，否则运营成本比较高。这种运营模式需要有比较健全的监管和法律保障。三是B2C模式，是企业对个人的模式，也是目前运用最多的农产品电商模式，比较适合于保质期相对较长，具有地理标志和区域品牌特征的蔬果类生鲜农产品。这种模式可以实现大批量的保质期比较长的蔬果类生鲜农产品的销售需求，可以完善传统的储存、运输、包装、流通、加工等服务。四是B2B模式，是企业间的农产品电商运营模式。这种模式可以让企业、中介商有较好的沟通渠道，适合大型农产品的国际贸易和配送。

3. 建立直营店高端农产品销售模式。直营店模式是指大型农产品生产企业将自己生产的农产品不经过批发市场，直接运到农产品直营店进行销售的模式。这样的模式有利于推进农产品品牌化、高端化，但其高昂的运营成本使得只有少数大型企业有能力采用该模式。其优点是可以减少销售的中间环节，提高企业利润和消费者福利；可以缩短运销时间，充分保证农产品的新鲜程度，有利于打造农产品品牌，保障农产品质量，提高农产品销售价格。其缺点是前期建立销售网点需要资金投入大，小型农业生产者难以承受高昂的前期成本；农产品种植、运输、销售整体是一个复杂的过程，任何一个环节出错都将导致企业亏损，具有较大管理风险；并且由于农产品的季节性强，只有在应季才有农产品出售，容易造成店面闲置、资源浪费。

抓好农产品市场营销工作*

农产品市场营销是指为了满足人们的需求和欲望而实现农产品交换的活动过程。农产品营销是农产品生产者与经营者在农产品从农户到消费者流程中，实现个人与社会需求目标的各种产品创造和产品交易的一系列活动。农产品营销的主体是农产品生产和经营的个体和群体，农产品营销活动贯穿农产品生产、流通、交易的全过程。本文就农产品市场营销工作谈几点建议。

一、坚持农产品市场营销的原则

1. 以市场消费需求为出发点的原则。农产品生产经营者要从消费者需求出发，来决定自己的经营方向，并按照消费者需求，规划产品的生产和销售。

2. 以营销组合为手段的原则。农产品市场营销主要通过营销策略、产品策略、促销策略和渠道策略的综合运用，更好地实现农产品生产企业与经营者的经营目标。

3. 树立尊重消费者利益观念的原则。要兼顾消费者和用户的个人需要，对有可能造成环境污染或资源过度消耗的农产品要加以改进，并兼顾消费者和用户的长远利益和近期利益。

4. 追求效益最大化原则。要处理好农产品生产企业的利益和消费者需求的关系，根据消费者需求的满足程度来确定农产品生产企业与经营者的盈利水平。

二、加强农产品市场营销的几点建议

1. 树立正确的农产品市场营销观念，建立以消费者需求为中心的农产品市场营销观。农产品买方市场是在农产品生产供过于求的情况下形成的，消费者取代生产者具有了市场选择的主动权，生产者和销售者应该改变传统的观念，树立“消费者需求什么就生产什么、销售什么”的观念。

2. 加强农产品品牌营销。品牌营销就是把经营者的形象、知名度、良好的信誉等展示给消费者。品牌营销的前提是产品要有质量上的保证，这样才能

---

* 本文撰写于 2016 年 5 月 30 日。

得到消费者的认可。品牌建立在有形产品和无形服务的基础上，有形产品是指产品的核心功能、新颖包装、独特设计及富有象征吸引力的名称等，而无形服务是指在销售过程中或售后服务中给消费者以满意的感觉。品牌不仅是经营者、产品、服务的标识，更是一种反映经营者的实力和经营水平的无形资产。对于一个经营者而言，唯有运用品牌、操作品牌，才能赢得市场。

3. 抓好农产品服务营销。服务营销是一种通过关注消费者的多样化需求，进而提供合理产品及服务，最终实现成功销售所采取的一系列营销方式。随着劳动生产率的提高，市场转向买方市场，消费者随着收入水平的提高，消费需求也逐渐发展变化，需求层次也相应提高，并向多样化方向发展。这就导致经营者之间的竞争日趋激烈，因此经营者要通过提供各种服务，达到消费者更高的满意度、提升消费者的忠诚度，以达到提升业绩的目的。

4. 抓好农产品的绿色营销。绿色营销的核心是按照环保与生态原则来选择和确定营销组合策略，是建立在绿色技术、绿色市场和绿色经济基础上的，对人类的生态关注给予回应的一种营销方式。绿色营销是一个导向持续发展、永续经营的过程，其最终目的是在化解环境危机的过程中获得商业机会，在实现经营者利润和消费者满意的同时，达到人与自然和谐相处。绿色营销是在充分考虑社会效益的前提下，自觉维护生态平衡，自觉抵制各种有害营销，绿色营销的前提必须是绿色的生态环境。

5. 抓好农产品网络营销。网络营销是基于互联网平台，利用信息技术与软件工具发现、满足或创造顾客需求，进行市场开拓、产品创新、定价促销、宣传推广等活动，实现满足经营者与消费者之间交换产品的过程。网络营销是借助网络、通信和数字媒体技术以及现代物流，实现经营目标的营销活动，是建立在互联网基础之上、借助互联网特性来实现营销目标的营销手段。

6. 抓好农产品文化营销。文化营销强调经营者的理念、宗旨、目标、价值观、员工行为规范、经营管理制度、企业环境、组织力量、品牌个性等文化元素。在文化营销观念下，经营者的营销活动一般奉行的原则为给予产品、品牌以丰富的个性化的文化内涵。文化营销是利用文化进行营销，是指经营者在企业核心价值观念的影响下所形成的营销理念，是把产品作为文化的载体，通过市场交换进入消费者的意识。文化营销既包括浅层次的构思、设计、造型、装潢、包装、商标、广告，又包括对营销活动的价值评判、审美评价等。

7. 抓好农产品体验营销。体验营销是指经营者采用让消费者通过观摩、聆听、尝试、试用等方式，使其亲身体验经营者提供的产品，让顾客实际感知产品的品质、性能等，从而促使消费者认知、喜好并购买的一种营销方式。这种方式是以满足消费者的产品需求为目标、以服务为平台、以体验为载体，经营高质量产品，拉近经营者与消费者之间的距离。体验营销是在消费者有体验意愿的基础上进行的，经营者为消费者提供体验项目，并让消费者参与其中，通过消费者的亲身体会认识所需产品的功能，从而产生购买的行为。

8. 抓好农产品国际营销。国际营销和国内营销一样，需要经营者文化整合、市场调研、市场分析、市场营销组合、实行目标营销等一系列营销过程的战略确定及战术实施。在国际营销的大趋势下，经济贸易将向全球化、一体化方向发展，经营者面临的既是机遇又是挑战。一个经营者在国际营销中的立足之本应该是产品本身，同时要建立品牌形象才能在国际市场上得到发展，在国际营销中占据一定的地位。

9. 抓好生鲜类农产品的营销。生鲜类农产品是指由农产品经营者没有加工或经过少许加工的，在常温下不能长期保存的初级食品，一般包括蔬菜、水果、花卉、水产品、食用菌等农畜产品。生鲜农产品的主要销售渠道有以下几种：一是自产自销。对生产规模较小的生鲜农产品经营者，自产自销是一个重要渠道。自产自销使经营者可以直接感受到消费者对产品效果的反馈，能够及时调整生产，达到稳定发展的目的。二是农贸市场营销。农贸市场是在城乡设立的可以进行自由买卖农副产品的市场，农贸市场营销使生鲜农产品易于快速进入市场，其优点是简化了农产品进入市场的管理成本，缺点是对农产品的监管不到位。三是连锁店营销。对于生产规模较大、管理能力强的经营者，进入连锁店不仅有利于解决销售问题，而且有利于订单生产。四是超市营销。通过农超对接，实现农产品经营者将新鲜的农产品直接供应到超市，方便消费者直接选购。农超对接利用现代流通方式，将新鲜优质的农产品快速送到消费者手中，实现农产品经营者和消费者共赢。农超对接为优质农产品销售提供了渠道，超市为农产品销售搭建了平台，并具有监控或监管农产品质量的责任。五是专业经营者营销。对于缺乏经营能力的生产者，将产品直接销售给相关的专业经营者经营。

10. 抓好特色农产品营销。特色农产品主要是指各种杂粮豆，通常包括水稻、小麦、玉米、大豆和薯类五大作物以外的粮豆作物，主要有高粱、谷子、荞麦、燕麦、大麦、糜子及菜豆、绿豆、小豆、蚕豆、豌豆、黑豆等。杂粮豆的特点是生长期短、种植面积少、种植地区特殊、产量较低，杂粮豆一般都含有丰富的营养成分。特色农产品营销的主要渠道有以下几种：一是超市营销。超市是该类产品销售的重要渠道之一。由于超市客流量较大，无论是价格实惠的散装杂粮、特色新奇的农产品，还是包装精美的礼品装杂粮，都可以销售。二是粮店营销。粮店是杂粮销售的重要场所，为了满足自己需求的消费者往往到粮店购买价格实惠的杂粮。三是专卖店营销。礼品包装可放到土特产专卖店营销。四是网店营销。网上销售是一种新的营销渠道。五是农产品贸易公司营销。农产品贸易公司一般由专业经商人进行管理和运作，将该类产品通过农产品贸易公司推广销售，可大幅度提高销售量，取得较好的经营收益。

实施农产品促销策略，推进农产品促销工作的开展*

农产品促销是指农业生产者运用各种方式方法，传递产品信息，帮助与说服顾客购买本企业的产品，或使顾客对企业产品产生好感和信任，以激发消费者的购买欲望，促进消费者的消费行为，从而有利于企业的农产品销售。本文就农业企业抓好农产品促销工作谈几点建议，供参考。

一、实施农产品促销策略的重要性

1. 实施农产品促销策略可以传播信息，收集市场情报。农产品种类多，品种标准各异，如何使消费者的需求得到满足是促销活动的重点。通过促销活动不仅可以增进顾客对生产单位和农产品的了解，而且通过观察、询问以及消费者反映可以得知农产品及其服务和农产品的市场竞争力情况。农业生产者要通过信息反馈改进工作，使农产品适销对路，扩大市场销售。

2. 实施农产品促销策略可以树立农产品品牌形象。促销活动的一个重要内容是树立和表现不同农产品种类和品质的个性，传递农产品质量和提供优质服务的信息，树立农产品在消费者中的信誉，引起消费者对农产品的偏爱；同时树立企业的形象，使购买者不仅决定了买什么，还决定从何处买，从而使自己的农产品在市场中处于稳定的销售地位。

3. 实施农产品促销策略可以增加农产品社会需求。由于消费者需求动机的多样性和复杂性，通过实施农产品促销策略，可以诱导和激发消费者对某一农产品种类或品种产生兴趣，从而达到合理安排供货和调剂余缺的目的，增加社会对农产品消费的需求，协调产品供求。

4. 实施农产品促销策略可以开发市场。据发达国家市场研究资料显示，消费市场的商品在一年内约有 20%～25%的顾客会因种种不可控制的因素而

---

* 本文撰写于 2016 年 5 月 31 日。

有所变动。为了使企业继续生存，或进一步发展，需要不断发掘新客户，而促销工作正是打开新市场的重要手段。

二、抓好农产品促销工作的几点建议

（一）选择合适的农产品促销方式

1. 农产品人员推销。农产品的人员推销包括产地人员推销和农业企业专职营销人员推销活动。产地人员推销主要是当地政府有关部门组织的农产品推销活动。每到产品销售季节，当地政府有关部门为了帮助农户解决“卖粮难”问题，组织相关人员到各地通过老客户、熟人等关系开展推销业务。农业企业专职营销人员与产地人员推销不同，企业人员的推销包括两个方面：一是联系经销商，通过建立自己的经销商网络，形成稳定的销售渠道。二是向人流大的商场和超市等派出助销信息员，专门向顾客介绍企业的产品，引导消费者了解和选择购买本企业的产品；同时企业的助销员通过观察顾客购买行为和听取顾客意见，及时了解消费者的需求变化，不断调整企业的营销策略。

2. 农产品广告促销。经营者利用广告手段来促销企业的产品。农产品广告最多的是供求广告，主要以调剂余缺为目的，卖方寻找客户，买方寻找货源。供求广告的内容是指商品名称、数量、价格、交货地点和联系方式等。由于供求广告的内容简短、广告费用低，被普遍采用，客户很容易根据广告提供的信息与买方达成交易，取得预期效果。供求类广告属于信息告知，要求广告信息在一定时间内保存，客户可查询，而且受众多生产者、加工者、经销商或购物团体等使用，因此可多选择与农产品相关的行业类报纸、杂志等作为广告媒介。随着农村计算机信息网络的普及，网上做广告已经成为广大农业经营者发布农产品信息的主要方式。网络广告具有成本低、易查询、可在网上直接洽谈协商等优点。

3. 农产品展销会。参加各种农产品展销会是农业生产者和企业促销农产品的好机会。这些展销会大多是当地或行业组织在政府支持下举办的。展销会一般都有开幕式、领导剪彩等仪式，在此期间，邀请各种媒体参与采访报道，声势浩大，参加者踊跃，是促成大批量订货的机会。有些展销会在农产品产地举办，邀请众多客商前来，安排现场参观和座谈交流，不但产品促销效果好，而且树立了良好的产地形象，扩大了产地的知名度。如农业农村部举办的全国优质农产品展销周活动和黑龙江省举办的绿色食品展销活动，就是向中外客商展示全国各地的优质特色农产品、绿色食品和有机食品，进一步促进农产品贸易流通，丰富农产品市场供应，促进农产品销售。

（二）实施农产品促销策略

农产品促销的方法有多种，如人员推销、广告促销、营业推广、公共关系。这些方法各有优点和缺点，如广告促销宣传覆盖面广，对日常消费品的促销效果好，但不能直接促成交易的成功；人员推销有利于直接促成交易，但费用较高。所以必须根据各产品特点和企业销售目标选择和运用合适的促销策略。

1. 使用价格策略。对于大多数农产品来说，价格是最主要的竞争手段之一。为了刺激消费者更多地购买，可以采取灵活多样的定价方式。对于不同的目标市场、产品形式、销售时间、销售地点，实行有差别的价格，从而满足不同的市场需求，以扩大销售，提高经营者的效益。

2. 选择适宜的推销技巧。推广销售讲究推销技巧，是指经营者在推销自己的产品时要根据消费者心理动态有针对性地采取推销策略。在寻求产品阶段，消费者出于某种需求，希望寻找某种商品来满足需要，这时经营者要积极介绍自己的产品，特别应针对消费者需求来介绍产品的特点，引起消费者的购买欲望；在比较阶段，消费者可能要将同类商品做一个比较，主要比质量、比价格，这时经营者要强调自己的产品具有优势的一面，或者给予某种优惠，促成消费者下决心购买；在购买阶段，要满足消费者在购买时的要求，并且要用热情的态度服务消费者，希望其再次购买；在评价阶段，有的消费者购买商品后感觉比较满意，可能再次购买，成为回头客，这时经营者要热情接待，说服消费者再次购买。

3. 迎合消费者的不同购买心理，选择不同的营销技巧。面对商品品种繁多的市场，顾客是否购买某一商品，是由其购买心理动机决定的。顾客的购买心理可分为六种类型：一是理智型。这种顾客具有一定的商品知识，注重商品的性能和质量，讲究物美价廉。二是选价型。这种顾客或者以价格低廉为选择商品的前提条件，对“优惠价”商品感兴趣；或者对高档、高价商品感兴趣，要买就买好的。三是求新型。追求时尚与款式，往往不介意价格、质量。四是求名型。崇拜名牌产品，对价格高低不在意。五是习惯性。对某些厂家、商标的商品熟悉、信任，形成一种使用某种商品的习惯。六是不定型。不常买东西，对市场情况和商品不熟悉，购买时反复征求他人意见。

4. 分析消费者的购物习惯，采取不同的推销技巧。购买习惯主要指顾客何时购买、何处购买。搞好农产品的营销工作，必须认真分析顾客的购物习惯，采取有针对性的促销手段。

5. 搞好售后服务。经营者要扩大自己的影响，必须抓好产品售后服务。一是做好准备，以便及时、准确地处理好各种询问和意见；二是及时解决好顾客提出来的各种问题；三是提供给顾客多种可供选择的服务价格和服务合同；四是在保证服务质量的前提下，可把某些服务项目转包给有关服务行业的厂家；五是不怕顾客提意见，应把此看成改进自己产品和服务、搞好生产经营的重要信息来源。

6. 做好广告宣传，扩大产品的知名度。广告通过各种方式将经营者产品的性能、特点、使用方法等广泛地向消费者介绍，引起消费者对自己产品的购买欲望。经营者要制订正确的广告计划，选择适当的广告策略，设计适当的广告，并选择好的广告媒介。

对发展农村电商的几点建议*

农村电商是通过互联网平台嫁接各种服务于农村的资源，拓展农村信息服务领域，实现工业品下乡、农产品进城、资源对接，并通过互联网实现农业、农村、农民与城市互通有无、资源共享。农村电商主要包括农资电商和农产品电商。农资电商是指农业生产机构和农业种业等经营企业通过电子商品途径，把农业生产资料如种子、农药、化肥、农膜等在网上进行销售。农产品电商是指通过电子商务途径把农产品进行网上销售，其经营主体一般是农民、合作社或企业，经营的农产品一般是没有经过加工的原产品或者粗加工产品。

目前农产品生产以无序、分散和随机为主要特征，还未能够达到初步标准化生产的水平，其产品的数量和质量尚不具备一致性和可预测性，其质量和口味有较大差异，严重阻碍了农产品电商的发展。本文就发展农村电商问题谈几点建议，供参考。

一、发展农村电商的重要性

1. 发展农村电商可推动农村经济转型升级。由于农业生产方式落后，附加值低，商品流通网络不健全，农业生产的速度远不如其他产业。通过发展农村电商不但可以进一步加速农产品流通渠道的改革，而且可进一步改变农业的生产方式，促进农业生产结构的调整，有效地推动农村经济转型升级。

2. 发展农村电商可提高农民的收入。通过发展农村电商进一步拓宽了农产品的销售渠道，减少了销售的环节，让农产品直接卖到城市，提高了农产品销售价格，增加了农民的销售收入。

3. 发展农村电商可进一步降低生产资料的价格。发展农村电商可为农民提供生产资料市场销售信息，使农民可以买到丰富的产品；并为农民提供购买生产资料的选择余地，减少了中间环节，使农民可以买到便宜的、质量更好的生产资料，降低了生产的成本。

4. 发展农村电商可推动农村基础设施建设，完善农村物流体系。目前农村基础设施落后，主要表现为道路、运输工具、通信水平、商品保管储存水平

* 本文撰写于 2019 年 4 月 2 日。

普遍低等问题，影响农村电商的发展。发展农村电商首先要解决物流基础设施不配套问题，因此发展农村电商可有力地推动农村信息网络化建设，加快农村道路的改造，进一步完善物流体系，可加快打造区域物流体系。

二、加快农村电商发展的几点建议

（一）建立农村电商物流发展模式

主要建立以下三种模式：一是第三方物流模式。这种模式是以签订合同的方式，在一定时期内将部分或全部物流活动委托给专业的物流企业。这种模式也叫外包物流配送模式，电商企业在收到订单后委托第三方物流企业进行物流配送，第三方物流配送模式提供商主要包括一些快递公司和国内邮政体系。二是“电商自营物流+第三方物流”模式。由于农村物流的分散性，大多数电商在自营物流的基础上，联合当地的物流企业开展农村物流服务业务。三是电商物流联盟模式。这种模式是指物流企业之间为了提高配送效率以及实现配送合理化所建立的一种功能上互补的配送联合体。主要是指多家电商企业与一家或多家物流企业进行合作，或者多家电商企业共同组建一个联盟企业为其提供物流服务。一般电子商务企业或快递公司将包裹送到县城后，交给当地物流联盟企业来完成从县城到乡镇的物流配送。

（二）建立农产品电商供应链模式

农产品供应链是以农产品为对象，通过对物流、资金流、信息流的控制，从农产品采购开始到农产品生产加工直至通过销售网络将产品送到消费者手中，将农业生产资料供应商、农户、农产品经营者及消费者连成一个整体的功能网络结构。也就是说农产品供应链包含从田间到餐桌的整个过程，包括生产前生产资料的供应、生产中的种养以及生产后的分级、包装、加工、运输、储存、销售等环节。农产品电商供应链应该建立以下几种模式：

1. 农产品批发市场主导的供应链模式。这种模式是一种比较传统的农产品供应链模式，其主要参与者有农产品生产者、农民专业合作社、农产品批发商和农产品零售商等，由于农产品批发市场主导的供应链长，下游的渠道还包括销售地批发市场、批发商、经销商等，存在的主要问题是供应链信息不对称、环节过多，导致物流运作效率低。

2. 超市主导的供应链模式，又称农超对接模式。目前超市成为城市居民采购食品的主要渠道，农超对接供应链模式，由于渠道更加扁平化，可避免生产的盲目性，稳定农产品销售渠道和价格，同时超市有严格的农产品质量控制体系和农产品物流运营体系。超市主导的供应链模式是当前国内外普遍采用的农产品供应链模式，如美国此种模式比重达80%。

3. 农产品电商平台主导的供应链模式。近些年各大电商平台也开始加入农产品流通渠道，如京东、天猫等电商平台，以及一些垂直化运营的电商平台。电商平台一般直接对接产地和大型批发商，供应链渠道较为扁平化，存在着与农超对接相同的优势，但是农产品电商模式中供应链成本和物流成本难以控制。

4. 农产品龙头企业主导的供应链模式。这种模式是以农产品龙头企业为主导，以农产品生产、加工、流通为主，通过合同契约、保护价收购、利润返还等方式，与农户建立"风险共担、利润共享"的供应链联盟，加强与专业合作社、超市、校园的对接，将农产品的生产、加工、流通有机结合起来。

5. 农村电商服务商主导的供应链模式。这种模式的农产品主要通过电商渠道销售，还需要有服务于农村的电商服务商来解决品牌化、标准化、农产品上行供应链服务体系等问题，是以农村电商服务商的定位来探索农村对接市场。通过建立农产品标准化、品控、冷链、保鲜、检测、溯源于一体的供应链服务体系，将农村优质、健康、原生态的农产品通过电子商务销售到城市。

（三）加强农村电商平台的建设

建立农村电商平台要严格遵守网络平台设计的原则，即政府企业参与、多方推进、应用性与共享性相结合、安全性与高效性相结合的原则。一是要完善农村电子商务平台的组织管理体系。政府应建立管理机构，对电商平台建设与发展进行统一规划，要突出电商发展的整体性。在电商平台投入方式上，财政部门要给予电商平台建设的支持，要引导涉农企业加大对电商平台的投入。要建立健全农产品加工安全准则，完善农产品监督机制，建立农产品质量评价指标体系。二是要建设农村电子商务平台的社会服务体系。农村电子商务平台建设需要有安全认证、电子支付等众多的专业性服务。要充分利用地域的教育、科技资源，推进技术服务体系建设，如电子商务交易技术、加密与电子认证、网络安全等。要规范信息评价标准，建立信用信息数据库，完善信用与认证服务体系，建立一个涉农企业及农村经济合作组织积极参与的科学、合理、公正的信用服务机构。要加强实用人才的培训，建立农村电子商务的人才培养平台。三是完善区域电子商务平台的支撑体系。电子商务活动涉及商流、物流和资金流，与其相对应的电子商务平台、物流体系和投资支付体系共同构建了电子商务支撑体系。首先，要加强农村的基础设施建设，加大资金投入和政策扶持，尽快提升农村的基础设施水平，扩大有线网覆盖范围，加强宽带通信网、数字电商网和一体化互联网建设，建立和完善信息安全技术支撑体系和安全管理体制，构建网络安全监控体系，维护网络安全。其次，要加快推动第三方网络平台建设，应积极搭建第三方电子商务平台，通过资源共享和服务外包的运营模式，加强信息沟通与地方经济特色宣传，以发挥政府网站的电子商务服务的功能，同时要促进以民营电子商务网站为依托的第三方电子商务平台的发展，充分发挥民营第三方电子商务平台特色鲜明、定位更加细化的优势，不断完善农民了解农业等信息网络渠道和信息发布平台的建设，要不断建设和完善行业性电子商务交易平台。最后，要逐步构建新型农村商务物流体系，培育大型物流企业，鼓励专业化、社会化的物流服务企业建立物流基地，另外建立适合农村电子商务发展的高效的信息化物流配送中心，充分利用先进的物流信息技术，实现电子商务企业、物流企业等平台无缝整合对接，并达到实时的订单跟踪、售后服务、反馈与处理以及实时库区库存的状态信息。

（四）建立和完善农村电商发展的环境

一是积极培育农村电子商务市场主体。充分发挥现有市场资源和第三方平台的作用，培育多元化农村电子商务市场主体，鼓励电商、物流、商流、金融、供销、邮政、快递等各类社会资源加强合作，构建农村购物网络平台，实现优势资源对接与整合，参与农村电子商务发展。二是加强政策的扶持。制定农村电子商务服务规范，加快推进适应电子商务的农产品分等分级、包装运输标准化的制定，把电子商务纳入扶贫开发工作体系，并以建档立卡为重点，提升贫困户运用电商创业增收的能力。三是改善农村电子商务发展环境。加强农村流通基础设施建设，提高农村物流配送能力，加强金融、税收等方面的政策扶持，营造良好的市场环境，加强网络市场监管，强化产品安全和质量要求，打击制售假冒伪劣商品行为，规范市场准入，维护公平的市场秩序，推进农村电子商务诚信建设。四是鼓励和支持开拓创新。积极探索农村电子商务运行的新模式，调动高校毕业生、返乡青年、农民工、农村青年、致富带头人、退伍军人等参与农村电子商务活动的积极性，引导各类媒体加大农村电子商务的宣传。

构建农村电商发展模式刍议*

农村电子商务模式是指电商产业链的运营格局与相应的分配机制的组合体，当前农村电子商务的模式主要有自上而下、自下而上、产业分散化、产业集群化、大平台、自建平台等模式。本文就农村电商发展模式问题谈几点建议，供参考。

一、构建农村电子商务运营模式的重要性

1. 构建电子商务模式可以整合上下游的资源。农村电子商务运营模式是以上游的种植养殖业，中游的农产品包装、加工，下游销售、农业旅游等为基本结构而进行整体运作的组织，产业链的上下延伸需要围绕主体企业进行。多个主体系统整体运营，上下游彼此关联，各环节相互衔接，将各产业链融合在一起，实施有效协同。选择恰当合适的电子商务运营模式，能够有效地整合资源，提高运营效率，为农村电子商务持续稳定的发展提供有力的保障。

2. 构建电子商务运营模式可以为农民更好地提供市场信息，扩宽农产品销售市场。农村基础设施差，农民获得市场信息的渠道少，并且得不到及时有效的市场信息，农产品生产跟不上市场形势的变化，造成农产品生产和销售效率低下。发展农产品电子商务有效地改变了这一现状，农民通过互联网可以及时获取农产品的市场信息，改变了市场上买卖双方信息不对称的状态，使买卖双方信息更加透明，农民可以根据市场信息及时调整农产品生产和销售的策略，促进农业生产的发展，提高农民的收入。

3. 构建电子商务运营模式可以有效地缓解农产品流通不畅的问题。当前农产品流通中所表现的主要问题是农产品流通不够正常且功能不够健全完善，无法发挥积极引导与组织生产等作用。电子商务的不断发展为有效地解决农业生产中农产品流通等问题提供了宽广的发展空间。发展适宜的农村电子商务运营模式能够改造传统经济体制下的流通方式，形成由商品流、信息流、资金流、物流等共同构建而成，以信息流为核心的新型流通方式，构建“工业品下乡、农产品进城”双向流通新方式，这种方式对促进农村经济发展具有重要

* 本文撰写于 2019 年 2 月 16 日。

意义。

4. 构建电子商务运营模式可有利于打造农产品品牌。长期以来，农村农产品缺乏知名品牌，产品营销在一定程度上受到限制，只有发展具有竞争力的品牌才能为农产品销售打开市场，进一步发展农村电子商务运营模式，可有效地改善这一状况。互联网在品牌上的影响力、品牌的传播范围、品牌广告制作成本上都有着无比巨大的优势。在电子商务平台的基础上，农产品品牌更容易推广到任何地区，在较短的时间内能建立起品牌的声誉，拓宽农产品的销售市场，推动农产品的销售。

二、构建农村电子商务运营模式的几点建议

（一）构建农村电子商务运营模式

1. 政府驱动型模式。政府对电子商务的物流、供应链、信息建设等方面具有很强的支撑作用，更重要的是政府可以为农产品质量做初级信用背书，为第三方企业提供公司注册、税收、资金等支持。由于农村地区的多数耕地小而分散，对于资源性的整合尤其需要借助政府的力量。同时政府驱动型农村电子商务运营模式思路明确、实力雄厚，搭建各项农村电子商务平台，并给予各项扶持政策，可以使电子商务得到更快的发展。

2. 服务商驱动型模式。早期的电商服务包括产品代运营、专业客服、电子商务网站建设等项目。随着县域经济和县域电子商务的发展，第三方平台开始关注电子商务进入农村，县域电子商务服务商开始全面发展，县域服务商弥补了社会需求和市场需求，服务商提供的服务内容也逐渐由简单走向复杂、由单一走向多元、由代服务走向专业服务。目前电商服务商还提供人才培养、产品开发、营销推广、双向流通、产品溯源、品质监控、对接平台、全程服务等业务，在专业的电商服务商的带动下，形成了以电商服务商为主导的服务商驱动型模式。

3. 网商驱动型模式。该模式是由网商自发开网店，并引起其他人效仿，最后形成网商集聚的农村电商运营模式。这种模式激发了农村的发展活力，促进了创业就业，电商村民足不出户即可在家做电商、当老板、办厂创业，就业方式实现由传统种植业向第二、三产业为主，第一产业为辅的方式转变，吸引了大量外出务工农民和未就业青年大学生返乡就业。

4. 产业驱动型模式。该模式是指农村电子商务或其他产业搭载电子商务在某个特定地理区域内高度集中，产业要素在空间范围内不断汇集，形成仓储配送、理货发货、金融服务、专业培训、创业支撑等方面服务的电商产业园区。

5. 综合驱动型模式。该模式是指当地农村电子商务在多种综合因素驱动下发展起来，包括区位优势、政策支持、电商主体协调配合、平台建设、金融支持等多种因素。如浙江丽水模式，就是全力打造区域内电商服务中心，帮助电商企业做好配套服务，让电商逐渐成长壮大。其主要优点是主体（政府部门、企业、个人）培育、孵化支持、平台建设、营销推广，承担了政府、网商、供应商、平台等各参与方的资源及需求转化，促进区域电商生态健康发展。丽水的建设模式为"政府投入、企业运营、公益为主、市场为辅"，把政府服务与市场有效结合，吸引了大量人才和电商主体回流。

（二）构建农村电子商务运营模式应坚持的原则

1. 坚持诚信的原则。建立良好的诚信体系是电子商务发展的基石。为促进农村电子商务有序稳定的发展，要通过宣传引导，使农民树立诚信意识；建立农产品诚信体系建设，加大农产品诚信监管，无论是企业还是消费者，只要不守信，就要严加惩罚，使诚信受益、失信受罚深入人心，并形成社会共识。

2. 坚持绿色原则。农村电子商务在农产品加工制造过程中，应树立环保意识，低碳绿色发展。从事食品生产加工的电子商务企业，应从产业链前端（土地、水、农药等）着手，以保证食品原料的优质，同时要注意食品添加剂的使用问题，让食品安全不留死角，使绿色成为农村电子商务的标志。

3. 坚持依法文明的原则。农村电子商务应在法制的约束下文明发展，引导更多的农民有序加入电子商务行列。各级政府部门抓好咨询服务，给农民发展电子商务提供实用的法律和技术指导。提高农民的诚信意识，并对依法文明经营者提供融资优惠等政策支持。

4. 坚持品牌化原则。品牌和精品意识是农村电子商务发展的关键。农村电子商务可依托当地地理、人文特色等资源优势，开发富有本地特色的电子商务品牌，而且只有精品才能提升产品和品牌的影响力，才能推动农村电子商务的发展。

5. 坚持培养人才的原则。培养既懂农业生产又懂农业经营和计算机网络信息安全技术的复合型人才，是推动农村电子商务发展的重要举措。各级政府和主管部门要多方面开展"农业＋电子商务"教育培训，同时还可以有针对性地对农业产业化龙头企业、农民专业合作社和乡村干部等进行互联网、电子商务、网店开通、电子商务法律法规、网络安全等方面的技术培训，解决农村电子商务发展的人才短缺问题。

（三）完善农村电子商务运营模式的保障措施

1. 加快农产品标准体系建设。为提高农产品商务交易效率，加快农产品标准化体系建设，要积极引进先进国际标准，逐渐缩小与国际标准的差距。要加快农产品标准制定和实施，从产业链初端开始，确保农产品优良种苗的筛选，农用生产资料的选用，农业生产环境的改造及评估认证，农业生产过程技术操作规范，农业产品产后加工、分级、包装、储运、保鲜等各个环节都必须有标准可依，并严格按照标准规范操作。

2. 提高合作各方的经济效益。农村电子商务运营模式要充分考虑协作共赢的需求，要考虑消费者体验、流通主体的协作程度、电商平台主体的性能、合作伙伴的满意度以及产品主体等五个方面。农村电子商务运营模式及各个主体之间协作的方便性影响协作效率和协作成本，在选择电子商务运营模式时必须考虑到流通主体之间的协作性，同时提高协作的效率和效益，使得各合作方达到高效率运行、低成本运营、最大化收益。任何农村电子商务运营模式必须保障合作伙伴的利润水平，使其参与各方有收益，同时充分考虑市场风险与利润对等因素，使合作各方提高参与农村电子商务的积极性。

3. 统筹规划，合理布局。电子商务要与农村本土市场相结合，尽可能借用当地的资源，在与当地农户、与线下的融合中实现推动产业的发展。一是依托利用当地资源，进行合理布局，重点是利用当地优势产业资源进行集中布局。二是在选择电子商务运营模式时，要充分考虑营销主体工作的方便性，尤其要考虑不同模式的营销成本及营销效果的差异。三是要结合当地特色资源的农产品，注意农产品生产的周期性。一般地方特色浓厚的农产品可能适合当地消费，其模式就需要围绕本地化设计；而全国范围的特色农产品的销售范围就比较广泛，其模式就有区别。生产周期也会影响到农产品的销售模式，与生产周期密切相关的常见农产品电商模式有订单农业模式、周期收购模式等。

4. 构建农村电子商务模式要做好各方面的结合。一是把发展农村电子商务与特色产业培植结合起来。发展农村电子商务必须与县域特色产业的培植紧密结合起来，加快推动特色产业的电子商务化水平，通过电子商务撬动特色产业的转型升级，使农村电子商务与特色产业相互促进、相得益彰。二是把发展农村电子商务与创新创业结合起来。电子商务是“大众创业、万众创新”的重要载体。具有创业门槛不高、进入成本较低、技术密集和劳动密集融合的特色，非常适合农民创新创业。三是把发展农村电子商务与品牌培育结合起来，实施品牌化的竞争策略是农村电子商务转型升级、提高市场竞争力的有效途径。因此，应加强宣传引导，推动农产品加工业和农民专业合作社等提高品牌意识，加强原创设计能力，向“品牌＋网络营销＋标准化生产基地”的精细化管理模式转型，培育一批区域农村电子商务品牌。四是把发展农村电子商务与农产品生产标准化结合起来。要积极推动农业生产规模化和标准化，建立农户会用、市场认可、管理方便的农产品线上交易分类标准，引导对售前农产品进行初步的清理筛选、质量分级、保鲜包装等处理，加强对农产品质量安全的追溯管理，确保网络销售农产品的质量安全。五是把发展农村电子商务与完善服务体系结合起来。要促进资源整合，搭建产地产品交易信息和供需信息平台，建立物流资源的统筹调度平台，整合邮政、快递、供销社及物流企业和农产品经销商的物流配送资源，完善到乡镇、到村物流的配送，鼓励农村电子商务开放运营和纵横联合，扩大市场发展的空间。

加强农村电子商务平台建设的几点建议*

农村电子商务平台逐渐成为农业现代化发展的不可缺少的管理方式，它是农业信息提供者和需求者之间交流的重要载体，同时也是现代农业构建的重点。农村电子商务平台的建设对农村经济发展具有重要影响。本文就农村电商平台建设问题谈几点建议，供参考。

一、农村电子商务平台在农村经济的重要作用

1. 发展农村电子商务平台能够促进新型农村流通网络的构建。长期以来农村交易市场是以路为集市，设施简陋、场地狭窄，商品流通不畅，信息沟通受阻，导致“买”与“卖”之间出现脱节，交易成本高，农村商流、物流不畅给农村商品流通业发展带来困难。农村电子商务平台突破了农村商务流通的地域限制，农产品买卖双方能够直接对接，从农产品的价格、数量、品质、到货时间、到货地点等方面可进行直接交谈，提高了农产品的成交率，为农产品销售提供了更大更宽的市场；同时农民足不出户，通过网络可以将生产的优质农产品卖到全国各地，增加了农民的收入，提高了经济效益。农村电子商务平台的发展，为农产品销售提供更为通畅的沟通渠道，促进了农产品及农业生产资料的流通，降低了物流成本，有利于新型流通网络的构建。

2. 发展农村电子商务平台有助于农业技术的推广和应用。农村电子商务平台为农民提供了农业技术专家在线交流的机会，克服了地域和时间上的局限，能够更为快捷、方便且具有针对性地对农户进行技术服务指导，及时解决农业生产上的技术问题。农业专家的在线指导，使农业生产的全过程得到技术指导服务，提高了农民农业生产效率。在平台上，新的农业生产技术可以不断得到快速传播，而农户也可更及时有效地得到真实的农业信息，提高了农民抵抗农业生产风险的能力，促进了农业生产技术的推广和应用。

3. 发展农村电子商务平台，可以促进农产品的市场化。农村电子商务平台作为信息数据网络平台，通过信息发布、咨询价格、确定交易，交易时间短、效率高，加快了农产品市场化进程。它通过将农产品的供应信息及时地反

* 本文撰写于2019年5月9日。

馈给超市等较大交易场所，可实现农产品与超市的对接，为鲜活农产品销售提供了保证，加快了农产品的市场流通。另外，农村电子商务平台能够及时传递信息，帮助农民或农业企业时刻关注农产品的市场行情和需求，提高其适应市场变化的能力，更及时地判断市场的需求，使农户更有针对性地进行生产，适应市场的需求，降低生产的经营风险。

4. 发展农村电子商务平台可促进农业产业化的发展。建设农村电子商务平台有利于农业规模化生产，这种生产方式不仅使农产品数量和质量得到最大限度的保障，而且有助于推动农产品产业化的发展，推进农产品标准化生产，提高农产品的数量，从而促进农业的快速发展。

5. 发展农村电子商务平台有助于降低农业生产成本，增加农业的经营效益。通过农村电子商务平台，农民可以了解更多的农产品生产资料的信息，从而对农业生产资料进行统一采购，提高了农民的议价能力，在一定程度上降低了农业的生产资料成本。通过该平台也可以从源头购买农业生产资料，与传统的农业生产资料经营方式相比，节省了农业生产成本，提高了农业生产的经营效益。

二、农村电子商务平台建设应坚持的原则

1. 坚持多方参与的原则。农村电子商务平台建设的主体包括政府、龙头企业、农产品与农资品批发市场及中介机构，要采取政府、龙头企业、中介机构等多方参与的原则。政府通过农村电子商务平台有效地监管电子商务市场，在电子商务信息平台上发布相关政策信息，便于农民直接获取，政府还可利用平台获取农业生产相关信息，对农民进行指导。龙头企业、农产品与农资品市场、中介机构也是农村电子商务平台建设的重要主体，企业可以通过农村电子商务平台对外发布信息，加快农民对企业的形象和产品来源的了解，有利于企业线上市场的发展，企业还可通过平台获取市场价格动态信息，把握市场的动态。

2. 坚持应用性与共享性相结合的原则。农村电子商务平台的构建要从满足政府和解决“三农”问题需要出发，把开发应用系统作为网络信息共享与服务平台建设的核心内容，坚持注重实际、面向应用的原则。要在建设过程中坚持资源整合、信息共享的原则，采用统一规则、统一指标体系、统一采集软件、统一数据库管理等多种方式，实现资源的充分整合利用，促进信息的共享。

3. 坚持安全性和高效性相结合的原则。在农村电子商务平台建设中要充分考虑其安全和保密因素，保证系统数据不会被非法修改、窃取和破坏，同时平台建设必须坚持高效性。农村电子商务是线上服务与线下服务的有机结合，两者相辅相成、缺一不可。其中，网络平台是提供线上服务的重要媒介，电商

平台及时更新网上信息，确保快速地向买卖双方提供最准确的交易和供求信息，方便用户可以及时更正自己的市场策略，保障双方用户的权益。

4. 坚持科学管理与适时调控相结合的原则。农村电子商务平台是一个开放式的网络系统，使用人员众多，并且平台存在覆盖面广、区域分散、维护困难等问题，因此，要保证网络平台稳定持续运行，科学的管理与适时调控尤为重要。首先平台的构建要有资金安全相关的法律法规等，利用法律法规及相关措施来加强对电子商务交易平台的管理，维护良好的市场秩序，防范市场风险，加强农民上网的安全保障，以促进电子商务平台的健康发展。

三、加强农村电子商务平台建设的几点建议

（一）构建农村电子商务平台的管理体系

农村电子商务平台的构建需要资金、技术、人才、市场、信息流、物流等多个要素，是一个综合性工程，因此需要政府发挥主导作用，加强领导和协调。

1. 各级政府要建立独立的电子商务管理机构。对电子商务平台建设与发展工作统一规划，以便解决在发展中出现的重点问题，尤其是在贯彻落实国家制定的有关扶持农村电子商务发展的政策时，要突出农村电子商务发展的整体性和协调性，突出农村地域特色，实现协调稳定发展。

2. 建立健全农产品生产加工安全准则。要完善农产品安全奖罚机制，合理引进农产品质量奖励措施，对生产优质农产品的农户进行相应奖励。同时利用物联网技术对农产品进行监控与追溯，主要是利用物流网技术对农产品生产、加工、流通的全过程进行监控，出现问题时可以及时利用相关信息进行追溯。要建立统一的电子商务的农产品质量评价指标体系，加快农产品信息采集标准化发展，统一信息共享方式，切实减轻信息共享和信息采集成本。

3. 各级政府要加大营造有利于农村电子商务平台发展的环境。要建立有利于农村电子商务发展的政策环境，制定有关税收、财政、金融等优惠的支持政策，支持电子商务的发展。财政部门要加大投资的力度，鼓励民营企业和社会组织积极参与农村电子商务平台的建设与发展，引导金融机构向符合条件的电子商务涉农企业以及有关农产品、农资品的电子商务应用项目发放贷款，支持创业投资资金投入电子商务网络信息化领域，为农村电子商务平台建设营造一个良好的发展环境。

（二）构建区域电子商务平台的支撑体系

电子商务活动涉及三个重要环节，即商流、物流和资金流，与其相对应的电子商务交易平台、物流体系及支付体系共同构成电子商务平台支撑体系。

1. 完善电子商务平台基础设施。电子商务发展需要网络平台等基础设施作为硬件支撑。当前我国农村的网络平台和基础数据库等基础设施存在覆盖面窄、发展不平衡等问题，因此，政府应加大资金和政策扶持，尽快提升农村的基础设施水平。扩大有线网覆盖范围，加强宽带通信网、数字电视网和新一代互联网等信息网建设，建立和完善信息安全技术支撑体系和安全管理体制，构建网络安全监控和防御体系，维护网络安全。

2. 推动第三方电子商务平台的建设。各级政府要积极搭建第三方电子商务平台，通过资源共享和服务外包等运营方式，加强信息沟通与地方经济特色宣传。另外，要积极促进以民营电子商务网站为依托的第三方电子商务平台的发展，要充分发挥民营第三方电子商务平台特点鲜明、宣传更加细化的优势。

3. 构建新型农村电子商务物流体系。物流是开展农村电子商务的基础。要建立物流信息公共平台，规范物流服务标准，实现综合性的物流服务。要尽快培育大型物流企业，鼓励专业化、社会化的物流服务企业建立物流基地。建立适合农村电子商务发展的高效的信息化物流配送中心，充分利用先进的物流信息技术使电子商务企业、物流企业等平台实现无缝整合对接，并达到实时订单跟踪、售后服务、反馈与处理以及实时报告库存信息。

（三）构建农村电子商务平台的社会服务体系

1. 推进电子商务技术服务体系建设。要充分利用当地教育、科研和技术资源，推进电子商务技术服务体系建设，重点解决电子商务应用中的技术问题，包括电子商务交易技术、加密与电子认证、系统集成、网络安全技术等。要充分利用电信运营商、软件供应商、系统集成商开展业务转型，降低电子商务建设和应用成本。

2. 推进信用和认证服务体系建设。要进一步规范信息评价标准，建立信用信息数据库，完善信用与认证服务体系。积极发展第三方信用评价机制，制定明确的交易规则，建立一个涉农企业及农村经济合作组织积极参与的科学、合理、公正的信用服务机构。要完善农村电子商务应用安全基础设施，构建区域统一的数字证书认证中心，不断规范农村电子商务行业的管理和电子商务单位的信用管理，防止电子商务的欺诈行为。

3. 建立多元化的电子商务培训教育体系。加强实用人才培训，建设农村电子商务人才培养平台。通过实施农村电子商务人才培养计划，对农民专业合作社及涉农企业进行电子商务知识的培训，提升其应用电子商务的意识和能力，充分利用报刊、电视、网络等渠道普及电子商务知识和技能。各级政府要通过举办不同形式的电子商务培训班，培养农村网络人才，开展农产品的网上交易，促进电子商务知识的普及。

加快农产品电子商务发展*

近些年来，我国非常重视农产品电子商务的发展，出台了很多支持农产品电子商务发展的政策。2014 年中央 1 号文件明确提出加强农产品电子商务平台建设，商务部也把农产品电子商务发展作为重要工程，出台了一系列支持政策，推动农产品电子商务发展。本文就农垦企业发展农产品电子商务问题提出建议，供参考。

一、加快农产品电子商务发展的重要性

1. 发展农产品电子商务是扩宽农业产业链的重要手段。随着电子商务的快速发展，农业产品供给由传统模式向信息化模式转变，“互联网+基地”的模式得到广泛应用。并通过市场化运作，利用“互联网+农业”的模式整合农业生产资源，延伸农业产业链，实现农产品产业化、规模化、市场化的快速发展。

2. 发展农产品电子商务可促进电子平台体系建设。通过电子商务运作，可实现全国范围的市场销售。通过线上、线下并行运营实现农产品全国范围的采购、分装、仓储、配送，线上以电商平台分销到全国，线下进入本地的传统零售渠道销售到本地市县。

3. 发展农产品电子商务是提升产品品牌影响力的重要途径。通过电子商务平台宣传产品、整合品牌，提升产品品质，保障质量安全，全力打造企业自己的品牌。逐步建立农产品质量追溯系统，进一步推广品牌，提升品牌的价值。

4. 发展农产品电子商务是推进资源整合的重要载体。通过电子商务平台，以电子商务渠道为媒介，整合区域内优质农产品资源，加大企业的联合，保障电子商务渠道产品的有效供给。通过与银行等金融机构的合作保障电子商务运营资金及时到位。通过与大型传统零售企业合作整合服务资源，优化农产品网络配送。

二、当前农产品电子商务发展存在的主要问题

从目前我国农产品电子商务的发展情况看，主要存在以下问题：一是农产

---

* 本文撰写于 2015 年 11 月 13 日。

品品种选择问题。与工业产品不同，农产品品种多，一般情况下都可做电商，但不同的种类要有不同的仓储条件、运输条件、客户定位、产地等。选择的农产品不同，仓储、物流、资金、利润等都有很大差异。二是冷链问题。冷链物配投入的连续性强，物流配送、快递宅配等成本较高，投资回报周期长，不是个别农产品电子商务企业容易解决的，需要社会化的冷链物流来提供集约化、专业化的冷链物流管理。三是标准问题。目前农产品的质量标准问题一直没有很好地解决，缺乏统一的农产品质量标准，使农产品在生产过程中出现无标可依或有标不依的情况，导致农产品质量缺乏公信力。四是未建立完善农产品电子平台系统。主要是没有建立从生产资料供给到农业生产、产品加工、储运、销售全产业链的监控体系。五是诚信问题。农产品从生产加工到运输销售的链条不系统，使得从初级农产品的生产到餐桌之间的整个产业链不完善，很容易在生产与消费的对接过程中出现信任问题。六是对农产品电子商务发展的政策支持不够。主要是电子平台等基础建设支持不到位，缺少农产品电子商务人才。

三、加快农产品电子商务发展的几点建议

1. 强化电子商务产品的选择工作力度。一是根据客户需要选择农产品。农产品种类多，不同产品的客户定位、供应链要求等差异大，不能以过多的种类来吸引更多的购买需求，而是应当根据本企业的客户定位、供应链的支撑能力等来选择农产品的种类。二是选择高品质的农产品。如今的消费者在网购农产品时更关注农产品质量，更愿意选择高品质、安全可靠的农产品。三是选择能持续供应的农产品。农产品不同于其他产品，特别是生鲜农产品的地域性、季节性强，因此农产品电子商务在选择产品时，必须关注产品持续供应问题。

2. 优化农产品电子商务的物流管理。一是要建立本地化的物流服务体系。市场需要的农产品电子商务，必须要解决本地化问题，这就需要建立本地化的物流体系，与社区服务站、便利店等机构进行合作。二是提升冷链物流能力。大型农产品电子商务企业必须自建冷链物流，中小型农产品电子商务企业可以选择与社会化、专业化第三方冷链物流合作的方式。三是优先发展冷链仓储。支持大型农产品加工企业自建或联合建立冷链仓储、物流设施，包括冷库、冷链运输车、流动冷藏箱，建立高效运转的冷链物流渠道，实现巴氏消毒奶24小时送达目标消费群体，冷鲜肉直达北京、上海等一级城市。

3. 加快农产品电子商务的标准化建设。一是建立农产品质量标准体系。对农产品按照不同分类建立质量标准体系，保障农产品的消费安全以及消费者对农产品优质化、规格化的要求，主要包括品质标准、工艺标准、规格标准。

二是建立农产品流通标准体系。主要建立分拣标准、包装标准、配送标准、验收标准以及管理标准等，包括农产品流通环节的各个部分，主要提高农产品流通性。

4. 推进农产品电子商务平台体系建设。重点支持加工、物流、商贸、电商等企业创办农产品电子商务平台，引导种养、加工企业按照统一标准组织产品生产，并以统一品牌开展网上销售。推进“生产资料—农业（畜牧）生产—加工—仓储—物流—营销”全产业链质量监控体系建设，实现“互联网＋”全生产过程展示营销，增强消费者对优质、高效、安全的农产品的天然条件和技术管理水平的信任度。通过“互联网＋”推进集团定制和个人定制等亲切感营销、点对点营销、零距离体验式营销等多种新模式，把品质好的产品卖出好价格。对销售额度大、雇佣劳动力多、电子商务平台开展营销活动的企业给予一定政策支持。

5. 提高农产品电子商务工作的诚信度。一是实施品牌战略。通过进一步提高服务内容，实现手段的规范性、快捷性和高效性，进一步提升客户认知度和满意度，从而提高品牌的知名度，创建一批代表企业的地标性品牌产品。二是实现原产地农产品直销。原产地农产品直销就是将农产品从原产地直接发货到消费者所在地，克服传统物流环节烦琐、效率低、损耗严重的问题，拉近与消费者的距离，促进消费者的信任。三是建立规范化检验检测体系。建立农产品监测机构，实行农产品质量监测和监控，提高预防控制体系的操作性、适应性、有效性，强化从产地环境、投入品、生产过程、加工过程、储运到市场准入等全过程的质量安全预防监控。四是建立农产品电子商务可追溯系统。引进农产品可追溯的理念，借鉴西方发达国家农产品可追溯管理制度，建立电子产品商务领域主要农产品的质量安全可追溯系统，实现农产品从田间到市场的整个生产流通环节质量安全可追溯，使消费者增加对农产品的信任度。

6. 推进“互联网＋农业”的快速发展。当前农业产业链系统效率低下，产业链不健全、不完善，实现“互联网＋农业”可促进农业产业化进一步发展。一方面，“互联网＋农业”促进专业化分工，提高组织化程度，降低交易成本，优化资源配置，提高劳动生产率。另一方面，“互联网＋农业”通过便利化、实时化、感知化、物联化、智能化等手段，为农地确权、农技推广、农业管理等提供精确、动态、科学的全方位信息服务。推进互联网和农业真正融合的关键是整个产业链的融合，因此把“互联网＋农业”融合成电商平台，不仅是把农业产品搬到网上售卖，而且应该考虑对农业产业链的完善和创新，要运用互联网技术创新产品销售，最终将农业的各个环节打通，形成完整的产业链。

7. 加大对农产品电子商务的政策支持。目前农垦企业电子商务发展不快，主要是因为缺乏政策支持，国家相关部门要加大对农产品电子商务的政策支持。一是加大对农产品电子商务企业的政策扶持。主要是设备采购、网络建设，企业与基地网络化建设等方面，财政部门要给予一定的经费支持。对参与农产品电子商务网络化企业给予税收方面的减免支持。二是加大对参加农产品电子商务的基地农户的扶持。重点在终端设备采购、网络建设及人员培训等方面给予支持。三是加强农产品电子商务工作的宣传。各级主管部门要重视农产品电子商务工作，要把发展农产品电子商务作为推进农业产业化，实现农业职工增收、企业增效的重要举措。要落实推进工作的责任，加强宣传，提高职工群众参加农产品电子商务工作的积极性。四是积极培养电子商务人才。电子商务发展，人才是关键。要把电子商务列入农业实用技术人才培训内容，创办电商创业孵化基地，积极开展电商创业。

加快农产品电子商务发展的几点建议*

农产品电子商务的运用，为我国农业的发展提供了一种新型经销模式，有效地缓解了农产品市场与供应信息传递不及时、流通不顺畅等问题。构建农产品电子商务模式已成为当前农业发展的一种新的方式。本文就加快农产品电子商务发展的问题谈几点建议，供参考。

一、当前农产品电子商务发展的情况

目前国内农产品电子商务发展呈现三种模式。一是初级模式，主要包括目录模式、信息中介模式、虚拟社区模式。这类模式的共同特点是不进行农产品实物的网上交易，只为农产品网上实物交易提供服务，为农产品企业提供宣传信息和交易沟通服务。二是高级模式，包括电子采购模式、电子商店模式、价值链整合模式。该模式的经营者具有较大的经营规模和经济实力，能进行农产品实物的网上交易。三是第三方市场模式。该模式是指由专门的机构来经营物流活动，将第三方市场模式应用于农产品电子商务市场具有现实意义。第三方市场参与的大多是中小企业，这些企业为大宗农产品交易提供了平台。

近几年我国农产品电子商务得到了较快发展，但与某些发达国家相比，仍存在一些问题：一是从业人员素质不高。农业专业人员受专业教育程度低，尤其是接受网络知识和电子商务知识的更少，不利于农产品进行网络营销。加之目前为农产品服务的电子商务网站缺少创新特色，主要内容是宣传本地农业和为领导服务的多，直接指导农户进行生产经营的少，专业性和实用性不强，农业信息服务体系还没有形成。二是农业标准化程度低。农产品由于外形、质量差异大等自然特征，其品质标准难以衡量，我国现有的农产品标准体系没有建立起来，标准化建设滞后，给农产品电子商务的发展带来影响。三是农产品物流配送体系滞后。农产品季节性强，易腐烂变质，采摘、运输、冷藏、保鲜、订单、配送等环节都必须在保鲜期内完成，但流通环节多，加之农村交通设施落后，导致运输效率低，损失严重，运输成本高，这些因素影响了生鲜农产品网络营销的质量和效益。因此，要保质保量完成农产品运输，必须建立完善的

---

* 本文撰写于 2018 年 10 月 22 日。

冷链物流配送系统。四是农业信息化体系不健全。目前涉农网站数量很多，但各地农业信息网络建设从形式到内容缺乏专业标准，实用性差，农业信息服务不全面，缺乏针对性。有的农业软件系统高深难懂，实用性差，有的网站维护不负责任，网络信息来源可靠性差，导致农户相信网络上的虚假信息，造成农业生产上的损失。五是安全监管不到位。目前农业生产仍然是分散经营，集约化程度低，农产品不同程度地存在农药、化肥超标等问题。加之与信息化相关的法规政策不健全，农产品电商行业规模体系不完善，以至于农业信息的科学性、系统性、及时性、真实性难以保证。有些电子商务平台进行虚假宣传、销售假冒伪劣商品、非法交易等行为时有发生。网络市场监管不到位，网络市场安全性低，制约了农产品电子商务的发展。

二、加快农产品电子商务发展的几点建议

1. 加快农产品物流标准化建议。一是制定合理的物流标准化。在包装、运输、装卸等环节，推行与国际接轨的标准，如物流设施、物流工具的标准，包括托盘、货架、装卸工具、条形码等的标准化，不断改进物流技术，以实现物流活动的标准化和合理化。二是制定全国农产品质量标准，包括理化指标、安全食用指标、感官指标、鲜度指标等。并对产地进行大气环境测试、土壤成分测试、水资源测试，控制农药化肥使用，制定控制标准，以加快农产品流通业的快速发展。

2. 建立和完善农产品电子商务相关制度、法律法规。加强农产品电子商务的法律法规建设，制定配套的政策法规，健全法律体系和社会信用体系，制定完善农产品标准化规定、农产品电子商务规划以及第三方电子商务平台条例等，营造一个良好的市场竞争环境，保证网上交易信息的真实性，完善和优化现行的法律法规，建立健全社会信用体系，为农产品电子商务的发展提供政策保障。

3. 加强电子商务的信息管理。重点加强农村信息共享，实现信息共享可以提高需求信息的准确度，加快对市场需求的响应速度，缩短交易活动的时间，降低成本，改善交易双方的信任度，提高供应链效率。在农产品供应链中，信息共享会使信息资源在供应链成员之间重新分配，改变彼此谈判的优势地位，重新分配供应链利润。因此，要建立信息共享激励机制，对信息提供者给予一定的利益补偿。这种机制的方式一是节支、减支的合理让渡。由于信息共享后，可以减少不确定因素，降低生产成本，农户可通过定价折让向下游环节让渡一部分节约成本形成的利润。二是增加销售后的利润合理分配。下游环节准确预测需求，通过信息共享，使农户在生产环节及时响应需求，下游环节

扩大销售后对生产环节做出利润的合理让渡。

4. 加强人才队的建设。一是加强电子商务有关知识的宣传，提高电子商务在农户中的可信度，通过举办形式多样、图文并茂的电子商务宣传，传播电子商务的应用方法，增强农户对电子商务的认识。二是各级政府要加大对农户的电子商务知识和农业技术的培训。要进行信息技术和电子商务培训，使农户尽快使用和掌握检索网络信息和网上交易、技术及防范风险的方法。三是加强农产品电子商务人才的培养。强化各级农业信息管理和服务人员的培训，提高开展农业信息体系建设的能力和对农户服务的能力。

5. 加强农产品物流基础设施建设。要尽快改变农村交通落后的面貌，增加物流设备的科技含量。现代物流是一项资金密集、技术密集的产业，现代电子信息技术、通信技术等逐渐成为现代物流技术手段。对以前老旧的物流设备要进行改造，发展新型高科技物流设备，以提高物流效率。目前要针对农产品的特点，有效地完善冷链物流。各级政府相关部门要加大投资的力度，支持物流企业尽快完善冷链物流的配送体系。

建立“互联网+”农业运行利益联结机制的几点建议*

“互联网+”农业促进了专业化分工，提高了组织化程度，降低了交易成本，优化了资源配置，提高了劳动生产率，同时“互联网+”通过便利化、感知化、实时化、物联化、智能化等手段为农业科技推广、农业管理等提供精准、动态、科学的全方位信息服务。“互联网+”农业是一种产业模式和运行机制的创新，推动农业规模化、产业化、集约化、市场化的发展。“互联网+”农业的运行机制主要包括利益共享机制、激励约束机制、风险共担机制，建立灵活、高效、协调的“互联网+”运行机制，有利于农业产业链各环节相互联系、相互作用，有力推动农业现代化的发展，提高农业质量效益和竞争力，实现由传统农业向现代农业转型。

一、“互联网+”农业运行的主要模式

“互联网+”农业运行模式主要是利用信息化手段提高农产品、农资、休闲农业的电子商务水平，以及农民专业合作社、家庭农场、产业化龙头企业的网络化水平。

1. “互联网+”农产品电子商务模式。 农产品电子商务模式是在农产品的生产加工及配送销售过程中全面导入电子商务系统，利用信息网络技术，在网络上进行信息的发布、收集，依托生产基地与物流配送系统，在网络上完成产品或服务的购买、销售、电子支付等业务的过程。

2. “互联网+龙头企业+农民专业合作社”模式。 该模式是依托龙头企业和农民专业合作社建立从生产到运输、储存、销售等环节的全供应链的农产品质量安全追溯信息管理系统，提升农产品质量安全水平，充分发挥龙头企业在品牌、信息、管理、渠道、技术等方面的优势，依托各种信息化手段为农户提供产前、产中、产后的技术支持、生产指导、质量控制等专业化、社会化服务。

3. “互联网+”休闲农业电子商务模式。 该模式是以休闲农业资源为重点，积极引导休闲农业电子商务平台加强与观光采摘、休闲农庄、创意农业等

---

* 本文撰写于 2018 年 1 月 21 日。

特色园区开展深度合作，提供品牌营销、网络预订、连锁加盟、活动策划等在线经营服务，引导休闲农业经营者提升在线展示、网上交易、信息咨询等服务水平，打造“吃、住、行、游、购、娱”等休闲农业旅游网上一站式服务。

4.“互联网+”农资农机流通模式。该模式围绕农资使用高效化、农机维修便利化，引导生产企业、销售渠道等构建实体虚拟结合，网上网下互动的在线咨询、远程维护、实时诊断新模式，主要是通过“实体+网络”“手机+电子商务”等多元化的信息化手段，实现网站与合作社或生产基地等及时供需、物流精准配送，培育新型的农资交易模式。

二、建立“互联网+”农业运行利益联结机制的几点建议

1. 建立“互联网+”农业运行利益联结机制应遵循利益合理分配的原则。一是坚持剩余利润合理分配原则。“互联网+”农业全产业链中参与的每个环节中的每个主体所获取的收益必须大于或等于加入产业链之前的收益，即必须获取产业链的剩余利润，否则各环节主体的参与积极性会减弱，影响整个产业链的运作。二是坚持付出与收益相对称的原则。在产业链节点企业中，企业的投入资源与获取收益相对称，即付出与收益相对称。三是坚持风险与利益相对称原则。有多大风险就应有多大剩余利润，创新度高、风险就大，风险大、收益就大，对承担风险大的节点企业应给予相应的风险补偿，以调动风险大的企业的积极性。

2. 构建“互联网+”农业利益共享联结机制。利用农业互联网，在生产、经营、管理以及服务等关键环节上，各参与者之间建立合理的利益联结关系，构建合理的利益分配制度。利益共享联结机制必须能够满足信息服务各参与者的利益需求，形成开展信息服务的利益动力，当各参与主体的利益收获大于成本支出时，才能产生与其他主体合作的动力，推动信息服务稳定、长效发展。一是确保产业化龙头企业在合作中成本下降、合作风险降低所带来的利益远大于成本支出，在利益共享分配中有充分的利益驱动力。在利益共享机制中，龙头企业获得的合作利益的主要来源在成本的下降和合作风险的降低方面，其中成本的下降表现在对订单管理成本的下降，开展技术培训、现场指导等信息服务成本的减少以及农产品收购过程中交易成本的下降；合作风险的降低主要表现在与农户合作面临较小的信用风险，确保原料供应的稳定。二是确保信息服务企业在共享分配联结机制中的利益分配。根据经营范围，信息服务企业主要有两方面的利益，一方面是订单企业在出售通信网络产品上获得盈利大幅度增加；另一方面，网络运营商为开拓农村市场打开突破口，为自身的发展打下基础。三是基层农户在该机制的运营中获得多方面的利益。既解决了农户获取农

业信息困难、成本偏高等问题，又解决单个农户市场信息把握能力弱、谈判不利、农产品卖难问题，增强农户的整体谈判能力，提高农产品价格，增加农户的收入。并通过信息技术服务、技术培训等，提高了农户的生产、经营、管理能力。四是各级政府和主管部门在引导和支持企业及合作社开展信息服务过程中，不仅能够产生一定的社会效益和经济效益，还能够节约政府的信息服务成本，促进由管理型向服务型转变。

3. 建立"互联网＋"农业对各经营主体的激励性机制。一是引导各类农业经营主体参与。"互联网＋"农业要积极争取各方面的支持，重点争取各级政府部门的支持，建立农业大数据平台、区域性农业科技平台；针对企业、农户的科技服务需求，建立相关的农业信息服务体系，将基层科学技术人员培训工作引导到互联网上来；鼓励各级农业部门利用互联网宣传推荐农业区域品牌、地理标识品牌农产品，扩大农产品品牌的知名度。二是推动互联网企业与涉农企业建立联结机制，农资电商与种植大户、农民专业合作社、专业化农业公司实现直接对接，降低农业企业及农户的经营成本。三是利用"互联网＋"农业模式扩大农产品的销售规模。目前黑龙江省多地出现"卖粮难"问题，可采用电子商务技术，拉近生产者与消费者之间的距离，使农产品不再因地域因素而滞销。电子商务平台让生产者的产品直接送达消费者，省去经销的中间环节，也使得农产品经销成本大幅度降低。

4. 建立"互联网＋"农业对各经营主体的约束机制。一是建立农产品质量信息化追溯平台。农产品安全可追溯平台是"互联网＋"农业依托现代信息技术建设的主要平台，它使得农产品电商能完成食品供应、流通、消费等环节的信息采集、记录与交接，实现农产品种植、生产、加工、检验、监督、销售等质量安全监管与控制等关键环节的无缝连接，同时记录各个环节的相关数据，通过通信网络上传至数据中心存储，实现对农产品的质量跟踪全程监管。二是通过电子商务平台约束农产品的质量。电子商务平台为农户及涉农企业带来了新的销售模式，但在带来机遇的同时也约束了农户及企业的生产销售过程，加强了消费者与生产者的信息沟通，提高了农产品信息的透明度，约束了农户、企业的产品质量，使得生产者更加注重产品质量和服务质量。三是加快推进品牌化经营模式的建立。"互联网＋"农业发展过程，逐渐形成了品牌化农业的运营，并随着电子商务平台的不断完善，促使具有地域经济等优势的农户或企业逐渐打造属于自己的农产品品牌，也加快推进了分散的农户向聚集发展，形成了有组织性的合作社经营模式。

5. 利用"互联网＋"农业模式创新农业经济效益增长点。一是发挥平台服务优势，开创农业增收新渠道。利用"互联网＋"农业，推动"公司＋农户"向"网络＋农户"转变，让农户直接进入流通领域，减少中介环节，增加农户的收益。二是推动农产品品牌化，创新农业增收渠道。目前多数农产品还处在卖原粮阶段，没有包装、没有品牌，通过互联网不仅可以提升农产品质量，更能加快农产品品牌化发展步伐。农业融合互联网可以把农业种植过程、产品加工过程、优质产品认证过程及培育环境、饲养环境等展现给消费者，能打造农产品形象，提升品牌知名度。此外还可通过品牌运作，对种植、养殖、加工、物流、营销等产业链进行整合，进一步向休闲农业、有机农业、旅游农业等方向发展，因此“互联网＋”品牌农业将成为新的农业经济增长点。

6. 构建“互联网＋”农业风险共担机制。一是建立企业与农户的利益联结机制。企业与农户的关系不仅仅是购销关系，企业应参与到农户生产过程，鼓励农户以土地经营权、资金、设备、养殖设施、劳力等要素共同参股合作；企业应加大投资，重点在良种、化肥、种畜等生产资料上加大投入，向农户提供专门的生产技术、培训服务以保证农产品质量符合要求；企业与农户结成“资金共筹、利益共享、风险共担”的利益共同体，实现企业发展、农户增收、共同抵御市场风险，使双方都享受专业化生产和一体化经营带来的好处，农户与企业的利益关系由松散型向紧密型转变，形成利益共同体。二是建立风险机制和保险信贷机制。农产品生产涉及来自自然和市场的多种不可控因素，订单是对未来交换的承诺，但许多情况在签约时难以预料。应加快建立由国家、企业及农户共同出资的风险基金制度，当出现自然灾害导致农产品数量或质量不符合订单要求时，从风险基金中取出一部分进行补助，以保证合同的执行；也可以采取对有长期合作的企业与农户建立以丰补歉基金，在丰年时留一部分用作风险补助基金，在歉年时进行风险补助，以保证合同的正常履行。另外加大政策性保障扶持力度，通过参加农业保险化解一部分自然灾害风险。三是扩大政策性金融服务范围。国家政策性银行应进一步扩宽政策性信贷支持范围，把支持政策扩大到各种主要农产品，把支持环节由收购扩大到生产、收购、储运等多个环节，对订单企业提供优惠信贷政策。四是建立稳定的信息管理系统。在市场经济条件下，及时，准确的价格信息对于生产经营者决策具有重要的作用。各级政府和主管部门要利用互联网建立专门的市场预测系统和信息发布系统，充分发挥一些地方政府部门的作用。如粮食、农业等部门通过各种渠道及时发布一些可行的农业生产信息和农产品供求信息，为随行就市的订单价格提供可靠和准确的定价依据，可为订单数量和订单品质提供参考，也可降低农业经营的风险。

加快推进农业品牌建设的几点浅见*

近几年，通过实施品牌带动战略，培育出一大批品牌农产品。在食用油、奶制品、大米等行业中，农业品牌竞争优势比较突出，品牌效应发挥明显。但农业品牌建设是一个涉及多个主体的系统工程，涉及不同利益群体，推进品牌化的机遇与挑战并存，在品牌建设方面仍存在很多问题。本文就加快推进农业品牌建设的问题提几点建议，供参考。

一、农业品牌建设存在的主要问题

1. 品牌发展不平衡，行业管理不规范。部分地区农产品品牌小、杂、乱，并且粗放式增长，缺乏行业规划，管理不规范。国家有关部门和行业中介组织都相应地制定了农产品质量和品牌管理的相关规定，但这些规定相互独立、不能衔接，一些部门和机构热衷于品牌评价和排序，评比结果过多过乱。

2. 品牌保护难度大，假冒伪劣产品多。由于农业生产经营的主体多、品牌数量大，在一定程度上加大了品牌的保护难度，仿冒品牌的现象屡禁不止，给品牌所有者造成很大损失。

3. 品牌的认知度低。农业企业和农户逐步开始重视农产品品牌建设，注册商标的积极性日益高涨，消费者的品牌意识也在增强。但各级地方政府、农业部门及农业企业缺乏农产品品牌化发展的新思维、新办法，仍有一些企业忽视农产品品牌的创立，缺乏可持续经营的思想，品牌在市场经济中的作用没有充分发挥出来。

4. 品牌培育的理念相对落后，普遍重认证、轻培育。许多地方以获得“三品一标”认证数量为评价指标，有些生产经营企业为了追求短期利益，只重视产品认证，在认证之后不重视提高品牌美誉度和影响力，知名农产品品牌不多。

5. 品牌建设面临标准体系的限制。发展优质安全的品牌产品，必须依靠科技支撑。目前我国覆盖农产品生产、加工、储藏、销售全过程的标准体系尚

---

* 本文撰写于 2018 年 7 月 13 日。

未建立，产品标准缺失是品牌发展缓慢的重要原因之一。

二、加快推进农业品牌建设的几点建议

1. 各级政府要建立农产品品牌化政策体系。要建立健全农产品品牌认证、推广、识别、延伸与评价等规则和制度，形成农产品品牌全过程管理体系；要建立“三品一标”和名牌农产品在工商、税收、质检等方面的优惠政策，加大品牌农产品生产和流通支持力度，强化品牌保护。

2. 各经营主体要加大农产品品牌建设。农业龙头企业、农民专业合作社、家庭农场等新型农业经营主体要充分发挥在农产品品牌建设中的作用，主动适应市场化、信息化的要求，积极推进农业标准化生产和完整的质量安全认证，建立全面的质量可追溯体系；树立诚信意识，对自己的生产经营行为负责，自觉接受社会监督，通过规范生产过程、采用先进技术、提升产品质量、加强营销推介等手段提升农产品品牌的美誉度和影响力。

3. 优化农产品品牌建设制度环境。一是各级政府要进一步加强引导推动，建立“品牌认证、品牌扶持、品牌仲裁”等一系列制度，实现产品的优质优价，更好地引导品牌农产品生产。二是加强对农产品的质量监督管理。要尽快形成从田间到餐桌全过程覆盖的监管制度，建立更为严格的食品安全监管责任制，完善农产品安全的法律法规制度，严厉打击假冒伪劣产品。

4. 加快优质品牌市场培育。一是以标准化带动品牌化建设。强化标准化意识，加大宣传和推广的力度和范围，加快推动农业全程标准化，加强农产品内在品质、分等分级、包装保鲜等标准的制定工作。积极采用国际标准，提高品牌农产品的质量。二是创新品牌农产品的市场流通方式。加强品牌农产品产销对接，探索品牌农产品农超对接、农社对接等新型流通方式，积极利用农产品电子商务平台，建立网上品牌展销，大力开展电子交易推进品牌农产品的营销。三是创新品牌农产品的营销方式。大力发展电子商务、直销配送、订单农业等新型营销模式，实现线上线下结合，生产、经营、消费无缝衔接；以互联网、电视台、报刊等为平台，构筑品牌农产品宣传网络，扩大品牌农产品影响力。四是增强农产品品牌的国际影响力。鼓励农产品加工企业开展国际农产品质量认证，提高农产品国际市场竞争力。

5. 建立品牌农业可持续发展制度。一是挖掘品牌农业的文化内涵。挖掘农产品品牌的历史、地理、风俗等文化特征，寻找品牌传统文化与现代文化的结合点，综合利用文字、图像、宣传片等制作精良的品牌文化产品，全方位、

多层次、多渠道地展示农产品品牌形象。二是提高品牌农业的科技含量。建立健全产前、产中、产后全过程相配套的技术服务体系，引导企业与科研院所实施“高位嫁接”，鼓励企业建立研发中心；推动新品种培育和配套标准化技术推广应用，突破种子优化、标准种植、适宜采收、风味保鲜、规模种养、产地环境保护等关键技术；创新初级农产品保鲜、冷链物流技术和精深加工技术，提高品牌农业的附加值，全面提升农产品的品牌科技含量。

抓好农产品品牌建设的几点建议*

加强农产品品牌建设是推动农业经济高质量发展的重要手段。当前我国农产品品牌发展的环境日益优化，品牌竞争意识不断增强。但从总体看，农产品品牌竞争力还比较弱，品牌建设还较滞后，因此迫切需要加强农产品品牌建设。本文结合农垦企业实际情况，就进一步加强农产品品牌建设谈几点建议，供参考。

一、加强农产品品牌建设的重要性

1. 加强农产品品牌建设可以促进农产品市场营销。农产品品牌是农产品品质、特点、功能的标志。农产品品牌成为消费者选择的标准，体现了生产经营者的承诺，承载了生产经营者赋予产品的大量相对固定的信息，使消费者通过品牌就可以了解产品的质量、功能、特点等信息。因此加强农产品品牌建设可以降低消费者的信息收集成本，增强农产品市场的竞争力，推进农产品市场营销。

2. 加强农产品品牌建设可以降低农产品的生产成本，增加企业收益。随着农产品品牌的增多，消费者面临的可选择信息越来越多，生产者获得消费者认可的难度越来越大。企业在没有品牌的情况下，即使投入巨大的推介成本，也难以获得消费者的认可。但是企业如果采取品牌策略，用品牌将企业和产品信息“打包”呈现给消费者，就能达到事半功倍的效果，达到降低企业推介成本、增加销售的目的。并且当前随着经济发展和人们生活水平的提高，消费者对优质农产品的需求在增加，只是苦于不能分辨农产品质量优势，而有了品牌的保证，可提供优质可靠的农产品，消费者就可以积极购买。因此，品牌就是承载生产者对产品质量的承诺，用以获得消费者信任的制度，通过品牌，消费者可以放心地购买信得过的优质农产品。加强农产品品牌建设可以有效地促进农产品销售，促进企业效益的增加。

3. 加强农产品品牌建设可促进农户收入的增加。农产品加工企业要生产优质的品牌产品，离不开高质量的初级农产品，所以农产品加工企业进行品牌

---

* 本文撰写于 2018 年 12 月 14 日。

建设离不开农户的配合。农产品加工企业为了把品牌建设好，必须建设好自己的生产基地，加大对农户的扶持，尤其是种子、农药、化肥等生产资料的投入；在生产过程上加大扶持，推进标准化生产；为调动农户生产优质农产品的积极性，农产品加工企业会对优质农产品支付较高的收购价。所以加大品牌建设可增加农业产品加工企业的收入，进而可以提高农户的经营收入。

二、加强农产品品牌建设的几点建议

1. 加快构建全产业链品牌体系。为了保障农产品品牌质量和食品安全，要积极推进农业产业链的纵向一体化和横向多元化战略，向产业链上游延伸，向产业链下游拓展，实现相关全产业链发展。要组织“公司＋园区＋基地＋农户”或“品牌＋标志＋公司＋农户”的组织模式，建立全产业链发展方式，这种发展方式要求农产品生产企业建立从田间到餐桌，并经过种植与采购、贸易流通、食品原料和饲料原料的加工、养殖屠宰、食品加工、品牌推介、食品销售等各个环节的一体化可管控的产业化经营方式。龙头企业要利用其自身的资源、品牌、管理、技术、资金、文化等优势，不断创新产业链体制机制，不断加强企业内部的全产业链协同合作，以加快构建全产业链安全优质的农产品品牌体系。

2. 注重挖掘行业或文化特点，建立农产品全产业链品牌的内涵。文化是品牌的灵魂，农产品品牌文化是农产品品牌美誉、联想度的基础。企业应在全产业链战略思想下，从产品品牌、企业品牌及领导人品牌等多方面构建企业创新型、时尚型和绿色环保型品牌形象。要加大力度创新企业品牌和产品品牌形象建设，挖掘企业内部文化、技术等优势，并将其注入品牌建设，重新塑造品牌信仰、品牌定位、品牌愿景和品牌价值，使其品牌获得更多的品牌竞争优势。

3. 建立健全全产业链品牌的监控机制，打造安全优质的农产品品牌。产品品质是品牌的基础，品质不过硬的品牌是不能持续经营的。要建立产品质量安全体系，强化管理标准及其体系建设，不断加强食品生产过程中的安全管理和控制。从源头抓起，在生产过程中要明确产业链关键控制点，确定质量安全风险，提升检验检测能力，严格出口端管理，构建全过程可追溯监控体系，实现全过程食品安全可控。在企业内部要建立“横向到边、纵向到底”的目标管理责任制，建立管理过程、管理结果、技术考核“三位一体”的食品安全考核指标体系。打造全产业链产品品牌质量控制模式，实现对食品安全的全过程控制，从根本上解决食品安全问题。

4. 加强农产品品牌的保护。保护农产品品牌既要靠行业自律，也需要机制保障。近些年各地加大农产品品牌建设，挖掘了一些特色农产品，利用“一县一品”或“一镇一品”等模式，有效地促进区域经济的发展。但与此同时，品牌保护相对滞后，一旦品牌有点名气，就会出现产区内“搭便车”、冒名顶替等现象。对这些市场乱象，有关部门应加强市场监管，严加查处，规范市场秩序。地方政府和行业管理部门应当做好总体规划，引导、帮扶本地特色农产品树立自己的品牌，在积极打造、推介本地优势品牌的同时更要强化产品质量，强化科技支撑和规范化、标准化建设，支持本地龙头企业建立产品可追溯体系。另外，农业生产经营者也要求树立品牌意识，在实施农产品品牌战略过程中，要提高农产品质量，保证农产品安全，要按照标准组织农业生产管理，规范产前、产中、产后的配套生产技术标准，稳定农产品内在品质，在打造培育农产品品牌的同时还要树立品牌的保护意识。

5. 加大农产品品牌的宣传。实施农产品品牌战略，就是要加大农产品品牌宣传。可以利用广告、人员推销、专题报道、网络营销、展销会等多种促销手段扩大影响，提高社会公众对名牌的认知度和美誉度。一是制定正确的广告策略。企业应认真研究广告的特点，优化广告策略，提高广告效率。二是积极实施公共关系策略，争取更多的公众支持。要做好宣传性公关，运用报纸、广播、杂志、电视、网络等各种传播媒介向社会各界传播企业有关产品品牌的信息，创造良好的社会环境氛围；做好征询性公关，可以通过开办各种咨询业务、设立热线电话、举办信息交流等形式；做好交际性公关，通过语言、文字等方面的沟通，为企业广结良缘，可采用座谈会、招待会、谈判、专访、电话、信函等形式；做好社会性公关，通过赞助文化、教育、体育、卫生等事业，支持社区福利事业，参与社区重大活动等形式，提高企业的社会知名度和美誉度。

对政府加强农产品品牌建设的几点建议*

政府在农产品品牌建设中应加强农产品质量标准的制定、农产品质量标准的认定、农产品品牌注册的管理，以及调查和管理农业企业与农户之间的关系和制定企业农产品品牌建设的政策法规等任务。政府在农产品品牌建设中的主要功能：一是农产品品牌质量标准化体系的制定主体。农业标准化投资的相当部分具有公共物品的性质，这就要求政府在农业标准化工作中起主导作用，并成为主要的投资者，尤其是在基础设施的投资方面。二是农产品品牌建设的服务主体。农产品品牌建设与一些工业品牌建设相比具有难度大、时间长的特点，所以农产品品牌建设需要社会各界的支持，尤其是政府作为农产品品牌建设环境的主要影响因素，对农产品品牌建设发挥着重要作用，如品牌保护、资金扶持等。三是农产品品牌建设重要的科技投入主体。农产品品牌建设的发展是以品质为基础，品质的提高必须以科学技术为基础，新品种、新技术，尤其是基础性农业科学研究一般需要大量的资金，因此农业科技创新需要政府主导。四是农产品品牌的注册和管理主体。《中华人民共和国商标法》规定，商标注册和管理机构是政府工商行政管理机关，农产品商标的注册申请由各级政府的商标管理机关管理。政府也是质量标志的注册和管理主体，由政府主导和管理的质量认证标志包括无公害农产品、绿色食品、有机农产品等标志。政府还是农产品地理标志的管理和建设主体，农产品地理标志的相关规定，地理标志是由政府相关部门注册管理的农产品集体品牌之一，政府实施对农产品地理标志的管理权。五是农产品品牌的评价和监督主体。品牌评价是品牌监督的一种有力措施，在政府对农产品品牌管理中起到重要作用。六是农产品品牌的保护主体。农产品品牌是知识产权的重要组成部分，农产品品牌的建设离不开农产品品牌的保护，安全有序的市场环境和竞争机制是农产品品牌建设的必要条件，这一环境的建设主体就是政府。七是扶持农产品品牌参与国际化生产竞争的主体。农产品品牌国际化需要市场的介入，单个企业的农产品品牌推广在国外竞争面临很多不利条件，需要政府的支持。下面本文就政府加强农产品品牌建设问题谈几点建议，供参考。

---

* 本文撰写于 2019 年 4 月 10 日。

一、加强农产品品牌建设对政府的重要作用

1. 加强农产品品牌建设可以降低政府的管理成本。农产品品牌的有价性决定了创造者一定会珍惜所建品牌，会努力按照品牌所承诺的产品质量提高农产品的生产质量和服务水平；企业会进一步加大投入，购置所需的农产品质量检测设备，对自己生产的产品进行严格检测，以保证农产品质量符合承诺，实现品牌长期保值、增值；企业会自觉地保护品牌，保证产品的质量，必然会减少政府监管的成本，提高政府的管理效率。

2. 加强农产品品牌建设可以促进政府管理目标的实现。政府的农业管理目标是保障消费者健康，增加农民收入，提高农业整体发展水平。农产品的质量安全关系到公众的健康，是政府管理目标的重要内容，农产品品牌可以促进农业企业自觉地提高产品质量，促进政府保障广大消费者的身体健康。农产品品牌建设还可以提高农产品销售价格，实现农民增收目标。农产品品牌建设可以进一步提高农产品竞争力，提升农业科技水平，实现提高农业整体水平的发展目标。

3. 加强农产品品牌建设可以提高农产品品牌的市场竞争力。树立农产品品牌形象、增强市场的竞争力是各级政府的重要责任，实施农产品品牌战略能够有效地提高农业企业提供优质农产品的积极性，提高农产品质量水平，增强农产品品牌的市场竞争力。

二、目前政府参与农产品品牌建设存在的主要问题

1. 农产品质量标准建设落后、执行不严。当前我国农产品质量建设仍然落后，严重影响品牌建设发展，一些企业为了节省成本，不按国家标准进行生产、加工，严重地影响了品牌信用，尤其是一些已经获得“三品”认证的企业，在平时生产加工过程中挂着“三品”的牌子，却不按标准进行生产经营。政府的监管跟不上，标准得不到有效执行，长此以往，消费者将失去对政府的信任，甚至农业企业会失去对品牌建设的信心。

2. 政府对农产品品牌的支持力度不够。实施农产品品牌化战略，创建和打造农产品品牌的竞争力和优势品牌，单靠农户和农业企业的力量是不够的，需要地方政府和各级农业部门结合农业标准化、产业化和农业结构的调整等重大项目的实施，培育扶持一批对本地农产品有较强开发加工能力、市场开拓能力、出口创新能力的骨干龙头企业。地方政府应该加强对农产品品牌建设的支持，重点通过财政、税收、金融等手段对农产品品牌建设发展给予政策支持，

还应加大对农产品品牌的基础设施建设，为区域经济发展提供保障。

3. 农产品品牌管理体制不顺，认证结果公信力不高。我国各相关部门都制定了农产品质量和品牌管理的相关规定，但是有些规定相互独立、衔接不够，甚至政出多门、多头管理，造成管理效率的降低、职责不清，更为严重的是，一些部门热衷于品牌评价和排序，造成评价结果过多、过乱，失去了公信力。

4. 政府对农产品品牌的保护力度不够。我国农产品建设处于初级阶段，大型龙头企业不多，多数农业企业规模比较小、品牌知名度不高，特别需要政府的保护。但是当前各级政府在品牌保护方面存在很多问题，一旦有些农产品品牌小有名气，假冒伪劣产品就大量出现。

三、政府加强农产品品牌建设的几点建议

1. 加强农产品标准化建设。目前我国农业生产仍然是以小规模的家庭生产为主，农民的总体科技文化素质低下，对农业标准化知识的掌握还不够高，在缺少有效的监督时，难以自觉地贯彻农业标准化。政府要从标准的制定、标准的实施、标准的监督上加强管理与支持，应建立健全法律法规，加强农业标准化体系建设；基层农业管理部门要积极组织标准实施，对农户进行培训，扶持产业化龙头企业，实施认证与产品品牌战略，加强农业基础建设。

2. 各级政府要加强对农产品品牌建设的政策扶持。政府要加大对农业产业化龙头企业的扶持力度，帮助企业创建农产品名牌，实现农产品品牌化，实现农产品生产、加工、销售一体化经营，重点提高农产品的加工转化能力，培育一批有基础、有优势、有特色、有品牌影响力的龙头企业。龙头企业可以通过规模经营，辐射和带动大批农户通过加工转化农产品，实现与“农”的对接；可以通过科技开发和技术创新，对农产品进行精深加工，实现多次增值，将资源优势转化为品牌优势；可以通过强有力的品牌效应开拓和占领市场，实现与“贸”的对接。龙头企业一头联千家万户，另一头联国内外市场，通过深加工带动产业化经营、集团化运作，依托名牌产品开拓市场的经营方式，在稳定农村经济、吸纳农村劳动力、发展生态农业、增加财政收入、推进农业结构优化等方面发挥重要作用。

3. 理顺政府对农产品品牌管理的体制，提升政府对农产品品牌管理的公信力。国家立法机构应尽快将农产品生产、加工、流通领域的管理职能进行整合，减少管理主体，降低协调成本，为农产品品牌建设提供一个方便有效的管理环境。要协调好国家各有关部门关于地理标志注册管理的法律体系，防止权利冲突引起不必要的纠纷，减轻企业负担。另外地方政府要打破地方保护主义

思想，树立正确的政绩观，采取行政、经济手段，有效制止盲目评比、乱评比的现象。引导企业在练好内功、创品牌、树形象上下功夫，做到以质取胜，进一步提高农产品的公信力。

4. 加大政府对农产品品牌的保护。一是制定相应的政策法规，保护农产品品牌。各级政府要加大对农产品保护的相关政策法规的建设，保证农产品品牌保护有法可依；理顺相关政策法规的关系，保证农产品品牌有关政策法规执行的顺畅；要在政策法规的制定上，积极鼓励和推动农产品的品牌保护，贯彻知识产权保护方针，营造有利于农产品品牌保护的环境。二是加大农产品品牌保护的执法力度。目前农产品品牌管理机构多，有国家市场监督管理总局、农业农村部等部门参与，由于管理机构多，造成力量分散，管理效率不高。政府要强化行政执法机构，落实责任，加大力量，保护农产品品牌。三是加大打击力度，全面保护农产品品牌。农产品品牌假冒侵权、不正当竞争行为不仅侵犯了生产经营企业的权益，还侵害了消费者的权益，政府及其有关部门是行政执法的责任承担者，要承担起打假的任务，全面保护农产品品牌。

5. 提高农产品品牌建设的服务水平。一是组织好农产品品牌建设知识的培训。随着农业向专业化、市场化、现代化的转变，农业经营者必须懂政策、懂市场、懂科技、懂法律、懂管理，这样才能履行好职责、做好农产品品牌建设工作。政府相关部门应积极组织多种形式的农产品品牌知识和技能培训，提高农业经营者的品牌经营观念，通过相关知识的学习，使农业经营者掌握品牌定位、品牌设计、品牌保护、品牌拓展与延伸等方面的基本要求。二是扶持龙头企业开拓国际市场，提高农产品品牌的影响力。在鼓励农产品出口中，政府应简化行政审批手续，放宽审批条件，支持龙头企业扩大出口，适当降低重点龙头企业出口的门槛，并通过放宽其经营范围，支持重点龙头企业参与境外质量管理体系和环境管理体系各类产品的认证，积极开拓国际市场，鼓励国内龙头企业参与国际市场的农业企业参股并购，利用国际农产品品牌，实现农业“走出去”战略。

加快资源节约型、环境友好型农业发展的几点建议*

资源节约型、环境友好型农业是人类社会利用农业资源进行生产，以促进农业可持续发展为目标的农业经营模式，建设资源节约型、环境友好型农业是党中央提出到2020年农村改革的基本目标之一，建设“两型农业”生产经营体系是改变目前农业发展困境、实现农业可持续发展的重要举措。本文就发展资源节约型、环境友好型农业的问题提几点建议，供参考。

一、发展资源节约型、环境友好型农业应坚持的原则

1. 坚持可持续发展的原则。坚持农业发展与资源开发、环境保护的有机统一，促进农业产业结构调整和发展方式转变。

2. 坚持循环利用的原则。发展循环农业和低碳农业，实现农业生产过程的减量化和农业生产结果的无害化。

3. 坚持农产品生产安全的原则。要积极发展“三品一标”农业，发展无公害农产品、绿色食品和有机食品，建立农产品质量监督管理体系。

4. 坚持科技充分利用的原则。充分发挥农业基础的优势，加快农业技术的开发和推广，提高农业综合效益和竞争力。

5. 坚持多元化投入的原则。加大公共财政的投入，引导和鼓励广大农民与社会力量积极投入农业，充分发挥农民和社会力量的主导作用。

6. 坚持提高农业收入的原则。要把提高农民生活质量作为资源节约型和环境友好型农业建设的基本出发点和落脚点，努力增加农业收入，提高农民的收入水平，改善农村人居环境。

7. 坚持制度创新的原则。积极探索有利于“两型农业”发展的管理体制和发展机制，增强农业发展的活力。

二、发展资源节约型、环境友好型农业的几点建议

1. 树立资源节约型、环境友好型农业的发展理念。节约资源就是发展农

---

* 本文撰写于2018年5月8日。

业生产力，保护生态环境就是保护农业生产力。要积极推进生产与生态的同步发展，要树立科学生态观，建设生态文明，整合环境文化，构建资源节约型、环境友好型的思想文化基础。加强资源节约型和环境友好型农业的宣传，充分发挥新闻、广播、媒体等作用，大力宣传资源稀缺环境污染的严重现实，让经营主体充分认识到农业发展所面临的资源基础和环境条件的严峻性，切实感受到建设资源节约型和环境友好型农业的紧迫性。要开展多种形式的资源综合利用典型的宣传教育活动，提高公众对资源综合利用的认识水平。

2. 制定资源节约型、环境友好型农业的科学发展规划。在规划编制中，应按照有利于农业资源节约和农业环境保护的基本思想，遵循循环农业发展，提出减量化、资源化、无害化和可利用的原则，明确发展方向、目标和具体措施。在发展规划编制过程中，应充分做到与国土资源利用计划、农业发展整体规划以及农村小康社会建设和新农村建设规划等相关方面进行整体衔接，以提高资源节约型和环境友好型农业的效率水平。

3. 提高耕地节约集约利用率。加强耕地质量管理，建设耕地质量监测网络，实现耕地质量的动态管理，大力推广绿肥种植、秸秆覆盖、过腹还田等耕地培肥和保护性耕作。加快中低田改造，完善农田水利、田间道路等基础设施，继续推进传统耕作制度改革，充分挖掘土、水、光、热等资源的利用潜力，鼓励发展设施农业，提高耕地的综合产出率。

4. 积极发展节水农业。一是推广深耕深松、集雨蓄水节灌、“坐水种”等旱作节水农业技术，推广一批耐旱性强、产量高、质量好的农作物品种，因地制宜地确定种植结构，加快土地治理，提升自然降水利用率，发挥保护性耕作蓄水保墒、节本增效、减少耕地侵蚀、防止农田扬尘的功能。二是继续抓好大中型灌区和井灌区的节水改造。要认真抓好田间灌溉节水，加强灌溉基础设施建设，逐步建立节水型栽培模式和灌溉制度。三是推进节水机的机械化技术与装备的研发与应用。研发中小型多功能抗旱节水工具，提高水资源的利用率，重点研发和推广适用于大田、温室大棚和园林生产的低成本、智能型的节水灌溉技术，开发推广保护性耕作机械化技术。

5. 提高农业投入品的利用效率。积极开展测土配方施肥技术，要在合理选用肥料品种、优化施肥结构上下功夫，把握施肥时期、改进施肥方法、促进化肥施用由通用型复合肥向专用型配方肥方向转变。要积极推广应用高效低毒、低残留的农药和新型施药器械，改进施药方法、加强技术培训、减少农药使用量，逐渐减少高毒农药量，提高农药利用率。普及应用种子精选分级、包衣药剂拌种等加工处理技术，提高种子质量和良种供应能力，全面推广应用主要农作物精量播种技术。

6. 发展生态养殖业。一是推广绿色高效生态畜禽养殖技术。重点推进绿色畜禽生态养殖小区建设，降低饲料和能源消耗；在草原禁牧、休牧和轮牧区，大力推广舍饲、半舍饲圈养技术模式；合理开发利用渔业资源，推广高效、优质、集约化的生态水产养殖技术，提高资源的有效利用率。二是建立生态养殖产业体系。生态养殖产业体系是一个贯穿养殖前、养殖中、养殖后的系统，确保能降低养殖业带来的污染，同时也有利于提高健康养殖。生态养殖产业体系是由养殖经营者教育培训体系、投入品管理体系、疾病控制与预防体系、污染物控制体系等构成。积极推进畜禽适度规模养殖，加强畜禽养殖排泄物治理，在规模化养殖场或养殖小区实施畜禽粪污能源综合利用，推广雨污分流、干湿分离等技术，加快畜牧业生产方式的转变。

7. 大力发展循环农业。实现农业生产的清洁化、资源化和循环化是发展循环农业的基本要求。一是要积极推广适合不同地区的循环农业发展模式，形成具有地域特色的生态型农业经济体系，实现农业资源的循环利用。二是要推广节肥节药技术，进一步调整优化用肥结构。推广测土配方施肥技术，提高肥料利用率。积极推广节约型农业技术，推广高效、低毒、低残留农药新品种，淘汰落后、高能耗的农业机械。三是提高可再生资源综合循环利用水平。加快可再生能源的开发与利用，推动农业生产生活废弃物资源化利用，加快推广可降解农膜、生物农药等生物产品。

8. 加快农业产业化发展。为促进资源节约型和环境友好型农业的发展，必须加快农业产业结构调整和农业产业化进程，通过优化结构、延长产业链、提高农产品加工转化率来加快产业化的发展。按照高产、优质、高效、生态、安全的要求，积极推进农业结构调整，在大农业内部积极发展畜牧业，加快推动优质畜产品精深加工基地和规模化养殖场建设；在种植业内部积极发展特色高效经济作物；在农村经济内部大力发展农产品精深加工业和农产品保鲜、储藏、冷链、物流等服务业。要科学地确定区域农业发展重点，形成优势突出和特色鲜明的产业带，引导加工、流通、储运设施建设向优势产区聚集。发展一批优势产业带，并在农业产业带内建设一批特色农产品生产基地，为农业产业化的发展提供条件。

9. 构建新型农业科技创新与推广服务体系。要坚持把农业科技进步摆在突出的位置，增强农业科技创新能力，按照完善农业产业链的要求，着力增强农业科技创新和成果转化能力。通过产业链要素结构的升级和产业链不同环节协调状况的改善，推进产业结构的优化升级，增强整个产业链的供给保障能力和抗风险能力。加强对产业结构调整、农业业态创新和食品安全的技术支持，引导农产品的多样化、优质化、专用化和农业的多功能化。加快科研体制的改革，不断增强创新能力，打造科技创新平台，加快科学成果的转化。

要加快推进农业科技推广体系的创新，建立完整的产学研、农科教一体化的新型农业科技创新推广体系，建立健全农业科技创新、农业技术推广、农民教育培训体系。建立农业服务体系。推广新型农业生产方式，广泛采用先进适用的农业技术，大力推广生态农业、绿色农业、无公害农业等生产方式，改变传统的农业技术模式。

10. 建立资源节约型、环境友好型经济主体。在稳定农业家庭承包经营的基础上，通过集约化家庭经营与产业化合作经营相结合，构建以规模化、专业化、集约化的家庭农场经营为基础，农民专业合作社与龙头企业相结合的新型农业双层经营体系。要坚持把农户家庭经营作为现代农业主体，又要使小规模农户能够适应现代市场化农业的发展要求，解决小农户与大市场的衔接问题，使小规模农户实现从传统家庭经营到现代集约化家庭农场经营的转型升级。要支持龙头企业提高辐射带动能力，鼓励农业产业化龙头企业与农民专业合作社或家庭农场组建稳定的合作关系，扶持建设标准化生产基地，建立农业产业化示范区。要大力发展多种形式的农民专业合作社，支持龙头企业、农业科技人员创办或领办农民专业合作社，在进一步支持大型龙头企业与农民专业合作社发挥作用的同时，积极引导涉农中小企业、小规模农户和农民专业合作社之间形成分工协作、优势互补关系，鼓励其强化辐射带动功能，促进农业科技更好地惠及整个农业产业链。要转变农业生产方式，构筑完善的产业要素自由流动的通道，让资本、技术、人才能够顺利流入农业产业。要引导社会资本向农业流入，以现代企业管理模式进行规模化生产，推进以主导产业为核心的“龙头企业＋专业合作社＋农户”的规模经营模式的发展。

11. 培养资源节约型、环境友好型的高素质农民。没有相应生态素质的职业农民，资源节约型、环境友好型农业的发展将成为无源之水、无本之木，资源节约型和环境友好型农业生产体系建设迫切需要一批具有丰富生态知识的高素质农民队伍。各级政府和主管部门要把培养高素质农民提高到战略高度，制定规划、增加投入、开展各种形式的农业技术培训，有计划、有针对性地培训高素质农民，并通过资金扶持、税收减免、融资借款等措施，鼓励有热情、有活力、有文化的高素质农民投入农业。进一步加强成人教育、社区教育和劳动力素质培训，多渠道地进行生态农业宣传，在全社会倡导绿色生产生活和文明消费方式，让人人知道循环农业可持续发展理念。广泛开展多种文化活动，提高农民科技文化素质。积极培育规模经营的专业农户和带动力强的农业龙头企业、专业合作社，使其成为合格的现代经营主体，同时要鼓励大中专毕业生到现代农业领域创业，成为新一代的农业生产经营者。

12. 建立农产品质量安全检测管理体系。为了保护环境和保障农产品食品安全，要积极建设农产品质量安全检测管理体系，一方面延伸到市场，把住农产品入市关；另一方面从源头抓起，把住农产品的生产关。要建立投入品使用台账，建立生产监管体系，实施环境准入和退出机制、环保监管机制，加强对投入品，特别是化学农药的监管，对规模农产品生产单位要求依法做好台账。同时农业环境监测单位对施药后的农作物和农田适时进行检测，对检测不合格的农产品及时发出“不准进入市场”的通知，并对产品和环境的污染情况进行跟踪监控。建立环保网络监测监管体系，采取以奖代补的方式实施生态补偿，建立生态补偿基金。划定畜禽养殖禁养区和限养区，开展畜禽养殖污染治理。

加快农作物秸秆资源综合利用的几点建议*

农作物秸秆是农业生产的主要废物，秸秆大量废弃会导致其富含的氮、磷、钾等营养物质随雨水进入地面和水体，与农田营养物质一起造成水体的富营养化，秸秆露天焚烧会严重污染大气，破坏农田生态环境，降低土壤肥力，蒸发土壤水分，破坏农田生物群落，影响后茬作物生长。但是，如果对秸秆加以利用，将有利于农业生态环境中的土壤肥力和水土保持，是实现循环农业的重要途径。秸秆是一种“用则利、弃则废”的生物质能源，其开发利用涉及环境安全与可再生资源的高效利用，秸秆的资源化、商品化对于提高农业综合生产能力、增加农业收入、减少污染、建设资源节约型和环境友好型社会具有重要意义。本文就秸秆综合利用问题谈几点建议，供参考。

一、当前农作物秸秆利用存在的主要问题

1. 秸秆产业化水平低，缺乏龙头企业带动。目前，社会资本投资秸秆开发利用的积极性不高，秸秆利用的大型龙头企业少，且投入产出率低，有些小企业规模小、消耗量少，这是秸秆商品化程度低的重要原因。

2. 秸秆资源化、商品化程度低。目前秸秆机械化还田是其主要利用方式，尤其是对于黑龙江农垦企业，秸秆还田是主要利用方式。对于秸秆的能源化利用，用作农民直接生活燃料的秸秆仍然占据较大比重，而秸秆工业化利用、饲料化、基料化以及生活燃料以外的其他能源化利用程度都处于较低水平。因此，秸秆利用还处于初级阶段，资源化、商品化利用程度还有待提高。

3. 缺乏对农民综合利用秸秆的政策支持。目前各级政府开展秸秆禁烧和综合利用工作的方式主要是落实责任制，实行以奖代补，对相关责任领导实行考核并与财政补贴直接挂钩。在秸秆各种利用方式上，有的对实施机械化还田的农机给予财政补贴，对秸秆发电进行电价补贴，对销售秸秆为原料的企业采取税收优惠等。但直接针对农民使农民受益的政策少，农民综合利用秸秆的积极性不高。

4. 秸秆收集储运体系不完善。秸秆体积大、分布分散、密度低、季节性强的特点，使得秸秆的收集储运存放存在困难。在目前农村劳动力成本高，打

* 本文撰写于 2019 年 9 月 17 日。

捆机等配套设施缺乏的情况下，秸秆出售收益低，导致更多农民不愿意收集出售秸秆。

5. 秸秆综合利用存在技术问题。目前秸秆综合利用的一些技术还不成熟，如秸秆机械化还田机具效率不高，尤其是适宜农户分散经营的小型化、实用化机具缺乏，秸秆发电、秸秆气化、秸秆固化等还存在技术不成熟等问题，技术瓶颈是制约秸秆综合利用发展的重要因素。

二、推动农作物秸秆资源综合利用的主要途径

1. 加快农作物秸秆肥料化利用。农作物秸秆含有丰富的有机质及氮、磷、钾等营养元素，是优质肥料。农作物秸秆肥料化利用可分为直接利用和间接利用，直接利用就是将秸秆直接粉碎还田，直接还田的秸秆在土壤中经过微生物作用缓慢分解、释放其中的矿物质养分，供植物吸收利用，其分解的有机质和腐殖质可为土壤中的微生物及其他生物提供食物，可在一定程度上起到改土培肥、提高作物产量的作用，其缺点是自然分解速度慢；间接利用主要是通过秸秆过腹还田及秸秆沼渣、沼液还田等方式进行还田。近几年随着科学技术水平的提高，利用催腐剂、速腐剂等生物制剂，将传统发酵工艺与现代工业化设备相结合，使得农业秸秆肥料利用朝着机械化、规模化、专业化方向发展，如利用高温好热降解菌进行高温堆腐，并经机械翻抛等，生产出优质有机肥。

2. 加快农作物秸秆饲料化利用。农作物秸秆含有大量木质素、纤维素、氨基酸以及蛋白质，利用机械加工粉碎、氨化、氧化、青贮、发酵、酶解等理化方法和生物学方法进行复合处理，把动物难以高效吸收利用的秸秆类物质深加工，不仅可以使秸秆转变为更易于畜禽消化吸收的优质生态饲料，同时还能节约畜禽养殖的成本。

3. 加快农作物秸秆能源化利用。一是用秸秆制作沼气。沼气是以秸秆为原料，在厌氧微生物的作用下经过发酵产生的以甲烷为主要成分的混合气体，它是一种可燃气体，可作燃料照明，还可用来发电。制沼气后剩余的沼渣、沼液还可以用作肥料。二是用秸秆发电。利用秸秆发电可以有效地缓解农村能源紧张问题，可根据生物质气化原理，将粉碎后的秸秆用设备热解，经氧化和还原反应转换成可燃气体以集中供气的方式向农民提供。三是通过粉碎、高温、挤压、添加添加剂等环节将秸秆、稻壳等制作成型用于锅炉燃烧或利用炭化炉加工成生物煤。

4. 加快农作物秸秆基质化利用。农作物秸秆经过粉碎、干燥等处理后，可作为农业栽培的基质原料，如可用于栽培食用菌和花卉。

5. 加快农作物秸秆材料化利用。农作物秸秆中含有多种蛋白质和纤维，

可利用这些资源生产多种生物质材料和工业原材料，利用农作物秸秆可生产地板、人造纤维板、轻质材料板；秸秆、稻壳经炭化后可用作钢铁冶金行业的新型保温材料；稻草、麦草、玉米秸秆、稻糠等可作为生产环保餐具的新型材料，有些农作物秸秆还可用作制药、制糖和酿酒等。

三、建立农作物秸秆综合利用的保障措施

1. 建立健全农作物秸秆收集储运体系。各级政府应当以农民专业合作社为依托，建立健全农作物秸秆收集储运体系，各级农业技术推广站、农村站等负责农民组建农民专业合作社，组织负责统一收集运输秸秆。为解决农作物秸秆销路，可采取与秸秆利用龙头企业联合的模式，即“专业公司＋专业合作社”模式，建立专业的秸秆收集运输体系，实行规模化经营，有利于降低秸秆的交易成本，既可为企业提供稳定的原料供给，减少运营成本，又能够创造大量的农村就业机会，增加农民收入。以专业合作社组织负责统一收集、运输、销售秸秆的模式，各地政府要提供专业合作社优惠的土地政策，帮助建立秸秆收储场地。

2. 加大对以农作物秸秆为原料的产业化龙头企业的扶持。一是建立以农作物秸秆为原料的产业化合作组织，重点建立“公司＋原料基地”的产业化组织模式。二是要给予产业化龙头企业政策扶持，包括财政补贴、融资、土地、税收等方面的优惠政策。

3. 加快秸秆综合利用技术的创新和推广。各级政府应当加大科技的投入，重点加大对秸秆综合利用技术的研发和应用，并通过技术培训，向农户推广普及秸秆综合利用技术，将秸秆综合利用与农民增收切实结合起来。

4. 完善财政补贴政策，确保补贴落到实处。一是应加大对农户的补贴。当前促进秸秆还田的补贴对象主要是实施秸秆还田的农机服务组织及农机户，却忽视了秸秆还田的另一重要主体——农户，因此，应适当调整补贴的对象，提高农户综合利用秸秆的积极性。二是在补贴的方向上，应当加大对打捆机等配套机械设备的购置补贴。三是要加大对科技研发的资金支持，解决秸秆综合利用中的技术瓶颈。

5. 加强对秸秆综合利用的宣传。目前农户对秸秆综合利用的重大意义认识不足，有很多农户认为焚烧秸秆对环境无害，认为秸秆还田既无益于环境保护，也无益于农作物的生长。因此，各级政府应加大秸秆焚烧危害和综合利用优势的宣传，要宣传秸秆综合利用对资源节约、环境保护及农民增收的重大作用，了解秸秆焚烧的害处，认识到秸秆还田和其他利用方式的生态效益和经济效益。可采取网络宣传、印发宣传册、办宣传栏、科普培训、组织参观、组织专家指导等方式进行宣传，加强农户对秸秆综合利用的意识。

发展农业生产性服务业刍议*

农业生产性服务业是新时代发展现代农业的重要力量，发展生产性服务业是促进小农户和现代农业发展有机衔接的重要途径。农业生产性服务业通过聚集资本、技术和管理等现代农业的要素，以农业生产托管为代表，将大量分散经营的小规模农户纳入专业的生产服务组织，帮助小农户实现生产的标准化、产品的优质化，让众多的小农户积极参与到一二三产业深入融合中，分享其产业增值的收益，最终通过发展生产性服务业实现农业增效、农民增收的目的。本文就发展农业生产性服务业问题提几点建议，供参考。

一、发展农业生产性服务业的重要性

1. 发展农业生产性服务业是推进多种形式适度规模的需要。我国农业适度规模经营主要采取两种方式，一种是通过土地流转扩大土地经营规模；另一种是农户在不改变承包经营权的前提下，通过接受服务组织提供的专业化、规模化服务实现农业规模经营，这是发展适度规模经营的一条新途径。因此发展农业生产性服务业有助于丰富农业规模经营形式，让广大农户充分参与和分享规模经营效益。

2. 发展农业生产性服务业是建设现代农业的重要内容。将资本、技术、人才、管理等现代生产要素引入农业生产经营是建设现代农业的本质要求。发展农业生产性服务业，通过服务组织以市场化方式将现代生产要素有效地导入农业，适用先进的品种、技术、装备等，对传统农业进行升级改造，实现农户生产与现代生产要素的有机结合，成为转变农业发展方式、提升职业要素配置效率的重要途径。

3. 发展农业生产性服务业是引导农户发展现代农业的重要方式。目前一家一户的家庭经营仍是农业基本经营方式。随着现代农业加快发展和农业劳动力减少、农村老龄化问题日益突出，普通农户在生产过程中面临许多新问题，一家一户受规模限制，经营效益低下。针对这种小农经济成本高、生产效率低下等问题，发展农业生产性服务业，解决普通农户在适应市场、采用新机具和

---

* 本文撰写于 2019 年 7 月 17 日。

新技术等方面的困难，有助于将一家一户小农户经营融入农业现代化大生产之中，构建起以家庭经营为基础的现代农业生产经营体系。

二、发展农业生产性服务业应坚持的原则

1. 坚持市场导向的原则。要注意各级政府支持农业生产性服务业的政策不能干扰市场运行的机制，农业生产性服务业必须坚持以市场为导向，坚持服务农业的原则。

2. 坚持服务农业、服务农户的原则。要面向众多小农户，培养壮大适应小农户需求的多元化、多层次农业生产性服务组织。要提供综合性、全过程专业服务，托管或半托管小农户生产经营相关事项，促进针对小农户的专项服务相互补充、协调发展，解决小农户生产经营中的难题，提升小农户的产业素质和产业竞争力，实现小农户与现代农业的有机衔接。重点解决农业生产重点领域和关键环节的服务问题，各级政府在实施农业生产托管补贴项目时，在现代农业建设关键和短板环节上要注意发挥合作社和集体经济组织在组织农民方面的优势。坚持创新发展的原则，各地政府要因地制宜，选择适合的发展方式，实现业态创新、模式创新和服务内容创新，同时要加强农业生产性服务业的监管，规范服务行为，确保服务质量，保护农户的权益。

3. 坚持提升服务质量的原则。加快推进服务标准化建设，加强服务组织的动态监测、服务价格的指导和服务合同的监管。要不断提高服务的质量，积极为生产经营者提供市场信息、农业机械、差异化科技服务，特别是金融信贷、农业保险等方面的服务，帮助生产经营者降低成本、提升效益，实现生产经营和服务的双赢，提高服务的质量和效益。

4. 坚持一二三产业融合发展。要着眼于新产业、新业态，促进一二三产业融合发展，帮助生产经营者延伸产业链、提高价值链、保障供给链、完善利益链，发展生产性服务业有助于各产业、各环节、各经营模式节本增效。

5. 坚持服务于生态农业发展的原则。发展农业生产性服务业要着眼于人居环境、废弃物资源化利用、生态环境保护等公共产业，提供全方位、多元化、全覆盖的服务。

三、建立和完善农业生产性服务业发展模式

根据各地情况的不同建立不同的农业生产性服务业发展模式。一是建立农业流通和物流发展模式。重点建立以产业合作组织为主体的模式，包括当地市场对接订单、农超对接、社区支农等模式；以物流企业为主的订单直供模式；

以鲜活农产品为主的流通模式，包括电子商务配送连锁经营模式。二是建立科技推广模式，包括公益性推广模式、科技项目带动模式、市场引导模式等。三是建立农业信息化服务模式，包括公司主导模式（“公司＋农户”“公司＋基地＋农户”）、政府主导模式（“政府＋公司＋基地＋农户”“农技专家＋农户”等）。四是建立农业保险经营模式，包括专业性农业保险公司经营模式、农业保险互助模式、商业保险公司与政府联办共保模式。五是建立农业金融服务模式，主要通过政府手段建立从产前到产后的农业生产经营领域立体式金融服务体系。六是建立农业合作组织服务发展模式，包括“农民专业合作社＋农户”“公司＋基地＋农户”“公司＋基地＋农民专业合作社＋农户”等模式。

四、加快农业生产性服务业发展的建议

1. 提高农业生产性服务业的重要性的认识。各级领导要克服重生产、轻服务的传统观念，把发展农业生产性服务业作为实现农业转型升级、全面发展的切入口，切实提升对农业生产性服务业战略地位的认识。要适应农业功能拓展，产业链延伸，产业体系多元化，新产业、新业态不断涌现，一二三产业不断融合发展的趋势。

2. 加大对服务业人才的培养。农业生产性服务业是战略性产业，从业者职业化是基本方向。对此，各级政府要把对农业服务业从业者的培养上升到重点战略，通过多种路径和方式，培养造就一批有文化、懂科技、会经营、善管理的职业农民，让有能力、有素质的人才，投身到农业生产性服务业，不断提高从业者的素质和技术水平。

3. 强化农业基础设施建设。农村交通便利、地块平整、集中联片和农民组织化程度的提高本身就是发展农业生产性服务业的前提。因此，各级政府要加大土地整理、农田水利建设的投入和高标准农田建设的力度，加强乡村道路、农机场、仓储等配套设施建设。实施数字乡村振兴战略，促使网络发展信息畅通，为农业生产性服务业的发展夯实基础。

4. 加大农业生产性服务业的政策支持。一是加大融资方面的支持。各级金融机构要按中央要求，服务农民、服务实体经济，着力解决各类农业生产性服务组织融资难、融资贵问题，积极支持开展服务主体拥有的厂房、生产大棚、大型农机具、农田水利建设产权抵押和生产订单、农业保险抵押融资。二是加大财政税收方面的支持，鼓励各地通过政府购买服务、以奖代补、先服务后补贴的方式，支持各类农业生产性服务组织承担政府职能，落实各类服务的税收优惠政策，减轻服务组织的负担。三是加大用地方面的支持，要充分利用闲置工厂、校舍、废弃地等，加快落实服务主体建设仓储、烘干厂、农机库

棚、生产辅助和配套设施用地。四是加大信息化方面的支持，进一步推进“互联网＋农业”的发展，开发农业生产性服务业应用软件和数据平台建设，及时发布有针对性、有影响力的市场信息，以互联网、物联网等手段促进农业生产性服务主体和生产经营主体有机衔接，提升服务质量和效率。五是加大各类农业保险机构方面的支持。鼓励建立多种农业保险模式：专业保险公司独家经营模式，应按照“政府引导、市场化运作、专业化经营、以险养险”的原则经营；农业保险互助模式，要依托各类专业合作社或龙头企业等农业产业化组织，在国家财政补贴的支持下，由参保农户按照“自愿互利、自负盈亏、风险共担、利益共享”的原则经营；商业保险公司与政府联办模式，按照“政府推动、商业运作、节余滚存、风险共担”的原则，并按一定的比例进行联办共保；政府扶持下商业公司自主经营模式，政府要给予财政补贴、业务开展和理赔技术等方面的支持。

5. 创新各类农业合作经济组织，推动农业生产性服务业的发展。积极鼓励各类农民专业合作社、专业服务公司、龙头企业提供多种形式的农业生产性服务。一是加快农民专业合作社的发展。要将农业产业价值链的产前、产中、产后进行功能分解，从良种、化肥、农药、原料、地膜等供应到种养技术，再到农产品加工、销售等。鼓励通过种养专业户带头、农户自愿组合，采用“公司＋专业合作社＋农户”等多种形式，专业合作社的规模应遵从“自由组合、责任共担、利益共享”的原则。二是发展农业协会。农业协会是介于政府与企业之间、农户与市场之间为农业相关领域提供咨询、培训、监督与协调的中介组织。三是积极发展产业化龙头企业。加强农产品基地建设，创新发展农业生产性服务业，带动农业发展模式的转变，增强面向农户的产业化服务能力，主要通过“公司＋基地＋农民专业合作社”的模式，并通过财政补贴等方式，支持龙头企业的发展。

6. 加大农业园区对农业生产性服务业的引领作用。当前农业发展已进入“方式转变、结构优化、动力转换”的新时期，农业园区需要更好地发挥战略引导作用，但是技术和经营人才的匮乏、创业创新能力弱、社会基础和政策配套措施的缺乏等问题制约了农业园区的长远发展。应重点在以下方面加大扶持：一是加大人才的开发。优化园区的公共服务，帮助园区创造良好的生产生活环境，吸引农业科研成果转化和经营管理人才进入园区，让人才积极参与园区建设。要加大园区高素质农民的培训，加大培训投入力度。二是加大对农业高新技术推广的支持力度，降低高新技术在农业园区中的应用成本，推动设施设备升级和技术集成创新，加快农业物联网和“互联网＋”示范作用，促进农业产业链向中高端发展。提升园区的技术创新与服务平台功能，支持园区组建生产检测机构和专业化服务公司，推广高新生态循环农业发展。培养农业创业创新服务组织和企业，引进高水平的商业营销企业，推动园区品牌建设，提升园区品质和品牌影响力。三是推动园区一二三产业融合发展。优化农户和经营主体的利益联结，推动重大项目、政策与农业园区发展深度融合，实现农业园区在农业发展中的综合引导作用。

7. 推动畜牧业生产性服务业的发展。畜牧业生产性服务业作为一种生产要素投入畜牧业，为养殖畜禽、畜产品加工提供中间服务，可以促进畜牧产业分工，提高畜牧业产业生产效率。发展畜牧业生产性服务业是通过服务组织以市场化方式将现代生产要素有效地引入畜牧产业，实现中小规模养殖户、加工企业的生产、加工与现代生产要素的有机结合，引导其有效聚集，提高其市场地位，将小生产转化为社会化大生产的组织形式。发展畜牧业生产性服务业，其实质就是加长畜牧业产业链。在整合畜牧业产业链的过程中，各个环节都可以培育和创新出新的服务模式，共同增加整个产业链的利润。发展畜牧业生产性服务业，一是要发挥政府作用。各级政府及有关部门应积极提供畜牧业公共服务，如生产形势预警预报、重大动物疫病防控、养殖废弃物资源化利用及无害化处理等。要通过财政扶持、信息支持、税费减免等措施支持各类服务组织的发展。建立健全畜牧业服务业标准体系，加强指导、监督，引导和规范畜牧业服务业发展。二是充分发挥畜牧业服务组织的作用。按照“主体多元化、形式多样、服务专业、竞争充分”的原则，加快培育各类畜牧业服务组织。三是推动公益性与经营性服务同步发展。公益性与经营性服务之间应形成分类发展、分层发展、分工协作、优势互补和网络联动的格局。四是推动专项服务与综合服务协调发展。鼓励各类畜牧业服务组织围绕产前、产中、产后各环节，提供专业化的专项服务与全方位的综合服务。五是坚持创新发展。积极探索畜牧服务业新模式、新业态，鼓励体制机制创新，推动畜牧服务业向市场化、产业化方向发展。六是加强品牌建设。在品牌建设中，养殖、加工企业将获得知名度，形成凝聚力和扩散力。要积极创新培育品牌，质量铸就品牌，产业化构建品牌，诚信维护品牌，宣传唱响品牌。七是要发展“互联网＋”现代畜牧业。用互联网、物联网加大对畜牧业的服务力度，推动畜牧业现代化的发展。

加快农业生产性服务业发展的几点建议*

随着现代农业的快速发展，农业生产性服务也取得了较快的发展。但从当前的需要看，农业生产性服务业仍存在着服务的规模化、专业化和组织化程度不高等问题。需要加强培育农业服务组织，建立农业生产性服务业发展模式，推动农业生产性服务业的快速发展。本文结合农垦企业的实际情况，就进一步加快农业生产性服务业问题谈几点建议，供参考。

一、加快农业生产性服务业发展的重要性

1. 发展农业生产性服务业可加快农业产业化的发展。当前我国多数地区产业化龙头企业或农民专业合作社组织规模小、层次低，产业链各环节的协调性差，主导产业的区域特色不鲜明，竞争优势不显著，发展质量不高，区域间农业发展缺少分工协作等。其主要原因是农业产业链的生产性服务业不发达，农资、良种、农机、农产品营销、农产品物流等农业产业链运行差。发达国家的农业现代化很大程度上得益于在产前、产中、产后各环节都有发达的农业服务体系，包括为农业服务的合作组织、企业、商业公司等配套服务机构。因此，发展农业生产性服务业不仅有利于提高农业产业链各环节的运行效率，还有利于改善农业产业链，降低其运行成本。发展农业生产性服务业有利于丰富农业的创新内容和文化内涵，促进农业产业链的发展，并与农业资源环境、农业市场需求更好地对接，更好地营造农业发展的品牌特色，拓展农产品市场。

2. 发展农业生产性服务业有利于企业增效、职工增收。近几年农产品成本提高较快，土地成本、人工成本、机械作业费、生产资料投入成本成为推动农产品成本上升的主要因素。发展农业生产性服务业，可以利用分工协作的优势提高农业资源利用效率和单位资源投入的生产能力，促进农业的资源节约、环境友好，带动农业节本增效和农民增收。

3. 发展农业生产性服务业可提高农产品质量。当前我国农业已经从单纯追求数量阶段转为高质量发展阶段。发展生产性服务业，通过服务组织集中采购农业生产资料，采用先进的农业生产技术，推广标准化农业生产，充分发挥

---

* 本文撰写于 2018 年 11 月 29 日。

农业机械装备的作业能力和分工协作的专业化服务效率，能有效降低农业的生产成本，有助于农业节本增效，提高农产品市场竞争力和全要素的生产率，实现质量兴农、绿色兴农，进一步提高农产品质量。

4. 发展农业生产性服务业可构建新型农业产业体系。发展农业生产性服务业，实现农产品物流、科技、信息、金融等服务业的发展，促进农业产业链的延伸，加快农产品加工业的发展，有利于拓展农产品的市场空间，进一步加快农业产业体系的建设。另外，加快农业生产性服务业的发展可促进农业规模化的发展，当前一家一户的家庭农场经营方式出现经营成本高、生产效率低下等问题，发展农业生产性服务业可解决普通农户在适应市场、采用新机具新技术等方面的困难，有助于一家一户的家庭农场融入农业现代大生产之中，构建以家庭经营为基础的现代农业生产经营体系。

二、加快农业生产性服务业发展的建议

（一）建立农业生产性服务业发展模式

一是建立农业流通和物流发展模式，重点建立以产业合作组织为主体的模式，具体包括产地市场对接订单农业、农超对接、社区支持农业等模式；以企业为主体的物流运送模式，重点建立以农产品加工企业为主的贸工一体化，以物流企业为主的订单直供模式等；以鲜活农产品为主的流通模式，包括电子商务配送连锁经营等。二是建立科技推广模式，包括公益性推广模式，建立以政府为主管的农业技术推广站组成的公益农业科技推广服务体系；科技项目带动模式，通过农业科技推广项目的实施，推广实用的农业新技术、新品种，如科技示范化园区模式、科技下乡模式等；市场引导模式，如“特色农业＋龙头企业＋专业协会＋农户”模式。三是建立农业信息化服务模式。包括公司主导模式，即“公司＋农户”“公司＋基地＋农户”模式，政府主导模式，即“政府（或主管理部门）＋公司＋基地＋农户”模式，“政府＋科研机构＋农户”模式，“农技专家＋农户”模式。四是建立农业保险经营模式，包括专业性农业保险公司经营模式，由专业保险公司按照“政府主导、市场化运作、专业化经营、以险养险”的原则经营；农业保险互助模式，在国家财政补贴支持下，由参保户按“自愿互利、自负盈亏、风险共担、利益共享”的原则成立农业保险公司；商业保险公司与政府联办共保模式，按照“政府推动、商业运作、节余滚存、风险共担”的原则，按一定的比例联办联保。五是建立农业金融服务模式，主要通过政府手段建立起从产前到产后的农业生产领域立体式金融网络服务体系，即“涉农银行＋养殖公司”“涉农银行＋农民专业合作社＋农户”等模式。六是建立农业合作服务发展模式，通过建立“农民专业合作社＋农户”

的模式，完善农业生产全过程产业链，形成“农民专业合作社＋农户”“公司＋基地＋农户”“公司＋基地＋农民专业合作社＋农户”等模式。

（二）建立农业生产性服务业发展模式的政策保障体系

1. 创新农业合作经济组织推动农业生产性服务的发展。完善和发展以农业合作经济组织为依托，稳固完善优化农业产业链，提升农业产业链各个环节的专业性。有效地发挥农业生产性服务业的作用，鼓励农民专业合作社、专业服务公司、龙头企业及各类工商资本提供多种形式的农业生产性服务，发展模式应在规模上、形式上、类型上及利益分配上创新。一是加快农民专业合作社的发展。要将农业产业价值链的产前、产中、产后进行功能分解，从良种、化肥、原料、地膜等供应到种养技术，再到农产品加工、销售等。鼓励通过种养专业户带头、农户自愿结合，采用“公司＋农户”“政府＋农户”等多种形式，专业合作社的规模应遵从“自由组合、责任共担、利益共享”的原则。二是积极发展农业协会。农业协会是介入政府与企业之间、农户与市场之间，为农业相关领域会员提供咨询、培训、监督及协调的中介组织，在小农户与大市场之间建立沟通、协调纽带的作用。三是积极发展产业化龙头企业。发展产业化龙头企业应加强农产品基地建设，创新发展农业生产性服务业，带动农业发展模式的转变，增强面向农户的产业化服务能力，主要通过“公司＋基地＋农户”的方式运作，并通过财政补贴等方式，大力引导和支持龙头企业发展，加快培育壮大一批农业产业化龙头企业。

2. 要促进多元化主体融合发展。目前农业生产性服务业主体主要有农业专业性或综合性服务公司、农业生产经营专业合作社、供销合作社、为农业服务类专业大户等。各地各单位要针对不同产业、不同环节、不同主体的特点，因地制宜地选择适合本行业、本地区的组织形式和经营模式，满足农业生产发展的要求。同时要鼓励各类服务主体加强合作，促进功能互补、利益共享和融合发展，引导各类服务主体与大中院校及科研机构合作，鼓励银行、保险公司等机构与服务主体深度合作。

3. 建立和完善立体式农业科技服务体系。一是要完善农业科技体制。农业生产性服务的体系，应采用上下联动的方式，要以基层农业服务为工作重心，自上而下地将农村基层的农业科技问题、政府执行问题等及时反馈给上级，使农业科技部门及时有效地将农业科技政策和措施传达到基层，并做好监督管理工作，让农业科技服务政策及时惠及农户。二是要加大农业科技的投入。做好资金监督与管理工作，制定优惠的政策引导社会、企业、民间资金向农业科技领域投入。三是加大农业科技人员的培养。要建立农业科技服务人员的选拔任用、鼓励等管理制度，对农业科技人员要经过相关农业专业技术资格认证和从业考试，合格后方可录用，录用后还要进行后续再教育以及年度考核，不断提高农业科技人员的专业性。要建立农业科技服务人员的定点包干制度，确保农业科技服务人员深入职工群众中，并有效地服务基层。

4. 建立农业生产全过程质量监督和控制体系。目前农业科技上出现一些问题，如检测不到位、检测覆盖面不全、检测力度不强、检测标准不高、检测设备不足、检查人员水平不高等问题。应加强和完善基层检测系统和体系建设，检测监控要严格覆盖农产品全产业链，检测标准、检测环节、追溯体系等方面要紧密衔接、环环相扣，确保从种子、农药、化肥等进入市场前开始到农产品产出再到消费者手中为止的农产品全产业链全过程的质量安全。一是要多部门管理协同工作。加强部门之间的协同重点执法和联合执法，形成监、检、督、惩链条管理模式，并完善数据共享。二是加强监测标准化管理。监测标准制定要与产业标准一致，与国际标准接轨。三是加强基层监测工作。加强基层监测人员培训，提高技能水平，并加大基层监测设备的投入。四是优化监测流程，强化监测职能。要设计和完善农产品产业链条，同时要注意产业链的延伸及其他产业的融合。在关键节点上设计建设内容、检查方法等，实施重点检测，对重点地区的重点农作物和农畜产品等实施全面检测，特别要注重源头的检测和监管，对抽样检测合格的产品，要进行全面编码，将数据录入系统。各环节数据要共享，环环相扣，确保产品质量，做到产品质量可追溯。农产品种植收获后进入农产品加工企业或进入粮库前，要进行产品质量等系统信息检测，并出具检测报告；产品进入市场后检测部门要进行随机式的产品抽检和检测，确保加工后的产品质量达到标准，切实做到从种子采购直到最后成为产品进入消费者餐桌的全过程的质量保证和产品可追溯。如产品出现问题，可追溯到产品销售来源、生产来源、生产流程、加工人员、种植单位、产地以及化肥农药的来源、种子等农业生产资料的产地情况等。

5. 创新农业生产性服务业发展的环境。一是要完善和创新金融扶持政策。建立健全农业金融政策体系，鼓励民间资本进入，重点通过降准降息等扶持政策，扩大信贷规模，扩大信贷抵押担保范围，将土地经营权纳入银行抵押范畴。二是加大农业保险的覆盖面。为加大农业现代化发展，保证农户的利益不受损失，重点地区一定要对重点农作物、农畜等进行强制保险，要提升农户参保的积极性和保险意识。三是加大对农业生产性服务业的财政支持。对涉农的生产性服务业，如农民专业合作社、龙头企业、保险公司等，地方财政部门要给予税收和财政补贴等方面的支持，促进农业生产性服务业的快速发展。四是建立公共服务平台。搭建统一高效、互联互通的信息服务平台，为服务双方提供供需对接信息。

6. 加大对产业化龙头企业的支持力度。近几年，随着农业产业化龙头企业的发展，龙头企业对农业生产性服务业发展的推动作用越来越大。有些龙头企业还结合加强产品生产基地建设，创新发展农业生产性服务业，带动农业生产方式的转变，增强面向农户群体提供产业化服务能力。农垦企业应加强产业化龙头企业建设，增强对产业化龙头企业的扶持力度，加强农产品生产基地建设，为农产品加工业提供优质原料的保证，并按照“公司＋基地＋农户”的方式运作，通过专业合作社或协会，带动基地农户的发展。由龙头企业与基地农户实行统一品种、统一技术服务、统一生产资料供应，并通过统一品牌、统一销售，建立产前、产中、产后全过程服务的农业生产性服务业体系，增加农业的科技投入，进而提升农业生产的效率和效益。

浅议休闲农业*

休闲农业是以农业为主题，充分利用农业及农村的休闲资源，经过科学规划和开发设计，发挥农业和农村休闲功能，以满足体验者的观光、度假、娱乐、健康等多种休闲需求的农业经营形态。休闲农业是以农业为基础、以服务为手段、以休闲为目的新型产业形态，是农业综合功能的拓展和延伸，也是现代农业的重要组成部分。

一、休闲农业的功能

1. 经济功能。发展休闲农业可以增加农户的收入，促进农业剩余劳动力的转移，调整产业结构，有利于农业经济的快速发展，加快城乡一体化的发展。

2. 社会功能。休闲农业的发展为城镇居民和农村居民提供了交流的平台，有利于城市中先进思想和理念流入乡村，有利于提高农民素质，改善农村面貌，促进农村社会进步。

3. 生态功能。休闲农业可以从某种程度上提高农村和城市居民爱护环境、保护环境、维护自然景观完整的意识，有利于生态系统的良性有序可持续发展。

4. 文化教育功能。休闲农业与农业生产生活、农村民俗文化、农业科技知识相结合，使某些独具特色的民族文化得以进一步挖掘、保护、继承和发展。与此同时，休闲农业的发展可以使游客了解农业文明、学习农业知识、参与农业生产和体验农家生活，从而将知识性与休闲性融为一体。

5. 休闲体验功能。休闲农业为游客提供观光、休闲、体验、娱乐、度假等各种活动和服务，有利于游客放松身心，缓解日常生活的紧张与压力，同时大自然优美的自然环境、新鲜的空气也有利于调剂身心和养生保健。

二、休闲农业的特征

1. 资源的丰富性。乡村地域广阔，休闲资源丰富，既有自然景观，又有

---

* 本文撰写于2018年5月5日。

人文景观；既有农业生产性资源，又有各种文化资源。休闲资源形态各异，丰富多彩，为休闲农业发展奠定了物质基础和文化基础。

2. 地域的差异性。地域差异性是休闲农业发展的特色所在，不同的地区拥有不同的地貌和气候条件，人们的生活方式不同，造就不同的地域文化。休闲农业包含当地乡土植物的运用、民族文化的体现和当地居民生活方式的表达，这些因地域的不同而具有差异性。休闲农业反映当地的特征，具有不可复制性。

3. 效益的结合性。休闲农业具有生态教育的功能，能带来一定的生态效益。同时，休闲农业是横跨一二三产业的新型产业形态，把农业生产、农产品加工和餐饮服务业紧密结合起来，可以促进农业由单纯的生产功能向多功能方向转变，可以带动一二三产业共同发展。休闲农业不依靠生产农产品直接获利，而是将农业生产、自然生态、农村文化和农家生活变成商品销售，从而极大地拓展了农业、农村和农民收入，此外，休闲农业旅游带动第三产业的发展，解决部分农民就业问题，具有较高的社会效益。

4. 游客的广泛性。随着经济社会的发展，人们有了越来越多的可支配收入和闲暇时间，体验休闲农业产品已不再是富裕阶层及城市居民的专利，而是逐渐发展成为大众休闲的一种方式，城市中的高薪阶层以及工薪阶层与乡村中的一部分人群组成休闲农业产品消费客户群。因此，发展休闲农业具有游客的广泛性。

5. 活动的季节性。休闲农业的重要组成因素是农作物，而农作物的生长受到水、土、光、温度等自然因素的影响，具有季节性变化的特点。休闲农业是以农业生产为主要载体展开的众多游憩项目，随着季节变化，休闲农业也具有季节性的特征。如在收获季节，果实的采摘或其他农耕活动具有很强的参与性，游客可以享受到自己的劳动成果，并获得一定的满足感。

三、发展休闲农业可利用的主要资源

休闲农业的资源主要包括自然资源、景观资源、人文资源、产业资源、农业科技资源，这些资源是休闲农业开发的基础。

1. 自然资源。自然资源主要包括气象资源，如日出、日落、满天白云等；植物生态资源，如乡村观花、观果、观叶植物等；动物资源，如乡村的家禽、家畜、鸟类等；水资源，如乡村的溪流、河床、山涧、瀑布、温泉等。

2. 景观资源。景观资源主要包括地形地质景观，如乡村的平原、山脉、高原、梯田、峡谷、沙滩、沼泽等地形地貌；农村传统民居、寺庙、鱼塘、防风林等。

3. 人文资源。人文资源包括传统建筑资源，如古镇、古水道、古井、古房等；传统手工制品及具有地方特色的艺术品，如石雕、木雕、纺织、刺绣、服饰、古代农机具和家具用品等；民俗宗教活动，如传统庙会、龙舟竞渡、钓鱼比赛、二人转等；文化设施与人物，如具有特色的农业博物馆、历史遗迹等。

4. 产业资源。农业生产等均可作为休闲农业体验活动的产业资源。同时农业生产的各个阶段均可适时搭配观光体验项目，如水产养殖阶段可以发展观光休闲，在运销阶段可以发展购物休闲，在加工阶段可以发展农产品加工观摩活动等。

5. 农业科技资源。农业科技资源主要指近些年来各地兴建的展示现代农业技术和设施的农业科技园区。这些以智能化农业、无土栽培、立体种养等现代农业技术为主的农业科技园区，不仅是农业新技术推广的基地，对城市居民也具有观光体验的功能。

四、发展休闲农业的主要模式

1. 田园休闲农业模式。该模式是以农林田园景观、农业生产活动和特色农产品为旅游载体，满足游客体验农业、回归自然的心理需求。其具体类型有田园农业、园林观光、务农体验、农业科技。

2. 农家乐模式。该模式是农户利用自家庭院、自己生产的农产品及周围的田园风光、自然景点，以低廉的价格吸引游客来食、住、购、玩、游、娱等。具体类型有农业观光民俗文化、休闲娱乐、食宿接待、农事参与等类型。

3. 民俗文化模式。该模式是以当地农村的风土人情、民俗文化为载体，开展农耕展示、民间技艺、时令民俗、节庆活动、民间歌舞等文化休闲项目。该模式可以充分利用我国历史悠久、民族众多、文化内涵深厚的优势，挖掘身边的风俗民情、文化遗产，发展符合自身特色的以文化为主导产业的休闲农业。主要类型有农耕文化、民俗文化、乡土文化、民族文化等。

4. 村落民居模式。该模式是以古村镇宅院建筑、传统民居特色文化以及新农村建设成就等为核心，开发观光休闲活动。其主要类型有古民居和古宅院、民族村寨、古镇建筑、新村风貌。

5. 度假休闲模式。该模式是依托自然优美的乡野风景、舒适宜人的清新气候、独特的地热温泉、环保生态的绿色空间，并结合周围的田园景观和民俗文化，兴建一些休闲、娱乐设施，为游客提供休憩、度假、娱乐、餐饮、健身服务。具体类型包括休闲度假村、休闲农庄、乡村酒店。

6. 科普教育模式。该模式是指利用农业观光园、农业科技生态园、农产品展览馆、农业博览园、农业博物馆等，为游客提供了解农业历史、学习农业技术、增长农业知识的旅游活动。其具体类型包括农业科技教育基地、观光休闲教育农业园、少儿教育农业基地、农业博览园、农业博物馆。

7. 自然生态模式。该模式是指利用农村优美的自然景观、奇异的山水、茂密的森林、静谧的湖水，发展观光、赏景、登山、森林浴、滑雪、滑水等旅游活动，从而让游客感悟大自然、享受大自然、回归大自然。

8. 旅游地衍生模式。该模式是指依托当地原有的休闲资源，进一步开发当地适宜的特色农业，通过系统开发、规划、设计和调整农业布局，使特色农业发展壮大，并在休闲产业的带动下，将特色农业再向旅游业延伸，从而形成休闲业与特色农业有机结合的休闲农业。该模式的开发有利于生态环境的保护和农村居民生活环境的改善，具有生态、社会、经济三方面的效益。

发展休闲农业的几点建议*

随着经济的快速发展和物质文化生活的改善，人们日益追求精神层面的发展。并且随着城市建设的加快，城市活动空间日渐狭小，加上节假日不断增多和人们休闲旅游观念的改变，越来越多的人愿意到乡村休闲、度假、旅游，这也为乡村的经济发展带来了契机。本文就发展休闲农业问题谈几点建议，供参考。

一、发展休闲农业的重要性

1. 发展休闲农业可以优化农业产业结构。休闲农业是一种带有鲜明的休闲时代烙印的农业产业发展模式，是农业生产与休闲文化的结合。合理地发展休闲农业，可以综合高效地整合农业资源，促进农业产业升级，带动相关产业的发展，增加服务业在农村经济的比重，起到调整和优化产业结构的作用。另外，发展休闲农业可以延长农业产业链，有效地增加农业附加值，促进农业发展方式的根本转变，促进农户增收。

2. 发展休闲农业可以推进城乡一体化进程。发展休闲农业可以引入先进的发展观念，改变传统思维。休闲资本的运作，一方面能够促使农户拓宽投资方向；另一方面能够给农村带来先进的技术手段、管理经验和经营方式，使休闲农业从业人员接受教育培训。这些都有助于乡村居民生活质量和文化素质的不断提高，有助于增进城乡居民的交流互动，加快城乡一体化进程，逐步缩小城乡差距，促进全面建成小康社会与和谐社会。

3. 发展休闲农业可以实现剩余劳动力就业。随着农业机械化水平的不断提高，农业会出现越来越多的剩余劳动力。发展休闲农业可以带动一系列相关产业的发展，如商业、建筑业、住宿餐饮业、交通运输业和农产品加工业等，可以就地帮助剩余劳动力实现就业。休闲农业所依赖的农业和第三产业都属于劳动密集型产业，不仅需要管理人员，还需大量的服务人员，因此其吸纳劳动力的能力较强。

4. 发展休闲农业可以促进农村生态环境和休闲资源的保护与开发。农村

* 本文撰写于 2018 年 6 月 21 日。

基础设施的建设与完善是发展休闲农业的前提。农村的基础设施、农田水利建设、住宿设施、通信网络设施等各项设施的完善，有助于吸引更多的休闲消费者，从而增加农户的收入，促进当地经济发展。另外，随着休闲农业的发展，当地居民的文化素养、生活观念、环保意识等都会发生转变，这也有利于社会主义新农村的建设，加快城乡一体化建设的步伐，逐步实现基本公共服务的均等化。与此同时，发展休闲农业，农业休闲资源需要得到良好保护和合理开发，要求环境整洁、基础设施完备，保持古代民俗或古建筑物等休闲资源的完整性与原始性。

二、发展休闲农业的几点建议

（一）建立休闲农业发展模式

休闲农业主要利用农业自然资源、人力资源和农业发展的成果实现自身发展，它是农业多功能的体现，是农业与休闲产业的交叉产业，具有休闲、娱乐等功能。休闲农业注重游客的体验性、参与性、教育性，但在形式上主要以“农”为主，在发展模式上主要有田园农业模式、农家乐模式、民俗文化模式、村落民居模式、度假休闲模式、科普教育模式、自然生态模式、旅游地衍生模式。

1. 田园农业模式。该模式是指以田园景观、农业生产活动和特色农产品为旅游吸引物，开发农业游、林果游、花卉游、渔业游、牧业游等不同特色的主体休闲活动，从而满足游客体验农业、回归自然的心理需求。其具体类型可分为：一是田园农业。以大田农业为重点，开发欣赏田园风光、观看农业生产活动、品赏和购置绿色食品、学习农业技术知识等旅游活动，以达到了解和体验农业的目的。二是园林观赏。以果林和园林为重点，开发采摘、观景、赏花、踏青、购置果品等旅游活动，让游客观看绿色景观、享受美好自然。三是农业科技。以现代农业科技园区为重点，开发观看园区内高新农业技术和品种、温室大棚内设施的活动，发展生态农业，使游客增长现代农业知识。四是务农体验，通过参加农业生产活动，与农民同吃、同住、同劳动，让游客接触实际的农业生产、农耕文化和特殊的乡土气息。

2. 农家乐模式。该模式是指农户利用自然庭院、自己生产的农产品及周围的田园风光、自然景点，以低廉的价格吸引游客前来食、住、玩、游、购、娱等。其具体类型可分为：一是农业观光农家乐。利用田园农业生产及农家生活等，吸引游客前来观光、休闲和体验，二是民居型农家乐。利用当地古村落和民居住宅，吸引游客前来观光休闲。三是民俗文化农家乐。利用当地民俗文化吸引游客前来观光、娱乐、休闲。四是休闲娱乐农家乐。以优美的环境、齐全的设施、舒适的服务为游客提供食、住、玩等休闲活动。五是食宿接待农家乐。以舒适、卫生、安全的居住环境和可口的特色食品吸引游客前来休闲旅游。六是农事参与农家乐。以农业生产活动和农业工艺技术吸引游客前来休闲旅游。

3. 民俗文化模式。该模式是以当地的风土人情、民俗文化为载体，开发农耕展示、民间技艺、时令民俗、节庆活动、民间歌舞等文化休闲项目，充分突出农耕文化、乡土文化和民俗文化特色。利用文化产业带动本地农业发展，从而为增加农民收入提供良好的文化氛围。其具体类型可分为：一是农耕文化。利用农耕技艺、农耕用具、农耕节气、农产品加工活动等开展农业文化休闲活动。二是民俗文化。利用居住民俗、服饰民俗、餐饮民俗、礼仪民俗、节令民俗、游艺民俗等开展民俗文化休闲活动。三是乡土文化。利用民俗歌舞、民间技艺、民间戏剧、民间表演等开展乡土文化休闲活动。四是民族文化。利用民族风俗、民族习惯、民族村落、民族歌舞、民族节日、民族宗教等开展民族文化休闲活动。

4. 村落民居模式。该模式以古村镇宅院建筑、传统民居特色文化以及新农村建设成就等为核心，开发观光休闲活动。其具体类型可分为：一是古民居和古宅院。多数是利用古代村镇发展观光休闲活动。二是民族村寨。利用民族特色的村寨发展观光休闲活动。三是古镇建筑。利用古镇房屋建设、民居、街道、店铺、古寺庙、园林来发展观光休闲活动。四是新村风貌。利用现代农村建筑、民居庭院、街道格居、村庄绿化、村镇企业等来发展观光休闲活动。

5. 度假休闲模式。该模式是指依托自然优美的乡野风景、舒适宜人的清新气候、独特的地热温泉、环保生态的绿色空间，并结合周围的田园景观和民俗文化，兴建一些休闲、娱乐设施，为游客提供休憩、度假、娱乐、餐饮、健身等服务。其具体类型可分为：一是休闲度假村。以山水、森林、温泉为依托，以齐全、高档的设施和优质的服务为条件，为游客提供休闲度假旅游。二是休闲农庄。以优越的自然环境、独特的田园景观、丰富的农产品、优惠的餐饮和住宿条件，为游客提供休闲观光旅游。三是乡村酒店。以餐饮、住宿为主，配合周围的自然景观和人文景观，为游客提供休闲旅游。

6. 科普教育模式。该模式是指利用农业观光园、农业科技生态园、农产品展览馆、农业博览园或博物馆，为游客提供了解农业历史、学习农业技术、增长农业知识的旅游活动。其具体类型可分为：一是农业科技教育基地。在农业科研基地的基础上，将科研设施作为景点，以高新农业技术为教材，向农业工作者、中小学生进行农业技术教育，形成集农业生产、科技示范、科研教育于一体的新型科教农业园。二是观光休闲教育农业园。利用当地农业园区的资源环境，以现代农业设施、农业经营活动、农业生产过程、优质农产品等，开展农业观光、参与体验等活动。三是少儿教育农业基地。利用当地农业种植、畜牧、饲养、农耕文化、农业技术等，让中小学生参与休闲农业活动，接受农业技术知识教育。四是农业博览园。对当地的农业技术、农业生产过程、农业产品、农业文化等进行展示，让游客参观休闲。

7. 自然生态模式。该模式是指利用农村优美的自然景观、奇异的山水、茂密的森林、静谧的湖水，发展观光、赏景、登山、森林浴、滑雪、滑水等旅游活动，让游客感悟大自然、亲近大自然、回归大自然。

8. 旅游地衍生模式。该模式是依托当地原有的休闲资源，进一步开发当地适宜的特色农业，通过系列开发、规划、设计和调整农业布局，使特色农业发展壮大，并在休闲产业的带动下，将特色农业再向旅游业延伸，从而形成休闲业和特色农业有机结合的休闲农业。这类休闲农业的发展有利于生态环境的保护和农村居民生活环境的改善，具有生态、社会、经济三方面的效益。

（二）发展休闲农业的几点保障措施

1. 创新发展模式、塑造产业特色。积极引导符合条件的农户利用农业与生活资源，大力发展以“吃农家饭、住农家院、摘农家果”为主要内容的农家乐。以休闲度假和参与体验为核心，发展功能齐全、环境友好、文化浓郁的休闲农庄。突出传统农耕文化与现代科技结合，拓展教育示范功能，推进现代农业示范园建设。充分利用农业生产过程的时空景观，发展农业观光园，挖掘、包装民族文化，强化民族精神，塑造民族品格。

2. 优化产业结构、扩大规模经营。遵循休闲农业的发展规律，以市场需求为导向，突出区域资源、环境和文化特色，科学配置种、养、加、销比例，鼓励产业间联合与协作，构建新型休闲农业产业链，打造生产标准化、经营集约化、服务规范化、功能多样化的现代休闲农业特色优势产业带。

3. 加强休闲农业基础设施建设。在休闲农业基础建设方面，要重点加强道路、供电、供水、上下排水等硬件建设。并且还要做好以下建设：建立明晰的路标指示牌和完善的停车场，实现休闲场所垃圾净化、环境美化、村宅绿化，加大动植物新品种引进、现代种养技术示范、农业生产设备、绿色有机农产品生产等方面的建设力度，为拓展农业功能创造条件。

4. 强化品牌建设、提升产业地位。以自然生态、田园文化、农耕文明为基础，以诚信经营、提升内涵、保障质量为重点，创造一批产业优势强、发展潜力大、带动能力强的示范区；加快培育一批经营特色化、管理规范化、服务标准化的休闲农业示范点，形成一批休闲农业特色品牌。

5. 挖掘乡土文化工程。按照传统与创新相结合的观念，就地取材挖掘田园文化，寻找发扬山水文化、追根溯源传承建筑文化、浓缩民俗文化，形成乡土民俗文化区，加快乡土民俗文化推广、保护和延伸。

6. 健全服务体系、增强发展能力。强化对各类休闲农业合作组织和行业协会的管理与支持，增强行业自律性。组织开展对休闲农业产业发展战略、发展政策、发展模式、管理制度的研究。引导科研教学单位创新、推广休闲农业技术成果，建立休闲农业产业技术体系，增强休闲农业支撑保障能力。引进互联网、物联网等新技术，加强信息服务体系建设。

7. 加强队伍建设、提高管理水平。围绕休闲农业产业发展要求，依托职业学校、行业协会和产业基地，开展休闲农业管理和服务人员培训，提高从业人员素质。对休闲农业管理人员重点开展政策法律、经营管理、发展理念、农业创新、信贷融资、综合服务等知识培训。对生产人员开展专业知识、服务技能和服务礼仪培训，重点培训职业道德、作业标准服务、操作规程、产品知识等，增强服务意识，提升管理水平。

加快乡村旅游资源开发利用的几点建议*

乡村旅游资源是指乡村地域内能为旅游业所利用的原材料，它既能够吸引旅游者，又能产生经济、社会、生态等综合效益的物质及非物质的吸引物。乡村旅游资源主要包括乡村田园景观、乡村聚落景观、乡村建筑景观、乡村农耕文化景观等，这些都充满了浓郁的乡土文化气息，体现出不同的农耕文化，对城镇游客极具吸引力。乡村旅游资源的旅游价值主要是满足人们求知、审美、休闲、娱乐等需求，具有很强的可参与性和休闲性。据有关方面调查，全国乡村旅游资源占全部旅游资源的70%，旅游人数占国内旅游人数的30%，旅游消费还不到国内旅游消费总额的20%，因此要加大对乡村旅游资源的进一步开发与利用。

一、目前乡村旅游资源开发利用存在的主要问题

近几年，乡村旅游资源得到了较快的开发利用，有些地方已具有相当规模，其社会效益、经济效益和生态效益得到了一定程度的提高。但随着乡村旅游业的进一步发展，乡村旅游资源整合等方面也暴露出许多问题，主要表现在以下几个方面：

1. 盲目开发、缺乏科学规划。在乡村旅游业成为一个热门的旅游产业后，乡村旅游资源开发在各地迅速兴起。但许多乡村旅游景区照搬或模仿已有的景区模式，只注重眼前的经济效益，没有长远规划，盲目过度开发，缺乏科学的论证和规划。有些乡村旅游景区去农化现象严重，商业化痕迹太重，违背了乡村旅游让人们回归乡野的初衷，缺乏科学开发的规划。

2. 产品单一、同质化现象严重。在乡村旅游资源开发上，大多以单纯的农业观光为主，以农家乐为主要的发展模式，没有深层挖掘内在的人文旅游资源和文化内涵，忽视了对当地风土人情、民俗文化的开发，造成旅游项目单调、产品类型单一、同质化现象严重，使得各地乡村景区千篇一律、没有特色，地域文化不鲜明、不突出，原汁原味的民风民俗难以体验，文化品位普遍不高。

---

* 本文撰写于2018年6月15日。

3. 管理不当、各自为政。旅游业是涉及多部门、多产业的综合性产业，在开发和经营过程中存在市场秩序混乱、管理不当、各自为政的现象，资源、资金、人力、物力没有形成有效合力。乡村旅游普遍存在规模不大、经营品牌意识淡薄、管理者和消费者维权意识缺乏的现象。

4. 人才普遍缺乏。从事乡村旅游的管理人员与服务人员普遍文化水平不高、素质低下、服务意识较弱，缺乏乡村旅游专业培训。各地的乡村旅游多数处在粗放经营的状态，只注重眼前经济利益，严重地制约着乡村旅游业的进一步发展。

二、加快乡村旅游资源开发的几点建议

（一）坚持乡村旅游资源开发及利用的原则

1. 坚持适度开发的原则。在旅游资源开发利用上要坚持保护优先，防止乡村、森林、土地、草原等过度开发；要坚持可持续发展原则，在开发过程中把眼光放长远，合理开发利用，处理好发展经济与保护环境的关系；坚持良性循环利用的原则，减小旅游产品和旅游资源开发对自然环境造成的压力，不破坏自然界的自我调节能力，使开发对旅游资源起到一定的保护作用。

2. 坚持绿色发展的原则。在旅游资源开发方面，要坚持发展生态旅游，促进生态旅游与养老、健康、研学旅行等结合，延伸生态旅游产业链条；积极发展绿色产业，鼓励旅游部门使用清洁能源，进行节能减排技术改造，减少旅游行业的碳排放量，开展绿色饭庄和生态景区创建工作；加强生态教育，加强对从业人员的生态环保宣传，树立节约观念，不断促进技术创新和理念创新，倡导合理消费，推动绿色出行。

3. 坚持整体规划、系统开发原则。在开发前应进行系统性规划，使乡村旅游资源开发项目与区域整体旅游资源开发的总体布局相匹配，区域内整体旅游资源的规划与乡村旅游资源的开发要协调、共同发展。

4. 坚持当地居民共同参与的原则。在乡村旅游资源开发方面，让当地居民参与进来。当地居民最了解本土的自然状况和风土人情，能够避免对本土自然环境造成伤害，也可以解决居民的就业问题，使乡村旅游资源开发更为顺利。因为当地居民最了解当地文化和环境，可以使一些民俗风情原汁原味地呈现在游客的面前，使乡村旅游在保持本土文化的基础上更加丰富多彩。

（二）建立乡村旅游资源开发利用的模式

1. 农场庄园型模式。该模式主要分两种类型：一种是以农业资源为依托，开发农业游、渔业游、草原游等不同特色的主题旅游活动，形成教育农园、市

民农园等多种形态，以满足游客体验农业、回归自然的需求；另一种是产业庄园，是集生产、研发、销售、交流、教育和旅游为一体的现代化农庄，如葡萄酒庄园、草莓庄园、西瓜庄园等。

2. 农家乐型模式。是指地处城镇周边的乡村利用离城镇近、交通便利的条件，以乡村生态景观、乡村文化和农村生产生活为基础，以家庭为具体接待单位开展旅游活动。其特点是投资小、风险小、经营活、管理易、见效快。

3. 景区依托型模式。该模式适用于有良好的自然风景旅游资源或位于旅游风景区周围，并与风景区之间有较为便捷的交通联结的地区。主要为景区提供吃、住、娱等配套服务功能，满足游客休闲接待、民宿体验等需求，是著名风景区的一种附属产品。

4. 民俗风情型模式。该模式是以农村民俗风情为载体而开展旅游活动的发展模式，以当地民间的日常生活方式及文化吸引旅游者。该模式开展农耕展示、民间技艺、时令民俗、节庆活动等旅游活动，并进行整合包装，保留原汁原味，推出品位较高、游客参与性强的旅游活动等。

5. 特色产业带动型模式。该模式需要当地具有生产某种特色产品的历史传统和自然条件，有相应的产业，且市场需求旺盛，通过产业集群形成一定的规模。主要依托所在地区独特的优势，围绕一个特色产品或产业链，实行专业化生产，进一步带动乡村旅游业的发展。

6. 旅游小城镇型模式。该模式是把旅游开发与乡镇建设有机地结合起来，把旅游资源丰富的乡镇建设成为旅游小城镇。一般情况下，有旅游开发价值的小城镇，多数具有突出的地方特色和历史文化，体量适中，易于集散，居住条件、基础设施具有一定的基础，具有独特的旅游资源。

（三）加快乡村旅游资源开发利用的措施

1. 创新机制，加快乡村旅游资源开发利用步伐。乡村旅游需要从粗放型经营向规范化管理、标准化建设转变。在乡村旅游产品发展方面，乡村旅游经营者与农户应注重组织机制创新，通过市场调节方式，整合市场资本，优化资源配置。重点通过农业产业化“公司＋农户”“合作社＋农户”的组织模式，打破传统的运作方式，不断规范、提高旅游服务质量，形成乡村旅游产业发展合力。目前乡村旅游资源开发方式主要有：一是“公司＋农户”方式。这种方式是公司吸纳农户参与乡村旅游资源的开发，充分利用农户闲置的资产、劳动力和丰富的农事活动，增加农户的收入。二是个体农庄方式。该方式是以规模农业个体户发展起来，以旅游个体户的形式出现的一种相对独立的乡村旅游模式，它将现代管理、科技、资金等引入资源，可增加产出，使农庄和农民共享利益。个体农庄的发展吸纳了附近大量闲散劳动力，并通过手工艺制作、表演、服务、生产等形式加入旅游服务业中。三是股份制合作方式。该方式将乡村旅游资源界定为国家产权、乡村集体产权、农户个人产权等产权主体，国家、乡村集体、农户个人以旅游资源、实物资产、资金、技术、劳动等多种形式入股，各持一定股权，进行股份合作经营。这种方式产权关系明晰，形成农户与企业风险共担、利益共享机制，调动农户参与的积极性。

2. 制定科学的乡村旅游资源开发利用规划。实行政府主导，走“先规划、后开发”的发展道路，编制相应的旅游发展规划、旅游环境保护规划等。充分考虑乡村旅游环境承载力，对乡村旅游资源进行有效的保护利用，实行有序适度开发。严格控制旅游开发中产生的对环境造成的污染问题，积极引导旅游者、旅游经营者、当地民众参与环境保护，尽可能保障乡村环境的生态平衡。

3. 加大乡村旅游资源开发利用项目的审核。在旅游项目启动前，组织行业专家和相关领域专家对旅游项目进行认真审核、考察，确定其符合当地的实际情况，能促进乡村文化的传承与保护，避免出现浪费资源、对乡村环境造成破坏的现象。与此同时，对乡村现有的产业设施进行合理包装，避免出现与乡土文化氛围不协调的情况，并且定期对乡村旅游从业者进行考核评定。

4. 鼓励乡村民众参与旅游资源的开发。要根据不同村民的能力、素质、特征，对其进行培训、教育、扶持、引导，并且降低乡村旅游开发利用的经营门槛，使广大农户都能参与乡村旅游产业的经营。

5. 加强乡村旅游产业的宣传与教育。对旅游产业经营者、农户、旅游者加强文明旅游、环保旅游、生态旅游的教育与宣传，使他们认识到保护传统文化、乡村文化和保护旅游资源的重要性，提高其环境保护的意识。

6. 加强乡村旅游产业各类人才的教育培训。通过对旅游从业者的教育和培训，不断提高其综合素质。培养具有专业旅游从业技能的新型农民，对开展旅游经营活动的农户提供相关职业技能、法律法规的培训，鼓励其按照法律法规取得合法经营资格，增强其法律意识，保护其在乡村旅游经营过程中的合法权益。

SECTION TWO | 下篇

实 践 篇

对农垦企业建立农业产业化发展模式的几点建议*

农业产业化以市场和经济效益为导向，以产品和品牌为重点，通过生产要素的高效使用和优化配置，实行专业化生产、集约化经营、区域化布局、规模化发展、社会化服务、现代化管理、企业化运作。它能有效地构建完整的农业产业链和农业自我发展机制，能有效地提升企业和农户等农业经营主体的经济效益和社会效益的现代化经营方式和产业组织形式。同时它也是一种对传统农业进行技术改造，推动农业科技进步的过程。它能有效地推进传统农业向现代农业转变，是加速农业现代化的有效途径。

一、建立农业产业化发展模式应遵循的原则

1. 坚持农业生产专业化原则。农业生产要求农户和有关各方实现农业生产的专业化，只有专业化才能提高劳动生产效率。当农业生产实现专业化后，其规模经济得到优化，其成本得到下降。农业产业化要重点抓好农业生产的程序化、标准化、规模化，只有尽可能使农业生产的每个环节都达到专业化，才能提高农业经济整体效益。

2. 坚持农业经济布局区域化原则。农业产业化要求根据当地的农业资源条件和比较效益的原则，因地制宜地选择好农业的支柱产业和主导产品来发展农业经济。只有在宏观上实行科学、合理的农业经济区域化布局，才能有效地降低农业生产经营的成本，有利于实现农业效益的最大化。

3. 坚持农业经营一体化原则。在经营方式上，农业产业化把农业生产经营的产前、产中、产后三个环节有机地结合起来，实现农产品生产、加工和流通的一体化经营。农业一体化经营通过农业产业链的扩张和延伸，把千万个农户的“小生产”和国内外的“大市场”连接起来，把农业、工业、服务业连接起来，实现城乡一体化经营，从整体上提高农业的比较效益，稳定和增加农业职工群众的收入，有利于实现一二三产业的协调发展和良性循环。

4. 坚持农业服务社会化原则。农业产业化的经营和发展依赖于农业服务

* 本文撰写于 2015 年 11 月 18 日。

的社会化。农业社会化服务范围广泛，包括农业生产资料供给的产前服务和农业生产的产中、产后服务。农业社会化服务的功能是通过促进农业的劳动分工和协作来提高农业经济的效率，保证农业专业化生产顺利进行。

5. 坚持农业管理企业化原则。实行农业产业化之后，尽管农户仍是农业生产的主体，农业生产相当于农业产业链的“第一车间”，但农户却不是唯一的农业经营的主体。各种龙头企业和农业合作经营组织以市场为导向，发挥组织协调的作用，对整个农业生产经营的全过程进行企业化管理，从而实现农业经济高产、高效、优质、安全的目标。

6. 坚持利益分配均衡化原则。发展农业产业化重点要抓好利益分配。农产品加工企业是发展农业产业化的龙头，它一头联结市场，一头联结农户和基地。龙头企业能否带动产业化发展，关键环节是利润分配是否合理。要通过建立科学合理的产业化发展模式，建立龙头企业与农户风险共担、利润共享的经济共同体，推动农业产业化的健康快速发展。

7. 坚持强化产业化龙头企业的原则。农业产业化经营的关键是发展龙头企业。要重点扶持一批规模大、技术含量高、带动力强的龙头企业，使其真正发挥农业产业链中的龙头作用。龙头企业必须把开发市场放在首位，建立现代企业制度，加速科技进步，提高管理化水平，真正发挥其辐射带动作用。大力推进资产结构和企业结构调整，鼓励龙头企业之间按照产业关联度，通过联合重组，建设具有较强市场竞争力的产业化集团。

8. 坚持培育壮大主导产业区域化发展原则。应根据本地的资源优势和农业产业化发展的需要，合理确定本地区主导产业，并做好产业发展规划。只有不断地扩大区域主导产业规模化经营，才能实现规模效益，降低成本，提高劳动生产率和市场的竞争力。世界各国在农业主导产业发展上取得较好效果，如荷兰是农业产业化高度发达的国家，区域化布局突出，大田作物主要分布在东北部，水果主要分布在东南部，西部主要是花卉、蔬菜和畜牧；美国经过多年的发展，已形成玉米带、棉花带、畜牧带等 10 多个各具特色的农业带。

二、农业产业化的主要模式

1. 龙头企业带动型模式。龙头企业带动型模式是指以农产品加工、运销企业为农业产业化经营的龙头，重点围绕一项主导产业或一种农产品，实行贸工农一体化、产加销一条龙的集约化经营，形成风险共担、利益共享的经济利益共同体。主要包括“公司＋农户”和“公司＋基地＋农户”两种运行模式。在实际运作中，龙头企业根据市场的需求，与生产基地或农户签订产销合同或协议，规定有关客户的责权关系。龙头企业为基地和农户提供一定的资金、投入和必要的技术服务，设立农产品最低保护价，并保证优先收购；农户和基地按合同规定生产、交售农产品，由龙头企业来加工和出售。

2. 主导产业带动型模式。主导产业带动型农业产业化模式是指充分利用和发挥当地的自然资源优势，从发展特色农业和“名、优、土、特、新”产品入手，以“一场一品、一场一业”或“一村一品、一乡一业”为基础，逐步扩大生产经营规模或提高产品档次，形成区域性农业主导、支柱产业和“拳头产品”，农户和有关各方围绕主导、支柱产业和“拳头产品”进行产加销一体化经营，促进相关产业链的形成和发展。主导产业带动型农业产业化模式能够变资源优势为生产优势和经济优势，如黑龙江省农垦齐齐哈尔管理局播种面积109万亩，水稻面积占52%，应该重点发展以水稻为主导的农业产业化。

3. 专业市场带动型模式。专业市场带动型模式是指通过兴建各种农业专业市场或农产品交易、批发中心，带动农业的区域化、专业化生产和农产品的产加销一体化经营，促进农业主导、支柱产业的发展。专业市场带动型农业产业化模式是以“专业（批发）市场+农户”的发展模式为主，一方面，该模式以合同或联合体的形式，把农户纳入市场管理体系；另一方面，该模式又以市场为纽带，将农户与客户联结起来，有效地降低了交易成本，提高了农产品营销效率和经济效益。

4. 农业合作经济组织带动型模式。为了合理分散和抵御市场风险以及维护自身经济利益，农户自发联合起来，组织农民专业合作社或专业协会，形成联系紧密的经济利益共同体；或发展与工商企业的经济合作，实行“贸工农一体化、产加销一条龙”式的综合经营，从而形成农业合作经济组织带动农业产业化发展。农业合作经济组织包括各种农民专业合作社、中介组织、技术协会、专业或行业协会等。农户根据“自由联合、互助互利、民主管理、自主决策、股份合作”的原则，依法组建农业合作经济组织，或以现有的农业合作经济组织为依托，通过建立和完善农业社会化服务体系，为农业生产提供产前、产中、产后各环节的服务。其具有以下优点：一是股份合作制对内能够明确既分散经营又参与农业合作经济组织的农户的责权利，对外又能够使农户通过组织维护自身整体的权益；二是有利于促进农产品生产、加工、销售等环节的联营，便于农户与市场连接，降低农户进入市场的交易成本；三是分散市场风险和减少农业生产的盲目性，有利于实现农业生产要素的优化组合和配置。

5. 企业集团带动型模式。企业集团带动型模式是以企业集团为核心，企业集团向农业生产者提供资金、技术、生产资料，参与农户的经营管理，并根据市场情况对农业产品的品种、数量、质量、供货时间等提出严格要求，农户出土地和劳动力，必须按合同的约定进行批量的、均衡的、标准化和高质量的生产。此模式是企业集团为发展某种支柱产业项目，通过承包使基地农户实行统一品种、统一技术措施、统一生产资料供应、统一机械收获、统一产品收购、统一加工和销售，企业集团为基地农户提供全方位服务，基地农户与企业集团组成利益共同体。国外此种类型的企业集团比较多，典型代表是意大利的全国农民专业合作社联合会菲亚特集团、皮雷利集团所经营的大型农场和公司。黑龙江农垦马铃薯集团也是这种模式，集团与基地农场建立马铃薯产业化发展基地，为基地农户提供统一品种、统一技术、统一原料收购、统一产品加工和销售，这种模式比较适应农垦企业现代化农业管理体制。

加快垦区龙头企业发展浅议*

农业产业化龙头企业是指以农产品加工或流通为主，通过各种利益联结机制与农户相联结，带动农户进入市场，使农产品生产、加工、销售有机结合，实现农业产业一体化经营，促进农业发展和农户增收，并在经营上达到一定规模的企业。本文就农垦系统农业产业化龙头企业发展路径问题做些探讨，供大家参考。

一、强化龙头企业对促进农业产业化发展的重要性

1. 强化农业产业化龙头企业可以提高农业生产规模化。农业产业化是以市场为导向，以专业合作社和家庭农场等组织机构为基础，依靠龙头企业的带动，将农产品生产、加工、销售有机结合，实现一体化经营，促进农业增长方式转变，引导资源投入农业，增加职工就业和实现职工增收。产业化龙头企业作为农业产业化经营的重要载体，是推进农业产业化发展的关键。龙头企业依靠其市场、管理和技术优势，一方面通过市场调查，分析行情，利用资本、技术、人才等生产要素，带动农户发展专业化、标准化、规模化、集约化生产，引导农户合理确定主导产业与规模，减少生产的盲目性；另一方面通过合同订单方式，将分散的家庭经营和市场需求有机结合起来，为农户开辟销售市场，有效解决农产品卖难问题，提高农业生产的规模化，促进农业产业化发展。

2. 强化农业产业化龙头企业可以推进农业产业结构的调整。龙头企业是联系千家万户农户走向市场的桥梁和纽带，并凭借其雄厚的资金、技术和市场资源，对市场行情进行调查分析。在寻求产品销路的基础上，龙头企业与农户签订合同，引导农户按照合同要求进行规模化生产，改变了传统的生产方式，实现了农业规模效率，有利于提高农业生产的规模化和主导产业的形成，促进农业产业结构的调整。另外，龙头企业通过与农户的利益联结把产销紧密衔接，可加大对农产品科研开发的投入，加强农产品名优化和品牌化的培育，延伸农业产业链，积极开拓市场提高其竞争力，增加农产品的附加值和经济效益，有利于特色农业的发展，推进农业经济结构的调整优化。

---

* 本文原载于《中国农垦》2015 年第 6 期。

3. 强化农业产业化龙头企业可以促进农业增效、职工增收。龙头企业带动农户进入市场，降低了单个农户进入市场的风险，提高了农户的收入。主要表现在龙头企业对农产品信息的掌握大大高于农户，为农户提供生产技术和稳定的销路，降低了农户所面临的生产和销售双重风险；龙头企业与农户签订收购合同，按预先确定的农产品收购价收购农产品，降低了农户面临的价格风险；龙头企业还与农户建立风险共担、利益共享的风险机制，一旦出现市场风险和自然风险，可依托本身的资源优势，及时为农户提供市场需求服务，消除了后顾之忧，提高了农户的效率；另外，龙头企业与农户结为利益共同体，将部分加工、销售环节的利润返还给农户，增加了农户的收益，提高了农户对农业的投入能力。

4. 强化农业产业化龙头企业，可以促进第二、三产业的发展。龙头企业通过区域化布局和专业化生产，直接参与农业产业化经营，将产业链延伸到储藏、精深加工、运输、服务等领域，获得了规模效率，可进一步带动农垦企业第二、三产业的发展，促进农垦企业新兴产业的快速发展，为职工就业提供了岗位，加快剩余劳动力的转移，促进农垦企业农工商一体化的发展。

5. 强化农业产业化龙头企业，可以加快农业科技的研发推广和创新。目前大部分龙头企业都建立了科技研发机构，培养了一批科研能力强、结构较合理的人才队伍。据调查，到2010年年底，全国省级以上农业产业化龙头企业科研人员达到38.5万人，约占全国农业科研人员总量的36.8%。农业产业化龙头企业基于自身利益需要，在科研投入上有其自身动力。龙头企业为农产品生产基地和农户提供技术服务，既提高了农产品的技术含量，又促进了农业生产和农业技术的有机结合。即龙头企业通过提供田间栽培、疾病预防、安全生产操作标准、质量控制等服务，加强了农户产前、产中、产后的技术和咨询服务，使职工熟练地掌握农业生产技术和科学管理方法，有效地促进了农业科技的运用推广，并直接带动农业生产技术水平和现代农业的发展。

二、目前农业产业化龙头企业在农业产业化经营中存在的主要问题

1. 龙头企业与农户的利益联结机制不完善。当前随着各类中介组织的不断发展和订单农业的逐步推行，龙头企业与农户的利益联结机制也逐步从松散型向紧密型发展，很多龙头企业与农户签订了具有法律效力的合同，以规范双方的利益关系。农业产业化龙头企业是联结农户与市场的一种重要产业化组织形式，它不仅仅担负着为企业增加利润的任务，同时也肩负着带动农户就业增效的职责。但由于在市场经营过程中，市场行情不断变化，加上龙头企业的逐

利性和广大农户的合同观念及组织性不强，龙头企业与农户之间的互动机制还是相对薄弱，违约、谋私利的现象频发，导致合同的履约率低下。

2. 各级政府扶持的优惠政策不到位。各级政府对龙头企业各项优惠政策的落实还不够到位，出台的涉税优惠政策基本上集中在国家级和省级农业产业化重点龙头企业，而省级以下的农业产业化龙头企业很难享受到特殊的税收优惠政策扶持。另外，龙头企业发展需要资金的投入，但是由于农业投资周期长，回报率相对偏低，信贷风险较大，各级金融部门对龙头企业信贷支持有限，贷款难度大，而且有些银行贷款利率上浮幅度大，融资成本高，增加了企业的负担。

3. 产业化龙头企业服务体系不完善。在农垦企业经济体制改革后，原有的计划经济体制下的社会化服务体系（产品收购、生产资料供应、生产技术服务）全部解体，之后自发地建立了一些民营服务企业，但这些企业由于受资金、技术的限制，规模小，服务不到位，影响了农业产业化的进一步发展。

4. 龙头企业体制机制不活，推动力不强。农垦系统的总局和管理局级龙头企业大部分是国有企业，农场级龙头企业多数是独资民营企业，由于体制机制不活，企业发展的动力不足，影响了农业产业化的发展。如农垦齐齐哈尔管理局到 2013 年年底有 68 家规模以上农产品加工企业，全部是民营企业，大部分企业达产率不足 50%，并且多数企业是初级产品加工，盈利水平低下，影响了企业的进一步发展。

三、加快农业产业化龙头企业发展的几点建议

1. 抓好农业产业化龙头企业和生产基地建设。农业产业化龙头企业是农业产业化经营的“火车头”，是联结国内外市场和农户的纽带，龙头企业经济实力的强弱、带动力的大小及市场占有率的高低决定着农业产业化经营的规模和成效。因此，农垦企业要围绕农业主导产业和国内外市场需求，抓好龙头企业建设，可以采取招商引资或发展本地民营企业来组建和加强龙头企业的建设。农产品生产基地是龙头企业的依托，是农业产业化发展的基础，要在实施农业产业化战略的过程中，有计划、有步骤地加强农产品生产基地建设。要注意发挥优势，突出特色，合理布局，围绕主导产业，逐步形成与资源特色相适应的区域发展格局，把农产品生产基地建设与农业主导产业的确定、龙头企业的发展、产业结构的调整、农业生产力的规划布局、适度规模经营的形成、服务设施和服务组织的建设紧密结合起来，逐步实现农产品生产基地的现代化、产业化经营。

2. 建立龙头企业与农户利益联结机制。龙头企业带动农户增收的关键是

要建立合理的利益分配机制。龙头企业应按照“风险共担、利益共享”的原则，科学合理分配经营利润。通过合同定购、向农户提供贷款担保、发放贴息贷款、赊销生产资料、实行保护价格收购等措施，带动农户进入市场，实现互惠互利，达到双赢的效果。同时应大力推广订单农业，积极探索利润返还、股份合作、股份制、托管或租赁经营等多种形式，支持龙头企业与专业合作社、家庭农场等在自愿互利的基础上，建立多种形式的经营联合体，并与农户建立更加紧密合理的利益联结机制，让农户得到实惠。另外，龙头企业应积极探索风险保障机制，设立风险资金，提高农户抵御自然和市场风险的能力。

3. 加强龙头企业与农户的合同管理，增强契约的稳定性。目前龙头企业与农户合同的履约率比较低，企业与农户之间的契约关系不稳定，应加强企业与农户的管理。一是推行严格的合同化管理。要增加农户与企业违约的惩罚条款，改善信誉与合作关系，建立平等的利益主体关系。二是增加违约成本。在经营过程中，企业与农户的目的都是追求最大的经济利益，为达到这一目的，双方都可能会不择手段违约。因此，为了更好地遏制违约现象，在缔结合同时，应明确地规定各方的责任权利，合理安排监督仲裁机构；增加违约成本，促使契约双方自动履约，否则违约方将面临更大的损失。

4. 建立良好的外部环境，支持龙头企业的发展。一是各级政府和主管部门要加大对农业产业化龙头企业的资金支持。各级财政部门要增加农业产业化专项资金，通过贴息、补助、奖励等形式，支持龙头企业扩大生产规模，推进技术改造升级，建立原料生产基地和研发机构。要整合农业综合开发、小型农田水利、农田基本建设、农业产业化发展等专项资金，集中扶持产业化龙头企业。二是强化信贷支持。各级政府要通过贷款贴息的方式，扶持金融贷款，鼓励企业发展。要引导各类资本向农业产业化龙头企业集中，尽快形成多元化投资体系，鼓励和引导民间资本、工商资本和境外资本等各类资本参与农业产业化经营，兴办龙头企业，不断壮大企业规模和实力。三是制定完善法律法规。各级政府应制定有效的法律法规来规范企业行为，对农业生产要素市场进行控制，对龙头企业交易行为进行协调，以有利于企业节约成本。针对订单农业出现违约的现象，相关部门要进一步规范订单的内容，明确其法律效应，严厉处罚违背订单的企业和农户，减少在农业产业化经营中的不守信现象，增强龙头企业和农户的法律意识，促进龙头企业发展步入良性轨道。

5. 龙头企业要实行标准化生产，提高科技创新能力。龙头企业是标准化生产的主体，应积极推进标准化生产，发展绿色食品和有机食品，加强对生产原料、生产过程和产品质量的全过程监测。建立标准化、规范化生产基地，建立健全农产品及其加工品的质量标准体系，开展绿色食品、有机食品等标准认证工作，严格按照标准化生产农产品，增强产品市场竞争力。龙头企业要增强企业自主研发能力，积极开发高、新、精产品，提升名、优、特产品档次，全面提高产品的科技能力。

6. 改革和完善产业化龙头企业的体制和机制。目前农垦系统下属的农副产品加工企业多数是民营企业，规模小，布局分散，没有资金和科技能力，效率低下，缺乏市场竞争力，应进一步加大企业整合的力度。一是做好企业间的整合，组成企业集团，形成规模实力。如可通过品牌进行整合，组成企业集团。二是增加国有企业和企业管理人员在民营企业中的持股比例。目前大部分农场所属的农副产品加工企业是民营企业，国有农场和农场管理人员没有股份，农场没有支持龙头企业发展的动力，如黑龙江省农垦绥化管理局肇源农场采取增加农场和农场管理人员在民营企业中的持股比例来提高粮米加工企业竞争力，该场工业企业在同行业中取得比较好的经济效益。三是加大对总局和管理局级产业化龙头企业体制和机制的改革。加快实行股份制改造，增强企业体制和机制的活力。

7. 建立农垦产业化龙头企业社会化服务体系。一是各级政府和企业主管部门要把产业化龙头企业发展纳入区域战略发展规划中，帮助企业制定发展规划。二是要把产业化龙头企业纳入工业园区管理，抓好园区内供电、供水、供气、排水、道路、通信等基础设施的配套建设，营造高效优质的服务环境和优惠政策环境。三是建立产业化龙头企业生产基地服务体系，包括建立生产资料服务体系、农业技术服务体系和物流业服务体系。

8. 产业化龙头企业要加强内部改革与管理。一是要建立和完善产权制度。当前多数民营企业内部产权不清，并已成为进一步发展的瓶颈，不利于实现规模经营，更不利于建立现代企业制度。对家族式的民营企业，应实现从单一的家庭管理向由家族持股、聘请职业经纪人管理的现代模式过渡，以实现产权主体的多元化，建立企业内部权力机构，实现所有权与经营权的真正分离。二是加强产业化民营企业的内部管理。建立健全财务管理制度，完善企业内部财务监督，规范财务信息的编制，加强人力资源的管理，重视员工的内部考核和培训，优化人力资源配置，形成科学合理的选人、用人、留人机制，并将其制度化。

对农垦企业发展农业产业化经营的几点建议*

农业产业化经营是以市场为导向，以家庭承包经营为基础，依靠龙头企业和合作组织的带动，将生产、加工、销售各个环节有机地结合起来，实行一体化经营的新型农业经营方式，这是我国农村经营体制继家庭联产承包经营后的又一重大创新。农业产业化经营是当前农业产业化发展的一种经营方式，是我国在积极推进农业产业化经营，提高农民进入市场的组织化程度和农业综合效益时，按照依法、自愿、有偿的原则逐步发展起来的规模经营。这是农业发展思路的创新，主要体现在经营机构新、经营权限新、管理机制新。本文就农垦企业发展农业产业化经营问题谈些建议，供参考。

一、农垦企业发展农业产业化经营的重要性

1. 发展农业产业化经营有利于加快城乡一体化的进程。农业产业化通过贸工农一体化经营，突破了城乡、区域、行业、部门和所有制的限制，促进资本、管理、科技、人才等生产要素合理流动，推动农业经济和社会发展，可以实现城乡和各产业之间优势互补、协调发展，有利于加快城乡一体化的发展。

2. 发展农业产业化经营可以延长农业优势产业链，有利于加快剩余劳动力的转移。农垦企业发展农业产业化，延长了产业链，让职工参加产业链条中生产、加工、销售和流通等环节的经营活动，并获得相应收益，实现职工增收、企业增效。另外，农业产业化是以主导产业为核心，通过发展贸工农一体化经营和完善农业社会化服务体系，促进了农业产业的专业化，扩大了农业经济的产前、产中、产后各环节对劳动力的吸纳能力，为农垦企业剩余劳动力的转移和就业提供了新的途径。

3. 发展农业产业化经营有利于提高农业职工收入水平。农业产业化经营推动了农业生产的专业化和适度规模经营，有效地提高了农业的劳动生产率。通过促进农业社会化服务体系的完善，农业产业化合作经济组织在农业经济的产前、产中、产后各环节创造了大量的就业岗位，有利于缓解就业压力，增加

---

* 本文原载于《黑龙江粮食》2014 年第 11 期。

职工收入。

4. 发展农业产业化经营有利于提高农业科技水平。一是发展农业产业化经营，农户在龙头企业和农业产业化合作经济组织的指导下，实现了农业生产的商品化、规模化和专业化，有利于农业生产对先进科学技术形成有效需求。二是农业社会化服务体系的发展和完善，为农业科技有效投入提供了渠道。三是贸工农一体化经营使农产品的销售有了一定的保障，分散了市场风险，使职工加大了科技投入的积极性。

5. 发展农业产业化经营是实现农业可持续发展的重要途径。发展农业产业化经营，通过龙头企业和农业产业化合作经济组织，把分散的农户组织起来，形成了专业化、规模化的农业生产，降低了农业生产成本。发展农业产业化经营，通过社会化服务把农业产前、产中、产后各环节联结起来，形成一体化经营，使农业分散经营实现了规模化，可获得较高的农业综合规模效益。农业产业化经营成为联结农业千家万户与国内外“大市场”的纽带，降低了经营风险，增强了市场竞争力。

6. 发展农业产业化经营有利于龙头企业快速发展。目前农垦系统产业化龙头企业发展不快，其主要原因是龙头企业与农户的利益联结机制没有建立起来，缺少农业产业基地的支持。如果发展农业产业化经营，加强龙头企业与基地农户的利益联结，可促进龙头企业的发展。

二、农垦企业发展农业产业化经营的主要模式

1. 市场带动型。这种模式的主要形式是“专业市场＋基地农户”，是以专业市场或专业交易中心为依托，拓宽商品渠道，带动区域专业化生产，实行产加销一体化经营，扩大生产规模，形成产业优势，节省交易成本，提高运输效益和经济效益。主要通过建设当地市场、开拓外地市场、拓宽产品销路、拉动优势产业、扩大生产规模，形成专业化、系列化生产。通过专业市场与生产基地或农户直接沟通，以合同形式或联合体形式，将农户纳入市场体系，农户可以快捷地接受市场信息，灵活地做出反应，从而做到一个市场带动一个支柱产业发展，一个支柱产业带动千家万户形成一个专业化区域经济发展带。

2. 龙头企业带动型。这种模式主要是以“公司＋基地农户”的产销一体化经营组织，它是以公司或企业集团为主导，重点围绕一种或几种产品的生产、加工、销售，与生产基地和农户实行有机的联合，进行贸工农一体化经营，形成“风险共担、利益共享”的经济共同体。龙头企业具有市场开拓能力，可以进行农产品深加工，为农户提供服务，带动农户发展商品生产，是产业化组织的加工、营运、服务中心和信息中心。该模式目前是我国农作物种植

业、畜禽养殖业的主要发展模式。

3. 主导产业带动型。这种模式主要根据区域资源特色，发挥资源优势，以“名、优、新、特”产品开发为目的，对那些资源优势突出、经济优势明显、生产优势较稳定的项目进行重点培育、加快发展，形成支柱产业，围绕主导产业发展产销一体化经营。

4. 中介组织联动型。这种模式以“农产联＋企业＋农户”为主要形式。中介组织包括专业合作社、供销社、技术协会、销售协会等。该模式以中介组织为依托，组织产前、产中、产后全方位服务，使众多分散的小规模生产经营者联合起来形成统一的较大规模的经营群体，实现规模效益。在行业协会的组织下，产品开发要利用先进技术，实行跨区域联营，提高企业竞争力，扩大生产规模，生产要素大跨度优化组合，形成集生产、加工、销售联结于一体的经营企业集团。此模式是一种投资低、收效高的联合模式，适用于技术要求比较高的产业。

5. 企业集团带动型。这种模式的主要形式是“企业集团＋基地农户”，是以企业集团为核心，由公司提供技术、资金，由农户出土地和劳动，并由企业集团负责企业管理和全程服务。这种模式一般是企业集团为发展某种支柱产业项目，通过承包使基地农户实行统一品种、统一技术措施、统一收获、统一收购、统一加工销售，企业集团为基地农户提供全方位的服务，基地农户与企业集团形成利益共同体的一种产业化经营模式。该模式适用于经济发展条件差，但具有某项资源优势的地区。如黑龙江农垦马铃薯集团在资源优势的克山农场等地建立马铃薯产业化发展基地，该集团为基地农户提供统一品种、统一技术服务、统一收购、统一加工销售，这种模式比较适应农垦企业内部管理体制。

三、农垦企业发展农业产业化经营应采取的几点对策

1. 以市场为导向，积极培育壮大主导产业。农垦企业在农业产业化发展过程中，应根据本地的资源优势和农业产业发展的基础，因地制宜地做好农业发展规划，合理确定主导产业。根据市场的需求，积极培育农产品品种和品牌，扩大市场占有量和市场竞争力。市场是农业产业化经营的“风向标”，企业必须按照市场的需求发展农业产业，并根据区域资源优势和市场培育状况，培育壮大主导产业。如农垦齐齐哈尔管理局可根据资源优势，大力调整产业结构，在种植上应积极发展水稻、玉米产业，在畜牧业上应积极发展奶牛、羊、鸡、鸭等养殖业。农垦企业应根据自身的特点，积极发展特色产业。发展特色产业是发挥区域经济比较优势的重要途径，在一定程度上，特色是竞争力、特色是品牌、特色是市场，重点发展自己的特色产品，形成品牌优势。如齐齐哈

尔农垦企业应重点发展奶牛业、鸡、鸭养殖业和特色有机大米等产业。

2. 积极培育大型农产品加工龙头企业，努力开拓国内外市场。推进农业产业化经营，核心是要发展一批龙头企业。要把发展龙头企业的重点放在农产品加工项目上，有重点地支持企业进行技术改造，搞好产品深加工，提高产品质量和档次。龙头企业是发展农业产业化经营的“火车头”，建设好一个龙头企业就能带动一种或几种农副产品的综合开发，扶持一方职工群众致富。要鼓励和支持那些机制好、竞争力强的龙头企业加快技术改造，进行整合重组，扩大规模，增强实力。企业要树立现代营销理念，建设新型物流方式，拓宽农产品销售渠道。农垦企业目前的农副产品加工企业大部分是民营企业，多数企业规模小，达产率低，缺少资金支持，没有市场竞争力。应制定扶持政策，重点制定一些融资政策进行扶持，并通过引进知名名牌或品牌整合等方式进行市场开拓，增强市场竞争力。

3. 国家应加大对农业产业化经营的政策扶持。农业是国民经济基础性产业，投资大、效益低、周期长，是国家需要重点扶持的产业。扶持农业产业化发展是国家支农、惠农以及扶持“三农”政策的重要组成部分。一是国家各级各部门要深入基层调查，认真研究，制定切实可行的支持农业产业化发展的优惠政策。二是要重点加大对农业产业化方面的财政支持，增加农业方面投入，加强农业基础建设。三是要加强中小企业的融资支持，制定农产品加工企业的融资优惠政策，加快龙头企业的发展。

4. 加快农业规模化发展，建设农业产业化生产基地。当前农垦企业产业化虽然有一定的发展，但长期以来受传统经营方式的影响，多数农产品基地建设滞后，布局分散，规模小，没有规模效益。龙头企业与农户的联系不规范、不紧密，大部分龙头企业，尤其是民营加工企业与生产基地、农户没有签订产品购销合同或契约，尚未建立起“利益共享、风险共担”的联结机制。龙头企业产业化生产基地建设不平衡，有些企业没有形成自己独具特色的生产基地，农产品销售市场不广阔，销售渠道不畅，造成丰产不丰收，严重挫伤了职工发展农业产业化的积极性。如黑龙江垦区畜牧业发展就存在这样的问题，由于龙头企业发展不快，严重影响畜牧业生产的发展。为此，要把基地建设作为产业化发展区域规划的重点，按标准化的要求建设基地。引导专业合作组织、家庭农场、专业大户、技术推广部门等各类市场主体积极参加生产基地建设，促进农户与龙头企业有效联结，正确处理好企业与农户的关系，按照区域化、规模化、专业化、标准化、无害化的要求，抓好各类农产品基地建设。

5. 不断提升科技创新能力，提高产品的市场竞争力。科技创新是推动农业产业化发展的动力，要不断提升科技创新能力。一是要鼓励和支持龙头企业自建研发机构，或与高校科研院所开展联合科研攻关，开发有自主知识产权的新品种、新产品、新技术，提高自主创新能力和核心竞争力。二是要注重科技成果的转化和推广应用，加强科技交流与合作，注重引进先进的科学技术。农业产业化不仅要有先进的产品加工、包装、储运技术，还要在种植或饲养上提高技术含量，如先进的节水技术、自动化控制技术、设施农业技术以及农产品质量检测技术。

6. 建立和健全农业中介组织和农业合作组织。农垦企业要积极发展中介组织和合作组织，制定优惠政策，创造环境，扶持和引导各种农业产业化组织建立和发展，引导农户按照自愿互利的原则，兴办农业专业合作组织，实现民主管理、民主决策、自主经营，鼓励专业合作组织开展跨区域经营。扩大农户专业合作组织，积极推广“龙头企业＋合作组织＋农户”和“农产品行业协会＋龙头企业＋合作组织＋农户”的成功经验。

7. 加强基地农户与龙头企业利益一体化建设。在基地农户与龙头企业之间建立利益紧密关系，形成利益共享、风险共担的机制，要鼓励农户用土地承包经营权、产品、技术和资金要素入股，使龙头企业和农户形成经济共同体。要优化农业产业结构链条，处理好各生产环节上的利益关系，特别是加工销售企业与农户的关系。龙头企业与农户之间要推行契约化、合同化经营，并以法律形式强化对双方的约束，促使企业与农户真心实意地合作，保障农户的权益不受侵犯。

农垦企业应积极推行农业全产业链管理模式*

实施农业全产业链管理就是将农业生产资料供应，农业生产，农产品加工、储运、销售等各环节联结成一个有机整体，对整个产业链上的各个环节进行综合协调与管理，形成纵向一体化和紧密型多元化经营管理方式。实施农业全产业链管理有利于在全产业链上整合资源，实现产业链各环节联结的紧密化，使农业产业链的运行更加协调，提高农业生产经营运行质量，增加农户的收入，推动农业产业升级并创造新的产业优势。农垦系统应根据企业的特点积极发展农业全产业链管理。目前实现农业全产业链管理的主要模式有以下五种：

1. 企业全产业链管理模式。企业全产业链管理模式要求企业从产业链源头做起，在由田间到餐桌所涉及的种植与采购、贸易与物流、食品原料和饲料原料的加工、粮食加工、分销及物流、品牌推广、产品销售等环节，实现食品安全可追溯，形成安全、营养、健康的食品供应全过程的纵向协作关系。该管理模式需要通过调整主导企业，吸引配套企业加盟等途径，优化若干相关企业关系，使其协同经营，提高整个产业链的协同运作效能，最终形成全产业链运行。该模式要求行业内的主导企业通过充当服务者、收购者、生产组织者、生产者角色，将产业链末端的消费需求反馈到产业链的起点，联结千家万户的农户和市场。

2. 经济主体纵向合作全产业链管理模式。这种产业链管理模式需要若干个纵向结合的企业或经营者共同开发、管理、经营，将农业生产、收购、储存、加工、销售各环节的有关经济主体有机衔接起来，在农业产业链上形成“流通企业＋加工企业＋农业合作经济组织＋农户”的稳定合作机制，构建纵向一体化的全产业链管理模式。在农户分散生产的情况下实现农业产业链的纵向合作，需要培育一批新型农业生产大户，扶持一批农民专业合作社和家庭农场，将分散的农户联合成一个有机整体，取得与各类企业平等的法人地位。

3. 优质名牌产品带动全产业链管理模式。这种模式是以开发“名、特、优、稀、新”农产品为先导，以创造名品、优品、新品为发展重点，通过大力

---

* 本文撰写于2015年8月18日。

实施品牌战略，引领和创造市场需求，在龙头企业的带动下，实现标准化生产、精深加工、集约化经营、产业化运行，形成农业产业链经营与管理。实施名牌带动的主要途径：一是发挥拥有名牌产品的加工龙头企业的带动作用。农产品加工是整个链条中最能挖掘产品附加值的环节，加工企业是产业化经营的龙头，可以凭借自身的人才、技术、资金、商业信誉、经营管理等方面的优势，在创建名优品牌、引导农业生产、开拓消费市场、强化科技创新中发挥主导作用，带动农业生产、加工、销售一体化运行。二是开发新产品，完善产品质量保障体系。注重开发具有自主知识产权的新品种，推进农产品加工企业开展 ISO 9000、ISO 14000、HACCP 认证。通过建立质量保障体系，做到产品生产、加工、储藏、运输、检验、包装、市场准入等全过程的质量控制，实现产品的安全生产、优质高效、健康营养，形成具有自主知识产权的名牌产品。三是建立配套措施。名牌产品的引领要求通过完善围绕名牌产品的专业化协作配套体系建设，把农业生产、加工、销售等各个环节联结起来，形成一个完整的产业链。

4. 企业兼并联合式全产业链管理模式。这种模式的特点是大型企业通过在产业链纵向上对中小企业的收购、兼并和联合，把从事农业生产、加工、销售的中小企业纳入大型企业的生产经营，使资源、资本、设备和人才得到优化配置，实现资源的相对集中。通过企业的收购、兼并与联合，加强龙头企业在产业链上的功能，构成产供销一体化的企业集团。企业收购、兼并与联合可以超越企业自身的资源束缚，在更大的范围内获得新的生产能力，从而使企业规模在较短的时间内迅速扩张。企业通过购并、战略重组扩大生产规模，可以实现规模经营，降低生产成本，扩大市场份额，增强市场控制能力。

5. 农业产业战略联盟全产业链管理模式。农业产业战略联盟是在农业产业链上的不同企业之间为了共同的战略目标而达成的长期合作协议，相关企业通过签署战略联盟协议，就农业生产、加工、营销等方面进行合作。在实施步骤上，先建立松散的战略联盟，在农业产业的各个环节进行协调与合作，经过一段时间的磨合后，再统一规划，将相关企业合并，最终进行资产方面的整合和合并。构建战略联盟是源于对企业外部竞争环境的变化和对推动技术创新、分散投资风险的考虑。战略联盟既可以建立在资源和实力不相当的企业之间，也可以建立在资源和实力相当的企业之间。

农垦企业构建全产业链管理刍议*

全产业链管理是以产品、资本、技术、信息或契约为纽带，以市场需求为导向，以产业组织创新为手段，以价值增值或质量控制为目标，由单位或多个企业在一个或多个产业内实现产品周期管理的一种方式。本文就农垦企业建立全产业链管理问题谈几点建议。

一、构建全产业链管理的重要性

1. 构建全产业链管理有利于形成规模效益。从全产业链的构成看，它是由多个相互联系的产业链条组合而成的产业链网络，作为其中的节点企业，在一定的合作模式下，要同时为下游多个节点企业提供配套服务。与传统的市场交易型企业生产规模不可预期的特点相比，全产业链中的节点企业更可能获得可预期的产量规模，从而能够有效地发挥规模经济效益，促进产业竞争优势的形成。

2. 构建全产业链管理有利于发挥战略协同优势。从全产业链的形成过程看，主导企业在决定产业扩张方式的时候，其决策的重要依据之一就是能否实现战略协同，只有能够与现有产业形成战略协同的领域才是产业扩张的优先方向。从一个区域构建全产业链看，尽管有政府及主管部门的调控，但发挥作用的还是市场，在考虑产业链延伸的方向时，具有互补优势的是战略决策的重要条件之一。因此，全产业链管理模式有利于形成战略协同，增强产业的整体竞争能力。

3. 构建全产业链管理有利于发挥区域经济优势。全产业链管理可以发挥区域内道路通信、人力资源等生产要素，从而实现单位产品成本的降低。全产业链的形成过程要经历一个由点到链、由链再到网的产业扩散过程，在这一进程中，每一阶段的产业之间都具有高度的要素共享特征，能够通过共享生产要素实现产品总成本的降低，带来成本优势，进而形成产业竞争优势。

4. 构建全产业链管理有利于形成产业品牌优势。全产业链的特点之一是企业对原材料和渠道拥有很强的控制能力，并且相比一般企业，其产品的质量

---

* 本文撰写于2015年6月18日。

和安全可靠水平能得到更好的保障，特别是对食品市场。全产业链管理模式可以有效地帮助企业建立市场信心，形成品牌优势。

5. 构建全产业链管理有利于增强产业抗风险能力。由于外部市场的不确定性，作为产业链条中的某一节点企业，其发展必然会受到市场需求的影响。从全产业链的组织模式看，要根据产业发展的内在要求，不断延伸产业链，在局部或整个产业方面形成内部供求关系，这种组织模式在一定区域或产业范围内具有一定的抗风险能力。

二、构建全产业链管理的制约因素

1. 资源和能力不足带来的制约因素。全产业链的作用发挥要求整个产业链条的各个环节要实现组合化、标准化，要有较强的供应链管理与物流整合能力，要有坚定的人力、物力、财力保障，而且随着产业规模的不断扩大和外部环境的变化，对主导企业资源和能力的要求越来越高，表现出较强的对核心企业的依赖性。在这种情况下，主导企业资源和能力不足导致的企业风险会蔓延为产业链的风险。同时，快速扩张的产品和业务组合，使得内部投资决策的过程非常复杂，投资决策的科学性受到影响，从而影响产业链的整体效率。

2. 自成一体的产业链引起风险传递的制约因素。全产业链最重要的特点之一就是市场交易内部通过节点企业间的战略协同，实现成本和市场风险的最小化，但当市场出现不景气时，整个产业链就有可能面临风险。尤其是对于单个企业主导的“保守型全产业链”和“独裁型全产业链”，由于主导企业对整个链条拥有决定性的影响力，因而当某一环节出现危机时，极有可能引发系统性风险。

3. 治理模式不科学引起的弱协作性风险的制约因素。以提高区域产业竞争力为导向构建全产业链模式，一般是由多个企业主体通过一定的合作机制联系在一起形成产业协作体。通常可将合作方式划分为资本和非资本纽带两种方式：资本纽带方式主要是通过共同出资或交叉持股等方式，以资本为桥梁，实现相互协作；而非资本纽带方式则是通过协议的方式，组建战略联盟，建立相互协作关系。显然，后者是松散型的，因此很容易受到外界因素影响而解体，而资本连接方式也会容易在出资比例、管理层人员选配等方面出现问题，并最终导致产业链的风险。

三、构建全产业链管理的几点建议

1. 建立多种方式的全产业链管理模式。目前全产业链模式有单企业模式和多企业模式两种。农垦企业在发展全产业链管理上要采取多种方式。一是建立单企业模式。主要有投资自建和企业并购两种模式：而投资自建即核心企业为了延长产业链，向上游或下游产业直接投资建设的一种模式。这种模式优点是核心企业可以完全掌握产业链条，最大限度地获取相关利润；其缺点是直接投资的资金压力大，并且存在技术风险、经营管理风险，需要核心企业具有较强的资金投入能力。并购模式是指一家核心企业购买另一家企业的股票或资产，以获得对该企业的全部资产或者某些资产的所有权，或对该企业的控制权。并购可以是发生在同一产业上下游之间的纵向并购，也可以是发生在不同行业之间的混合并购。二是多企业模式。为了实现优势互补，企业之间可以通过战略联盟构建全产业链。战略联盟可通过股权关系建立，也可以通过生产、营销、分销、研发的非股权协议建立。股权关系联盟可通过合资或交叉持股方式进行，非股权关系联盟可通过供求联盟、研发联盟、营销联盟、定牌生产等方式构建全产业链。

2. 通过相关产业的多元化，逐步扩展产业链。全产业链的发展，应以相关多元化为核心，利用企业已有资源，逐步发展壮大企业。产业链战略实施要有针对性、目的性，每一步发展都要配合相关联企业的需要。目前垦区粮食加工企业大部分是民营企业，企业规模小，加工能力低，多数企业达产率低，经营效益低下，市场风险较大，应积极推进企业间的产业链整合，建立全产业链战略模式，并且延伸上下游产业，扩大产品种类，实现产业多元化发展。

3. 加大对全产业链中龙头企业的支持。一是培育龙头企业。择优扶持一批全产业链管理的龙头企业，发挥重点企业的引领带动作用，实施旗舰企业的引领作用。以资本市场等平台为依托，推动跨区域、跨行业、跨所有制企业兼并重组，完善股权结构和治理结构。重点打造一批主营业务突出、规模效益明显、核心竞争力强的大企业、大集团，培养具有知名品牌和国内外有竞争力的企业集团。二是扶持民营中小企业。进一步拓宽融资渠道，切实解决中小企业生存问题，加大对中小企业开发新产品、开拓新市场的支持力度。三是鼓励企业“走出去”。在经济全球化背景下，实施企业“走出去”战略，是农垦企业产业发展壮大的必由之路。应充分利用垦区的资源优势和品牌优势，通过并购、联合等方式，努力获取国内外的先进技术、研发技术，增强实体经济配置资源的能力，强化企业风险管理和内部控制，开拓国内、国际市场，坚持诚信经营，提高产品质量，降低交易成本，延伸产业链，提高国际竞争的能力。

4. 加大对全产业链企业的政策支持。一是加强顶层设计。应从黑龙江省全垦区范围内加强总体规划设计，根据国家产业发展政策和优势，依据“产业前景好，上下游延伸空间大”的原则，做好全产业链的总体规划设计，明确主导产业发展方向，力求科学实际，使区域间、产业间形成合力。如垦区应重点做好水稻、玉米、大豆、奶牛等产业的全产业链管理规划与设计。二是注意合理布局。黑龙江省垦区内全产业链政策应注重引导空间合理布局，根据垦区各产业发展状况，将产业链发展落实到具体的空间上，制定产业链发展技术路线图。符合主导产业空间布局的项目可享受产业发展支持政策，改变过去“撒胡椒面”的做法，实行专项资金集中使用。三是加大投入力度。垦区应重点把资金、技术等资源投入全产业链管理的产业发展中去，创新投入方式，变无偿投入为持股经营，引导社会、民间资源创业投资，鼓励金融系统支持全产业链管理的产业。四是完善市场体系。规范产业进入政策，对现有的产业提高进入壁垒，而对于补链的产业、需发展的产业要降低进入壁垒。

5. 加强对全产业链产业要素的支持。一是强化技术支持。强化企业技术创新，组建多元化技术研发平台，促进产业链延伸与发展。应加快企业技术研发中心建设；鼓励企业加大新产品市场开发力度，不断提高新产品市场占有率；进一步深化产学研合作，推进技术创新项目的开发；引导企业加快淘汰落后工艺与设备，加快设备技术改造。二是加强人才保障。要引进一批科技人才，培养大批专业技术人才，重点在加快培养本土人才的基础上，强化管理型和技术型人才的引进、培养和使用，引进、培养一批善于经营、精于管理、勇于创业的复合型人才，不断优化人力资源配置，为全产业链的构建提供智力支持和人才保障。三是提升金融服务。金融部门应加快金融产品创新，推进企业融资，完善与企业相配合的金融支撑体系。

对黑龙江农垦企业加快水稻产业链一体化建设的探讨*

近几年，黑龙江省农垦企业水稻生产、加工、销售都取得了较快的发展。农垦齐齐哈尔管理局水稻面积达到109.7万亩，产量达到65.9万吨，实现了面积和产量大幅度的增长，水稻的深加工开发也有了一定的发展。水稻的生产对提高黑龙江垦区的国家粮食地位起到了重要作用。本文就农垦企业水稻产业链一体化建设问题提几点不成熟意见，供大家参考。

一、水稻产业链发展的现状

1. 水稻产业链生产现状。2014年黑龙江农垦齐齐哈尔管理局水稻播种面积109.7万亩，占总播种面积的51.8%，产量65.9万吨，占总产量的60.1%。水稻是垦区的主要高产稳产粮食作物，尤其是近几年来，通过加大水利设施投资和农业低产田改造，开展优质无公害绿色有机农产品开发等措施，水稻生产取得了较快的发展。农垦齐齐哈尔管理局2009—2014年水稻面积由60.1万亩增长到109.7万亩，年均增长12.8%，总产量由34.3万吨增长到65.9万吨，年均增长14%。水稻新品种、新技术推广应用步伐不断加快，水稻质量逐年提高，一大批无公害绿色有机水稻生产基地相继建立。农垦齐齐哈尔管理局2014年共有绿色水稻生产基地77万亩，占水稻总播种面积的70.2%，水稻品种优质化得到全面提高，增加了水稻生产的经济效益。

2. 水稻产业链加工现状。一是水稻加工业的规模持续扩大。黑龙江农垦齐齐哈尔管理局大米加工企业数量由2008年的25家增加到2014年的35家，增幅为40%，年总生产能力由47万吨扩大到123万吨，增幅为161%；工业增加值、产品销售收入和利润都在大幅度增长。二是龙头企业实力明显增强。经过近几年的发展，涌现出一大批民营龙头骨干企业。农垦齐齐哈尔管理局已形成查哈阳农场的大强米业、学成米业、双李米业，依安农场的龙辉米业，泰来农场的鑫和米业等一大批大中型优质稻米精深加工民营龙头企业，创立了一大批优质大米品牌。三是水稻深加工和综合利用水平稳步提高。随着新科技的

---

* 本文原载于《中国农垦》2016年第2期。

进一步引进和应用，副产品的综合利用已列入水稻加工重要生产环节。稻壳用于发电、碎米用于生产淀粉糖和膨化食品、米糠用于榨取米糠油等，使企业的经济效益、社会效益、生态效益不断增长。

3. 水稻产业链销售市场现状。黑龙江垦区的水稻销售主要靠国有粮食企业和省大中型水稻加工企业收购，大米产品销售主要靠加工企业自行在国内市场上销售，有些大型民营加工企业生产的大米产品直接销往省外大中城市，如查哈阳农场大强和学成米业加工生产的大米直接销往广东地区。

二、目前水稻产业链建设存在的主要问题

1. 水稻的优质产品少，优质率不高。黑龙江垦区水稻生产发展很快，在国内外市场上有了一定名气，产量和市场占有率也很高，但高效优质水稻的开发还处于起步阶段，优质优价比重低，影响了垦区水稻效益的进一步提高。

2. 水稻加工转化率低，精深加工能力不高。目前垦区水稻加工企业大部分是民营企业，受资金、体制、机制的影响，企业原料收购能力不足、达产率低，多数企业达产率不足50%，农场生产的水稻很大部分被外地客商以原料的方式收购，未能实现就地精深加工。

3. 缺乏有规模、有一定生产能力的龙头加工企业。目前农垦系统水稻加工企业很多，并且主要是民营企业，但有资金、有技术、有一定市场竞争力的企业不多。多数民营企业都各打自己的大米品牌，缺乏一定的市场影响力，使得很多龙头企业不达产、效益低下。

4. 未建立绿色有机水稻生产基地。黑龙江垦区加快了无公害绿色有机水稻的生产发展，但有些单位仍没有建立科学规范化的生产基地，主要未建立从上至下的农产品质量安全生产监管和质量监测管理体系，未建立标准化生产和产供销一体化的农产品质量安全追溯信息网络体系。

5. 未建立产业链一体化体系。垦区缺乏有一定影响力的龙头企业，并且多数龙头企业未与基地建立紧密的利益联结机制，没有自己的生产基地，原料主要靠在市场上自行收购，不能确保农产品质量安全，影响水稻产业优质高效安全生产。

三、加快水稻产业链一体化建设的对策

建立水稻产业链一体化的关键在于通过资源整合，提高组织化程度来拉长稻米产业链。通过加快农业科技进步，在增加产量的同时，提高稻米的内在品质和外观质量，增强产品的国内外市场竞争力，增加企业经济效益。

1. 依靠科技开发推广优质高产稻米新品种。一是加大科技资金投入，提高优质高产稻米新品种选育的科技创新能力，选育出更多的适合种植的优质高产稻米新品种。二是适应市场需求，引进稻米新品种，包括优质营养米、富硒保健米、红米、香米、黑米等特色稻米。通过统一供种、订单生产等措施，实现同一品种连片规模种植。三是推广规范化的保优节本增效栽培技术，如旱育稀植、配方施肥、节水灌溉、化学除草以及病虫害综合防治等技术。

2. 建立绿色有机水稻生产基地。水稻生产基地是水稻加工企业的依托，是农业产业化发展的基础，要在水稻产业链发展中，有计划、有步骤地加强水稻生产基地建设。要重点发展绿色有机水稻生产基地，实现绿色食品品牌标准化生产；加强农产品质量安全监管和质量安全检测，强化农业生产投入、产地环境、农产品质量安全的监管；建立产销一体化的农产品质量安全追溯信息网络，做到质量有标准、生产有记录、产品有标志、市场有监管。要按照“优质、高效、生态、安全”要求，制定绿色食品种植业生产技术操作规范，全面执行绿色食品农药、肥料使用标准，加强投入品管理，使用农家肥、有机肥改善土壤，切实做到“三减两增”，即减肥、减药、减除草剂和增施有机肥、生物药，从源头上提高基地生产标准。鼓励龙头企业进入绿色食品生产领域，支持有规模、有质量、有市场的企业产品申办绿色有机食品标志。要注重发挥优势、突出特色、布局合理，把绿色有机水稻生产基地建设与水稻加工企业发展、产业结构调整、农业生产规划布局、适度规模的形成、服务设施和服务组织的建设紧密结合起来，逐步实现绿色有机水稻生产基地规模化、标准化、产业化。

3. 发展壮大大米加工龙头企业。抓好规模化大米加工企业建设，进一步强化具有精深加工能力的龙头企业，避免小型加工企业抢购优质稻谷原料，要增加大米加工龙头企业投入，改善和提高稻谷加工生产技术，改造和更新设备，提高加工能力，实现水稻加工规模化、质量等级化、包装标准化。

4. 建立水稻产业化运营体系，提高水稻产业化经营水平。农场应将品种选育、种子经营、农技推广、农业管理、粮食收购等管理部门统一协调起来，通过政策引导与技术指导，做到统一供种，实现水稻生产区域化、规模化、专业化，种植优质专用品种；统一农技服务，规范优质无公害栽培技术；统一执行稻谷收购的质量标准，要以市场为导向，不断调整稻谷结构、优化品种质量，促进水稻产业化升级。

5. 建立水稻生产、加工、销售环节利益联结机制。水稻产业的发展，需要龙头企业、生产基地、中介组织和农户的有机合作，从而实现双赢和多赢。可按订单农业的要求完善龙头企业与农户的利益分配机制，通过订单农业的方式，促进龙头企业与基地农户建立稳定的协作关系，形成利益共同体。

6. 加强绿色大米品牌建设。增强绿色品牌理念，引导企业争创名牌，积极培育一大批有特色、上规模的绿色大米品牌；积极引导企业、协会开展“三品一标”认证和商标注册，进一步规范包装和标志使用，做到产品开发与基地建设相结合、质量提高与品牌创建相结合；改进营销方式，争取尽快形成一批知名度高、带动力强、辐射面广的安全绿色有机大米品牌。

7. 加强市场建设，完善流通体系。要围绕市场流通和产业化发展打造从田间到餐桌的粮食市场流通交易平台。建立多元化经营渠道，鼓励省内加工企业在水稻生产基地建立直接产销关系，开展新型合作。通过构建水稻产业链，使水稻加工企业与农户建立紧密的合作关系，增强水稻产业的市场竞争力。另外，要建立和完善水稻产业链信息服务体系，信息是开展交易活动产业链条的纽带，农场要在现有农业信息网的基础上，建立专门的以水稻为核心的相关信息网，提供水稻及其产品的产销分析服务，充分发挥预测功能，加强信息网的覆盖面，加强农户、加工企业、产品消费者联系，充当连接生产者、加工企业和市场的纽带。

农垦企业应优化粮食产业链组织结构*

随着粮食生产和沟通规模的扩大和市场范围的延伸，粮食产业链的组织结构日益复杂。因此，实现粮食产业链组织结构优化是提高粮食生产和流通效率的有效途径。本文就农垦企业优化粮食产业链组织结构的问题谈几点建议，供参考。

一、目前粮食产业化组织结构存在的主要问题

1. 粮食加工能力过剩。粮食加工产品的市场需求不断扩大，但是由于缺乏可靠的信息来源和正确的产业导向，很多地方盲目上马粮食加工项目，造成了低水平重复建设和产能无序过快扩张，以至于超出市场实际需求量，导致粮食加工企业开工率不足。据调查，农垦齐齐哈尔管理局所属农场有稻米加工企业 34 家，稻米加工能力为 157 万吨/年，2016 年，分局达产量仅为 40%，大部分企业开工率不足 50%。产能过快扩张不仅使很多中小企业处于停产、半停产状态，而且引发原料抢购和价格过快上升。

2. 粮食加工规模化、集约化水平偏低。加工企业规模偏小，技术含量低，生产经营方式粗放，产品仍以初加工为主，专用型、功能性产品偏少，综合效益低。有些粮食加工企业布局较为分散，粮食加工与生产、收储、物流等环节衔接不够紧密；多数企业只能开展初加工，产业链短，粮食加工产业园区数量偏少，达不到规模经营，整体水平较低。

3. 龙头企业带动能力不强。龙头企业肩负着开拓市场、创新科技、带动农户增收和促进农场经济发展的任务，在产加销一条龙粮食经营方式和产业组织方式中发挥着带动作用，是粮食产业链优化的重要环节。目前，在农垦企业中缺少起一定带动作用的产业化龙头企业，其主要问题是：一是龙头企业与农户的利益联结机制不完善。目前，有些龙头企业通过订单农业等利益联系方式与农户初步建立了“风险共担、利益共享”的经济关系。但是受市场行情影响，违约现象比较高。行情好时，农户不愿按合同价出售给龙头企业；当行情低迷时，龙头企业不愿收购农户的产品。二是大中型龙头企业规模小。目前小

* 本文撰写于 2017 年 3 月 23 日。

型龙头企业仍然占主导地位，大中型企业偏少，行业规模化、集约化水平低，龙头企业对上下游的带动作用不足。其主要原因是各级政府对龙头企业扶持不够规范，社会化服务体系不配套，如缺少金融支持，商业银行为了减少经营风险多数采取“惜贷”“慎贷”措施，导致企业经营缺少资金，龙头企业抗风险能力偏低。

二、优化粮食产业链组织结构的对策

1. 扶持发展新型农业经营主体。一是鼓励发展各种专业合作社，引导规范运行。认真贯彻实施《中华人民共和国农民专业合作社法》，指导合作社制定好章程，建立健全各项内部管理制度，切实做到民主办社、民主管理。按照“民办、民管、民受益”的合作组织原则，建立健全合作社入社审批、财务管理、风险管理等制度，并强化落实。切实发挥成员代表、理事会、监事会等职能，强化民主决策、民主管理、民主监督制度，规范财务制度，加强财务管理和会计核算。二是加强对合作社的服务指导，为合作社提供生产信息、技术等服务。各级相关部门应及时为合作社提供各种信息的搜集、整理及发布等服务，组织专业技术人员深入合作社，对其生产活动进行指导，推广先进耕作技术，帮助合作社开拓市场。引导合作社开展“农社对接”，加强品牌培育和推介，提升发展能力，积极为合作社提供法律、营销等咨询服务。扩大合作社在土地整理、农业综合开发、农田水利建设、农技推广等项目的参与，引导合作社与科研院所联手，开展科研项目优先试验活动，提高合作社技术水平。三是建立合作社扶持政策，进一步完善财政、税收、金融等支持政策。要完善合作社设施用地管理制度和农产品加工用地制度。财政、金融等部门要制定融资扶持政策，建立健全担保基金和风险补偿机制，共同为合作社提供有效金融服务。鼓励金融机构创新服务模式，创新担保方式，建立农业贷款绿色通道。

2. 发展土地规模化经营。鼓励土地承包向专业大户和家庭农场流转，发展多种形式的规模经营。当前制约农业现代化发展的主要问题是土地问题，表现为较小的经营规模限制了农业现代化的发展。农垦企业在规模化种植方面取得较好的效果，但受土地承包的限制，主要受一家一户家庭农场经营模式的限制，有些农场的农业现代化发展仍受到一定的影响。应进一步完善土地承包制度，促进农业规模化经营。土地规模化经营的关键是适度规模经营，可以降低生产成本，增加规模效益。应进一步鼓励有一定经营管理能力、有技术、有资金的农户组建农业生产合作社成片承包土地，实现规模经营，提高农业生产的效益，增加职工的收入。

3. 培育壮大龙头企业。支持龙头企业通过兼并、重组、收购、控股等方式组织建设大型企业集团，创建农业产业化示范基地，促进龙头企业集群发展；推动龙头企业与农户建立紧密型利益联结机制，采取保底收购、股份分红、利润返还等方式，让农户更多地分享加工销售收益；鼓励和引导工商资本发展适合企业化经营的种养业；增加扶持农业产业化资金，支持龙头企业建设原料基地，节能减排，培育品牌。

4. 建立农业社会化服务体系。稳定农业公共服务机构，建立经费保障机制，采取财政支持、信贷支持、税收优惠等措施，大力发展主体多元、形式多样、竞争充分的社会化服务。推行合作式、订单式、托管式等服务模式，扩大农业生产全程社会化服务试点范围。完善粮食产业链，包括粮食及粮食加工品的生产、加工、流通各个环节和节点企业涉及的各种相关支持体系。鼓励加快建立粮食产业社会化服务机构，为农户提供各种技术支持，加快推进产加销一体化，并完善信息服务平台，加大与教研院所的合作，推动良种培育、粮食深加工技术改造，充分发挥中介服务机构的功能，完善服务体系。

5. 加快中小粮食加工企业向专、精、特、新方式发展。中小粮食加工企业要采取以大带小、兼并联合、股份制改造、建立现代企业制度等方式加快改造重组，改制成为股份制、股份合作制企业，实现中小企业“专、精、特、新”的发展路子。要着力营造环境，改善服务，支持中小企业进一步优化结构，增强创新能力。引导和支持中小企业专业化发展，支持成长性中小企业做精、做优。发展一批专业化企业，鼓励中小企业挖掘、保护、改造民间特色传统工艺，发展地方特色产业，形成特色产品和特色服务。通过实施横向联合和企业退出机制，淘汰落后产能，关停不达标企业，改变企业数量多、规模小、布局分散的局面。引导中小企业在产品质量上做到精细化，在产品品种上做到特色化，在产品开发上做到创新化。

6. 加强企业内部管理。引导企业树立诚实守信意识，依法经营，加快现代企业制度建设，建立完善法人治理结构。引导企业加强设备、工艺、操作、计量、原料、财务、成本管理等基础管理工作，推动管理创新，提高管理水平。大力开发人才资源，以职业经理人为重点，培养一批具有战略眼光、管理创新能力和社会责任感的优秀企业家队伍。

农垦企业应建立“互联网＋”农业产业链管理模式*

现代信息技术的快速发展正在成为推动农业从传统农业向现代农业转变的新动力，“互联网＋农业”已成农业加快发展的重要措施。国家推出“互联网＋”现代农业行动计划，其根本目的是通过新一代信息技术与农业产业的深度融合，提升农业生产、经营管理和服务水平，促进一二三产业融合发展。农业是“互联网＋”的重要领域之一，“互联网＋”农业产业链是“互联网＋”农业的重要组成部分。“互联网＋”农业产业链是指通过移动互联网、云计算、大数据、物联网等新一代信息运行技术，促进农业资源要素的优化配置，进而实现农业生产、经营、管理、服务等环节数据化。本文就农垦企业建立“互联网＋”农业产业链体系问题谈些建议，供参考。

一、建立“互联网＋”农业生产模式

“互联网＋”农业生产模式主要是利用物联网技术提高现代农业生产设施设备的数据化、智能化水平，提高劳动生产率、资源利用率、土地产出率。全面感知、可靠传播、先进处理和智能控制等技术在农业中的应用，能够实现农业生产过程中的全程控制，解决种植业和养殖业各方面的问题。

1.“互联网＋”生产精准耕作模式。该模式围绕主要农产品优势区域及经济示范园，推广优良品种选育、智能节水灌溉、测土配方施肥、病虫害预警防治、农机作业，推动农作物生产的精准化和高效化，促进农业增效增收；围绕重点农产品和重点区域，加强农作物良种供需、苗情分析、病情预警、产量预测等农情动态监测与推广应用，提高农业生产的科学管理、应急响应和优化调度；围绕小麦、水稻、玉米等主要农作物，着力提高农机跨区作业调度信息化，引导农机跨区作业的有序开展。

2.“互联网＋”智能化设施园艺模式。该模式以推动设施园艺标准化、集约化、规模化为重点，推广普及环境感智、实时监测、自动控制的设施农业环境智能监测控制系统，提高设施园艺环境控制的数据化、精准化和自动化水

---

* 本文撰写于2017年12月18日。

平。主要围绕推动花卉、特色果蔬等生产的高产、优质、高效、安全，推广面向设施园艺作物的生长状态、病虫害监控、土壤水平的实时感知和智能分析自动控制系统，实现园艺农作物营养液配给、水肥药管理、病虫害诊断的精准化和智能化；围绕园艺整地施肥、除草施药、育苗嫁接、自动收获等关键作业环节，推广设施园艺生产的规模化、机械化和标准化。

3. "互联网＋"智能养殖模式。该模式以推动畜禽规模化养殖为重点，加快环境实时监控、原料精准投放、智能作业处理和废弃物自动回收等专业信息化设备的推广与普及，构建精准化运行、科学化管理、智能化控制的养殖环境。以区域特色、品牌优质畜禽水产品为重点，推行畜禽水产品产地生产过程电子档案应用系统，结合畜禽水产品产地身份识别、产品质量认证、加工流通跟踪，推广普及畜禽水产品质量溯源管理系统，实现过程可控、责任可追、违法可究。

二、建立"互联网＋"农业经营模式

"互联网＋"农业经营模式主要是利用信息化手段提高农产品、农资、休闲农业的电子商务水平，以及家庭农场、农民专业合作社、龙头企业管理的网络化水平。

1. "互联网＋"农产品电子商务模式。该模式围绕重点农产品，大力发展农产品电子商务平台，引导第三方电子商务平台向集农产品信息发布、信用担保、网上支付、物流配送于一体的全过程服务升级，实现农产品供给的集约高效。依托电子商务平台，大力发展订单农业，拓展农产品生产者与批发市场、农贸市场、超市等渠道对接，形成稳定的农产品供求关系。并通过扩大宣传、加强培训、政策支持等多种形式，鼓励和支持农户主动使用电子商务，提升农户商务应用技能。

2. "互联网＋"休闲农业电子商务模式。该模式以休闲农业资源为重点，积极引导休闲农业电子商务平台加强与主题农业、观光采摘、休闲农庄、民族风情、创意农业等特色园区开展合作，提高品牌营销、网络预定、连锁加盟、活动筹划等在线经营服务，推动休闲农业生产标准化、经营集约化、服务规范化、功能多样化。

3. "互联网＋"生产资料流通模式。该模式重点围绕推动化肥、农药等农资供应的便捷高效、安全可靠，以供销网络体系的升级改造为重点，通过"实体＋网络""手机＋电脑"等多元化、信息化手段，实现城乡商业网点与专业合作社、生产基地及各类市场的供需实时物流精准配送，培育新型农资交易模式，加快构建政府引导、企业运营、多方参与的农机跨区作业信息共享、优化调度新平台。围绕农资使用高效化、农机维护便利化，引导生产企业、销售渠道等构建实体虚拟结合、网上网下互动的在线咨询、运程维护、实时诊断新模式。

4. “互联网＋农民专业合作社”模式。该模式是以农民专业合作社、大型家庭农场为主，逐步推广信息管理系统，实现农民专业合作社会员管理、财务管理、资源管理、办公自动化及成员培训管理，提升农民专业合作社的综合竞争能力，降低运营成本。主要是依托农民专业合作社网络服务平台，围绕农资购买、产品销售、农机作业、加工储运等重点环节，推动农民专业合作社开展品牌宣传、标准生产、统一包装和网上购销，实现生产在社、营销在网、业务交流、资源共享。引导农民专业合作社开展面向社员和农户的信息服务，提供农业生产技术、农产品销售等方面信息，提高服务农户的水平。

5. “互联网＋龙头企业”模式。支持鼓励龙头企业加强农产品原料采购、经营管理、质量控制、营销配送等环节信息化建设，推动龙头企业生产的高效化和集约化，推动农产品流通企业的信息化改造，建立覆盖龙头企业、农产品批发市场、专业合作社和农户的市场信息网络，形成横向相连、纵向贯通的市场信息服务渠道，推进农户与大市场的有效对接，建立从生产到运输、储存、销售等环节的全供应链农产品质量安全追溯信息管理系统，提升农产品质量安全。并充分依托龙头企业农产品品牌、信息、管理、资金、渠道、技术等方面的优势，为农户提供农业产前、产中和产后的资金技术支持、生产指导、质量控制等专业化的社会化服务。

三、建立“互联网＋”农业管理模式

“互联网＋”农业管理模式主要是利用云计算和大数据等现代信息技术，解决农业管理高效问题，实现互联网与农业管理的有效结合。有助于推动农业资源管理、农业生产调度、农产品质量安全信用体系建设，实现管理现代化，提高农业管理部门在农产品生产决策、资源配置、指挥调度、上下协调、信息反馈等方面的效能。

1. “互联网＋”农业资源管理模式。开展“互联网＋”农业资源管理，对农业用地等资源实施规范化、信息化管理，对进一步提高农业主管部门的决策管理水平有重要作用。“互联网＋”农业资源管理主要从加强农业用地管理、规范土地流转、稳定和完善农业基本经营制度等方面入手，通过耕地、草原、水面等土地资源管理，逐步实现农业用地流转和经营管理的规范化、信息化。重点以农业用地空间分布、面积、质量等自然信息以及使用权、承包权的动态信息、农业用地基础设施情况等经济信息为基础，建设农业用地资源管理信息系统，采集农业用地权属管理、农业用地经营管理、农业用地使用人管理、农业用地设施管理等信息，利用信息技术和现代网络通信技术，对土地进行精细化、信息化、动态化管理。

2. “互联网+”农业行业管理模式。开展“互联网+”农业行业管理，逐步推进农、牧、渔管理的信息化，实现行业管理的规范化、标准化和科学化，对于农业行业进行动态监测和趋势分析，提高农业主管部门在生产决策、资源配置、生产调度、信息反馈等方面的能力。“互联网+”农业行业管理主要是以农业行业信息资源为基础，通过实时和动态信息采集、信息存储、信息整合、信息分析等，对农业生产和市场信息进行动态监测、趋势预测，提供综合分析报告和对策建议。

3. “互联网+”农产品质量安全模式。加强“互联网+”农产品质量安全建设，可以实现对食用农产品生产、加工、流通等各个环节关键信息的全程跟踪、监管和预警分析。强化农产品质量监管平台，建设和完善农产品质量安全监测管理信息系统，可实现农业主要投入品、农产品质量安全追溯等方面的管理。一是建立农业主要投入品市场监管系统。通过完善对化肥、农药、兽药和种子等的市场监测和监管，建立质量追溯体系，维护市场秩序，保护生产者利益。二是建立农产品质量安全管理体系。利用溯源技术、条形码技术等建立贯穿农产品产供销整个流通环节的信息化质量安全监管体系，建立农产品质量管理标准，建立统一的查询发布系统，实现对食用农产品生产、加工、流通等各个环节关键信息的全程跟踪、监管和预警分析，实现农产品质量安全监管部门之间协调一致，畅通信息渠道，为农产品有效监管提供科学依据。

4. “互联网+”农业综合执法模式。利用先进的信息技术和管理手段实现农业综合执法的统一管理、统一运行、统一监控，实现农业执法部门综合执法工作的规范化、标准化，可有效提高执法部门的办事效率，降低企业成本，为农户及时准确地提供信息服务。“互联网+”农业综合执法是建立和完善行政许可审批管理信息系统，实现行政许可审批信息化，提高审批效率，为企业提供便捷、及时的信息服务平台。开展“互联网+”农业综合执法，可进一步提高农业综合执法的电子化水平，为监管对象、社会公众和相关监管主体提供高效的网络化服务，实现规则公开、过程公开、结果公开的一站式服务。

四、建立“互联网+”农业服务模式

“互联网+”农业服务模式主要是利用移动互联网、云计算、大数据技术提高农业服务的灵活便捷程度，解决农业信息服务“最后一公里”问题，让农户便捷灵活地享受到需要的各种生产信息服务。互联网是为广大农户提供实时互动信息服务的主要载体，使传统农业服务模式向市场化、多元化服务模式转变。

1. “互联网+”农业综合服务模式。按照“平台上移、服务下延、资源整合、共建共享”的原则，建立综合性和专业性相结合、公益性与经营性相结合的农业信息平台，充分依托文化、教育、医疗、卫生、社会保障、民政等各部门信息资源，共建共享、集成建设一批民生信息服务系统，根据产业发展的特色优势，发展产业信息服务系统，实现综合信息服务平台的整合。

2. “互联网+”信息服务站模式。建立“一站多能式”的农业综合信息服务站，并依托龙头企业、专业合作社、农业科技园、农资店等实体建设形式多样的专业信息服务站，也可采取政府购买服务等方式加强专业信息服务站的建设。

3. “互联网+”信息服务机制模式。探索多元化的信息服务市场机制，调动电信运营商、广电部门、龙头企业、专业合作社的积极性，通过拓展服务渠道、丰富服务内容、创新服务模式、提升服务价值、实现服务增值，形成“联合运营、优势互补、利益共享、合作共赢”的局面。

4. “互联网+”农户培训模式。加强农业信息员管理，壮大信息员队伍，按照会操作、会收集、会分析、会经营、能维护、能培训和掌握互联网应用知识的要求，对信息员进行定期或不定期培训，提高信息员开展信息服务的能力。建立农业信息资格认证制度和绩效考评制度，完善农业信息员补贴政策，针对不同情况的农户开展各种培训，并加大农户信息技能培训基础设施建设，提升农户信息使用技能。

加快产业化发展，提高农垦小城镇的经济支撑能力*

近几年农垦小城镇得到快速发展，农垦齐齐哈尔管理局城镇化率由2008年的39%提高到2014年的76%，6年间增长了37个百分点。随着小城镇建设的加快，人口急剧膨胀，产业发展滞后问题凸显，经济发展跟不上小城镇建设的步伐，城镇化缺少产业的有力支撑，造成一些农垦小城镇建设与发展的后劲不足。本文就农垦企业城镇化建设需要产业发展的问题谈些建议，供参考。

一、产业化发展对推动小城镇建设与发展的重要性

1. 产业化发展是城镇化发展的基础。产业化发展是促进城镇化发展的强大动力。产业化发展实际是以农业为基础的经济向以工业和服务业为基础的经济转型，在这种转型过程中，城镇化水平得到不断提高。因为城镇化水平与产业化发展是相伴而行的，从世界和我国发达地区看，城镇化的发展水平是与产业化发展息息相关、相伴而行的，这也决定了产业化发展是城镇化发展的前提和基础。

2. 产业化发展是城镇集聚效应实现的保障。小城镇的一个重要特点是具有集聚效应，而城镇集聚效应是通过产业化的发展来实现的。通过工业和服务业的发展，增强城镇的吸引力，为城镇化的发展提供经济动力，尤其是金融保险、信息咨询、商务服务等生产性服务业的发展，不但连接了生产和市场，而且为其他产业发展提供了重要条件。另外，城镇职工群众就业岗位的增加、收入水平的增多及生活消费水平的提高，也会刺激城镇基础设施和服务业的发展，包括交通设施、公用事业设施、信息产业设施等基础设施以及医疗、教育、餐饮等行业的发展，使小城镇的产业更加齐全，功能更强，吸引力增加，从而使小城镇有了产业依托。

3. 产业化发展为城镇化的持续发展提供了动力。第一、二产业发展是城镇化发展的重要原始动力，但发展到一定时期，第三产业发展会逐渐成为小城镇发展的重要后发动力，会继续推动城镇化水平持续提高。主要表现在随着城

* 本文原载于《农场经济管理》2015年第12期。

镇化的发展，要求城镇提供更多更好的配套性服务业，如提供金融保险、信息网络服务、商品流通服务、文化教育、体育娱乐、医疗卫生、家政养老、休闲度假、法律诉讼等行业的发展。

4. 产业化发展可多渠道解决小城镇剩余劳动力就业问题。当前农垦小城镇第二、三产业的发展不快，缺少就业岗位，造成农垦小城镇劳动力就业渠道少，剩余劳动力过多，发展工业和商务服务业可多渠道地解决剩余劳动力就业问题。

二、加快产业化发展提高小城镇经济支撑能力的几点建议

1. 以工业化发展促进城镇化发展。农垦企业加快工业化发展，重点做好以下工作：一是加快农业产业化龙头企业发展。农业产业化经营是以市场为导向，以家庭承包经营为基础，依靠龙头企业和合作组织，将生产、加工、销售各个环节有机地连接起来，实行一体化经营的新型农业经营方式。其关键环节是培育具有市场开拓能力、能进行农产品深度加工、为农户提供服务和带动农户发展商品生产的龙头企业。尽快建设一批农副产品加工龙头企业，这是促进职工增收、企业增效的一个重要措施。二是加大工业园区的建设。工业是小城镇发展的基础，而园区则是工业发展的载体，是工业化与城镇化的结合点，园区的建设不仅推动园区产业的集聚发展，提高产业化集约化发展，而且会进一步增强小城镇的经济实力。工业园区不仅要解决供水、供电、排水、供气、供暖、道路、通信等基础配套设施建设，还要营造优质的服务环境和优惠的政策环境，帮助解决财政、税收、融资等方面的问题。三是加大工业招商引资的工作力度。要制定优惠的招商引资政策，建立完善的招商引资服务环境，尽快引进一批工业企业落户农垦小城镇，对招商引资引进的农产品加工企业要协助建立产业化生产基地，建立龙头企业与基地农户的利益联结机制，增强龙头企业的带动能力。

2. 以现代化农业发展促进城镇化发展。现代化农业要以农业发展为基础，以发展农产品加工业为动力，通过加快农业基础设施建设、农业现代化设备购置及应用先进的科学技术，巩固农业基础地位，实现农业现代化，强化小城镇的集聚效应和产业集聚效应，促进城镇的一体化建设。现代化农业推动城镇化建设与发展的主要方式：一是实现农业生产的物质条件和生产技术的现代化。利用先进的科学技术和生产要素装备农业，实现农业生产机械化、电气化、信息化、生物化和化学化，推动城镇化建设。二是实现农业组织管理现代化。通过现代化的农业生产不仅提高了农业的生产效率，同时也转移了大批农业富余劳动力。发展与农业相关的农产品加工业和各种服务业，加快农业产业化的发

展，实现农业生产社会化，形成农工商一体化发展，促进城镇化的发展。三是尽快转变农业生产的方式，实现农业与相关产业的协调发展。农垦企业要以市场为导向，选准农业主导产业，通过对特色农业资源的深度开发，大力支持和发展特色产品的生产、加工、销售等农业龙头企业，进而带动相关产业的协调发展。

3. 以商务服务业发展促进城镇化发展。当前我国第三产业发展滞后，影响非农业就业比重的上升和城镇化水平的提高。在城镇化进程中，主要靠第三产业吸纳第一、二产业中分流出来的劳动力，行使对第一、二产业的服务功能。从长远发展看，要消除对第三产业发展不利的因素，加大对第三产业的资金投入，在加快传统商务服务业发展的基础上，积极推动第三产业内部结构升级，发展现代生产性服务业，积极发展金融、保险、物流、信息、网络咨询等现代服务业，加快推进服务行业的改革，为第三产业的发展营造良好的环境。重点放宽市场准入，引入竞争机制，加强人才引进和培养，增强第三产业发展后劲，提高城镇居民综合素质。要积极发展以个体经营为主体的民营经济，使其成为小城镇建设的有力支撑，将分散的民营企业集聚起来，变成小城镇的组成部分，民营企业的发展还可促进职工群众增收，使小城镇的建设与民营经济的发展相互促进，形成良性循环。

4. 以旅游业发展促进城镇化发展。通过发展旅游产业可有效地推动小城镇的发展。旅游业的发展主要靠产业带动，旅游业与三大产业都有相关关系，其发展将促进一系列关联行业的发展：旅游业的发展能推动区域以及作为旅游者集聚地的城镇化基础设施和服务体系建设；旅游业增强区域与外界的物资、信息、人员的交流；旅游业能带动劳动密集型产业发展，可为当地提供一定的就业机会。农垦企业发展旅游产业要重点抓好以下方面：一是开发建设旅游名镇。重点依托区位优势和特色农业资源等现有条件，挖掘当地特色旅游资源，按照“开发一个景点、建设好一个新城、搞活一方经济”的思路，实施旅游规划战略，培育一批各具特色的旅游名镇。二是要积极发展休闲农业旅游。发展休闲农业旅游可以促进产业结构调整，有效利用农业剩余劳动力资源，提高职工群众的收入，促进城乡交流和城乡一体化建设，推进传统文化的发展。可重点发展观光采摘型休闲农业、农业体验型休闲农业、民俗体验型休闲农业、科普教育型休闲农业、生态型休闲农业。在发展休闲农业旅游上，要制定休闲农业旅游发展规划，提升休闲农业旅游产品文化品位，加大休闲农业旅游基础设施投入，打造休闲农业旅游品牌，加大休闲农业旅游发展的政策支持，提高休闲农业旅游的经营水平。

5. 构建科学合理的小城镇规划体系，为第二、三产业发展提供基础条件。当前农垦小城镇大部分规模小，空间布局分散，城镇中的基础设施等基本要素不足以满足第三产业中现代服务业发展所需要的条件，偏少城镇人口和企业集聚不足，降低了第二、三产业的规模经济效益，因此有必要对城镇化战略结构进行调整，如采取鼓励政策发展中小城镇，以促进第二、三产业的快速发展。高附加值、专业化、新兴的第三产业往往与城市的规模联系在一起，大中城市的发展将促进金融、保险、法律、科技、信息技术等现代服务业的快速发展。农垦企业要尽快建设一批常住人口在2万～5万的小城镇，如齐齐哈尔管理局所属的查哈阳农场和克山农场，应尽快建成2万人以上的中小型城镇，并为其提供优惠政策和资金支持，为第二、三产业发展建设提供较好的基础。

6. 进一步深化改革，解决小城镇与产业化协调发展中的政策问题。当前城乡隔离政策阻碍了产业化与城镇化的协调发展。目前在农垦小城镇建设中，社会保障制度、就业政策等仍存在严重的问题，影响小城镇建设的进一步发展。应进一步采取措施，开放城乡劳动力市场，实施积极的就业政策，促进生产要素自由流动，解决社会保障中存在的职工断保漏保严重、医疗保障覆盖面窄等问题。另外，通过建立劳动力市场管理体系和就业服务体系，完善社会保障机制，促进就业工作的开展。

农垦企业应加快农业现代化的发展*

建设现代化农业是我国农业发展的方向，也是社会主义新农村建设的重要内容。农垦企业是现代农业的主力军，进一步加快现代化农业的发展是当前的主要任务。

1. 农垦企业要积极用现代物资条件武装农业。通过进一步推广使用现代农业机械，减轻劳动强度，提高劳动生产率；通过加强农田基础设施建设，提高抗灾减灾能力，实现高产稳产；加强种子、化肥、农药等农业生产资料的生产和市场管理，扩大测土配方施肥补贴试点，引导职工增施有机肥、科学施用化肥，减少环境污染；加强先进适用农机具的示范和推广工作，逐步提高重要农时、重点作物、关键生产环节和粮食主产区机械化作业水平；发展设施农业，推进畜禽养殖小区建设，改善防疫条件和养殖环境；切实加强农田水利建设，逐步扩大小型农田水利补助专项资金规模，完善农田水利建设和管理机制。

2. 农垦企业要积极用现代科学技术改善农业。加快构建农业科技创新体系，大力提高自主创新能力，加大农业生物技术、信息技术、食品生物工程技术等高新技术的研发力度，特别要在良种培育、先进种养技术集成配套、农产品精深加工、资源高效利用和生态保护等方面取得重大进展。改善技术创新的投资环境，鼓励大型企业建立农业科技研发中心，健全农业技术推广体系，建立多元化的技术推广机制，加大科技成果的转化、应用和普及。按照建设资源节约型、环境友好型社会的要求，大力发展循环型农业，积极发展节地、节水、节肥、节能等节约型农业。

3. 农垦企业要积极用现代化经营形式发展农业。把农业生产、加工、流通等环节有机联结起来，形成完整高效的农业产业化体系，是建设现代农业的基本经营形式。农业产业化经营有利于解决分散个体农户生产与市场对接的矛盾，有利于实现农业多层次、多环节增值增效，有利于农户分享农产品加工流通环节的增值增效，有利于研发推广优良品种和先进适用技术，有利于发展规模经营和标准化生产。要切实把农业产业化经营作为一个带有全局性、方向性的大事来抓，贯穿现代农业建设的全过程。要加大国家扶持力度，搞好发展规

* 本文撰写于2014年12月24日。

划，发挥资源优势，突出特色，以市场需求为导向，以科技进步为支撑，以深加工为重点，不断延长农业产业链，形成产业集群。要积极培育壮大产业化龙头企业，推进龙头带基地、公司连农户、产加销一条龙等多种模式，完善企业与农户利益联结机制。要加快发展各类专业合作经济组织，提高农户进入市场的组织化程度。

4. 农垦企业要积极用现代发展理念指导农业。坚持用现代发展理念指导农业，要转变发展方式，创新发展模式，提高发展质量。要注重树立和运用大资源发展理念，合理有效地利用耕地、林地、草原、水面、生物、光热等各种资源，不断提高资源综合利用效率；注重树立和运用大农业理念，拓宽农业发展的内涵和外延，全面发展农林牧副渔各业及加工和流通业，增强和发挥农业的食物营养、工业原料、就业增收、生态保障、观光旅游、文化传承等多种功能；注重树立和运用大食物理念，积极开发粮食和非粮食食物，增加动物性食品供给，满足社会对食物的多样化需求；注重树立和运用大市场理念，充分利用农村市场和城市市场、国内市场和国外市场、产品市场和要素市场、现货市场和期货市场，发展现代流通方式，扩大流通范围，消除流通障碍，提高流通效率；注重树立和运用大生态理念，充分发挥林草等植被的生态屏障作用，营造农田防护林网，搞好水土保持，治理面源污染，推进废弃物的减量化、无害化、资源化，发展循环型农业、低碳型农业、节约型农业，实现农业可持续发展。

5. 农垦企业要培养新型农业职工发展农业。发展现代农业必须发挥人力资源优势，要大幅度增加人力资源开发投入，全面提高劳动者素质。一是培育现代农业经营主体。开展农业生产技能的培训，扩大新型农业工人科技培训，组织农村实用人才培训，尽快把广大农业工人培养成具有较强市场意识、有较高生产技能、有一定管理能力的现代农业经营者。积极发展种养专业大户、农业专业合作组织、产业化龙头企业等各类适应现代农业发展要求的经营主体。采取多种支持政策，鼓励外出务工农业工人带技术、带资金回场创业，成为建设现代农业的带头人，支持工商企业、大专院校毕业生和民营企业家到农场创办农业企业。二是加快发展社会事业，这是增强农业工人综合素质的必然要求。继续改善办学条件，促进义务教育的协调发展，发展新型合作医疗制度，增加文化事业投入，加强公共文化服务体系建设，促进农垦社会事业的快速发展。

农垦企业应加快转变农业发展方式*

为加快发展农业现代化，必须走可持续发展之路，加快改变粗放型农业发展方式，实现农业结构战略性调整，大力发展节约型、循环型和生态型农业。本文就农垦企业加快转变农业发展方式问题谈些建议，供参考。

一、农垦企业加快转变农业发展方式应坚持的原则

1. 坚持发展农业集约经营，不断提高农业整体效益。转变农业发展方式，必须稳定和完善家庭承包经营制度，坚持以家庭承包经营为基础、统分结合的双层经营体制，积极发展农业适度规模经营，可以发展专业大户、家庭农场、专业合作社等规模经营，大力发展土地集约型、资本密集型、技术密集型和生态循环型农业。坚持走资源节约型和环境友好型道路，实行集约化生产、产业化经营、品牌化营销，提高农业资源利用效率，提升农业经营管理水平。

2. 坚持以农业科技创新为动力，提高农业核心竞争力。加快转变农业发展方式，必须坚持依靠科技进步，大力推动科技创新，围绕现代农业发展的要求，以提高农业科技持续创新能力为核心，推进农业科技推广体制改革和机制创新，提高农业科技创新能力和农业核心竞争力。

3. 坚持加快农业基础设施建设，提高农业综合生产能力。加快转变农业发展方式，必须加快农田水利建设，积极推进农业机械化，强化农业物质装备，提高农业综合生产能力，建立健全农业防灾、减灾体系，提高农业生产力水平。

4. 坚持推进农业体制改革，增强农业经济发展的活力。加快发展新型合作组织，培育各种农业社会化服务组织，鼓励龙头企业与农民专业合作社建立紧密型利益联结机制，提高农业组织化程度。

二、农垦企业转变农业发展方式的主要目标

加快转变农业发展方式，就是要改变粗放型经营方式，着力转变农业发展

---

* 本文撰写于2013年5月6日。

战略，从农业资源现状和生产力水平等现实基础出发，实现农业经济增长方式根本性转变，促进农业经济平衡快速发展。

1. 由注重数量增长向总量平衡、结构优化和质量安全并重转变。在加快转变农业发展方式中，必须不断提高农业综合生产能力，保障主要农产品有效供应，确保国家粮食安全。同时，加大推进产业结构、产品结构、区域结构调整的力度，不断提升农产品质量安全与竞争能力，促进农产品供给在保持一定数量和增长速度的同时，向总量平衡、结构优化和质量安全并重转变，注重依靠优化产业结构和产品结构，提高农产品的质量和效益。

2. 由主要运用传统农业技术向提高物质、技术、装备水平转变。加快转变农业发展方式，是适应全球需求结构重大变化、增强我国农业竞争力和抵御国际市场风险能力的必然要求，必须促进农业生产条件由主要运用传统农业生产技术向提高物质、技术、装备水平转变。因此，要坚定不移地用现代物质条件装备农业，用科学技术改造农业，大力发展设施农业，加快发展农业机械化，提高农业科技创新能力和推广能力，强化农业防灾、减灾体系建设，提高农业科技进步贡献率，增强农业抵御自然灾害的能力。

3. 由主要依靠资源消耗向资源节约型、环境友好型转变。加快转变农业发展方式，就是要促进农业发展由主要依靠资源消耗向资源节约型、环境友好型转变；由过去主要依靠资源的外延开发转到主要依靠节约资源，提高资源利用率和持续发展能力，向农业生产的深度开发，不断提高农业生产效率和效益，从根本上改善农业生态环境，转变粗放的农业发展方式，走内涵式发展道路，切实加大农业资源和生态环境保护，加快推进农业生态文明建设，严格执行耕地保护制度和集约节约用地制度，推广农业节本增效技术，发展循环农业，提高资源利用效率，减少面源污染，促进资源永续利用和农业永续发展。

4. 由传统农业劳动者向具有较高综合素质的新型农业劳动者转变。加快农业经济的发展，必须推动农业科技进步，而农业生产者的科技文化素质关系到农业科技进步，直接影响农业科技成果的转化。加快转变农业发展方式必须提高农业劳动者的综合素质，把提高农业生产工人的科技文化水平放在突出位置，重视全面提高广大农业生产者的科学文化素质，积极发展农业职业教育，多种渠道开展农业生产工人的科技培训，把具有一定文化基础的青年安排到各类农业技术学校进行专业技术培训，切实加强农业实用人才开发，培养一大批有文化、懂技术、善经营、会管理的新型农业工人，为农垦企业加快转变农业发展方式提供智力支持。

5. 由一家一户家庭分散经营向提高农业组织化程度转变。农垦企业实行以家庭承包经营为基础、统分结合的双层经营体制。加快转变农业发展方式，必须促进农业经营方式由一家一户分散经营向提高农业组织化程度转变。因此，在坚持农业基本经营制度的基础上，进一步加快推进农业经营体制机制创新，发展各类产业化经营组织，特别是农业专业合作社。建立健全农业社会化服务体系，推进农业产业化经营，促进农户由分散经营向适度规模经营转变，形成多元化、多层次、多形式的经营方式，切实提高农业组织化程度，把农业引领到农业商品化、专业化、社会化的发展轨道上来。同时，通过建立健全社会化服务体系，为农业生产提供产前、产中、产后服务，使家庭经营与社会化生产联系起来，加快农业产业化经济发展的步伐。

三、农垦企业加快转变农业发展方式应采取的措施

1. 进一步构建现代农业产业体系。加强现代农业产业体系建设，是提高农业发展质量和效益、增强农业竞争力的重要举措，也是农业现代化的重要内容。要以资源为基础、市场为导向、科技为先导，因地制宜，因势利导，大力发展优势农业产业带，促进农业多元化经营、区域化布局、专业化生产，培育特色品牌；加快推进农业标准化、规模化种养，提高农产品品质和安全水平；加快发展高效经济作物，大力发展设施农业，加大力度研发推广先进适用设施农业技术，支持发展设施农业；大力推进农产品生产、加工、流通一体化经营，提高农业附加值和效益；加强农产品质量安全监管，重点加强农产品生产过程控制，建立农产品质量追溯体系；加快发展无公害农产品、绿色食品和有机农产品，培育一批国内外公认的农产品知名品牌。

2. 加强农业基础设施建设。加快转变农业发展方式，必须加强农业基础设施建设，努力提高农业水利化、机械化、信息化水平。要以提高农业综合生产能力为重点，紧紧围绕提高水土资源利用率，切实加强农田水利基本建设，建设高标准粮田，改造中低产田，完善农田水利建设；大力发展农业机械化，进一步改善农机装备水平，加快农机行业技术创新和结构调整，重点发展大中型拖拉机、多功能通用型高效联合收割机以及各种专用农机产品；加快农业信息化建设，重点加快农业互联网、物联网的发展。

3. 积极推进农业科技创新和应用。推进农业技术的开发和创新，要以生物技术和信息技术为重点，组织科技攻关和新技术引进。一是推广先进适用技术，按照农机农艺结合、良种良法配套的原则，坚持抗旱节水、合理密植、增加积温的技术路线，推广水稻、玉米、大豆、小麦、马铃薯五大粮食作物高产栽培技术模式。二是加快培育新品种，加大农作物良种选育推广力度，加快更新换代步伐，发挥良种的增产增收作用。三是建立现代农业耕作制度，建立以大机械为标志的深耕制度，建设土壤水库，增强抗旱能力，大力推行农作物轮作制度，建立现代植保制度，实行农作物病虫害统防统制。四是建立新型多元

化农技推广体系，加强农业科技服务平台建设，建立农业科技交易市场网络，加快科技成果的转化。五是加强农产品深加工技术研究，尽量延长农业生产链，提高农产品附加值。

4. 加大制度环境建设，推进农业改革和体制创新。一是进一步完善土地流转政策，按照依法有偿原则，鼓励职工以转包、出租、互换、转让、合作等形式流转土地承包经营权，推进土地适度规模经营。二是要创新农业经营体制机制，提高农业生产组织化程度，大力发展专业大户、家庭农场和专业合作社，实现农业专业合作组织的规范化运作。三是建立农业社会化服务体系。农业社会化服务是建设现代农业的重要保障，是农业生产经营与现代科技装备和市场相结合的重要途径。应运用财税、金融等杠杆，引导社会资本参与农业社会化服务体系建设，培育多元化的农业社会化服务组织，支持农业专业合作组织、供销合作组织、龙头企业等提供多种形式的生产经营服务，积极发展生产资料供给和农产品销售流通服务业。

5. 加强农业资源环境保护和建设，大力推广农业节本增效。按照减量化、资源化、再利用的发展理念，大力推广节地、节水、节种、节肥、节药、节能、节油的农业技术；加强水资源保护，加大水生物资源养护力度，强化水生生态修复和建设；抓好农业循环经济的发展，重点抓好沼气工程建设和沼气服务体系建设，促进农业资源循环利用；大力构建农垦小城镇清洁卫生工程，要以小城镇废弃物资源化利用为突破口，加快开发以农作物秸秆等为主要原料的生物质燃料、肥料、饲料，有效治理农业面源污染。

6. 培育新型农业生产工人队伍，强化现代大农业主体建设。一是加强农业生产工人教育培训体系建设，多渠道、多层次、多形式开展教育培训，实现技术培训、职业教育培训、技术推广培训、继续教育培训和义务教育培训有机衔接。二是重点抓好专业技能培训，包括生产技术、农机作业、精细化管理、市场营销培训等。三是国家和企业要加大对农业生产者的培训支持力度，通过增加经费补贴、提供培训场所和建立多种方式的培训渠道，提高农业生产者的综合素质。

7. 继续加大农业投入的力度。一是加大对农业现代化的投入，通过加大财政投入，确保财政支农资金持续稳定增长。金融部门要加大对农业现代化的投入，将中长期贷款引入现代大农业建设领域，重点支持主导产业发展、重大农业基础工程建设和农业产业化龙头企业建设。二是积极引导社会资本投入。通过调整政策，引导社会资金、工商资本和农垦职工向农业现代化建设投入，形成现代化大农业的多元化投入机制。

农垦企业应进一步转变发展方式发展现代农业*

现代农业是指具有现代科学文化的职工运用现代科学技术、管理理念，实现产前、产中和产后的紧密结合，实现产供销一体化的开放的市场化综合农业。其主要特征是实现生产手段现代化、生产技术科学化、产品和服务市场化、生产经营规模化和产业化、生产组织社会化、经营管理企业化、劳动者素质智能化。本文就农垦企业进一步转变发展方式发展现代农业的问题谈些建议，供参考。

一、加快转变农业发展方式发展现代农业的重要性

1. 加快发展现代农业有利于促进农业产业化的发展。加快发展现代农业可以加快农业内部产业体系的完善和农业产业链条的延长，从而带动相关农业生产资料生产、加工、销售和农产品收购、储藏、加工、销售等加工业和流通业的发展；发展现代农业要求有更高、更多的科技成果的应用，要求有更及时、更有效的信息提供，因此可进一步带动科学技术、教育培训、信息咨询等相关服务业的发展；发展现代农业能进一步促进保护生态环境、观光休闲等农业新功能的开发，有利带动农垦休闲旅游业的发展。

2. 加快发展现代农业有利于促进职工收入的增加。目前农垦企业职工收入增加缓慢，2013 年和 2014 年农垦齐齐哈尔管理局职工人均纯收入分别增长 5.7%和 6.3%，明显出现收入放缓的趋势。只有进一步加快发展现代农业，才能拉动企业职工收入水平进一步提高。

3. 加快发展现代农业有利于推进农垦城镇化的进一步发展。近几年农垦企业城镇化得到较快的发展，到 2013 年末黑龙江全垦区城镇化率达到 85.7%，但受经济发展放慢的影响，农垦城镇化缺少经济支撑。只有加快现代农业的发展，才能进一步增强城镇化的产业支撑。发展现代农业会扩大农垦城镇居民对消费市场及服务业的需求，特别是农垦小城镇，农业是主要生产部门，农业仍是市场的主体，发展现代农业有利于增加职工收入水平，带动农垦

---

* 本文原载于《黑龙江粮食》2015 年第 10 期。

小城镇居民生产投入和市场消费两方面的市场需求。

4. 加快发展现代农业有利于促进农垦企业实现充分就业，实现社会稳定。发展现代农业可加快农业产业化的发展，能够促进职工增加收入，实现职工更加充分就业；能够带动和创造更多非农产业的发展，增加居民的就业机会；能够带动教育、文化、科学技术等事业的发展，提高职工的科学知识和综合素质。所以加快发展现代农业，可促进农垦企业和谐稳定，创造有利的社会环境。

二、加快转变农业发展方式发展现代农业应坚持的原则

1. 坚持由注重数量增长向总量平衡、结构优化和质量安全并重转变的原则。在加快转变农业发展方式中，必须不断提高农业综合生产能力，保障主要农产品有效供应，确保国家粮食安全。同时，加大推进产业结构、产品结构、区域结构调整的力度，不断提升农产品质量安全与竞争能力，促进农产品供给在保持一定数量和增长速度的同时，向总量平衡、结构优化和质量安全并重转变，注重依靠优化产业结构和产品结构，提高农产品的质量和效益。

2. 坚持由主要运用传统农业生产技术向提高物质技术装备水平转变的原则。加快转变农业发展方式，是适应全球需求结构重大变化、增强我国农业竞争力和抵御国际市场风险能力的必然要求，必须促进农业生产条件由主要运用传统农业生产技术向提高物质技术装备水平转变。因此，要坚定不移地用现代物质条件装备农业，用科学技术改造农业，大力发展设施农业，加快发展农业机械化，提高农业科技创新能力和推广能力，强化农业防灾、减灾体系建设，提高农业科技进步贡献率，增强农业抵御自然灾害的能力。

3. 坚持由主要依靠资源消耗向资源节约型、环境友好型转变的原则。加快转变农业发展方式，就是要促进农业发展由主要依靠资源消耗向资源节约型、环境友好型转变；由过去主要依靠资源的外延开发转到主要依靠节约资源，提高资源利用率和持续发展能力，向农业生产的深度开发，不断提高农业生产效率和效益，从根本上改善农业生态环境，转变粗放的农业发展方式，走内涵式发展道路，切实加大农业资源和生态环境保护，加快推进农业生态文明建设，严格执行耕地保护制度和集约节约用地制度，推广农业节本增效技术，发展循环农业和低碳农业，提高资源利用效率，减少面源污染，促进农业持续发展。

4. 坚持由传统农业劳动者向具有较高综合素质的新型农业劳动者转变的原则。加快农业经济的发展，必须推动农业科技进步，而农业生产者的科技文化素质关系到农业技术进步，直接影响农业科技成果的转化。加快转变农业发

展方式必须提高农业劳动者的综合素质，把提高农业生产工人的科技文化水平放在突出位置，重视全面提高广大农业生产者的科学文化素质，积极发展农业职业教育，多种渠道开展农业生产工人科技培训，把具有一定文化基础的青年安排到各类农业技术学校进行专业技术培训，切实加强农业实用人才开发，培养一大批有文化、懂技术、善经营、会管理的新型农业工人，为农垦企业加快转变农业发展方式提供智力支持。

5. 坚持由一家一户家庭分散承包经营向进一步提高农业组织化程度转变的原则。农垦企业实行以家庭承包经营为基础、统分结合的双层经营体制。加快转变农业发展方式，必须促进农业经营方式由一家一户分散承包经营向提高农业组织化程度转变。因此，在坚持农业基本经营制度的基础上，进一步加快推进农业经营体制机制创新，发展各类产业化经营组织，特别是农民专业合作社。建立健全农业社会化服务体系，推进农业产业化经营，进一步加快推进农户由分散经营向适度规模经营转变，形成多元化、多层次、多形式的经营方式，切实提高农业组织化程度，把农业引领到农业商品化、专业化、社会化的发展轨道上来。同时，通过建立健全社会化服务体系，为农业生产提供产前、产中、产后服务，使家庭经营与社会化生产联系起来，加快农业产业化经济发展的步伐。

三、加快转变发展方式发展现代农业采取的措施

1. 优化农业产业结构，促进现代农业发展。加强现代农业产业体系建设是提高农业发展质量和效益、增强农业竞争力的重要举措，也是农业现代化的重要内容。要以资源为基础、市场为导向、科技为先导，因地制宜，因势利导，大力发展优势农业产业带，促进农业多元化经营、区域化布局、专业化生产，培育特色农产品品牌；加快推进农业标准化、规模化种养，提高农产品品质和安全水平；加快发展高效经济作物，加大投入力度研发推广先进适用设施农业技术，支持发展设施农业；大力推进农产品生产、加工、流通一体化经营，提高农业附加值和效益；加快发展无公害农产品、绿色产品和有机产品，培育一批国内外公认的农产品知名品牌。

2. 进一步推进土地经营制度的改革。当前制约我国农业现代化发展的主要因素还是土地问题，主要表现为较小经营规模限制了农业现代化的发展，在抗风险、利用高效农业技术等方面的不足，也阻碍了农业效益的提高。农垦企业在规模化种植方面已取得较好效果，但受土地承包的限制，主要是受一家一户家庭农场经营模式的限制，有些农场在进一步发展农业现代化方面仍受到一定的影响。应进一步完善土地承包制度，促进土地流转和农业规模化经营，土

地承包经营权流转应有利于促进土地、资金、技术等生产要素的重新组合和优化配置，实现规模化经营。土地规模化经营的关键在适度，适度规模经营可以降低单位产品的成本，产生规模效益，使利润最大化。因此，应进一步鼓励有一定经营管理能力、有技术、有资金的农户或非农人员组建农业生产合作社成片承包土地，实现规模经营，提高农业生产的效益，增加职工收入。农垦企业要加大土地流转机制的改革，地方政府和银行要给予政策和贷款等方面的支持，相关部门要给予技术指导。

3. 进一步加强农业基础设施建设。加快转变农业发展方式，必须加强农业基础设施建设，努力提高农业水利化、机械化、信息化水平。农业基础设施建设主要包括农业基础设施和配套设施建设，是以农田排灌系统、交通系统、电网改造为主，以作业运输方便、排灌自如、旱涝保收、高产稳产为目标，并根据各功能区的需要，建设温室大棚，应用滴灌、喷灌等现代化设施和生产技术，用现代装备和技术装备农业，通过建设高标准、配套完善的农业基础设施，改善生产条件，推动农业规模化、集约化、机械化生产。通过农业基础设施建设，农业生产条件得到改善，可以提高抗灾防灾能力，并抓住信息化的契机，把农业信息化与机械化、电气化、设施化有机融合起来，实现农业机械设施、装备水平的跨越式发展。

4. 积极推进农业科技创新和应用。农业科技是农业现代化的重要支撑。近几年我国农业科技迅速发展，农业机械化加速推进，支撑能力明显增强，但农业科学技术贡献率、新科技成果转化率都明显低于发达国家水平。要进一步加大农业科技投入，深入实施科技兴农战略，大力推进农业科技体制机制创新，强化现代农业技术体系建设，加强农业科技创新，强化技术集成配套，特别要抓好种业这个农业科技创新的重点和农业机械这个农业科技创新的重要载体，抓好重大适用技术推广，大规模地开展高产创建。农垦企业还应重点抓好以下工作：一是抓好农业科技创新。要抓好农业生物技术创新，发展生物科技农业；节水灌溉技术创新，大力发展节水农业；农机装备技术创新，积极开发推广大马力、高性能、节能环保和复式作业机械，探索农业全程机械生产模式；精细化管理技术创新；农畜良种技术创新，开发高产优质的粮、经、畜品种。二是抓好农业技术推广服务体系建设。重点加快基层农技推广服务体系建设，发展多元化农业科技服务组织，引导和鼓励农民专业合作社、农业科技服务组织、涉农企业等开展农业科学技术推广。

5. 加强农业资源环境保护，大力推广农业节本增效。节约农业资源、保护生态环境、推进可持续发展，是实现农业现代化建设的艰巨任务。要加强水资源保护，加大水生生物资源养护力度，强化水生生态修复和建设；大力推进农业节本增效，按照减量化、资源化、再利用的农业循环发展理念，大力推广节地、节水、节能、节种、节肥、节药、节油、节劳等农业技术；组织实施沼气工程建设，抓好农户沼气生产服务体系建设，促进农业资源循环利用；大力推进清洁工程建设，以农业废弃物资源化利用为突破口，加快开发以农作物秸秆、畜禽粪便等为主要原料的生物质燃料、肥料、饲料的开发利用，有效治理农业面源污染。

6. 培育新型农业生产工人队伍，强化现代大农业主体建设。一是加强农业生产工人教育培训体系建设，多渠道、多层次、多形式开展教育培训，实现技术培训、职业教育培训、技术推广培训、继续教育培训和义务教育培训有机衔接。二是重点抓好专业技能培训，包括生产技术、农机作业、精细化管理、市场营销培训等。三是国家和企业要加大对农业生产者的培训支持力度，通过增加经费补贴、提供培训场所和建立多种培训渠道，提高农业生产者的综合素质。

7. 积极做好农业剩余劳动力转移。农业剩余劳动力的转移问题事关农业现代化的进一步发展，此项工作不仅能够加快农业现代化的进程，提高农业竞争力，而且能促进第二、三产业的快速发展，提高农垦城镇化水平。重点抓好以下工作：加快农业产业化发展，积极提供非农就业岗位，提高农业在非农工作岗位上的就业比重，要在基础设施建设中注意扩大吸纳农业富余劳动力。在加大工业化进程中，注意在劳动密集型制造业中吸纳更多的农业富余劳动力，要积极发展商务服务业及休闲旅游业，促进劳动力就业。

8. 健全农产品质量安全保障体系。农产品质量安全事关人民群众身体健康和公共安全，是建设农业现代化的一个基本要求。应建立和完善统一、权威的农产品质量安全标准体系，建立农产品质量安全检验监测体系和制度；加强农产品质量安全监管，重点加强农产品生产过程控制，建立农产品和食品生产质量追溯体系；建立农产品质量安全信息系统，完善信息服务，形成农产品质量安全全程保障服务体系。

对垦区城郊农场加快发展都市现代农业的几点建议*

黑龙江垦区有相当比例的农场坐落在城市的近郊，有发展都市现代农业的优势条件。农垦齐齐哈尔管理局所属的11个农场坐落在黑龙江省两市（齐齐哈尔市、大庆市）八县（克山县、依安县、富裕县、甘南县、泰来县、泰康县、林甸县、建华区）境内，多数农场在城市的近郊，如齐齐哈尔种畜场在齐齐哈尔市城郊，依安农场、富裕牧场坐落在依安县和富裕县的城郊。这些农场近些年围绕城市积极发展高效农业、旅游农业、设施农业等，并取得较好的效益。本文就农垦系统城郊农场发展都市现代农业问题谈些建议，供参考。

一、垦区城郊农场发展都市现代农业的必要性和重要性

1. 城郊农场发展都市现代农业可以提高企业的经济效益。都市现代农业依托城市的科技、经济、社会力量，实现了高产值和高效益。发展都市现代农业可以彻底改变传统农业经济效益低下问题，并以国内外市场为导向，以提高经济效益和保护环境为中心，生产、流通、科技等环节紧密结合，实现生产专业化和集约化。发展都市现代农业还可以有效地依托城市的科技优势、资本优势和市场优势，提高农业产业的竞争力，实现农业产业的优化升级，从而稳定提高企业和职工的收入。

2. 城郊农场发展都市现代农业可以为实现农业可持续发展提供保障。城市周边地区土地等自然资源虽然相对缺乏，但在基础设施、经济和科技方面占有优势。由于区位优势，城市所具有的强大的工业技术、物质装备和科技比较容易向农业转化和渗透。另外，都市现代农业发展也将有力地带动和促进农业高新技术产业的发展，在促进城市发展的同时，可优先实现农业集约化、设施化、工厂化、专业化、规模化和基地化。

3. 城郊农场发展都市现代农业可以促进城乡一体化的发展。都市现代农业的发展适应了城市日益丰富和多元化的消费需求，为城市提供服务。都市现代农业及其产业化的发展，要以城市工业、信息服务业为依托，以城市技术和人才为支撑，城市的发展为开展示范农业、发展农副产品龙头企业和解决企业

---

* 本文撰写于2014年4月23日。

剩余劳动力就业提供机会，能有效地实现职工增收。因此，发展都市现代农业有利于城郊农场经济发展，加快生态环境建设，实现城乡一体化发展。

4. 城郊农场发展都市现代农业有利于改善城市的生态环境。随着城市化进程的加快，城市规模快速扩大，受传统发展模式的影响，城市工业化进程对环境与资源造成严重污染，并已成为建设生态城市的主要障碍。城郊农场发展都市现代农业不但能为城市提供美化绿化用的花卉苗种、观赏性的奇蔬异果，而且其生产基地还可以成为市民观光休闲地和绿色屏障。另外，发展都市现代农业可以充分体现城市的现代信息，可提升城市的品位，塑造城市的特色。

5. 城郊农场发展都市现代农业可以带动第二、三产业的发展。发展都市现代农业不但可以带动一大批农副产品龙头企业的发展，还可以带动旅游、服务等相关产业的发展。随着都市现代农业的发展和农业物流体系的日益完善，生产、加工、运输、仓储和销售等环节逐步配套，由此所带来的生产能力的提高和生产领域的不断扩大将吸纳更多的劳动力就业，可有效提高农垦企业和职工的收入。

二、城郊农场发展都市现代农业应坚持的原则

1. 坚持以市场为导向原则。要充分发挥市场需求的导向作用，转变发展观念、转变发展方式，发展适销对路的产品和产业，培育特色产品，打造名牌，提高农产品的商品化水平。

2. 坚持可持续发展原则。按照建设宜居城市和发展绿色有机食品的要求，优化资源配置，发展集约型农业，推进循环经济发展，实现农业的可持续发展。

3. 坚持突出区域比较优势的原则。根据本地发展规划和区域内功能定位，结合本单位自然资源优势，发展适合本区域内的优势特色主导产业。

4. 坚持产业化经营原则。根据产业化发展原则，重点拓展农业生产的产业链，促进产业融合，加大第一产业向第二、三产业的延伸力度，提升农业的产业化、现代化、社会化、组织化水平。

5. 坚持对外开放原则。要立足本地，以利益共享为纽带，充分利用国内外资源和市场，加强对外交流与合作，特别是要加强同周边地区的合作，推动城郊农场经济的快速发展。

6. 坚持经济、社会和生态效益并重的原则。在追求农业经济效益的同时，要注重社会和生态效益，在保证职工群众增加收入和企业增加收益的基础上实现社会效益和生态效益的提高。

三、当前我国城郊农场发展都市现代农业的主要类型

1. 生态景观型农业。以构筑生态良性循环系统，维持生态平衡，防止环

境污染，优化、美化、净化城市环境为主要功能，为市民提供良好的工作生活环境、优美的田园风光、清新的空气和舒适休闲观光场所，促进人与自然、农村与城市的和谐发展。

2. 体验参与型农业。融现代农业、乡土风情、娱乐休闲、文化教育和农事体验为一体，让市民和游客在接触自然、体验农艺中调节身心健康，享受田园之乐，丰富精神文化生活。

3. 旅游度假型农业。依托自然风光，建设一批集度假、餐饮观赏、娱乐为一体的多功能特色农艺园，实现农业与旅游业的紧密结合，满足与适应市民走出城市、回归自然、享受安逸生活的心理和多层次、多文化的消费需求。

4. 高科技设施型农业。应用工程技术、生物技术、信息技术以及农产品的保鲜、储藏、加工等现代科技与先进的农艺技术，建设资本、技术、设施高度密集的现代化、智能化、精准化高科技设施农业和创意农业，实现农业生产的标准化、可控化和工业化，展示现代农业的风采。

5. 特色精品型农业。按照无公害、绿色、有机农产品生产技术规程和标准，从生产、加工、包装、运输到销售实行全程质量控制，组织生产富有地域特色的安全、营养、优质、鲜活农副产品，适应城市居民对食品消费要求不断提高的需要。

四、黑龙江垦区城郊农场发展都市现代农业的主要模式

1. 高效设施农业。发展以日光温室为主的设施农业，向规模化、设施化、标准化、优质化方面发展。城郊农场应根据自己的区位优势和产业特色，以设施蔬菜、果木、花卉为主分别集中连片建设新型日光温室生产园区。

2. 绿色生态农业。生态农业是按照生态学和经济学原理，以及应用系统工程方法，因地制宜地设计、组织、调整和管理农业生产和农村经济的系统工程体系。它要求把发展粮食与多种经济作物，发展大田种植与林、牧、渔业，发展大农业与第二、三产业结合起来，利用传统农业的精华和现代科技成果，通过人工设计生态工程，协调发展与环境之间、资源利用与保护之间的矛盾，实现经济、生态、社会效益的统一。

3. 休闲观光农业。按照城乡互动、产业融合的要求，充分利用区域自然风光、自然景观和民风民俗优势，深度开发农业的生态、生活功能。规划建设一批集度假、餐饮、观赏、娱乐于一体的多功能特色休闲农庄，引导、培育、做大一批旅游产品，开办美食店、美食节等服务，融现代农业、乡土风情、娱乐休闲、文化教育和农事体验为一体，实现农业与旅游业的紧密结合，促进农垦旅游产业做大做强。

4. 现代园区农业。凭借贴近城区、交通便利、经济实力强和科技资源雄厚的优势，重点发展以现代科技和装备为支撑，以现代产业体系和经营模式为载体，集现代农业示范、科技成果展示、农产品供应配送、旅游观光休闲于一体的综合性大型现代农业产业园区。

5. 特色种养农业。在城郊农场适度发展特色种植养殖业，建设具有一定规模的特色种养园区。以奶牛、羊、家禽等为主，重点发展种源性养殖，推进集约化生产，发展适度规模养殖，建设生态养殖园区；以特色蔬菜为主，重点发展大棚蔬菜、食用菌、有机蔬菜等，提升绿色蔬菜和有机蔬菜的生产能力。

6. 精准农业。精准农业是指在现代信息技术、生物工程、工程技术等一系列高新技术最新成果基础上发展起来的一种重要的现代农业生产形式，通过全球卫星定位系统、遥感技术、地理信息技术、自动化控制技术等，利用大型的机械设备进行田间管理，能够做到精确配方施肥，定点施药，在减少投入的情况下增加或维持产量，提高农产品质量，降低成本，减少环境污染，节约资源，保护生态环境，适用于种植业、畜牧业、园艺和林业等。我国农业仍属于高耗低效农业，农田灌溉水的有效利用率只有30%～40%，化肥利用率仅30%，因此发展节水、节肥的精准农业将是我国都市现代农业发展的方向。在设施农业发展较快的地区，推广适应我国特点的精准设施农业技术，对增加农产品产量，提高农产品品质，节约水、肥资源，保护农业生态环境有着重要作用。

7. 创意农业。创意农业是指利用农村的生产、生活、生态“三生”资源，发挥创意、创新构想，研发设计出具有独特性的创意农产品或活动，以提升现代农业的价值与产值，创造出新的、优质的农产品和农村消费市场与旅游市场。创意农业的兴起是现代农业发展的必然，是都市现代农业的重要组成部分。创意农业是以增加农产品附加值为目标，在农产品生产、加工及营销过程中进行创意生产，创造出农业独特的增收模式，实现农业增收。创意农业包括农业产品创意、主题公园创意、农业节庆创意、产业融合创意、异域文化创意、农食文化创意、医农同根创意等类型。

五、垦区城郊农场发展都市现代农业应采取的保障措施

1. 健全规划保障体系。要组织相关方面的专家，研究制定具体的发展规划，合理划分发展区域，明确产业发展类型，确定不同阶段的发展重点、发展目标和工作措施。将都市现代农业发展规划纳入当地区域经济社会发展总体规划，并与城市发展规划、土地利用规划相衔接，与统筹城乡发展规划、居民区建设规划相配套。确保规划的严肃性和稳定性，指导城郊农场都市现代农业快速有序发展。

2. 健全投入保障体系。国家要支持城郊农场都市现代农业的发展，加大财政支持的力度，充分发挥政府和主管部门资金投入的导向作用，重点对基础设施、生态建设、科研培训等方面加大投入。完善多元化投入机制，大力吸引工商、民间和其他社会资本投资开发都市现代农业。整合各种农业发展基金，集中财力，重点支持城郊农场发展现代农业园区项目建设。创新项目运作机制，坚持市场化、产业化方向，明晰项目产权，落实项目主体，加快项目建设，提高项目效益。

3. 健全政策保障体系。按照依法、自愿、有偿的原则，积极探索租赁经营、土地入股、合作社经营等多种形式，建立健全土地承包经营权的流转机制，促进规模开发和集约开发。根据有关国家政策规定，大力支持农业科技园区、农业产业化项目、农产品加工龙头企业、专业合作组织、规模生产基地建设和发展。制定落实信贷、税收等优惠政策措施，鼓励社会、企业、个体投资城郊农场都市现代农业建设。

4. 建立健全农产品流通体系。一是构建农产品流通体系。大力推进农业市场化建设，进一步完善以农产品批发市场为中心，以集贸市场、零售经营门店、各类专营店和超市柜台为基础，以现代物流配送、连锁经营和电子商务等多种营销方式为手段的农产品现代化流通体系。二是构建网上农产品流通平台，强化信息服务。建立权威的农产品信息网络，及时准确地向企业和农业从业人员与交易者提供价格信息、生产信息、库存信息等，提供市场预测分析，及时向生产、加工、流通等各个环节提供市场科技信息。

5. 建立农业科技创新与应用推广体系。制定具体的政策与措施，鼓励农业科技的推广服务活动；加大农业科技推广服务体系的支持，建设良好的硬件平台；构建一支具备现代农业知识与现代农业经营管理知识的专业人才团队，形成良好的农业科技推广服务人才体系。有条件的城郊农场要建设农业技术研发中心，充分利用大专院校和城市科研机构，启动农业科技孵化器，进一步加强农业科技工作和农业高新技术的开发应用。

6. 建立农产品质量安全监督体系。要建立健全各级农业产品检测机构，建立完善农产品质量监督体系，重点完善城郊农场内部农产品质量监测体系。

7. 建立生态安全保障体系。坚持生态发展优先的原则，在优先保障现有自然资源和生态环境的前提下，科学规划、合理开发资源，向生态农业发展，努力提升生态农业的发展水平。积极构建完善的生态安全保障体系，包括农作物病灾害防治体系建设、野生动植物保护预警体系建设、病虫害及生态监测体系建设等。

农垦企业构建现代农业经营组织模式刍议*

加快发展农业现代化、建立现代农业企业制度是一项重要任务，需要农业组织制度创新，大力提高农业的组织化程度，创新农业经营模式，培育发展现代农业经营组织。本文结合农垦企业的实际情况就建立现代农业经营组织模式问题谈几点建议，供大家参考。

一、建立现代农业经营组织模式应坚持的基本原则

1. 坚持集约化的经营思路。集约化经营可以有效地解决小农经营面临的单个生产要素配置不合理等问题，通过基础设施条件的改善，先进技术、设备、物资的投入及各种生产要素间的优化配置，促进土地产出率、劳动生产率、资源利用率的提高。

2. 坚持专业化的经营方式。专业化经营可有效解决农业生产的小而全及兼业化问题，推动农户生产的专业化及农业产业的区域性优势布局，实现土地、资金、技术、人力等要素向优势产业的集中合理流动与配置，实现农业产业在一定区域范围内专业化、优势性生产。

3. 坚持组织化的经营战略。组织化经营可有效解决农户在农业生产中散与弱的问题，包括农户家庭内部成员间的业务合理分工，实现组织化的制度安排，也包括农户间在产业链条中实现横向水平上的联合和纵向水平上的合作。当前农业组织化经营的重点是发展多种形式的专业大户和专业合作社。

4. 坚持社会化的经营协作。社会化经营可以有效实现农业的社会化大生产。不仅包括播种、田间管理、收割等某些农业生产环节的服务外包，还包括农业产业链条上下游主体之间产前、产中、产后各环节的社会化分工协作，使农业生产经营过程的各环节形成一个不可分割的有机整体。

二、加快构建现代农业经营组织模式

1. 专业大户、家庭农场是实现土地规模经营的主要形式。农垦企业多年

---

* 本文撰写于2017年3月7日。

来鼓励承包经营权在公开市场上向专业大户、家庭农场、农民专业合作社流转，发展多种经营形式的规模经营。适度规模经营能很好地应用科技成果，实现劳动者、土地、技术、设备的合理配置，取得最佳的经济效益。实现适度的规模经营，有利于提高土地生产率和劳动生产率，是实现农业专业化、商品化和现代化的重要途径。

2. 农民专业合作社是实现农业市场化的重要组织形式。农业专业合作是在家庭承包经营的基础上，同类农产品的生产经营者或者同类农业生产经营服务的提供者、利用者自愿联结成的互助性的经济组织，它为成员提供农业生产资料的购入和农产品的销售、加工、运输、储藏以及与农业生产经营有关的技术信息等服务。新型农民专业合作社能够为农户传递市场信息，普及生产技术，提供社会服务，组织农户按照市场需求进行生产和经营，提高了组织化程度和市场竞争能力，改变农户在市场上的弱势地位，为农户经营与现代农业生产和市场经济之间搭建起了沟通交流的桥梁。

3. 现代农业产业化龙头企业是实现农业生产经营的重要载体。随着土地承包经营权流转制度及其市场的发展，越来越多的工商企业租赁农户的承包地从事农业生产经营活动。同时，作为构建现代农业产业体系的重要主体，农业产业化龙头企业集资本、技术、人力等生产要素，带动农户发展专业化、规模化、集约化、标准化生产，对提高农业组织化程度、加快转变农业发展方式、促进现代农业快速发展起到重要作用。要引导工商资本介入农业生产经营，发展现代农业产业化龙头企业，将现代企业制度引入农业生产经营，以农业生产经营的现代化、社会化、商品化、规模化为目标，成为实现农业生产经营管理现代化的重要载体。

三、构建现代农业经营组织模式的保证措施

1. 不断壮大新型农业经营主体。一是大力培育专业大户和家庭农场。作为具有一定经营规模、独立经营、自负盈亏的专业大户和家庭农场是农业生产最基本的经营形式，是促进家庭经营集约化、专业化、规模化的有效形式。要明确种养大户、家庭农场在发展农业生产中的地位和作用，各类政策要向种养大户和家庭农场倾斜，提高家庭农场生产经营的规模化、集约化水平。二是加快发展农业专业合作经济组织。要鼓励农户开展多种形式的合作社，引导和支持兴办多元化、多类型的合作组织，积极推进以土地承包经营权入股的土地股份合作社，充分发挥土地、劳动力、资金等生产资料和资源的聚集效应，优化资产、资源的市场配置效应，提高农民专业合作社的积极性和主动性。加大对专业合作社的支持力度，要通过评定示范社予以重点支持，引导支农项目，如

水利建设、节水灌溉、农业综合开发、病虫害防治、土壤改良、保护性耕作、水稻育秧、地膜覆盖、秸秆机械化还田等，向示范社倾斜，引导合作社提高规范化水平。要在提高农民专业合作社经营能力的基础上，支持合作社办加工企业，提升引领能力。三是做大做强农业产业化龙头企业。要鼓励和支持龙头企业做大做强，鼓励龙头企业与专业合作社、家庭农场等建立紧密型利益联结机制，充分发挥龙头企业对现代农业发展的引领和带动作用。要积极支持发展大型农业产业化龙头企业集团，促进集群式发展，提升行业整体发展水平。采取保底收购、股份分红、利润返还等多种方式，不断完善龙头企业带动农户的组织制度和利益联结机制，努力使农户稳定地分享到整个产业链的利润。

2. 加快培养新型职业农业工人。没有农业工人的现代化就没有农垦企业农业的现代化，培育新型农业经营主体，很大程度上是培育新型职业农业工人。要把培养有文化、懂技术、会经营的职业农业工人，作为建设现代农业的一项重要任务，特别是要加大农业实用人才培养力度，对农业生产、技术指导、市场营销等不同类别的农业实用人才实行重点培养，吸引和支持年轻人务农，从根本上解决农业生产经营后继乏人的问题。

3. 积极发展规模经营。发展新型农业经营主体，规模经营要适度，要根据各地资源条件、经营者能力适当控制规模。推进规模经营，要重点把握两点：一是规模经营方式要多种多样。当前规模经营的主要方式有农户横向联合、农户间承包地的流转、土地股份合作、工商企业租赁农户土地等。二是规模经营推进应逐步稳妥，要掌握“度”。规模超过一定程度，随着劳动生产率的提高，土地产出率有可能出现下降，因此规模要适度，要根据各地资源状况、经营者能力适当控制经营的规模。

4. 探索农业经营组织新模式。当前龙头企业、农民专业合作社等都与农户建立了一套利益联结模式，但总体上存在不少问题：在龙头企业与农户的利益联结中，农户处于绝对劣势，地位不对称，农户取得较少的增值收益，“公司＋农户”联结模式大都比较松散，行业订单履约率不高，有些农民专业合作社内部制度不健全、民主管理机制不完善、管理不规范。下一步要重点创新组织模式：一是要提高农户的组织化程度、增强农户的话语权，农民专业合作社要规范发展，要选好、培养好合作社经营者。二是要完善利益联结机制，推动龙头企业与专业合作社深度融合，推广“龙头企业＋专业合作社＋农户”的组织带动模式，鼓励农户以土地承包权入股合作社或龙头企业，鼓励龙头企业开展利润返还、股份分红等多种方式，带动农户增加收入。

5. 构建新型农业服务体系。要引导公共服务机构转变职能，逐步从经营性领域退出，主要在具有较强公益性的领域服务，如新品种新技术示范推广、土壤环境监测、农作物统防统治、区域疾病防控、产品质量监管等。经营性服务要成为一个时期培育的重点，在主体培育上，要把农资经销公司、农机服务公司、农技服务公司、龙头企业、专业合作社等纳入政策支持范围，作为加强社会化服务的重点。在服务领域上，要拉长产后服务的短板，重点加强农产品加工、储藏、包装、品牌创立、农业综合信息提供、金融保险等服务领域；在服务模式上，要重点发展“公共服务机构＋农资农技服务公司＋农户”“农民专业合作社＋社会化服务组织＋农户”“龙头企业＋农户＋基地”“农资经营公司＋农户＋基地”等服务模式。

农垦企业应加快构建新型农业经营主体*

近年来，随着农垦企业经济的快速发展，客观上要求创新农业经营体系，尤其是农垦城镇化的快速发展，带来劳动力大规模转移就业，对培育新型农业经营主体、发展适度规模经营等问题提出了迫切需要。本文就农垦企业加快构建新型农业经营主体问题谈几点建议，供参考。

一、构建新型农业经营主体的重要性

1. 城镇化快速发展和劳动力大量向城镇转移以及农业劳动力素质的下降，迫切需要培育新型农业经营主体。农垦企业自2010年以来加快了城镇化建设，到2015年末，农垦齐齐哈尔管理局城镇化率达到76%，由于农业比较效率低，新生代农业子女不愿意从事农业经营，导致农业生产工人不足、劳动力素质下降、季节性和区域性劳动力短缺问题日益突出。培育专业大户、家庭农场，发展农民专业合作社和龙头企业，构建经营主体多元化的新型农业经营体系，已成当前的重要任务。

2. 农产品市场化融合程度进一步加深，农业市场风险和竞争压力日益加剧，迫切需要培育新型农业经营主体。随着我国农业对外开放程度的加深，国际农产品供求价格波动对我国的影响越来越大，尤其是我国农产品进出口规模不断扩大，对国内农业生产的压力日益增强。加快培育农业企业、农民专业合作社等新型农业经营主体，加快农业产业化发展，延长农业产业链，推动产前、产中、产后各环节深度融合，已成为农业应对市场风险的必然选择。

3. 资源环境的约束增强和农产品结构失衡迫切需要培育农业经营主体。目前农产品资源环境日益恶化，农产品供应结构失衡，尤其是近年来大豆、玉米等大宗产品进口增加，对国内生产的压力增强。在资源环境约束增强和农产品供给结构失衡的情况下，必须加快转变农业发展方式，更多地采用先进科学技术和生产手段，增加技术、资本等生产要素的投入，提高土地生产率、资源利用率和农业劳动生产率，增强农业综合生产能力和可持续发展能力。规模化的家庭农场、专业合作社等新型农业经营主体更能接受和采用新品种、新技

* 本文撰写于2017年4月15日。

术；龙头企业、专业合作社等经营主体能为农户提供技术服务，因此大力培育新型农业经营主体，对推进农业集约经营、加快农业生产方式转变起到一定作用。

4. 城乡居民对农产品质量安全要求增强，迫切需要培育新型农业经营主体。随着我国经济的快速发展、人均收入的快速增长、消费能力的不断提升，城市居民增强了农产品质量安全意识，对农产品质量安全要求日益提高。发展新型农业经营主体，可以将分散的农户生产组织起来，统一生产资料供应、统一技术规程，实现全过程、全产业链质量管理，建立从田间到餐桌的质量安全追溯体系，保证农产品质量和食品安全，满足城乡居民对农产品质量安全的需要。

二、构建新型农业经营主体的组织模式

1. 农业产业化龙头企业组织模式。农业产业化龙头企业主要从事农产品生产、加工或流通，并通过各种利益联结机制与农户相联系，使农产品生产、加工、销售有机结合，实行产加销一体化经营，形成风险共担、利益共享的经济利益共同体，主要包括“公司＋农户”和“公司＋基地＋农户”两种运行模式。在实际操作中，龙头企业根据市场的需要，与农户或生产基地签订产销合同或协议，龙头企业为基地和农户提供一定的资金和技术服务，设立农产品最低保护价；农户或基地按合同规定生产、交售农产品。

2. 农民专业合作社和股份合作社组织模式。专业合作社是在家庭承包经营的基础上，由同类农产品的生产经营者或生产经营服务的提供者、利用者实行自愿联合、民主管理的互助性经济组织。股份合作社是农户以土地或资产入股方式组建起来的合作性经济组织。农民专业合作社是农户为提高市场谈判地位、降低生产和交易成本、增强融资和抗风险能力、分享生产经营收益，通过与合作组织联合组建起来的一种生产经营组织，其主要特点是成员以农业工人为主体，决策实行一人一票，分配主要按股返还或按股分配，通过横向联合扩大经营规模。农民专业合作组织包括农民专业合作社、中介组织、技术协会、专业或行业协会。

3. 专业大户和家庭农场组织模式。专业大户和家庭农场是以家庭成员为主要劳动力，面向市场从事集约化、专业化、标准化生产经营，以农业生产为家庭收入主要来源的农业生产经营组织。专业大户和家庭农场具有经营规模较大、不存在委托代理、契约化交易、监督成本较低等特点。

4. 经营性服务组织模式。农业社会化服务组织主要有公益性服务组织和经营性服务组织两部分。实际上，许多专业大户、农民专业合作社、龙头企业也都不同程度上为农户提供生产经营服务，它们既是经营主体，又是社会化服

务组织。而经营性服务组织主要在农机作业、农作物病虫害统防统治、动物疾病防控等方面发挥着日益重要的作用。

三、目前农垦企业在构建农业经营主体上存在的主要问题

1. 新型农业经营主体地位不明确。主要是专业大户和家庭农场等新型农业经营主体不能在工商部门登记注册，还不具有法人地位的市场主体，严重制约了新型经营主体的发展，不利于扶持政策的落实。

2. 内部运行机制不规范。农民专业合作社多数运行不规范，主要表现在规章制度不完善、组织机构不健全、民主管理不落实、收益分配不合规等，部分农民专业合作社还存在着核心成员内部控制问题，还有些龙头企业尚未建立现代企业制度，还没有与农户建立利益联合机制，带动农户发展生产、增加收入的能力弱，很多农户还未能公平分享到农业产业化经营的收益。

3. 经营服务跟不上。一方面，农业社会化服务体系还不健全，经营性服务组织实力弱，服务方式落后、服务内容单一，整体服务水平不高；另一方面，金融服务滞后，商业性金融机构服务义务和责任不强，政策性金融机构服务的业务范围不宽，金融产品和服务方式有待创新，农业保险的范围及品种有待扩大。

4. 扶持政策不到位。近年来，国家在土地流转、人员培训、农业补贴、设施建设用地、信贷服务、税收优惠等方面出台了一系列政策和措施。但对新型农业经营主体的扶持力度还不够大，扶持的政策目标还不够明确，缺乏对政策执行的监督。

四、构建新型农业经营主体的几点建议

1. 培育壮大农业产业化龙头企业，建立和完善利益联结机制。一是做大做强龙头企业。支持龙头企业通过兼并、重组、收购、控股等方式组建大型企业集团。积极创建农业产业化示范基地，加强技术创新、质量检测、物流信息、品牌推介等公共平台建设。二是完善与农户的利益联结机制。大力发展订单农业，规范合同内容和签订程序，明确权利责任。支持龙头企业与专业大户、家庭农场、合作社有效对接，鼓励龙头企业创办领办合作社，推进企业与合作社深度融合发展；鼓励农户、家庭农场、专业合作社以资金、技术、土地等生产要素入股龙头企业，形成产权联合的利益共同体。三是引导工商资本发展适合企业化经营的种养业。引导工商资本依托农业园区发展现代农业，优化产业布局，支持工商资本在良种繁育、高标准设施农业、科研示范推广等适合

企业化经营的领域发展种养业，鼓励工商资本开展产前、产中、产后的加工营销技术等服务。

2. 鼓励土地承包经营权向专业大户、家庭农场流转。一是建立土地承包经营权流转市场，加强土地流转平台建设，建立健全流转服务体系，引导土地依法、自愿、平稳流转。二是建立土地优先向专业大户和家庭农场流转的有效机制，鼓励土地转出户与专业大户和家庭农场签订长期租赁合同，发展稳定适度的规模经营。

3. 加快发展多种形式的新型农民专业合作社。一是规范发展农民专业合作社。认真按《中华人民共和国农民专业合作社法》指导合作社制定好符合实际的章程，建立健全各项内部管理制度，做到民主办社、民主管理。二是鼓励发展农民专业合作社联合办社。在专业合作基础上支持相同产业、相同产品的合作社组成联合社，落实和完善相关税收优惠政策，支持合作社发展农产品加工流通，重点发展农产品储藏、销售和加工，提高市场竞争能力。三是引导合作社开展内部信用合作。按照“限于成员内部、用于产业发展、入股不吸储、分红不分息”的原则，引导产业基础好、经营规模大、带动能力强、信用记录好的合作社开展内部信用合作，建立健全规章制度。

4. 构建社会化服务体系，培育发展多元服务主体。一是加快培育农业经营性服务组织。采取政府订购、定向委托、奖励补助、招投标等方式，引导专业合作社、专业服务公司等经营性服务组织参与公益性服务，开展病虫害统防统治、动物疾病防控、农田灌排、地膜覆盖和回收等生产性服务业。二是不断创新农业社会化服务方式。整合现有的涉农服务平台，搭建集技术指导、农产品营销、农资供应、农机服务、疾病防控等服务于一体的综合服务平台，促进农业社会化服务供需有效对接，积极推广“专业服务公司＋合作社＋农户”“涉农企业＋专家＋农户”等服务模式。

5. 加大财政金融扶持政策。一是新增农业补贴资金要向新型农业经营主体倾斜。对达到一定规模的家庭农场、专业合作社和龙头企业，财政要给予一定的优惠补贴，支持发展规模经营；对开展无公害农产品、绿色食品、有机食品生产等新型农业经营主体给予一定的奖励，以提高新型农业经营主体的生产标准化水平。二是加大金融支持。重点创新金融制度，有效扩大担保抵押物范围，建立健全金融机构风险分散机制，将新型农业经营主体的土地经营权、住房财产权、大型农机具等纳入担保抵押物范围；建立新型农业经营主体信用评定制度，开展新型农业经营主体信用评级，增加对新型农业经营主体的授信额度；创新贷款担保机制，可由财政出资成立担保公司为新型农业经营主体提供担保服务，也可由龙头企业为合作社和家庭农场提供贷款担保。三是完善农业保险制度。增加政策性农业保险品种，建立财政支持的农业巨灾风险补偿基金，提高农业保险费补贴标准，降低新型农业经营主体发展生产面临的自然风险。

6. 探索创新组织模式。要高度重视农民专业合作社的规范发展，按照“服务农户、进退自由、权利平等、管理民主”的要求，扶持专业合作社发展；建立新型农业经营主体利益联结机制，推进龙头企业与专业合作社深度融合，推广“龙头企业＋专业合作社＋家庭农场（专业大户）”的组织带动模式，鼓励农户以承包土地入股合作社或龙头企业，鼓励龙头企业开展利润返还、股份分红等多种方式带动职工增收。鼓励发展混合所有制农业产业化龙头企业，推动集群发展，密切与农户、专业合作社的利益联结关系。

7. 加快人才的培养。加强新型职业农业工人的培养，制定长期新型职业农业工人的培养规划。重点向种养大户、家庭农场经营者、合作社带头人等新型职业农业工人开展培训；扩大职业工人培训规模，增加培训经费；建立合作社带头人人才库，建设合作社人才培训基地，打造高素质的合作社领导人才队伍；加强龙头企业负责人的培训，培养一批农业产业化发展的经营管理人才。

农垦企业应建立家庭农场经营模式*

农垦企业办家庭农场多年，家庭农场经营方式有多种。本文根据各地不同情况对建立家庭农场经营模式问题谈几点建议，供参考。

一、建立家庭农场经营模式应遵循的原则

1. 坚持农业经营一体化的原则。建立家庭农场经营模式应把农业生产经营的产前、产中、产后三个环节有机地结合起来，实现农产品生产、加工、流通的一体化经营。

2. 坚持家庭农场快速发展的原则。建立家庭农场经营模式有利于家庭农场快速发展，有利于家庭农场适度经营，有利于家庭农场收入的大幅度增长。

3. 坚持强化产业化龙头企业的原则。产业化经营是农业发展的方向，建立家庭农场经营模式有利于促进农业产业化的发展。农业产业化发展的关键是发展龙头企业，要重点扶持一批规模大、技术含量高、带动能力强的龙头企业，使其真正发挥农业产业链中的龙头作用。

4. 坚持利益分配均衡化的原则。建立家庭农场经营模式要重点抓好利益分配，产业化龙头企业一头连接市场、一头连接家庭农场，龙头企业能否带动家庭农场发展的关键是利润分配是否合理。要建立科学合理的分配模式，建立龙头企业与家庭农场风险共担、利润共享的经济共同体，推动农业一体化的快速发展。

5. 坚持农业生产专业化的原则。农业生产要求农户和有关各方面要实现农业生产的专业化，在农业生产实现专业化后，其规模经济就得到优化，农业生产成本得到下降。

6. 坚持农业管理企业化的原则。在农业一体化经营中，各种龙头企业和农业合作经营组织要以市场为导向，发挥组织协调的作用，对农业生产经营的全过程进行企业化管理，从而实现高产、高效、优质、安全的目标。

---

* 本文撰写于 2016 年 3 月 10 日。

二、农垦企业应建立和完善家庭农场经营模式

1. “专业合作社＋家庭农场”模式。该模式以专业合作社为依托，将农业生产类型相同或相近的家庭农场集中在一起组成利益共同体。通过市场信息资源共享、农技农机统一安排使用，在农产品的产、供、销各个阶段，为家庭农场提供包括资金、技术、生产原料、经销渠道在内的社会化服务，实现农业产业化经营。这种模式使农业产业链得到充分延伸，最大限度地实现家庭农场的共同利益。这种模式依赖于专业合作经济组织的发展壮大，通过合作社的力量为家庭农场提供各种社会化服务。

2. “产业化龙头企业＋家庭农场”模式。该模式以家庭农场作为农业生产的单位，把家庭农场变为龙头企业的“生产车间”，延伸企业的生产链条。即家庭农场与龙头企业结合起来，开展订单生产，使得农业生产的灵活性与龙头企业在资金、技术、管理上的优势结合起来，形成风险共担、利益共享的经济共同体，既发挥了家庭农场的规模优势，又实现了龙头企业的产业化收益。这种模式有以下两方面的优势：一方面，龙头企业作为一种农业生产的集约化组织，在农产品收购、经销、加工及储存过程中发挥着重要作用，不仅有利于节约企业的运行成本，还有利于在一定程度上减少原料生产及收购等环节上可能出现的投机风险，从而降低生产成本，保障企业获得可靠的原材料供应来源，提高生产效率和经营管理水平。另一方面，家庭农场按照公司要求进行生产，生产的产品由企业统一收购，农业经营者不用再寻找市场，节省交易成本，提高农产品商品化率，实现家庭农场与龙头企业双赢的局面。龙头企业与家庭农场之间的联结方式主要有合同订购、保护价收购、建立服务体系、利润返还、提供风险保障、反租倒包、相互参股等方式。

3. “龙头企业＋专业合作社＋家庭农场”模式。在实际的生产经营过程中，为了获得更好的经济效益，家庭农场应充分利用专业合作社的集聚效应以及龙头企业的市场优势，实现三者的有机结合，形成“龙头企业＋专业合作社＋家庭农场”模式。在实际的运营中，专业合作社作为家庭农场的发言人和谈判者，就农产品收购价格与方式、时间及产品质量等与龙头企业进行谈判，达成协议，签订合同，保障农户获得比较稳定的销路和收益。这种模式下，专业合作社成为农户组织化的核心形式，有利于农户从专业合作社和龙头企业中获得更多的利益。这种模式比较适合专业合作社在配套服务、技术支持方面的能力较弱的条件下，依托龙头企业，可以更好地实现家庭农场的规模优势，提高经济效益。

4. “专业市场＋家庭农场”模式。该模式以专业市场或专业交易中心为依

托，形成商品流通中心、信息中心，带动区域专业化生产，实现产销一体化经营，从而扩大生产规模，形成产业优势，节省交易成本，提高运营效益和经济效益。其主要特点是：专业市场在农业生产经营过程中发挥枢纽作用，上连专业生产基地或家庭农场，下连广大消费者和客户，拓展了家庭农场的农产品流通渠道；建立专业市场使农产品有专门的销售场所，使客户有专门的进货渠道；专业市场与家庭农场直接沟通，以合同形式或联合体形式，将家庭农场纳入市场体系，实现以销定产，从而做到一个市场带动一个支柱产业、一个支柱产业带动千家万户，形成一个专业化区域经济发展带；此外，专业市场吸引了大量客户，带来了丰富的市场供求信息、技术信息，便于家庭农场做出正确的决策。这种模式具有广阔的发展前景，目前出现这种形式的地区，市场发育比较完善且竞争充分，农户素质较高，并有能力把握市场动向和保护自己的合法权益，批发商无法左右市场。比较典型的例子是山东省寿光蔬菜批发市场，占地面积 600 亩，年交易蔬菜 15 亿千克，成交额 28 亿元。该市场设施完善、配套机构健全、辐射力广、带动力强，是全国最大的蔬菜集散中心、价格形成中心和信息交流中心，家庭农场经营者能够从专业市场上快速地获取市场信息，机动灵活地做出决策。

家庭农场应建立经营风险防范机制*

家庭农场作为新型农业经营主体，有利于推广科技，提升农业生产效率，实现农业专业化生产，促进农业增收和职工增效。但家庭农场持续、健康的发展仍然面临许多风险要防范。本文就家庭农场进一步建立经营风险防范机制问题谈几点建议，供参考。

一、家庭农场经营所面临的主要风险

农业与工业不同，天然存在着各种风险。对家庭农场而言，随着经营规模的扩大，风险相应增大，因此必须建立良好的风险控制体系，应重点防控自然风险、市场风险、技术风险等。

1. 自然风险。农业不同于工业，面临的最大风险是自然风险，只能通过避灾救灾减少其影响。如农业播种时干旱少雨，只有通过灌溉，才可能进行播种；作物生长过程中旱涝、冰雹、冷热、病虫害等灾害随时会发生；成熟的农作物可能因冰雹等自然灾害导致减产。干旱、洪涝、冰雹、大风等自然灾害都可能把一个家庭农场的设施摧毁，使作物颗粒无收。

2. 市场风险。家庭农场在农业生产和农产品销售过程中，由于市场供求失衡、农产品价格的波动、经济贸易条件等因素的变化、资本市场等方面的影响或者由于经营管理不善、信息不对称、市场前景预测偏差等造成家庭农场经济上遭受损失的风险。市场风险是工业和农业都要面对的，但农业的市场风险更为残酷，这是由农产品生产的一些特殊属性决定的。由于农业生产的多为鲜活农产品，所以保质期十分短暂，必须在收获时节的极短时间内出售，否则可能腐烂变质，即使那些保质期长的农产品与工业品相比也是差距甚远，于是就形成农产品常见的卖难问题，即一到收获季节，农产品往往量大价跌，供大于求，不仅导致效益下降，而且造成损失浪费巨大。

3. 技术风险。技术风险是由于家庭农场经营者缺乏农业技术及规模化田间管理水平或某些技术应用后产生的不确定的作用对农业生产经营活动所造成的损失。技术风险带来的影响，轻则造成减产、效益下降，严重的造成农业绝

---

* 本文撰写于 2016 年 2 月 25 日。

产，甚至血本无归。

4. 经营管理风险。经营管理风险也叫人为风险，是指因人的主观因素导致的种种风险，如人为破坏、毁约、失职、误判等。由于经营者不懂或不遵守市场经济规则而引发的纠纷有很多，常见的是土地流转纠纷或订单契约纠纷等。土地经营权的长期稳定是投资农业的首要前提，在实际经营中，种种原因导致农户突然违约强行收回流转土地的情况时常发生，并引发严重的社会事件。在家庭农场经营中，常与龙头企业及相关组织事先签订购销订单，发生经济行为，但家庭农场在与公司合作中往往处于弱势地位，导致订单风险，当市场价格低于订单价格时，公司会违约，产生无效订单。

二、加强家庭农场经营风险防范的几点建议

1. 科学地编制家庭农场的发展规划。家庭农场在经营时，要把各种风险因素考虑周到，在项目的策划、规划、设计及运筹等方面，必须进行充分的论证。家庭农场经营者要根据自己的投资及管理能力，首先确定总建设规模及建设档次，确定投资来源及投资方式；其次按照功能区划范围的内容进行投资估算；最后在估算的基础上调整预算。规划要做到科学规范，要做到心中有数，减少经营过程中的不确定性。

2. 开展多种经营，主业与辅业相结合，分散风险。开展多种经营，把主业与辅业有机结合，使人、财、物等各种资源综合有效利用，达到使主产业稳定收入的同时，更大幅度地创利增收，把闲置的有市场潜力的资源充分挖掘出来加以包装，再利用现有资源开展多种经营。家庭农场采取多样化经营，首先需要家庭农场的资源基础，包括家庭农场的内部与外部的各种资源，做出发展规划和详细项目可行性分析，确定好多样化的发展方式。多样化经营可以扩大生产和市场范围，目的在于分散风险，使得一些经营活动的低收入被其他经营活动的高收入所抵销，避免某种产品市场商情变动而影响收益，充分利用生产潜力和市场销售潜力等。

3. 参加农业保险。农业保险是专为农业生产者在从事种植业、林业、畜牧业和渔业的生产过程中，对遭受自然灾害、疾病等保险事故所造成的经济损失提供保障的一种保险。近几年，国家逐步扩大政策性农业保险，加大对粮食、油料、畜禽生产的各项政策扶持，支持发展主要粮食作物政策性保险，防范自然风险。国家的政策性农业保险制度虽然还有待完善，但已经提供了基本的风险保障，要注意运用好这项政策，同时还应考虑农业商业保险。目前我国开办的农业保险主要有农产品保险、生猪保险、牲畜保险、奶牛保险、养鱼保险、禽类保险等，农业保险一般分为种植业保险和养殖业保险。

4. 研究市场，按市场情况抓好合作。家庭农场经营者要研究当地的市场条件，一个地方没有专业化、规模化的农产品运输企业和物流配送企业，没有设施完备、功能强大的农产品批发市场，就很难实现有机的产销对接。在应对市场风险上，一方面，要重视农产品市场分析，避免陷入“丰收陷阱”；另一方面，要加强生产的组织化程度，通过行业协会、订单农业、合作社联合等方式稳定市场，畅通产后通道，保障收益。要想经营成功，就要广结人缘、学会合作。为了降低生产成本，提高盈利水平，就需要通过合作联合起来，借助外部交易规模的扩大，节约交易成本，提高在市场竞争中的地位，使产品按合理的价格销售。另外，要加强政府的支持和引导，通过支农的财政政策和利农方面的金融政策，进一步加快农民专业合作社、农业行业协会建设，推广“龙头企业＋合作社＋家庭农场”的产业化经营模式；同时，发展和规范订单农业，从而增加农户的获利机会，降低市场风险；把家庭农场纳入龙头企业的产业链，延长产业链条，有助于农户增产增收，有利于企业管控原料质量，实现合作双赢。

农垦企业应加快培育新型职业农业工人*

人才是经济社会发展的第一资源，农业人才更是兴农强农的决定性力量。要加快农业现代化建设的步伐，关键是培养新型的职业农业工人，可以说大力培育新型职业农业工人，是推进农业现代化、构建新型农业生产经营体系的重要举措。本文就农垦企业加快培育新型职业农业工人问题谈几点建议，供大家参考。

一、农垦企业培育新型职业农业工人的重要性和必要性

1. 培养新型职业农业工人是加快发展农业现代化的迫切需要。垦区农业职工作为农业生产经营的主体，承担着垦区农业现代化推广与实践的重任。现代农业产业不同于以往的传统农业，从机械设备和种植、养殖技术都有了质的提升，对农业职工的综合素质有着很高的要求，从事现代农业生产的农业职工必须是既懂生产、又懂管理的综合性人才。所以必须培养出一批新型职业农业工人，打造出一支符合垦区现代大农业产业化要求的人才队伍。

2. 培养新型职业农业工人是城乡一体化建设的必然要求。培育科学素质高的农业工人，可以尽快将科学技术推广到农业生产中去，进而加快农业技术升级换代，推动农业产业化生产的迅猛发展。科学素质高的农业工人，从事农业生产能力强，就业机会多，获得的收入也多。通过培育新型职业农业工人，提高他们的生产技能，从而增强他们在行业内的竞争能力，进而推进农业产业化的步伐，形成农业产业升级转型的基础。垦区农业生产第一线的绝大部分人员是农业职工，提高农业职工生产技能的同时，也能增加农业职工的经济收入，从而推动垦区小城镇建设的快速发展。

3. 培养新型职业农业工人可以推进农业发展方式的转变。转变农业生产方式的核心是培育新型农业经营主体。新型农业经营主体从组织形态上看是龙头企业、专业合作社、家庭农场等，农业产业模式主要是“龙头企业＋专业合作社＋农户”“龙头企业＋基地＋农户”等。从农业生产经营主体的个体形态上看就是新型农业职业工人（或农民）。因此，加快培育新型职业农业工人，

* 本文原载于《农场经济管理》2017年第7期。

主要是加快构建新型农业经营主体，发展多种形式规模经营，加快农业产业化升级，推进农业生产方式的进一步转变。

二、农垦企业加快培育新型职业农业工人的几点建议

1. 建立农垦企业新型职业农业工人的标准。新型职业农业工人素养就是在当前及今后一定时期，根据“有先进思想观念、有高尚道德情操、有科学致富本领”的要求，在职业工人的培养培育中，对这一特定群体所提出的思想道德、文化科学、职业技能等方面的基本要求。

（1）具有思想道德素养。新型职业农业工人综合素养中，思想道德素养居于核心地位。一是思想素质要求。正确的人生价值观是衡量新型职业农业工人的人生价值的重要方面，要有较强的集体主义精神，要坚定社会主义信念，要爱国家、爱集体、爱农业事业；要有较好的民主法治观，要积极参与民主法制建设，树立民主意识和法制观念，养成良好的民主习惯；要有较强的市场竞争观和效率观，要以市场为导向，掌握市场经济运行的规律，根据市场需要，生产适销对路的产品；要有敏锐的信息观、政策观和创新观，要掌握经济发展建设中各方面的政策、市场信息，并能正确分析形势，增强创新意识。二是道德素养要求。热爱农业，有主体责任意识；诚实守信，恪守职业道德；保护环境，有强烈的环保意识；文明高尚，摒弃封建迷信思想；具有良好的职业道德。

（2）具有科学文化素养。一是科学素养。新型职业农业工人基本学历要求定位在高中毕业文化程度，了解科学技术知识，懂得科学方法，掌握相应的基础农业科学，自觉地学习各种科学文化知识，钻研农业技术，并且能把学到的技术运用到育种、栽培、管理等多个生产环节中去。二是文化素养。新型职业农业工人必须接受过良好的中等或高等教育，应当喜爱学习、善于学习、懂得学习的方法，养成良好的学习习惯，通过不断吸收新的知识，获得新的工作能力。

（3）具有职业技能素养。新型职业农业工人所具备的技能素养，是指在技术、管理等方面所具有的基本品质，即必须掌握一定的农业科学技术。一是具有农业生产技能。掌握现代农业必备的基础知识和技能，具有科学生产、规范操作、绿色环保的意识，在农作物栽培、有害生物防治、技术引进与推广服务、农产品储存与加工等相关领域具有熟练的技术。二是具有农业新技术新品种应用能力。了解农业科学试验的基本方法，能够进行农业科学推广应用，并进行科技实验推广、分析及总结。三是具有农业经营管理技能。新型职业农业工人能掌握现代农业经营管理技能，掌握一定的生产经营、市场销售等方面的

基本知识，包括观察与应变能力、风险承担能力、科技信息与市场信息获取能力；要具备一定的质量意识、法制意识，能自觉地按照市场经济运行的规律，掌握科学的经营观念、管理方法，能自觉地按照市场的需求来配置农业资源，开展农业生产活动与农业创新，从而适应市场竞争。新型职业农业工人要具有市场意识、信息意识、创新意识、质量意识、竞争意识。

2. 建立新型职业农业工人培育的有效模式。一是现场传导型培训模式。该模式培训对象是从事农业生产的一线职工，通过在农业种植、养殖的生产区域对农业职工进行现场教学，由专业教师现场操作讲解、演示，手把手传授农业生产技能，防止出现学用脱节的现象。而且教师的讲解重点应该放在解决当前农业生产重点和难点的领域，对学员提出的问题，现场进行答疑解惑，将农业生产的新技术、新方法和新理念应用到农业生产的一线教学实践中。二是典型示范型培训模式。由企业通过运用成熟的农业生产技术和经验，建立一个综合农业示范区，将最新的农业生产技术、农业机械和农业经营理念运用到农业生产中。综合农业示范区取得一定的经济效益时，自然会起到典型示范作用，进而引起广大农业职工的学习兴趣。三是产业项目推动型培训模式。该模式是以某一具有开发推广价值的项目为主，采取现场指导、参观考察等方法进行项目培训推广，并提供必要的后期服务。该模式是在选好农业项目的基础上，通过项目培训和项目推广，推动产业项目加快发展，形成产加销一体化的生产经营体系，走产业化发展道路。四是田间学校培训模式。田间学校是一种利用实验性学习增强职工专门技能的教育形式，该模式的主要特点是农场推动、合作互助，在职工自愿、企业支持、上下联动、服务产业、科技支撑、管理规范的原则下开办由农场农业部门统一管理，鼓励科研院所参与，成为农户自主参与并互助提高的实验性平台，同时也是职工素质提高和能力建设的重要途径。五是媒体传播型培训模式。现代农业培训教育除了运用传统的广播电视等媒体手段以外，还要引入互联网技术，对农业职工进行远程实时培训，将课堂搬到网上，而且进行课堂远程互动教学，形成“互联网＋培训”的现代化培训模式。培训结束后制作成课件并免费发给学员，这样有利于培训内容的掌握和推广。

3. 构建新型职业农业工人可持续教育培训制度。一是加大对务农职工队伍的教育培训。无论是当前和未来，农业产业工人都是垦区农业生产经营的主体，是先进农业技术推广和应用的主角。应该围绕他们开展有针对性的新型职业农业工人教育培训，打造出一支过硬的农业技术人才队伍。二是培育农业生产的后续人才。农业生产人才短缺是一个亟待解决的现实问题，也是困扰农业发展的长期问题。其根源是农业生产过程枯燥，时间长、见效慢、效益低，而且生产条件一般都比较差。应该从根源上解决这个问题，教育引导青少年对农业生产产生兴趣，为农业产业源源不断地输送人才。三是建立新型职业农业工人经常性教育培训制度，明确教育培训内容、时间、方式、机构及经费保障等。农业教育培训绝不是一朝一夕的事情，而是一项系统化工程。要将农业教育培训制度化、常态化，而且面对全部的农业职工开展培训，培养出一大批懂技术、善管理的农业工人，让大家都能够掌握最新的农业生产理念和农业生产技术，能够适应市场的千变万化。

4. 各级管理部门要建立新型职业农业工人培训制度。农业主管部门要把新型职业农业工人培训纳入目标考核体系，进一步统筹各类优质教育资源，构建以黑龙江省农垦总局和管理局党校、黑龙江省农业广播电视学校、黑龙江省农业技术推广站为主体，农业科学院所、农业产业化龙头企业广泛参与的多元化办学体系，形成产学研相结合的新型职业农业工人培训制度。办学主体要向基层延伸，要完善新型职业农业工人培训预算制度，保障新型职业农业工人培训的经费需要。各类办学机构要充分发挥各自的优势，以农业产业需求为导向，重点突出新型职业农业工人必备的科学文化、经营管理知识和专业技能，积极推进垦区农业产业化经营快速发展。

5. 强化新型职业农业工人培育的政策支持。各级领导要重视新型职业农业工人培育工作，强化新型职业农业工人培育的政策支持，进一步明确农业职业教育的地位、目标、任务，保持农业生产和投入的稳定性。目前要积极推进新型职业农业工人“绿色证书”制度，要借鉴发达国家“绿色证书”认定工作的经验，切实做好新型职业农业工人专业技能鉴定和从业资格认定工作。对通过教育培训考试的职工颁发新型职业农业工人“绿色证书”。保证获得“绿色证书”的职工能够优先经营有限的农业资源，让持证新型职业农业工人能够享受到各种优先扶持政策，充分调动其从事农业、发展农业的积极性。

6. 建立新型职业农业工人培育的保障机制。一是建立新型职业农业工人培育的目标责任制度。将新型职业农业工人培育工作列入各级领导目标考核范围，把职工的知识化、职业化作为实现农业现代化的重要指标，把职工培训、考核、发证当作农业工作的重要任务来落实。按培训人数核定培训资金，明确职责分工和奖惩措施，落实培训资金，分解培训任务，配置培训设施，加强培训管理，保证培训效果。二是落实新型职业农业工人培育的投入保障制度。加大新型职业农业工人教育培训经费投入力度，培训资金要列入各级财务预算，要积极拓宽培育投资渠道，建立由主管部门引导，企业、学校和个人共同参与的多元化投资体系。

7. 构建终身学习的新型职业农业工人培育体系。农业现代化需要掌握现代农业生产技术和现代市场经营意识的农业职工。发展现代农业，必须培养新型职业农业工人的终身学习意识，促进现代新型职业工人持续接受教育、终身接受教育，不断提高自身素质。要提高农业劳动力素质，加快培育新型职业农业工人，并且要构建终身学习的新型职业农业工人培育体系。根据新型职业农业工人培育的特点，应建立远程教育与普通中高职教育、学历教育与非学历教育有效衔接、资源共享机制，做到人人皆学、时时能学、处处可学，培养和造就更多有知识、懂技术、会经营、能创业的现代新型职业农业职工。当前要重点抓好新型职业农业工人的继续教育工作，建立新型职业农业工人免费继续教育制度，以新型职业农业工人为主要对象，突出农业技能这一核心内容，开展从种到收、从生产决策到产品营销全过程的教育培训。

家庭农场经营者应具备的素质及能力*

经营有风险，因此，对家庭农场经营者来说，必须具备一些基本的素质和能力。本文就家庭农场经营者应具备的素质和能力谈些建议，供参考。

1. 家庭农场经营者要有经营能力。经营能力是家庭农场经营者成功的保障，是家庭农场可持续良性发展的核心能力，是解决家庭农场生存问题的第一要素。成为一个合格的农场主，不仅要有资金，也要懂技术，还要具备与众不同的经营思路。会经营是指农场经营者具有较强的市场意识，自觉地获取市场信息，并使用所获取的信息来安排各种生产经营活动，能熟练地运用竞争机制、价格机制、供求机制等市场机制参与竞争，为获得更多的利润创造条件。家庭农场经营者要关注五个要素，即市场、产品、服务、资源和人员配备。市场是交易活动的主要场所，是顾客及各种供应商的集合地；产品和服务是农场竞争力的保证，要提供优质的产品和良好的服务以满足市场需求，它们是家庭农场持续经营的载体；资源包括技术、场地、设备和资金等，一般资源应与家庭农场发展思路相匹配；为实现目标需要相应人员去执行，即人员配备，对家庭农场经营者主要是家庭内部成员如何分工及雇佣工人多少，任务分配要充分考虑每个家庭成员的能力和特点。

2. 家庭农场经营者要有管理能力。管理创造效益，而企业的本质是追求经济效益，重视管理、完善管理，向管理要效益要成为企业永恒的主题。管理工作做得好，就能把单位的人、财、物合理结合起来，就能以尽可能少的时间达到最佳的工作效果，就能人尽其才。家庭农场经营者要善于管理，就是要树立科学管理的意识，善于运用计划、组织、协调、控制等管理职能，制定家庭农场的各项管理措施和规章制度，精益求精，实现以最少的投入获取最大的效益。

3. 家庭农场经营者要具有专业技术能力。技术是农场生产的基础，先进的技术是产品质量的保障，家庭农场经营者要懂生产技术，善于创新，推出特色的产品和服务。作为家庭农场经营者，必须能根据市场需求状况的变化选择合适的农业技术，能生产出技术含量不同的有针对性的农产品，这对家庭农场的发展意义重大。

---

* 本文撰写于 2016 年 5 月 15 日。

4. 家庭农场经营者要具有创新能力。创新是知识经济的主旋律，是企业化解风险和取得竞争优势的有效途径。创新能力对家庭农场的可持续经营至关重要，唯有不断创新，在市场竞争中做到人无我有、人有我优、人优我周、人周我廉、人廉我转，才能占据优势，获得主动性。要有创新思维，不墨守成规，能根据客观情况的变化及时调整经营策略，创出新路子。搞农业最怕的是盲目跟风，一哄而起，只有通过独特创新，开发出人无我有的特色农业，农场才能增收增效。

5. 家庭农场经营者要有自我学习能力。经营家庭农场需要学习多方面的知识。与传统小农只专注于生产不同，家庭农场经营者必须具有较高的素质。家庭农场经营者要有自我学习意识，切实做到想学、真学、能学，还要掌握学习的方法；要克服工作忙、没时间学的思想观念，树立终身学习的意识，自觉增长知识；要不断更新知识，创新学习。学习的目的在于运用，学习运用与运用学习是最重要的学习能力。作为新型家庭农场经营者，要与时俱进地学习，购买相关的书籍和订阅有关报刊，学习掌握更多的知识和信息，最大限度地把握生产经营的主动权。

6. 家庭农场经营者要有沟通协调能力。沟通是人与人之间通过一定的方式相互传达与了解有关信息、理念和意见，并达成共识的过程。一个人的成功要靠集体的力量，没有别人的帮助而仅靠个人单干，事业是很难成功的。沟通促进了解，协调提高效率，企业内部和谐创造发展的动力，外部和谐会提供良好的生存和发展环境，协调最基本的手段就是加强信息沟通，因此，较强的沟通能力和协调能力对于工作的顺利开展有着直接的影响。实践证明，没有沟通协调，就会各司其政，就会孤苦伶仃，就会故步自封。沟通协调能力是家庭农场经营者必备的能力，创办家庭农场会面临诸多难题，常要与政府、普通农户、银行、企业等多方面的人员打交道，争取利益与资源，所以家庭农场经营者要有很好的沟通协调能力，沟通不好就无法达成目标。一个成功的经营者，必须巧妙地协调好农场内部与外部的关系，有效排除人为的干扰因素。

调整好大农场与家庭农场利益关系，加快农垦产业化发展*

目前，国有农场与内部所属家庭农场的关系主要是土地承包关系，家庭农场缴齐农场的土地承包费后独立经营、自负盈亏，在经营上与国有农场（大农场）没有直接的利益关系。这种经营方式对推动农场由计划经济向市场经济转变起到了巨大的作用，提高了家庭农场生产经营的积极性，改变了多年农场负盈不负亏、长期经营亏损的局面。但随着市场经济的进一步发展，这种经济方式已不适合农垦深化改革，大农场经营收入渠道单一，主要收取土地承包费，农场提高土地承包费难度加大，有些农场出现收不抵支，经营亏损。另外单个家庭农场在市场经营中不能形成合力，尤其是在生产资料采购、农产品销售方面，在市场独立营销，没有价格优势，各种农业产业公司与家庭农场在经营上脱节，农垦各级所属产业公司没有自己的生产基地等。本文就进一步调整大农场与家庭农场利益关系，加快农垦产业化发展等问题提几点建议，供参考。

一、调整好大农场与家庭农场利益关系对加快推进农垦产业化发展的意义

1. 调整好大农场与家庭农场利益关系可助推农场企业化改革。目前，大农场对家庭农场基本上实行土地利费承包经营，大农场与家庭农场都是独立的经营体，家庭农场独立经营、自负盈亏，产品自行销售，大农场与家庭农场签订土地承包合同收取利费后，与家庭农场是平等的利益关系，不负责家庭农场经营，对家庭农场不承担经营风险，这种经营方式不符合党中央提出的农场企业化改革的要求。按照党中央、国务院的要求，农场应加快企业化的改革，适当调整大农场与家庭农场利益关系，建立“大农场＋家庭农场”紧密型利益联结机制，把一家一户的家庭农场组成经济联合体，增强市场的竞争力，并通过“三品一标”、统一品牌等办法，提高产品价格，进一步增加企业的经营收入。

2. 调整好大农场与家庭农场利益关系可助推农垦集团化的改革。目前，农垦总局和管理局所属的农业产业化龙头企业与国有农场都是独立企业，各自

* 本文原载于《北大荒日报》2019 年 3 月 20 日。

独立经营，没有建立利益联结机制，各级产业化龙头企业没有与农场建立自己的产业化生产基地。因为现有的农场内部土地承包关系只是土地利费上缴关系，家庭农场将土地利费上缴大农场后，自主经营、自负盈亏，家庭农场生产资料采购、产品的销售等与大农场没有利益关系，这就限制了国有农场对农场的经营权。通过建立“产业公司＋大农场＋家庭农场”紧密型利益联结机制，把一家一户的家庭农场经营与大农场和产业公司组成利益联合体，大宗的生产资料采购、农产品销售都由产业化龙头企业形成一体化经营，一方面推动了大农场企业化经营，另一方面也使各级产业化龙头企业有了生产基地，增强了农场市场经营的实力。因此，通过建立“产业公司＋大农场＋家庭农场”紧密型利益联结机制，可以助推农垦集团化改革。

3. 调整好大农场与家庭农场利益关系可提高家庭农场经营实力，增加职工收入。当前一家一户的家庭农场生产经营风险大，生产资料自行采购，产品自行销售，农产品大部分卖给经销商，产品价格随行就市，产品经销权在经销商手里，家庭农场没有产品价格的话语权，农产品加工企业没有得到利润。通过建立“产业公司＋大农场＋家庭农场”紧密型利益联结机制，把一家一户家庭农场的生产资料投入、农产品经销捆绑在一起，进行统一产品加工、销售；并通过绿色品牌包装营销，增强其产品价格市场话语权，可进一步提高产品价格，增加产业公司的收入；并通过建立利益返回机制，将农产品加工、营销过程产生的利益返回一部分给家庭农场，可以进一步提高家庭农场生产经营的积极性，增强家庭农场的经营动力，增加职工收入。

二、调整好大农场与家庭农场利益关系加快农垦企业产业化发展的几点建议

1. 调整好大农场与家庭农场承包关系，助推农场产业化经营。一是建立“产业公司＋大农场＋家庭农场”利益联结机制，把农场作为企业产业化生产基地，大农场把所属的一家一户的家庭农场联合起来组成经济联合体。二是大农场与家庭农场签订生产资料投入和农产品收购合同。家庭农场除按规定上缴利费外，还要与大农场签订生产资料投入、农产品收购合同，年初大农场与家庭农场签订产品收购合同，年末要按合同组织产品收购，当市场价低于合同收购价时，按合同价收购，当市场价高于合同收购价时，按市场价收购，以提高家庭农场参与合作的积极性。

2. 采用多种产业化经营方式助推大农场与家庭农场利益调整。一是建立“品牌＋大农场＋家庭农场”利益联结模式。目前农垦企业农产品品牌杂、小、乱，要通过大农场与家庭农场利益调整进行品牌整合，建立统一的农产品品

牌。如查哈阳农场大米品牌有几十种，这些品牌杂、乱、小，没有市场竞争力，可以通过产品整合，统一打造查哈阳农场大米品牌。二是建立“科研机构＋大农场＋家庭农场”利益联结模式。积极引进科研机构、大专院校的科研成果，调动科技部门的积极性，增加科技投入，推动科技创新与应用，提高农业生产经营效益。三是建立“有机农业＋大农场＋家庭农场”利益联结模式。积极发展有机农业，按有机农业生产方式适当给予政策支持，主要是通过延长承包期限，在转投期内适当减少土地承包收费，加大对有机农业的土地治理。如大山种羊场2018年采用“大农场＋专业合作社＋家庭农场”的经营模式，并利用“十三叶”大米品牌的优势，把115户家庭农场组成1万亩地的水稻专业合作社，统一产品品牌对外营销，2018年比原有的承包方式增收200万元。四是建立“互联网＋大农场＋家庭农场”利益联结模式。农场要积极发展电子商务，通过互联网平台，与一家一户的家庭农场建立利益联合体，并通过互联网、大数据、云计算、空间信息等新一代信息技术，实现农业产业全链条、全产业、全要素的在线化、数据化、智能化。

3. 建立“产业公司＋大农场＋家庭农场”利益联结返回机制，助推农垦企业产业化经营。建立“产业公司＋大农场＋家庭农场”利益联结机制后，由于家庭农场与大农场及产业公司形成统一的利益联结体，在农产品加工、产品销售环节会增加一定的利润，这些利润要在产业公司、大农场和家庭农场之间进行合理分配，其中有一部分要返给大农场和家庭农场，用于大农场生产基地的投入和家庭农场的利益补贴，因此要建立“产业公司＋大农场＋家庭农场”利益返回机制。企业主管部门和大农场要制定“产业公司＋大农场＋家庭农场”利益返回的具体办法，进行利益的合理分配，重点要做好家庭农场利益的补偿，进一步提高家庭农场参与合作的积极性。此外，还应积极建立“产业公司＋大农场＋家庭农场”风险共担机制，有条件的农场可以通过成立“产业公司＋大农场＋家庭农场”股份有限公司，吸收一部分农民专业合作社和家庭农场入股参与公司合作，形成“利益共享、风险共担”的机制，以提高产业化集团的抗自然风险和市场风险的能力。如黑龙江农垦马铃薯集团可以采用“产业公司＋大农场＋专业合作社＋家庭农场”的利益联结模式，建立马铃薯生产基地，大农场通过把一家一户家庭农场组成专业合作社，并与大农场和产业公司组成紧密型利益联结机制，实行“利润共享、风险共担”。在产品收购和利润分配上，要优先家庭农场和专业合作社。在农产品收购上，当收购价低于年初合同收购价时，按合同价收购，当收购价高于年初合同收购价时，按市场价收购；在农产品加工营销过程中形成的利润，要优先返还给一部分专业合作社和家庭农场，以提高其参与合作的积极性。

4. 积极鼓励农垦总局和管理局所属产业公司参与“大农场＋家庭农场”

利益联结合作，助推农垦企业产业化经营。目前，农垦总局和管理局所属的农业产业化企业与大农场及家庭农场利益脱节，没有建立自己的生产基地，造成多数产业公司因缺少原料而不能达产，长期处于亏损状态。总局和管理局两级行政主管部门要积极鼓励和支持所属产业公司参与“大农场＋家庭农产”利益联结合作，尤其是水稻和油脂加工企业，要通过建立生产基地，支持大农场和家庭农场的生产发展。在产业公司、大农场、家庭农场三方利益处理上，产业公司和大农场要让利于民，优先家庭农场的发展，在农产品收购、生产资料投入、科技措施应用上要积极支持家庭农场，鼓励家庭农场参与合作。产业公司要充分发挥市场、品牌、资金、技术、人才等方面的优势，积极参与大农场与家庭农场的利益合作，加强生产基地建设，壮大产业化合作的经济实力，要在利益分配、生产资料投入、产品收购上支持大农场和家庭农场，要通过“产业公司＋大农场＋家庭农场”利益合作模式，进一步壮大北大荒集团的核心竞争力。此外，要积极鼓励民营农产品加工企业参与“大农场＋家庭农场”利益联结合作。目前水稻加工企业大部分是民营企业，并且多数企业规模小，缺少流动资金，企业不达产，长期处于亏损状态。农场要利用土地、技术、品牌、原料等优势鼓励民营加工企业参与“产业公司＋大农场＋家庭农场”利益联结合作，实现农产品生产、加工、销售一体化经营。这种利益合作方式中，农场和产业公司要重点处理好产业公司、大农场、家庭农场的利益关系，要向家庭农场倾斜，提高家庭农场参与合作的积极性。

5. 各级领导要重视大农场与家庭农场利益调整合作，助推农垦企业产业化经营。农垦各级领导要重视大农场与家庭农场利益调整。利益是动力，利益调整好就可以推动农垦的改革，推动农垦向集团化、农场向企业化发展，就可以提高大农场与家庭农场参与改革的积极性。要制定好推进大农场与家庭农场利益调整的办法，对利益调整增加的企业经济效益，要提取一定比例的鼓励基金，奖励产业公司和大农场一部分管理人员。鼓励各级领导参与调整大农场与家庭农场利益调整工作，提高参与的积极性，推动农垦企业进一步改革，增强农垦产业化经营能力。

构建“产业公司＋大农场＋家庭农场”经营模式，推动农垦产业化发展*

党中央、国务院对黑龙江农垦经济体制改革提出了要以垦区集团化、农场企业化为主线，推动资源资产整合、产业化升级，建设现代农业的大基地、大企业、大产业，努力形成农业领域的航母。为实现这一改革目标，必须从实现垦区产业公司与大农场（国有农场）和一家一户的家庭农场利益联结机制入手，推动垦区向集团化、农场企业化方向发展。本文就构建“产业公司＋大农场＋家庭农场”经营模式，推动农垦产业化发展问题进行探讨，供参考。

一、目前垦区农业产业化经营存在的主要问题

1. 没有形成完整的农业产业化经营体系。目前垦区农业产业化龙头企业与农业生产基地（国有农场和家庭农场）各自独立经营，没有产业化利益联结，没有建立完整的产业链。农垦总局和管理局所属的产业化龙头企业与国有农场都是独立经济体，多数没有与国有农场建立产业化经营体系，尤其是大宗农产品销售和生产资料采购没有建立产业化利益联结机制。

2. 产业化龙头企业带动能力不强。垦区的产业化龙头企业普遍规模小、经营能力弱、机制不活、带动产业化发展能力弱。目前总局和管理局所属的产业化龙头企业，包括米业、乳业、油脂、薯业、肉业等产业公司，受经营机制不活的影响，产业化经营能力弱，没有与产业化生产基地（农场）建立产品供应链联系，没有起到产业化龙头企业推动产业化经营的作用。

3. 大农场（国有农场）**与小农场**（家庭农场）**没有建立产业化经营机制。**国有农场自从办家庭农场以来，大农场与家庭农场是双层经营体制，大农场与家庭农场都是独立经济体，家庭农场独立经营、自负盈亏，尤其是在农产品经营和生产资料采购上，都是由家庭农场自行经销。大农场与家庭农场只是土地承包利费上缴关系，家庭农场在年初承包土地时，一次性上缴完土地承包费后，独立经营、自负盈亏。大农场服务和指导家庭农场的生产经营，主要负责指导家庭农场的种植结构、调整产品经营计划、制定产前产中产后的生产技术

---

* 本文原载于《农场经济管理》2020年第1期。

指导、产品经销信息提供等服务，不承担家庭农场的产品经销和生产资料采购等，大农场与家庭农场没有建立产品经营利益联结机制，家庭农场自行负责产品经销。家庭农场没有与垦区的产业化龙头企业和大农场建立产品经销的利益联结机制。

4. 国有农场没有起到农业产业化经营的中轴作用。大农场（国有农场）处在农垦农业产业化的中间环节，即产业化龙头企业和家庭农场的中间环节。但是受多年农业双层经营体制的限制，大农场与家庭农场都是独立生产经营的实体，大农场没有把一家一户的家庭农场与产业化龙头企业建立产业一体化的经营体系，没有起到产业化经营的中轴作用，使得一家一户的家庭农场无法与产业化龙头企业建立产业化利益联结机制，这是目前农垦集团没有形成完整产业化经营的一个重要原因。

二、构建“产业公司＋大农场＋家庭农场”经营模式的几点建议

（一）构建“产业公司＋大农场＋家庭农场”经营模式

“产业公司＋大农场＋家庭农场”经营模式应采取以下方式建立：一是构建“大农场＋家庭农场”利益联结模式。针对目前一家一户家庭农场经营模式，由大农场利用品牌、科技等优势进行整合，建立利益联结机制，转变过去大农场与家庭农场只签订土地利费上缴合同的经营方式，建立主要农产品的收购、大宗农业生产资料采购及农业科技投入等统一由大农场经营，大农场与家庭农场建立“利益共享、风险共担”的经营模式。这种模式下，家庭农场与大农场除了签订利费上缴合同外，还应签订农产品收购、大宗生产资料采购的合同且在农业生产资料采购上，不得高于市场价格。二是构建“大农场＋产业公司”紧密型利益联结模式。这种模式是产业公司把农场作为企业产业化生产基地，并与大农场所属的一家一户的家庭农场联合起来组成经济联合体，农产品的集中销售、大宗生产资料的集中采购都由产业化龙头企业经营。这种经营方式一方面推动大农场的企业化经营，提高了家庭农场规模化效益，降低了农业生产成本；另一方面也使各级产业化龙头企业有了自己的生产基地，增强了市场经营的实力。三是构建“产业公司＋大农场＋家庭农场”经营模式。先后通过构建“大农场＋家庭农场”和“产业公司＋大农场”经营模式，最后形成“产业公司＋大农场＋家庭农场”经营模式，这种模式年初由产业公司通过大农场与家庭农场签订产品收购合同，确定收购产品的数量、价格和质量，年底大农场与产业公司直接按年初签订的合同确定的收购价收购农产品。

（二）构建“产业公司＋大农场＋家庭农场”经营模式的保障措施

1. 建立“产业公司＋大农场＋家庭农场”利益联结返回机制。通过构建“产业公司＋大农场＋家庭农场”经营模式，使产业公司与大农场和家庭农场形成统一的利益联结体，扩大了生产规模，提高了产品质量和经营效益，尤其是在农产品加工、产品销售环节会增加一定的利润，这些利润应在产业公司、大农场和家庭农场之间合理分配，其中有一部分要返给大农场和家庭农场，通过建立利益返回机制，用于大农场与家庭农场的利益补贴。产业公司要与大农场制定“产业公司＋大农场＋家庭农场”利益返回的具体办法，进行利益合理分配，要重点做好家庭农场利益的补贴，进一步提高家庭农场参与合作的积极性。

2. 建立“产业公司＋大农场＋家庭农场”风险共担机制。有条件的农场可以通过成立“产业公司＋大农场＋家庭农场”股份有限公司，积极吸收一部分农民专业合作社和家庭农场入股参与公司合作，形成“利益共享、风险共担”的产业化经营机制，以提高产业化集团抵抗自然风险和市场风险的能力。此外，在“产业公司＋大农场＋家庭农场”经营模式下签订经济合同时可引进期权理论中的卖权期权机制。卖权期权就是给予卖权持有者——家庭农场一种权利，即合同签订后如果农产品市场价格低于年初合同价时，家庭农场可以合同价向产业公司出售，如果农产品市场价格高于年初合同价时，家庭农场可以放弃期权而以市场价格向产业公司出售，这样家庭农场就可以实现高价时随行就市、低价时保底收购，减少了家庭农场的农产品销售风险和价格风险。同时，对于产业公司来说，既可以稳定货源，又可以通过期权降低市场风险。这种方式使家庭农场与企业形成利益共享、风险共担的运行机制。

3. 产业公司和大农场要利用品牌、科技等优势加大对家庭农场的支持。一是利用品牌加大对家庭农场生产经营的支持。目前农垦企业农产品品牌杂、小、乱，要通过建立“产业公司＋大农场＋家庭农场”经营模式进行品牌整合，建立统一的农产品品牌。如查哈阳农场大米品牌有几十种，通过大农场进行有效的整合，建立统一的大米品牌，形成规模效益，统一品牌在市场上进行销售，会形成品牌效应。二是加大科技方面的支持。目前农垦企业的科技开发和应用主要是通过农场生产科技部门进行推广，家庭农场缺乏科技开发和投入的积极性。要建立有效的科技投入利益合作模式，增加科技开发与投入，加快农业生产的发展，产业公司和大农场要积极引进科研机构、大专院校等机构的科研成果，并通过合理的利益分配，与家庭农场进行有效的合作，通过建立农垦内部科技服务公司与大农场和家庭农场合作，进行科技创新与应用，即“科技服务公司＋大农场＋家庭农场”利益合作模式，但在利益分配上，大农场要做好科技服务机构与大农场和家庭农场之间的利益合理分配。三是加大绿色有机农业的支持。目前农垦绿色农业发展较快，农垦齐齐哈尔管理局“三品一标”“绿色食品认证”面积142万亩，但有机农业发展较慢。随着人们健康理念的提高，有机农业发展潜力增大，农垦企业应通过建立“有机农业＋产业公司＋大农场＋家庭农场”的利益合作模式，积极发展绿色有机农业。在发展过程中，由于有机农业有3年的转换期，形成规模效益期限较长，在转换期内，农产品价格低，环境治理成本高，农场要通过减少有机农业用地收费标准，加大对有机农业土地治理的投入，并对家庭农场因转换期产品价格低所造成的亏损给予适当补贴，当3年转换期结束，有机农业恢复经济效益时，可适当提高其土地收费。四是加大电子商务方面的支持，建立“互联网＋产业公司＋大农场＋家庭农场”经营模式。农垦企业要充分利用“互联网＋”提高经济效益，大农场主要通过建立电商与互联网平台与一家一户的家庭农场建立利益联合体，并通过物联网、移动互联网、大数据、云计算等新一代信息技术对农垦资源要素（土地、水、劳动力、资金、信息等）进行重新配置和深度融合，产生一个高产、高效、优质、安全、生态的更具有竞争力的新产业，实现农业全链条、全产业、全要素的在线化和数据化，进一步推动农业产业化经营。

4. 积极鼓励农垦总局和管理局所属的产业公司参与“产业公司＋大农场＋家庭农场”经营模式。目前垦区的产业公司与大农场和家庭农场利益脱节，没有自己的产业化生产基地，产品原料收购随市场价格变动，造成多数产业公司因缺少原料不能达产，长期处于经营亏损状态。总局和管理局两级行政主管部门要积极鼓励和支持所属产业公司参与“产业公司＋大农场＋家庭农场”经营合作，尤其是水稻、油脂、马铃薯等加工企业要通过建立生产基地，支持大农场和家庭农场的生产发展。在产业公司、大农场、家庭农场三方利益上，产业公司和大农场要采取让利于民的办法，要优先家庭农场的发展，在农产品收购、生产技术措施支持、生产资料投入等方面支持家庭农场，鼓励家庭农场参与合作。产业公司要充分利用品牌、资金、技术、市场、人才等方面的优势，积极参与大农场与家庭农场的利益合作，加强生产基地建设，增强产业化合作的实力，并通过“产业公司＋大农场＋家庭农场”的经营模式，进一步壮大北大荒集团的核心竞争力。另外，要积极鼓励民营加工企业参与“产业公司＋大农场＋家庭农场”的经营模式。目前水稻加工企业多数是民营企业，规模小，达产率低，缺少流动资金，长期处于亏损状态，农场要利用土地、技术、原料等优势，鼓励民营企业参与“产业公司＋大农场＋家庭农场”经营合作，实现农产品生产、加工、销售一体化经营。

5. 处理好产业公司与大农场和家庭农场的利益调整。农垦各级领导要重视产业公司与大农场和家庭农场产业化经营合作中的利益调整，利益是动力，利益调整好，就能提高大农场和家庭农场参与合作的积极性。北大荒集团要制定好推进产业公司与大农场和家庭农场经营合作的利益调整办法，在产业化合作中增加的利益，要重点向家庭农场调整倾斜，以增强家庭农场参与合作经营的积极性。通过产业化利益调整增强农垦企业产业化合作的竞争力，进一步推动农垦企业产业化发展。

农垦企业应在“一带一路”建设中抱团“走出去”*

随着“一带一路”倡议的进一步推进，我国企业正在加快“走出去”的步伐。面对新的市场机遇和发展前景，企业“走出去”需要从规模扩张向质量提升、从单打独斗向全面开花、从分兵出击向协同并进转变。面对这些转变，企业抱团“走出去”是必然的选择。本文就农垦企业如何在“一带一路”建设中抱团“走出去”问题做些探讨，供大家参考。

一、农垦企业抱团“走出去”的优势条件和主要问题

（一）农垦企业抱团“走出去”存在的优势条件

1. 有集团优势。北大荒集团是我国500强企业之一，在世界上有较高知名度，北大荒产品在国际上有较强的竞争力。

2. 有大农业的优势。北大荒集团有耕地4 320万亩，年生产粮食218亿千克，粮食产量占黑龙江省粮食总产量的35%，为国家提供商品粮200亿千克，粮食商品率达94.2%。

3. 有科技方面的优势。北大荒集团已实现农业现代化，在农业机械化率、科技贡献率、劳动生产率、土地产出率等方面都已达到发达国家水平，其中农业机械化率达到97%。

4. 有品牌上的优势。北大荒品牌已连续11次入选中国500强最具价值品牌，2014年其品牌价值首次突破460亿元大关，以462.42亿元位居榜单第42位；完达山品牌价值145.36亿元，位居排行榜第131位；九三油脂品牌价值34.63亿元，位居排行榜第431位。

5. 有多年农业“走出去”的经验。黑龙江农垦企业自20世纪90年代以来，经过多年的探索，在俄罗斯建立10多个农业企业，开发土地200多万亩。其中农垦牡丹江管理局在俄罗斯滨海边疆区实施农业合作开发，2012年成立新友谊农场，注册资金2 000万元，组织大规模境外农业开发，到2013年末开发耕地51万亩，对外劳务输出800多人次，到2014年完成开发和复垦土地

* 本文原载于《农场经济管理》2016年第6期。

面积 130 万亩。

6. 有绿色有机农产品的优势。到 2014 年末，黑龙江农垦企业有绿色农产品面积 3 250 亩，“三品一标”农产品扩展到 10 大类 80 余个品种。

（二）农垦企业抱团“走出去”面临的主要问题

1. 未形成集团优势。近几年农垦系统加大了企业“走出去”的步伐，也取得了一定的成效，但大多是由农牧场和民营企业自行组织“走出去”，由于在国际市场分兵出击、单打独斗，加之对国际市场的政策、法律及竞争环境不熟悉，很多企业并没有取得预期效果。

2. 对“走出去”国家的政策与法律研究不够。国际市场上每个国家都有自己的政策与法律，尤其是在农业开发上，各个国家都有一些独立的政策与法律。由于我国有些“走出去”企业对相关国家的政策与法律不熟悉，“走出去”后遇到问题没有相应的措施，出现市场竞争力弱、经营效益低下的问题，有些企业出现严重亏损，影响“走出去”企业的进一步投资。

3. 国家对农垦企业“走出去”缺少政策支持。“一带一路”是国家实施“走出去”的重要措施之一，但国家对农业企业“走出去”缺少政策支持，主要是缺少资金、税收等方面的优惠政策，使得“走出去”的企业在经营上缺少市场竞争力。

4. 缺少“走出去”的战略发展规划。多年来农垦企业都是由各农场根据自己的实际情况制定“走出去”的发展规划，没有支持政策及措施，没有把“走出去”作为战略发展规划来落实，实际“走出去”的效果不好。

5. 缺少“走出去”的人才队伍。在国际市场“走出去”需要相关人才和科技支撑，农垦企业多年来对“走出去”战略重视不够，目前面临着缺少“走出去”的人才管理队伍的问题，主要缺乏国际经济复合型人才，导致一些企业错失良机、管理水平低下、商务谈判失败等，影响农垦企业“走出去”战略的实施。

二、农垦企业抱团“走出去”的战略措施

1. 实施整合资源抱团“走出去”发展战略。农垦企业应整合资金、技术、机械、设备等资源抱团“走出去”，主要以北大荒集团总公司或分公司方式“走出去”。目前各管理局、农场、民营企业和个人等都有“走出去”的企业，但由于未形成合力，属单打独斗，各自为战，没有形成规模实力，在国际市场上缺少竞争力，多数企业经营效益低下，有的出现严重亏损，没有继续发展的

能力，并且有些属于民营企业或个人“走出去”方式，无法争取国家在政策和资金上的支持，持续发展能力受到限制。农垦总局应整合资源，以集团方式“走出去”，并依靠技术、品牌、管理、人才等方面的优势，在投入国形成规模实力，争取投入国在政策方面的支持，增强市场竞争力。

2. 实施农业全产业链“走出去”发展战略。农垦企业应以农业“走出去”为主，逐步实现全产业链“走出去”。“走出去”企业要实施全产业链经营，从产业链源头做起，对由田间到餐桌所涉及的种植与采购、贸易与物流、食品原料和饲料原料的加工、粮食加工、分销及物流、品牌推广、食品销售等每一个环节，实现食品安全可追溯，形成安全、营养、健康的食品供应全过程的协作体系。重点加大农业产业化发展，建立农业产业化经营体系，增强“走出去”企业整体竞争力，实现农业产业的规模化、产业化和效益化。

3. 实施农产品品牌“走出去”发展战略。农垦企业“走出去”要发挥北大荒品牌优势，以北大荒、完达山和九三等品牌为重点，在农产品生产加工销售等环节建立北大荒品牌管理制度，提升北大荒品牌的价值，增强北大荒品牌在国际市场上的竞争力。

4. 实施绿色有机食品“走出去”发展战略。农垦企业应进一步发挥绿色、有机食品的优势，进一步加强农产品的质量管理，促进农产品生产标准化，发展无公害农产品、绿色食品和有机食品。实现农业高产、优质、高效、生态、安全，重点开展农产品质量安全认证工作，引进国际农产品认证管理体系，建立农产品质量监督体系，加强农产品质量安全检测，建立规范化检验检测体系，提高农产品安全质量水平，增强农产品国际市场竞争力，加快我国农产品“走出去”步伐。

5. 实施农业现代化“走出去”发展战略。农垦企业在我国农业生产领域有科技方面的优势，已基本实现农业现代化，并在国际市场上有一定的竞争力。农垦企业“走出去”应依靠集团大农业机械化优势，进一步加大农业科技投入的力度，在投入国充分发挥农业现代化优势，实现农业生产加工销售的规模化和效益化。

6. 实施沿边农场优先“走出去”发展战略。农垦企业应采取沿边农场优先“走出去”、带动内地农场“走出去”的战略，重点放在俄罗斯远东地区，并且采取靠近俄罗斯沿边地区农场优先“走出去”方式。农垦系统在俄罗斯远东地区的农场有一定的资源、技术和资金实力，应借助靠近边疆的优势条件优先“走出去”，形成一定规模后，带动内地农场陆续“走出去”。如齐齐哈尔管理局克山农场和查哈阳农场通过挂靠牡丹江管理局新友谊农场在俄罗斯开发土地 5 000 亩，实现挂靠沿边农场“走出去”的发展战略。

三、农垦企业抱团“走出去”的配套措施

1. 制定“走出去”的发展规划。农垦企业要加快制定“走出去”的发展规划及发展战略，应与投资对象国建立政府间长期合作协调机制，掌握其市场需求，及时向我国企业发布其相关信息，并制定好发展规划，促进“走出去”企业与投资对象国的项目需求和发展战略对接。

2. 建立“走出去”管理体制和机制。农垦企业抱团“走出去”应实行新企新制，建立新的管理体制和机制，增加国内外战略投资者、民营企业和管理者持股比重，减少国有企业比重，实行混合所有制经营，企业内部经营实行双层经营管理模式，在农业生产经营上实行家庭农场和专业合作社经营，企业产供销、贸工农环节实行企业化经营，并建立现代企业管理制度。

3. 完善“走出去”的政策支持体系。一是加大政策对接支持，与投资对象国建立农业“走出去”的政策对接机制。二是加大对“走出去”企业的资金支持，主要包括机械设备投资和基础设施投资。国家要优先考虑农业“走出去”基础设施方面的投资。三是要为“走出去”的企业创造良好的外部环境。金融部门要提供信贷支持、财税部门要在税收方面提供优惠的政策，鼓励农垦企业积极“走出去”。

4. 培养“走出去”的国际化企业管理人才。农垦企业要引进和培养“走出去”管理人才，重点引进懂国际贸易、国际金融和国际经营的人才，在人才培养方式上可以采取自主培养的方式，加快建立“走出去”人才管理队伍。

5. 研究“走出去”对象国的农业开发政策和法律法规。农垦“走出去”企业要成立专门部门认真研究投资对象国相应的农业开发法律法规，制定农业“走出去”的政策和“走出去”开发规划。要重点研究投资对象国的农业开发政策，包括投资国国民待遇、土地、税收、投资、融资、劳工、农业保险和外商农业投资保险等方面的政策。另外，要遵守投资国当地的风俗文化、宗教信仰、消费习惯和市场规则，为所在国经济、民生做贡献。只有这样，才能使“走出去”的企业在投资对象国站稳脚跟，实现发展。

6. 实行“走出去”集中连片开发。农垦企业要集中财力和资源与投资对象国建立稳定的开发合作关系，实行集中连片开发，建立境外农业开发园区，实行农业产业化系统开发与经营，帮助“走出去”企业解决投资对象国基础设施和营销环境不佳的问题，便于加强制度建设和财政支持，我国应积极推动政府间建立经贸合作区，促进境外农业园区的开发建设与发展。

7. 建立“走出去”的风险防范机制。“走出去”企业要注重风险防范。境外企业既有可能面临经营、财务、价格、汇率等市场风险，也可能遭遇当地政

局动荡、政策法律、文化差异等非市场因素。目前不少“走出去”企业的国际交流能力弱，对国际市场规则和投资国的宏观环境缺乏了解，对境外投资风险预测不足，因此要增强风险意识，建立风险防范机制是“走出去”企业实现稳定发展的基本保证。重点建立企业投资风险防范体系、筹资风险防范体系、农业经营风险防范体系、农业保险防范体系、金融汇率风险防范体系，建立企业内部控制管理体系等。

农垦产业振兴关键在融合*

党的十八大以来，农村一二三产业融合发展步伐加快，逐渐形成了以农业资源为依托，以产业融合发展为路径的产业体系，但在产业发展中也出现了一些问题，主要表现在粗放式增长、趋同性结构、原字号多、产品处在价值链中低端以及分散化布局、产业集中度低。究其原因，关键是产业仍处于浅层次融合，业态融合尚在初级阶段，主体融合多有局限性，利益融合还不够深。本文结合农垦企业实际情况就加快农垦企业产业融合问题谈几点建议，供参考。

一、构建农业产业融合发展产业体系

农业产业要实现健康发展目标，必须走产业融合发展的道路。农业产业融合发展是通过一二三产业在各个环节有效组合，进一步提高农业产业效率，降低农业生产成本，达到增加农业效益的目的。促进农业产业融合发展，要从全产业链入手，要跨界配置农业和现代产业要素，促进产业深度交叉融合，形成“农业+”多业态发展态势，发展连接城乡、工农等多类型产业业态，构建县乡联动、镇村一体的产业格局。从农业内部来看，要提升传统种植，一产向后延，二产两头连，三产走精端；从农业外部来看，要立足农业与工业、文旅、康养、流通等高位嫁接、交叉重组。要重点构建产业体系。一是推进产城融合发展。将产业融合发展与新型城镇化建设有机结合，加强农业产业融合与城乡规划、土地利用规划有效衔接，引导一二三产业向城镇产业园区集中。二是推进农业内部融合发展。要积极推进农牧、农林、农渔、农副融合，坚持农业环境发展，调整优化农业结构，发展循环型农业，发展规模化养殖业。三是推进农业产业链延伸。重点推进农业由生产环节向产前、产后延伸，提高农产品的附加值，大力发展精深加工、休闲农业、健康养老等产业，促进全产业链发展。当前农垦企业要重点延伸高质量产业链条，完善高质量服务体系，向追求高质量、高效益、可持续转变。四是积极推进农业多功能开发。要加快农业与旅游、教育、文化等产业的深度融合，发展休闲农业、观光农业、创意农业、乡村旅游业等，使农业旅游产业成为支柱产业。

---

* 木文原载于《中国农垦》2020 年第 6 期。

二、推进农业产业主体融合发展

推动农业产业主体融合，就是把产业公司、大农场（国有农场）与一家一户的家庭农场通过利益联结机制，实现农产品加工原料基地化、产品加工产业化，达到产业公司、大农场（国有农场）与家庭农场多赢的目标。农垦企业要积极构建“产业公司＋大农场（国有农场）＋家庭农场”经营模式。这种模式要首先构建“大农场＋家庭农场”经营模式，针对目前一家一户家庭农场分散经营模式，大农场可利用品牌、科技等优势进行整合，建立主要农产品的收购、大宗农业生产资料采购及农业科技投入等统由大农场经营。其次构建“产业公司＋大农场”经营模式，产业公司要把大农场作为企业产业化生产基地，并与大农场所属的一家一户家庭农场联合起来组成经济联合体，农产品集中销售、大宗农业生产资料的集中采购都由产业公司经营。最后构建“产业公司＋大农场＋家庭农场”经营模式，这种经营模式年初由产业公司通过大农场与家庭农场签订产品收购合同，确定产品收购的数量、价格、质量，年底大农场与产业公司直接按年初签订合同确定的产品收购价格收购农产品，此种经营方式一方面促进了大农场的企业化经营，提高了家庭农场的规模效益，降低了生产成本，同时也使产业化龙头企业拥有了自己的生产基地，增强了市场竞争的实力。

三、推进农业产业主体利益融合发展

推进农业产业振兴必须推进产业融合、主体融合、利益融合，农垦企业在推进农业产业主体利益融合方面要重点做好以下两方面工作：一是建立“产业公司＋大农场＋家庭农场”利益联结返回机制。通过构建“产业公司＋大农场＋家庭农场”经营模式，使产业公司与大农场和家庭农场形成统一的利益联结机制，产业公司扩大了生产规模，提高了规模效率和经营效益，尤其是在农产品加工、销售环节增加了一部分利润，这些利润应在产业公司、大农场与家庭农场之间合理分配，要通过构建“产业公司＋大农场＋家庭农场”利益返回机制，进行利益的合理分配。要重点做好家庭农场的利益补贴，进一步提高家庭农场参与合作经营的积极性。二是建立“产业公司＋大农场＋家庭农场”风险共担机制。农垦企业要积极通过建立“产业公司＋大农场＋家庭农场”模式，吸收一部分专业合作社和家庭农场入股参与股份合作，形成利益共享、风险共担的产业化经营机制，以提高产业公司抵抗自然风险和市场风险的能力。此外，在“产业公司＋大农场＋家庭农场”经营模式下，签订的产品收购合同可引进期权理论中的卖权期权机制，卖权期权是给予卖权持有者——家庭农场的一种权利，即产品收购合同签订后，如果农产品市场价格低于年初收购合同价时，家庭农场可以按合同价向产业公司出售，如果农产品市场价格高于年初合同价时，家庭农场可以放弃期权而以市场价向产业公司出售，这样家庭农场就可以实现“高价时随行就市，低价时保底收购”，减少了家庭农场在农产品销售中的市场风险；而对于产业公司来说，既可以稳定货源，又可以通过期权降低市场风险，这种方式使产业公司与家庭农场形成利益共享、风险共担的运行机制。

实施乡村振兴战略，推动农垦经济高质量发展*

实施乡村振兴战略是以习近平同志为核心的党中央着眼实现“两个一百年”奋斗目标做出的重大战略决策，是中国特色社会主义进入新时代做好“三农”工作的关键抓手。当前，农垦正处在深化改革的关键时期，深刻理解乡村振兴战略的重大意义，准确把握乡村振兴战略的科学内涵，坚定不移地科学实施乡村振兴战略，对进一步深化农垦体制改革、加快农垦经济发展有重要意义。本文就农垦企业实施乡村振兴战略，推动农垦经济高质量发展问题提几点建议，供参考。

1. 推进高质量发展。乡村振兴必须质量引领，质量兴农是乡村振兴的重要内容，是推进农业由增产导向转向提质导向，是加快农业现代化发展的重要标志，在今后一个时期，推进质量兴农，重在以农产品质量、涉农产业质量、农村经济发展质量为核心抓手。一是推进农业标准化，把优质农产品“产出来”。要加快标准制定和修订，加强标准宣传推广和使用指导，大力推进种养大户、家庭农场等新型农业经营主体，建立生产记录台账，并按标准生产。二是要完善农业生产的标准体系、规划体系、检疫检测体系。推进农产品标准化生产，构建规范的农产品生产、加工、销售体系，提高农产品质量和食品安全。三是加强农产品执法监督，把优质农产品“管出来”。加快推进《中华人民共和国农产品质量安全法》《农作物病虫害防治条例》等法律法规的制定和修订，加快追溯体系和农业信用档案建设，将新型经营主体全部纳入监管。四是加快农业结构调整，把优质农产品“调出来”。着力调整优化农业产业布局和结构，增加销路好、品质高、价格高、市场缺的优质农产品生产。

2. 推动绿色发展。要坚持走产出高效、产品安全、资源节约、环境友好的现代农业发展道路，着力把新型生态循环农业、绿色农业生产体系建起来，构建绿色发展产业链、价值链，增加更多的绿色优质农产品供给。一是强化农业资源节约和保护，建立耕地养护制度，积极推广保护性耕作、轮作休耕等技术，强化节水基础设施建设，积极推广高效节水灌溉模式，建立农业投入品减量使用制度，推行绿色低碳循环生产方式。二是创新农业绿色发展体制机制，

---

* 本文撰写于2018年9月16日。

建立农业生态补贴制度，完善高效低毒低残留农药、商品有机肥、有机无机复混肥以及高效植保、施肥机械的推广补贴机制。

3. 推动品牌建设。推行标准化生产、培育农产品品牌是发展现代农业的必然选择。实行农产品品牌战略，有利于将各具特色的地域资源优势转化为市场竞争优势，可破解农产品同质竞争和增产不增收问题。一是要精心创建农产品品牌。统筹谋划品牌建设，精心制定品牌培育推广方案，推进差异化、针对性强的品牌创建，整合地域资源和产业资源，挖掘提升品牌资源，打造优势区域农产品品牌。二是增强农产品品牌建设的合力。梳理整合农产品品牌创建扶持政策，重点支持区域品牌、企业品牌和产品品牌建设。三是加大农产品品牌的宣传。积极研究市场消费需求，找准市场定位，突出区域品牌宣传推广，创建品牌运营传播手段，统筹设计产品包装、品牌形象，依托节假日、绿博会、博览会等活动，组织品牌推介活动。

4. 推进农业科技创新。当前我国农业发展处在由增产导向转向提质导向的关键时期，推动农业科技创新是提高农业发展质量效益和实现农业绿色发展的重要举措。要明确农业科技创新的目标，建立产学研结合的农业科技研发应用，推动农业发展质量、效益整体全面提升。近年来，大数据、智能化、移动互联网和云计算等新一代信息技术不仅掀起了新一轮产业革命，也改变了人们的生产生活。运用互联网思维，充分利用智能化互联网技术，将为乡村振兴插上技术的翅膀，加快推进农业的现代化。互联网等技术，为创业者提供了技术、人才、资金等创业要素，降低了创业成本，不仅促进了电子商务的快速发展，也有利于留住人才，完善交通、物流等公共服务配套设施。一方面，电子商务打破时间空间制约，让农户可以在家购买全国各地的商品，也满足了让城市居民购买各种高品质农产品的需要；另一方面，电子商务还有效地消除了农产品与市场信息不对接的问题，实现了农产品与消费者的无缝对接，有助于实现农业资源的优化配置，促进农业产业化的发展，稳定农户就业，增加农户收入。

5. 推进产业融合发展。为了满足人民日益增长的美好生活需求，增加职工收入，乡村振兴必须走一二三产业融合发展的道路。一是培育壮大产业融合主体。引导家庭农场集聚发展，强化基础作用，大力推进专业合作社，强化利益联结，引导农业产业化龙头企业做大做强，强化其带头作用。二是创新产业链与农户利益联结模式。围绕股份合作、订单合同、服务协作等利益联结模式，鼓励龙头企业建立与农户风险共担的利益共同体，引导龙头企业创办或入股合作组织，支持农民专业合作社或家庭农场入股或兴办龙头企业，并采取“保底收益＋按股分红”等形式，让农户分享加工、销售环节的收益。三是提高农户对等协商能力。加快培育新型农业经营主体，鼓励新型职业农工、务工经商返乡人员领办合作社、兴办家庭农场。四是建立大农场与家庭农场的利益联结机制。目前大农场与家庭农场都是独立的经济体，家庭农场与大农场签订土地承包合同，缴齐上交的土地承包费后，独立经营、自负盈亏。要通过建立“产业公司＋大农场＋家庭农场”利益联结机制，把分散经营的家庭农场统一形成产供销经济体，增强其经济实力，增强在市场上的竞争力。四是建立风险防范机制。积极探索与开展农业保险、担保相结合，提高风险保障能力。

6. 推进农业对外开放。一是加强国内外农业产品市场形势的研究。要重点加强对国际市场和重点国家农产品市场的供需、价格变化、政策调整等信息的收集、处理，确保信息的收集具有准确性、前瞻性、权威性，指导企业生产适销对路的农产品。二是优化农产品出口结构。巩固现有农产品出口优势产业，重点推进特色产业出口。三是培育壮大一批出口龙头企业。制定和规范农产品出口示范企业的标准，着力培育以技术、品牌、质量、服务为核心的农产品出口竞争新优势，培育一批具有较强国际竞争力的出口基地。四是加强农垦企业“走出去”的步伐。黑龙江农垦具有机械化、集体化的优势，要利用好国家鼓励农垦企业“走出去”的政策，加快对俄罗斯等国家“走出去”的步伐。黑龙江农垦牡丹江管理局已多年在俄罗斯进行土地开发，开发土地几百万亩，取得了较好的经济效益，应进一步利用好国家支持农业“走出去”的政策，加快对俄罗斯等国家“走出去”的步伐，尽快取得规模效益。五是建立健全重要农产品销售的预警机制。及时掌握农产品销售的行业标准、产品质量标准、产品价格、农产品市场变化等信息，确保农垦企业农产品出口得到稳步的发展。

7. 推进城镇环境治理。落实乡村振兴战略必须准确把握“产业兴旺、生态宜居、乡风文明、治理有效、生活富裕”的总要求，实施城镇人居环境治理，着力建设美丽宜居城镇。城镇生产生活环境既关系到社会文明程度，又关系到职工群众的幸福指数，推动乡村振兴，必须实现农业产业强、职工富、城镇美的统一。一是改善城镇的人居环境。重点整治生产生活垃圾处理、生产生活污水治理、镇容镇貌。二是提高城镇规划建设水平。要统筹产业发展、人口布局、公共服务、土地利用、生态保护，加快推进城镇基础设施和公共服务向管理区居民延伸，对自然、历史、文化资源丰富的城镇要进行保护。三是加快保护好生态资源。重点保护好草原、森林，采取市场化的方式积极引入社会资本，大力发展林下经济、草原经济，发展生态旅游和休闲旅游。四是抓好城镇社会治理。建立城乡社会治理体系，坚持自治、法治、德治相结合，推动城镇社区治理下移，强化道德教育作用，加大普法力度，完善便民服务体系，打造“一站式服务”平台。

对农垦企业进一步发展农产品加工业的几点建议*

农垦企业积极发展农产品加工业可以促进农业职工增收，解决职工卖粮难问题，又可以通过多次加工增值，提高农业的附加值和综合效益。本文就农垦企业进一步发展农产品加工业问题谈些建议，供参考。

一、发展农产品加工业的重要性和必要性

1. 发展农产品加工业可以有效解决职工卖粮难问题。目前黑龙江省垦区是国家粮食主产区，国家在粮食促销方面出台了一些政策，在一定程度上保护了农业职工的利益，但有时仍存在卖粮难问题，使得农业发展和农业职工收入的增加不能通过粮食产量的增加而实现。而发展农产品加工业可引导农业生产，促使农业按照农产品加工业的标准进行生产，能有效调整农业生产结构，提高农业生产的标准化水平，有利于农产品生产和市场的有效对接，有效地解决职工群众卖粮难问题。

2. 发展农产品加工业可以有效地增加农产品的附加值。农产品加工使产品的外部特征和物化特性发生转变，功能和作用得以提高，这就意味着用同样多的原料，可以生产出更多更好的最终产品，加工环节的逐步深化则意味着附加值的进一步增加，即在同样的数量“投入”的条件下，能够增加更多为社会承认的产品价值，商品价格得以提高。据有关资料介绍，发达国家农业增加值最大的环节在加工环节，美国的农产品总价值构成中，产前部门转移价值占21%，农业生产创造的价值占17%，而产后部门创造的附加值占62%，加工环节和流通环节的增加值是生产环节创造价值的3.6倍。

3. 发展农产品加工业可以加快剩余劳动力的转移，促进就业。农产品加工业属于劳动密集型产业，可以吸纳众多的劳动力就业，据调查，农产品生产企业每增加一人就业，相应的工商业可增加七人的就业机会。农产品加工业的发展，同时会带动运输、旅游、服务等第三产业的快速发展，这些产业又都是劳动密集型产业，能吸引大量剩余劳动力就业。因此，大力发展农产品加工业

* 本文原载于《黑龙江粮食》2015年第6期。

是转移农业剩余劳动力和吸纳就业的重要途径。

4. 发展农产品加工业可以促进农业现代化水平的提高。发展农产品加工业可以促进农业科学水平的提高，也可以加快先进科学技术的传播和推广，推进现代农业的发展，有利于引进和吸收新品种、新技术、新工艺和新设备。如农产品精深加工及综合利用能力的提高，可促进对农产品储藏、保鲜、包装技术、降耗增效技术、生态环境建设技术等的广泛应用，促进农产品质量的提高。

5. 发展农产品加工业可以促进农业产业化的发展。发展农业产业化经营的关键是培养具有开拓能力、能进行农产品深加工、为农户提供服务和带动农户发展商品生产的龙头加工企业，农产品龙头企业是农业产业化经营的“领跑者”、农业现代化建设的“火车头”，没有农产品龙头企业就没有农业产业化。近几年，农垦系统为了发展农业产业化，建设了一批农副产品加工企业，这些企业对促进职工增收、企业增效，为农垦企业产业化经营发展起到了一定的推动作用。

6. 发展农产品加工业可以促进农业规模化经营。农产品加工业通过加工企业上连市场，下连基地，通过基地把千家万户的小规模农业经营户联合起来，农户管生产，加工企业和各种服务企业提供产前、产中、产后服务，使农业生产形成产业化链条式的经营，使农产品加工业有了商品数量规模和经济规模，同时也促进了农业产业化的全面发展。

二、当前农垦系统农产品加工企业发展状况及存在的问题

农垦企业自国家经济体制改革以来，农产品加工企业得到快速发展，尤其是民营农产品加工企业发展迅速。到 2013 年末，农垦齐齐哈尔管理局民营农产品加工企业已达到 68 家，年营业收入达到 21 亿元，企业盈利 1.1 亿元，其中稻米加工企业 33 家，年总加工能力 123 万吨，农产品加工企业2013 年实现增加值 59 854 万元，占该局工业增加值的 68.75%，是该局支柱工业产业。从农副产品加工企业内部结构看，初步形成以稻米加工、大豆加工、畜禽产品加工为主体的产业体系。2013 年农垦齐齐哈尔管理局农产品加工企业加工生产大米 40 万吨，产品销售收入 17 亿元，加工生产大豆油 4 714 吨，产品销售收入 8 529 万元。但是农垦系统民营农产品加工企业受体制机制及外部环境等因素的影响，总量不大，达产率低，结构不优，活力不足且市场竞争力差。一是主要农产品加工率低。从农垦齐齐哈尔管理局规模以上民营农产品加工企业实际加工量看，农产品加工率普遍低下，2013 年农垦齐齐哈尔管理局 33 家稻米加工企业达产率为 46%，大部分企业不足 50%。二是农产品加工业低水平重复建设，严重影响农产品加工质量。近几年，农垦企业为了加快工业企业的发

展，制定了一些招商引资优惠政策，但也搞了一些重复建设，上了一些低档次小型农产品加工企业，形成农产品粗加工能力过剩，有些企业因生产能力受市场限制出现闲置。三是企业缺少活力。目前农垦系统大部分民营农产品加工企业由于企业内部产权不清，缺乏有效的现代企业管理制度，影响企业的进一步发展。四是企业内部管理水平低下。在民营企业内部普遍缺少技术人才，管理方式落后，研究企业内部财务管理多，研究外部开发和战略很少，缺少正确的经营理念，存在“小富即安”心态，经营中存在不讲诚信现象，严重制约了企业的发展。五是农产品加工业缺乏品牌竞争意识。目前多数民营企业没有知名品牌，主要表现在传统产品多，但特色品牌少，尤其是名优高档品牌少，多数民营企业品牌竞争意识淡薄，市场开拓能力不强，无法与国内外知名品牌竞争，限制了农产品加工业的快速发展。六是农产品加工基地建设滞后。原料生产与加工企业利益联结机制未建立起来，未能建立稳定的原料加工生产基地。七是国家对农产品加工企业的支持政策不足。主要表现在国家对农业产业化龙头企业财政支持不足，缺少税收优惠政策，融资环境急待改善。八是缺少社会化服务体系。主要表现在市场流通体系建设和信息体系建设滞后，科技服务推广体系发展落后。

三、对农垦企业进一步加快农产品加工业发展的几点建议

1. 推进以稻米、大豆和畜产品加工为农产品加工业的主导产业的快速发展。当前黑龙江农垦水稻加工业是农业的主导产业，水稻种植面积和产量比重都比较大，如农垦齐齐哈尔管理局2013年粮食播种面积是225万亩，粮食总产量101万吨，其中水稻面积109万亩，水稻产量64万吨，分别占总面积的48%，占总产量的63%。并且农垦企业水稻加工业已形成一定的规模，发展水稻加工业有一定的经济基础，农垦齐齐哈尔管理局有农副产品加工企业68家，其中33家是稻米加工企业，加工能力达到123万吨，发展农副产品加工业有一定的优势条件。农垦系统近几年通过调整农业发展方式，加大了经济结构的调整，畜产品得到较快的发展，如农垦齐齐哈尔管理局通过多年发展，2013年末奶牛存栏53 425头，猪存栏22万头，家禽存栏220万只，肉类总产量9.2万吨，牛奶产量27万吨，禽蛋产品1万吨。另外，在农业种植中，玉米面积增长较快，玉米是发展饲料工业的基础，如农垦齐齐哈尔管理局2013年玉米种植面积74万亩，占总面积的33%，玉米产量35万吨，占粮豆总产量的35%，发展畜产品加工业有一定的优势。

2. 推进农产品精深加工业的发展，提高农产品加工水平。当前农垦系统农产品加工企业初级产品生产能力比较强，尤其是稻米加工企业，但是高质

量、精深加工能力不足，严重地影响了加工企业的进一步发展和经济效益的提高。据调查，在农垦齐齐哈尔管理局68家农产品加工企业中，大部分加工企业达产率不足50%，多数企业从事初级产品加工，盈利水平低下，影响了企业的进一步发展，应进一步加快企业技术改造和技术创新，提高农产品加工业的总体技术水平、加工规模和加工效益。对稻米加工企业要进行适当整合，淘汰一批技术落后企业，引进一批技术水平高、资金实力强、管理水平高的企业，生产高端优质产品，提高企业的达产率和规模效益。目前农垦系统缺少畜产品加工企业，应制定优惠政策，加快引进一批畜产品加工企业，进一步加强畜产品基地建设，推动畜产品加工业的发展。

3. 推进农产品加工企业产业化发展。原料基地是加工企业生产的第一要素，是农产品加工业的起点。农产品加工业发展首先要有原料保证，原料基地建设是加工企业稳定发展的基础，从国内外农产品加工企业发展看，凡是原料数量和质量有保障、供给提供稳定的企业，其加工生产就会有良好的经济效益，并且其加工规模就会得到发展壮大。实践证明，实施产业化运营是农产品加工发展的必由之路，从发达国家现代农业发展的情况看，农产品加工业基本都选择农业产业化经营的模式，这样做有利于为农产品加工业提供稳定且符合质量标准的加工原料，从而提高农产品加工业的市场竞争力，有利于把千家万户从事种植业和养殖业的农户整合到农工商一体化的经营模式中来，规避农户的风险，增加农户的经济效益，有利于发挥农产品加工业对农业的技术辐射效应，加快对传统农业的技术改造，推进农业现代化。目前产业化经营模式很多，主要有“加工企业＋农户”“加工企业＋中介组织＋农户”等利益联结模式。在产业化经营模式中，重点要处理好企业与农户的利益问题，确保农户的经济利益。

4. 加大对农产品加工业发展的政策支持。农产品加工业是农业的延伸，是现代农业的重要组成部分，农产品加工业的原料产业——农业，在国民经济中处于基础的地位，并且面临着自然和市场双重风险，无法在市场经济中与其他产业进行竞争，是需要国家政策扶持的产业。一是国家应在财政上对农产品加工业进行支持。制定一些有利于促进农产品加工业发展的扶持政策，包括财税政策、金融政策、土地政策、技术政策，以促进其快速发展。尤其是对重点农业产业化龙头企业在建设方面给予一定的财政支持。国家和地方政府应该把农产品加工业发展作为财政支农工作的重点，通过财政贴息、补贴和配套等形式，并通过招商引资和吸收社会资金等多种渠道加大对农产品加工企业的资金支持。二是降低农产品加工业税赋水平。国家税收部门要适当降低农产品加工企业税赋，降低农产品加工企业成本支出。三是加大对农产品加工企业融资的支持。当前农产品加工企业发展不快，资金严重短缺是发展的瓶颈。应建立国家财政性投资为引导、信贷资金为支持、民间投资为主体、外资和证券市场资金等各类资金为补充的多元化、多层次、高效率的农产品加工业融资支持体系。金融部门要打破常规，不断创新，进一步改善融资环境，加大对农产品加工企业的支持。要进一步完善农产品加工企业信用评级和授信制度，要考虑企业的差异性，适当放宽农产品加工企业信用等级、抵押率等，贷款的期限可适当延长，简化企业贷款审批手续，加快贷款速度，加大信贷的支持力度。

5. 加快推进农产品加工企业体制机制改革，建立和完善企业产权管理制度。一是推进民营企业建立现代企业管理制度。当前多数民营农产品加工企业的产权不清问题已成为其进一步发展的瓶颈，不利于实现规模化经营，不利于建立现代企业管理制度。对家族式的民营企业应实现由单一的家庭管理向由家族控股、聘用现代职业经理人管理的现代模式过渡，以实现产权主体的多元化。建立企业内部权力机构，完善科学的鼓励约束机制，实现所有权与经营权的真正分离。二是加快民营中小企业整合，组成企业集团，增强市场竞争力。目前农垦企业下属的农副产品加工企业大部分是民营企业，规模小且布局分散，没有资金实力，效益低下，缺少市场竞争力，应进一步加大企业整合的力度，主要通过统一品牌和企业股份制改造等方式进行企业间的整合，组成企业集团，形成规模实力。如查哈阳农场所属的稻米加工企业有 20 多家，规模都比较小，品牌也比较杂，可以通过品牌整合和股份制改造，组成企业集团，增强企业对外市场竞争力。

6. 加强农产品加工企业内部管理。农垦系统农产品加工企业大部分是民营企业，管理基础差，管理方式粗放。应加大企业内部的管理，建立健全企业内部财务管理制度，完善企业内部监督与审计，规范财务信息的编制，并妥善保管财务会计档案；加强人力资源管理，重视员工的考核、培训，优化人力资源的配置，形成科学合理的选人、用人、留人机制，并将其制度化；加大科技的投入，加快技术改造及新产品的开发，重视科技创新；提高产品的技术含量，积极参与市场竞争，提高企业的市场竞争力；企业经营者要树立品牌意识，积极培育自己的品牌，并加大品牌的市场宣传力度。

7. 建立农产品加工业社会化服务体系。一是各级政府和企业管理部门要把农业产业化龙头企业发展纳入战略发展规划。二是要把产业化龙头企业纳入工业园区管理，抓好园区内供电、供水、供气、排水、道路等基础设施的配套建设，营造高效优质的服务环境和优惠政策环境。三是建立产业化龙头企业生产基地服务体系，主要包括生产资料服务体系、农业技术服务体系（包括农业种植业技术服务体系、农业科技研究中心、畜牧防疫技术服务体系）、物流业服务体系和信息网络服务体系。

农垦企业应拓宽农产品营销渠道*

当前农产品营销渠道不多不畅，严重影响农产品的销售，并且还影响农业生产的发展，尤其是大宗农产品营销渠道不多，使得农产品积压严重，有的还影响农业经济效益。本文就农垦企业拓宽农产品营销渠道问题谈几点建议，供参考。

一、拓宽农产品营销渠道的重要性

1. 拓宽农产品营销渠道可以进一步促进农业生产，引导消费。农产品只有通过市场交换，才能到达消费者手中，才能实现其价值和使用价值。农产品营销渠道就是完成农产品从生产者到消费者的转移，它连接生产和消费，即是生产的排水渠，又是消费的引水渠。排水渠不通，农产品就不能及时销出去，资金周转困难；引水渠不畅，农产品就不能及时顺利地到达消费者手中，消费需求就得不到满足。因此，农业生产者不仅要生产满足消费者需求的农产品，还要正确地选择科学的营销渠道，做到货畅其流、发展生产、引导消费的作用。

2. 拓宽农产品的营销渠道可以扩大销售范围，提高产品的市场竞争力。生产者仅仅依靠自己的力量直接向消费者出售农产品，其销售范围和销售数量是非常有限的，如果选择恰当的营销渠道，就可以将产品销售到很远很多的地方，从而扩大产品销售范围，同时增加销售数量，从而提高产品的市场竞争力。

3. 拓宽农产品营销渠道可以加速商品流通，降低流通成本。生产企业依靠自己的力量出售全部农产品是不现实的，选择合适的营销渠道、利用流通企业力量销售自己的产品，一方面可以缩短流通时间和再生产周期，直接促进生产的发展，另一方面可以减少在流通领域中占压的商品和资金，加速资金周转、节省流通费用。

二、拓宽农产品营销渠道的对策

1. 建立和完善农产品营销主体。农产品营销渠道创新应从营销主体创新开始，借鉴发达国家先进经验，改变过去营销主体单一的局面，通过多种方式

---

* 本文撰写于2016年6月14日。

培育农产品营销主体。一是培养农业产业化经营企业，通过建立“龙头企业＋农户”或“龙头企业＋专业合作社＋农户”模式，加快农产品就地转化和销售，可以进一步推动农业生产的发展。二是引导农户组建专业合作组织，提高生产、销售的组织化程度，组织农户共同开拓市场、提高产品营销能力。三是建立专业协会，通过为农户提供物资供应、加工、储藏、产品运销及辅助信息等服务，增强其参与市场活动的能力。

2. 建立农产品超市连锁经营。传统的农贸市场销售存在很多问题，如质量难以保证、经营不规范。随着居民收入的提高，人们更加注重农副产品的消费安全和购买便利，特别是随着农产品市场与国际市场的进一步接轨，农产品市场竞争力更加激烈，对农产品质量、分级、包装、运输等方面有着更高的要求，这就需要积极推进农产品的超市经营和连锁经营，以集约化、规模化、连锁化的超市、连锁店取代传统的农贸市场。超市和连锁店与传统农贸市场相比有以下优点：农产品超市直接与消费者接触，有专业的营销人员，能直接了解消费者需求的变动，可以对农业生产起引导作用；大型连锁超市对商品具有大量采购、均衡供应、常年销售的特点；超市可以为消费者提供舒适的购物环境，超市的农产品会比其他渠道的农产品更注重品质，超市还可以实现一站式购物。

3. 加快农产品网络营销。与传统农业贸易相比，农产品网络营销具有交易虚拟化、成本低、效率高、透明化等特点。利用电子商务进行农产品营销，能有效地避免传统农产品营销渠道存在的诸多缺陷，有效地解决时空上的矛盾，充分发挥营销渠道的地点和时间效用，克服农产品易腐、储藏周期短、损耗大等问题。同时，由于信息获取成本低，也有利于降低农产品的流通成本，化解交易风险。农垦企业应建立农产品营销渠道的网络平台，借助互联网来实现农产品营销目标，通过网络交易平台和网站实现农产品信息发送、买卖交易对接、品牌营销。网络营销有以下特点：农产品通过信息形式在网络平台流动，实现产品展示、销售对接；直接实现农产品卖家与买家的对接，省去中间环节，供需双方信息更加通畅；专业农产品网络渠道服务商提供产品发布、渠道维护、产销对接的有针对性的农产品服务；农产品供应商、专业服务商、经销商可联合实现农超、农贸、农社等多种形式的产销一体化模式。

4. 建立和完善农产品物流配送系统。针对我国农产品营销渠道链条长、流通效率低的状况，应逐步建立和完善农产品物流配送系统，提高营销渠道效率。一是通过农产品批发市场的升级改进，建立一个以批发市场为枢纽、以具备一定组织化程度的农产品经营者为主体、以规范化的集贸市场和超市为末端的较为现代化的农产品流通体系。二是大力发展以物流配送为枢纽、以连锁公司为经营主体、以超市为末端的现代化农产品流通体系，在建设农产品物流配送系统的过程中，要注意库存管理、运输、确定配送半径、绿色物流等问题。

5. 实施农产品品牌营销战略。实施农产品品牌战略是我国农产品进入国际市场，增强市场竞争力的一条重要措施。农产品品牌营销要从品牌的定位入手，通过塑造品牌形象和品牌个性，实现差异化的品牌竞争优势，通过品牌的传播与维护，建立品牌认同与消费者忠诚，在适当时机利用成功的品牌进行延伸与扩展，使品牌价值不断增值。在农产品品牌营销上要重点做好以下几点工作：一是打造样板市场，实施精细化营销。可以通过消费人群的调查总结，针对竞争品牌制定有效的竞争策略，明确产品的卖点和品牌个性，综合运用广告、包装、活动推广等手段，为产品树立起一个富有个性的品牌形象，同时精细化营销更明晰了行业标准、发展规划、品牌阶段目标及长远发展问题。二是农产品品牌营销要把握差异化的产品策略，要寻找到与竞争对手有差异的独特特点。三是农产品品牌营销的策略要有创新性。可以结合市场的情况，充分挖掘产品的特性，提出有创见的营销策略。消费者购买商品有着求名牌的动机，因此要适应消费者求名牌动机的心理，不断地提升品牌。提升品牌既要求量更要求质，求量就要不断地扩大知名度，求质就要不断地提高美誉度。提升品牌的途径，靠的是产品内在的质量和功效，让消费者用口碑传播品牌。

6. 加快农产品批发市场升级改造。批发市场在农产品营销中具有更为重要的地位，它是农产品流通渠道中一个十分重要的中介。在现阶段农产品流通过程中，参与的个体组织众多，但规模小、组织化程度低，这就需要借助批发市场把农产品生产者、经营者联合起来，达到广泛、快速、有效分销的目的。批发市场建设要重点做好以下工作：一是市场运作应向企业化方向发展。今后农产品批发市场的建设、管理均应按现代企业制度的规范要求进行，使其产权明晰、管理科学。二是完善市场设施。发达国家规范化的现代批发市场大都具有各种综合服务功能，如物流集散、价格形成、信息发布等，而我国批发市场的服务非常落后。要改变这种服务功能单一的局面，一方面要不断完善配套功能，建立具有储存、保鲜、质量检测等功能的设施，另一方面要加强市场信息化建设。

农垦企业应建立农产品电子商务营销渠道*

农产品电子商务营销渠道一方面要为消费者提供产品信息，另一方面在消费者选择产品后要能及时完成交易手续。一个完善的电子商务营销渠道应有订货功能、结算功能和配送功能：订货功能，要求有一个完善的订货系统，可以最大限度地降低库存，减少销售费用，实现从田间到消费的直接对接，订货功能可使零库存目标实现；结算功能，商家应向客户提供多种结算方式，互联网电子商务产生了多种支付方式，包括汇款、货到付款、网上支付等方式；配送功能，要求把保质期、保鲜期短的农产品安全送达消费者手中。下面就农垦企业建立农产品电子商务营销渠道问题谈几点建议。

一、农垦企业应建立多种农产品电子商务营销模式

1. "公司＋农户＋电子商务"模式。"公司＋农户＋电子商务"的运营模式是农产品流通由计划经济向市场经济转变的必然结果，也是农户和公司取得双赢的有利选择，农户负责生产、公司负责营销，订单式合作，保证农户利益，实现农业增收增效。利用电子商务来拓展公司的销售渠道，将电子商务的特点与传统的产品销售相结合，积极掌握供需的双向信息，将农产品放置于网络平台不间断运营，扩大销售渠道，让采购商或消费者掌握农产品的供应信息，更好地提供市场信息，增加销售的渠道，延长交易时间，获取更多的交易对象，给企业带来更多的销售空间。

2. "农产品中介组织＋农户＋电子商务"模式。"农产品中介组织＋农户＋电子商务"运营模式把农户集中到农产品中介组织，由该中介组织提供技术支持来实施农产品营销的电子商务化。农产品中介组织可以是一个技术较好的集网站开发与管理维护于一体的电子商务类企业，也可以是单一的应用和管理型组织。

3. "农户＋农户＋电子商务"模式。农户在未能加入公司组织的时候，应该自寻销路拓展营销的渠道，一个农户的力量是有限的，可以采用"农户＋农

* 本文撰写于 2018 年 10 月 26 日。

户+电子商务”的模式，无论从资金上还是技术上都一定程度地壮大了自己的力量，农户直接通过电子商务实现信息的交流、不间断运营、扩大销售渠道、获得更多的销售对象。

4. “社会组织+农户+电子商务”模式。政府部门、科研院所、农民专业合作社、农技服务站等服务组织，可以借助技术财力推广等手段来推动农产品的营销，即农户借助社会组织的技术、物力和财力等来实施农产品营销的电子商务化。应用“社会组织+农户+电子商务”的渠道后，组织的技术人员负责将农户的供需信息发布到电子商务平台，向农户反馈市场动态信息，并负责与采购商沟通，处理农户的订单，直到交易完成，社会组织起到了承上启下的作用。

二、农垦企业建立农产品电子商务营销渠道的保障措施

1. 转变观念提高对电子商务的认识。各级领导要通过学习网络营销的知识，改变传统营销观念，逐步接受农产品电子商务的新观念，认识电子商务网络营销与传统营销方式相比的优势，克服小农意识保守性、封闭性，增强大市场的观念，掌握在网络信息经济时代下的市场经济规律，学习掌握信息时代下的网络技术、通信技术和商务技术等相关的基础知识。

2. 建立农产品电子商务平台。各级相关部门要研究建立一套适合农产品交易的电子商务网站，起到引领的作用。一方面相关部门建立的网站可信度高，另一方面可以给农产品电子商务网站建设起到一个示范作用。

3. 各级相关部门要加强指导，推动农产品电子商务的发展。各级农业部门应积极为农户和企业做好产前引导、产中指导和产后销售工作。农垦企业内部要设立电子商务工作部门，为农户发展电子商务解决技术上的困难，为农户提供市场动态信息和产前的引导，在农作物的生产过程中指导农户与企业进行科学生产，降低各种风险因素，在农作物收获后，积极为农户发布农产品信息，处理交易订单，利用电子商务寻找销路。

4. 积极推动农业中介组织的发展。各级政府部门可以为农产品营销实行优惠政策，更好地鼓励和推动中介组织的发展。另外，有些中介组织在进行农产品营销时，可以开展工业产品的营销，利用电子商务来促进农户购买生活用品等，以提升中介组织的利益空间。

5. 积极培养农产品电子商务人才。加大对农户农产品营销技术、电子商务技术的培训，全面提高农户技术能力，为电子商务的发展打下基础。政府部门要组织科研院所、农技服务站等服务组织，加大对农户的电子商务培训，财政部门要为农户的电子商务培训提供经费支持。

6. 优化资源，建立农产品电子商务服务中心。从当前的发展情况看，农垦企业农产品电子商务从业人员极其缺乏。在这种情况下，应当优化资源，统筹安排，统一建立农产品电子商务服务中心，为农垦企业电子商务发展服务，统一负责电子商务网站建设、管理与维护，负责农产品市场供需信息的收集与发布，做好网络营销工作。通过引进人才或送出去培训人员等方式，切实解决人才短缺问题，更好地发展农产品电子商务。

农垦企业加快农产品电子商务发展的几点建议*

农产品电子商务是指在农产品生产销售管理等环节全面导入电子商务系统，利用信息技术进行供求、价格等信息的发布与收集，并以网络为媒介，依托农产品生产基地与物流配送系统，使农产品交易与货币支付得以迅速、安全的实现。完善的农产品电子商务是利用先进的信息技术来改善和转变农产品商务活动的途径，包括农产品电子商务信息流、农产品电子商务物流、农产品电子商务资金流，涵盖农产品从种植、收获、加工到消费者手中的全部过程，农产品电子商务的参与者包括农户、农业合作组织、农业企业、经销商、消费者、物流配送机构、金融结算机构及认证机构和政府部门等。本文就农垦企业发展农产品电子商务问题谈几点建议，供参考。

一、目前农产品电子商务发展状况

农产品电子商务发展至今已有几十年，经历了 20 世纪 70 年代使用电话为交流工具的初级电子商务，90 年代利用计算机进行的网上交易，到 21 世纪以来使用卫星技术、互联网等电子网络进行的电子商务贸易。目前发达国家由于电子商务和农业信息技术的普及，农产品电子商务模式发展迅速。我国自 20 世纪 90 年代中期以来，农产品电子商务网站日益发展起来，目前各地都建立了农业信息网。农产品电子商务有三个主要特点：一是农产品电子商务由发展初期进入快速成长期，全国涉农网站有 3.1 万家，其中农产品电子商务平台已达 3 000 家。二是农产品电子商务进入融资高峰期，据统计，“京东”“阿里巴巴”等先后获得大量的风险投资和私募股权投资，并且融资大部流入农产品电子商务领域。三是农产品电子商务呈现了不同层次的特点。初级层次的网站主要是为农产品交易提供网络信息服务；中级层次的网站不仅提供农产品的供求信息，还提供网上竞标、网上竞拍、委托买卖等在线交易形式，交易会员可以直接在网上与自己需要的运输公司洽谈，而资金支付还是依靠传统的邮局或银行实现；高级层次的农产品电子商务不仅实现了农产品电子商务的网上发布

* 本文撰写于 2016 年 10 月 25 日。

和农产品在线交易，还实现了交易货款的网上支付。

随着网络的普及和现代物流的日益发展，经营网络正在成为农户的一种新型致富手段。农户把特色农产品挂网销售，不仅解决了农产品销路问题，也实现了利益最大化。将农产品从原产地直接发货到消费者所在地，克服了传统流通模式流通环节烦琐、流通效率低、损失严重的问题，同时也建立起了消费者与生产者互动的平台。但农产品电商的发展远远落后于家电、服务等电子商务的发展，其主要原因在于物流和质量控制。一是农产品电子商务物流操作有难度、物流成本高，据调查，在农产品电子商务交易中，农产品物流成本占到25％～40％。二是冷链物流不完善，配送过程中农产品的质量难以保证。三是质量标准体系没有建立起来，缺乏统一的农产品质量标准，使农产品在生产过程中出现无标可依或有标不依的情况，导致农产品缺乏公信力。四是农户对农产品电子商务发展的重要性认识不足，其主要原因是农产品电子商务技术性较强、农户操作难度较大。

二、加快农产品电子商务发展的几点建议

1. 建立农产品电子商务物流体系。农产品物流是指为满足消费者需求而进行的农产品物质实体及相关信息从生产者到消费者之间的物理性流动，包括农产品生产、收购、运输、储存、装卸、搬运、包装、加工、营销、配送和信息活动等一系列环节，而农产品电子商务物流是指在电子商务环境中进行的农产品物流。农产品电子商务物流应建立以下几种物流配送体系：一是组织企业自建物流体系。企业自建物流是企业自身投资建设物流的运输工具、储存仓库，由企业内部人员参与并由企业承担配送过程中全部费用的物流方式。自建物流反应快速、灵活，能够使企业拥有对物流系统运作过程的有效控制权，可提高整个配送服务效率。自建物流适用于一定地区的中小型农产品生产和销售企业。二是第三方物流。第三方物流能使企业集中精力于核心业务，通过运用新技术降低物流成本，从而达到以信息换库存的目的。其不足之处是第三方物流企业难以对物流进行直接控制，从而无法保证准确和及时地运送货物。第三方物流是适用于大、中型农产品相关的企业。三是物流一体化。物流一体化在第三方物流的基础上开始发展，这种模式可以实现物流企业与生产企业代理或买断关系的建立，与销售企业达成契约，使物流企业能及时地为生产、销售企业提供优质服务，物流企业能够将商品和信息进行有效整合，按照各个部门提供的订单要求，从而进行高效的货物配送。同时，这种模式还表现在企业之间供应信息的交流，从而实现资源的合理利用。物流一体化从根本上解决了第三方物流存在的问题，使农产品企业与物流企业得以更好地协作，是一种双赢的

物流配送模式。此模式适用于跨地区的大、中型农产品企业。

2. 建立农产品电子商务交易支付体系。农产品电子商务交易支付体系以现代信息技术为支撑，以规范化各类交易场所工作为契机，依托农产品交易市场信息管理平台，全面掌握农产品交易市场建设与转型发展情况，提高农产品交易市场管理效率，推动农产品交易市场规范化发展，带动农产品市场新型交易模式的推广，为企业和公众了解农产品交易市场有关情况和支持农产品交易提供窗口和更有效的服务。交易支付的主要模式有现货中远期交易、现货延期交易、网上商场交易、现货挂牌洽谈交易、现货挂牌撮合交易、网上超市交易、竞价拍卖交易、竞价招投标交易、专场交易、团购等。

3. 建立农产品电子商务质量标准体系。农产品按照不同分类建立质量标准体系，保障农产品的消费安全以及消费者对农产品优质化、规范化的要求，主要包括品质标准、工艺标准、规格标准。建立农产品流通标准体系，主要建立分拣标准、包装标准、配送标准、验收标准以及管理标准，囊括农产品流通环节的各个部分，主要是提高农产品的流通性。

4. 建立农产品电子交易网络防范体系。目前农产品电子商务交易面临的主要风险有：技术风险，包括安全风险、技术选择风险等；支付与结算风险，随着网购用户数量的增长，也面临许多支付安全问题；信誉风险，由于参与商业交易均在互联网上进行，双方并不存在传统商业模式的见面、磋商谈判等问题，因此双方的信用和交易信息是不对称的。建立农产品电子交易网络防范体系，重点是要建立完善网络的安全防范系统。一是建立防火墙，加强访问控制。防火墙是使内部网络和公共网络相互分离的网络节点，是企业网络安全的重要保障。二是通过建立网络通信过滤管理制度来鉴别、控制访问，有效地提高电子商务过程的安全性。三是实施数据加密技术，经过加密后的数据即使被非法窃取，也很难得知真实直观的原始信息，提高了商业信息的安全性。四是完善身份认证系统，控制人员访问，防止非法窃取商业机密。五是加强对系统漏洞的防范，企业相关人员应及时检验、修复系统漏洞。

5. 建立农产品电子商务营销渠道。农产品电子商务营销渠道主要为消费者提供产品信息，方便消费者进行产品的选择，在消费者选择产品后要能完成一手交钱、一手交货的交易手续，当日交钱和交货不一定要同时进行，因此一个完善的电子商务渠道应有订货功能、结算功能和配送功能。订货功能，电子商务营销渠道为消费者提供产品信息，同时方便厂家获取消费者的需求信息，以此达到供求平衡；结算功能，消费者在购买后，可以选择通过多种方式方便地进行付款，商家应向客户提供多种结算方式；配送功能，把保质期、保鲜期短的农产品安全送到顾客手中是农产品电子商务营销渠道应具有的重要功能。目前农产品电子商务营销渠道主要类型有：一是“公司＋农户＋电子商务”模式。该模式农户负责生产，公司负责营销，订单式合作，保证农户利益，实现农业增收增效，利用电子商务来拓展公司的营销渠道，将电子商务的特点与传统的产品销售相结合，积极掌握供需的双向信息，将农产品放置于网络平台进行运营，扩大销售渠道。二是“政府组织＋农户＋电子商务”模式。在电子商务发展的情况下，政府组织可以借助新型的手段来推动农业的发展，推动农产品的营销。用户借助政府组织的技术、物力、财力等来实施农产品营销的电子商务化，应用“政府组织＋农户＋电子商务”的渠道后，农户将各自的供应或需求信息告知政府的相关农业组织，由组织的技术人员负责，将农户的供需信息发布到电子商务平台，向农户反馈市场动态的信息，并负责与采购商沟通，处理农户的订单，直到交易的最终完成。三是“农产品中介组织＋农户＋电子商务”模式。该模式把农户集合到农产品中介组织，由中介组织提供技术支持来实施农产品营销的电子商务化。四是“农户＋农户＋电子商务”模式。在未能加入公司组织的时候，农户就应该自寻销路，拓展营销的渠道，一个农户的力量是非常有限的，可以采用“农户＋农户＋电子商务”的模式，农户直接通过电子商务实现信息的交流、运营。

6. 推进农产品电子商务平台体系建设。重点支持加工、物流、商贸、电商等企业，创办农产品电子商务平台，引导农产品加工企业按照加工企业标准组织产品生产，并以统一品牌开展网上营销，推进“生产资料—农业（畜牧业）生产—加工—仓储—物流—营销”全产业链质量监控体系建设，实现“互联网＋”全生产过程展示营销，增强消费者对优质、高效、安全农产品的天然条件和技术管理水平的信任度。

7. 提高农产品电子商务的诚信度。一是实施品牌战略。通过提高服务内容，进一步提升客户认知度和满意度，从而提高品牌的知名度，创建一批有代表性的地理标志品牌产品。二是实现原产地直销。原产地直销是将农产品从原产地直接发货到消费者的所在地，拉近与消费者的距离，促进消费者的信任。三是建立规范化检验检测体系。建立农产品监测机构，实行农产品质量检测和监控，提高预防控制体系的操作性、适应性、有效性，强化从产地环境、生产过程、加工过程、储存运输到市场准入等全过程的质量安全预防监控。四是建立农产品电子商务可追溯系统。建立农产品电子商务领域主要农产品的质量安全可追溯系统，实现农产品从田间到市场整个生产流通环节的质量安全可追溯，使消费者增加对农产品的信任度。

加快农垦企业品牌建设刍议*

品牌是商品的商标，知名品牌是企业信誉的象征，是商品质量的保证，是对消费者的承诺。农业品牌是指在一定区域内受消费者普遍认可和接受的未加工或初加工农产品的著名商标或名称。当前农产品的市场竞争归结为品牌的竞争，农产品争创品牌已成为当前市场竞争的一个重要发展趋势。本文就农垦企业加快企业品牌建设问题谈些建议，供参考。

一、目前农垦企业品牌创建过程中存在的主要问题

当前农垦企业在品牌创建过程中取得了较好的成绩，出现了一大批国内外知名品牌，如完达山、九三、北大荒等知名品牌，但是有些企业在品牌创立的实践过程中，也存在一些问题，尤其是民营企业。

1. 品牌定位不准确。成功的品牌定位是赢得市场和消费者的关键，其目的就是要创造鲜明的个性和树立独特的市场形象，企业要想创建品牌，就必须定位好品牌。目前很多企业在品牌定位上经常把“无污染、无公害、卫生、保健、无公害食品、绿色食品、有机食品”等作为本企业的产品定位，这种定位是不准确的，因为诸如“无污染、无公害、卫生、安全、保健”等只能反映产品的基本质量、卫生性和无毒害性，是农产品质量必须具备的基本特征指标，反映的只是农产品的共性，而不是某个农产品的个性。另外，当前在品牌建设上，“跟随风”现象比较多，在粮食、水果、蔬菜等农产品上，大都打“绿色”牌、“无公害食品”牌、“安全放心”牌等，消费者弄不明白无公害食品、绿色食品、有机食品等到底哪个质量好，造成品牌在消费者心中没有准确的定位。

2. 品牌社会认知度低。近些年，农业品牌存在着忽略社会效应的问题，企业品牌命名洋味十足，有的粗俗不堪、稀奇古怪、格调低下，有的企业在品牌命名上、在标识和颜色上故意模仿他人，没有自己的特色，引起消费者的反感；有的企业在给品牌命名时，引起相关企业反对，甚至诉诸法律。存在这些问题的主要原因是在品牌创建过程中缺少系统的理论指导，品牌定位缺乏充分可行性研究，没有把企业和产品的特色以及民族文化与品牌命名很好地结合起

* 本文撰写于2014年12月28日。

来，从而制约了企业品牌的发展。

3. 农产品的产量和质量制约着品牌的发展。在农产品加工企业创立品牌的过程中，只有稳定的产品产量和质量才能为品牌创建奠定基础。当前受生产规模、技术水平和体制机制的限制，很多农产品加工企业缺少质量稳定的原材料供应，进而影响企业终端产品的质量和规模。当前农垦企业畜牧生产多数是以家庭为单位的小规模养殖为主，技术含量低，产品品质差异大，同样影响和制约农产品品质。另外，农产品生产的标准化也制约着品牌建设，目前，我国农产品标准国内不统一，没有与国际接轨，近几年虽然建立一些国家标准和行业标准，也引进了许多国际标准，但是很多企业即使引进和建立了这些标准，有的还通过了国家权威机构的认证，但在实际生产中并没有严格执行，造成农产品品质不稳定。

二、加快农垦企业品牌建设的几点建议

1. 抓好产品的定位是创建品牌的前提。农垦企业创建品牌首先要对市场进行深入、全面、具体、细致的调研、收集相关的信息，同时要依托自身的优势和特点准确地把握好市场定位，根据消费者对某种产品属性的重视程度，为本企业产品品牌创建培养一定的特色，树立企业形象，从而赢得有利的市场定位。另外，品牌命名要讲究科学性、艺术性和可行性，既要叫得响、传得快，又能赢得消费者的喜爱，以增强品牌的忠诚度和吸引力。品牌命名既要注重内涵，也要兼顾外形特征，还要打造深刻的文化背景。

2. 加强品牌的经营。一是要研究品牌的“精髓”，要根据需要增加投入，使品牌的“精髓”进一步充实。二是要掌握品牌的“核心”，要研究品牌的文化渊源、社会责任、消费者的心理因素和情感因素等。三是要研究品牌与众不同的求异战略。四是要注重品牌的培育和持续保护。许多知名品牌由于缺少科学管理，不能提供显著的一流服务，消费者只能无奈地选择了新的品牌，使品牌失去了竞争力。

3. 加大品牌的管理。一是做好品牌的合理延伸。品牌延伸已成为发达国家企业品牌发展战略的核心。目前中国市场还处于低层次竞争状态，因此品牌延伸比发达国家有更多的机会。品牌延伸在整个中国市场有着较强的生命力，很多知名品牌都是通过品牌延伸而获得迅速发展。二是抓好品牌创新。创新是多角度、全方位的，它不仅包括技术上的创新，更多的是观念上的创新，必须有忧患意识和超前意识；品牌创新是人才资源上的创新，企业员工应该锐意进取、刻意求精，不断追求新的知识；品牌创新是市场上的创新，农垦企业要不断研究新兴的消费群体、消费阶层，开拓和细分市场；品牌创新是管理上的创

新，企业管理机构和管理方法要随市场的变化做出相应调整，切实做到管理上的高效和灵活。

4. 加强品牌的宣传。品牌宣传是提高品牌知名度的一项重要措施，农垦企业要采取多种措施加大品牌的宣传，可采取参加各种博览会（绿博会、哈洽会）进行宣传，也可制作成广告，通过电视、网络等媒体进行宣传，尽快提高品牌的知名度。在品牌广告宣传上要分析广告的经济效益，包括近期效益和远期效益。

5. 加大品牌产品质量的管理。产品质量的保证是提升品牌档次的基础，加强产品基地的质量管理，建立科学的质量管理和监督体系，确保品牌产品质量，尤其是无公害产品、绿色食品和有机食品的管理。要严格按国家有关标准加强监督，确保品牌产品的质量符合标准要求。另外，要加强品牌产品的基地管理，建立规模化生产基地，确保品牌产品既有质量保证，又有足够的产量规模。

对农垦企业加强农产品品牌建设的几点建议*

农产品品牌化是现代农业产业化发展的重要内容。近几年，农垦企业高度重视农产品品牌建设，加快推进农产品产业化和标准化，并通过举办各种展销会、政策鼓励、媒体宣传等手段，有力地促进了农产品品牌建设，农业品牌逐渐从少到多、从小到大、从弱到强、从分散到整合，并且从原来的传统农产品销售时代进入品牌农产品销售时代，但在垦区品牌建设上仍存在一些问题，如多数企业对品牌缺乏了解，品牌价值管理、品牌渠道建设、品牌文化管理、品牌识别、品牌形象、品牌传播、品牌运营等方面还存在不少问题，对农业品牌的发展缺乏长远计划，创品牌意识淡薄，严重影响农产品品牌的发展。本文就农垦企业加强农产品品牌建设问题谈几点建议，供参考。

一、当前农产品品牌建设存在的主要问题

1. 企业经营者对农产品品牌作用认识不到位。目前很多企业的领导人对品牌内涵、品牌特征及品牌作用的理解还比较肤浅，没有真正意识到品牌化经营在市场经济中的重要性。有的企业表面实施品牌化经营，但缺乏有效措施，多数企业缺乏品牌运行专业人才，在品牌运行中生搬工业产品的经验，使农业品牌建设未达到预期效果。

2. 品牌定位不清。农产品品牌定位不清晰不仅影响农产品的市场定位，而且影响农产品品牌联想。多数农垦企业对农产品品牌定位普遍不重视，大部分定位不够清晰和准确，其主要原因是企业对品牌定位方式不够了解，找不到定位的切入点。

3. 农产品品牌信誉度和美誉度不高。农产品的品牌信誉度和美誉度的指标是质量安全和健康营养。然而在农产品市场中，无品牌标识的各类农产品仍然占很大比重，在品牌农产品市场中，很大一部分农产品的质量安全达不到规定要求，健康营养等指标也存在大量的虚假宣传，农产品品牌信誉度不

* 本文撰写于2017年6月12日。

高，导致美誉度下降，这是消费者在选购农产品时不购买品牌农产品的主要原因。此外，近年来，贴有“质量合格”“免检”“绿色环保”等标志的产品出现的质量事故很多，如瘦肉精、毒豆芽、毒饺子等事件，都影响品牌农产品信誉度。

4. 没有构建农产品品质保障体系。产品品质是品牌的基础，农产品“品”不优质，其“牌”就很难立起来或持续下去，品质不过硬的品牌不能长久经营下去。目前多数农垦企业没有构建农产品品质保障体系和农产品质量安全体系，这也是我国农产品及食品行业出现各类食品安全事故的原因。

5. 没有建立符合消费者心理需求的调价机制。在品牌农产品经营过程中，企业的调价机制不够灵活，影响了消费者对农产品的选择预期。一般消费者认为农产品随着新鲜度的不断降低，价格应该有所下降，如果新鲜度不高的农产品仍按原价销售，会造成品牌的美誉度受损，所以企业需制定规范的调价机制。当前多数企业没有建立相关的调价机制，企业对品牌本质的认识仍处于较低水平，不能够从品牌定位、品牌使用角度建立调价机制，消费者花同样的价格购买不新鲜的农产品后，就会对这个品牌产生厌恶情绪，必然影响这个品牌的美誉度和信誉度的建设。

6. 企业缺乏专业的品牌建设人才。目前一些企业没有聘用专门的品牌策划和管理人才，也没有聘请专业的品牌策划公司，大多靠自己的感觉和认识进行品牌建设，缺乏品牌建设的策划管理经验，很难进行高水平的品牌管理和市场运作。

7. 各级政府对农产品品牌建设支持不到位。一是农产品质量标准建设落后。我国农产品质量标准建设仍落后，严重影响品牌建设，并且在农产品品牌建设中，存在产品质量标准执行不严的问题，一些企业为了节省成本，却不按国家标准进行生产加工，严重影响了品牌信用，尤其是一些已获得“三品”认证的企业，在平时的生产、加工过程中挂着“三品”名，却不按标准进行生产经营。二是对农产品品牌建设的扶持和支持力度不够。农产品品牌需要各级政府结合农业标准化、产业化和农业结构进行调整，重点培育、扶持一批对本地农产品有较强开发加工能力、市场开拓能力、出口创汇能力的龙头企业。应当制定支持农产品区域品牌发展的相关法律、法规及政策，积极吸引区域外的社会资本进入农产品品牌开发领域，并且通过财政、税收对品牌的发展加以支持。据调查，目前多数企业没有得到地方政府在品牌推广方面的任何培训、咨询等方式的资助，没有得到资金奖励和品牌建设的支持，尤其是对小型农产品加工企业品牌建设影响较大。三是各级政府对农产品品牌的保护力度不够。我国农产品品牌建设仍处在初级阶段，多数企业规模比较小，品牌知名度不高，品牌还处于初级发展阶段，特别需要政府的保护。

二、加强农产品品牌建设的几点建议

1. 企业经营者要重视农产品品牌建设。农垦企业要提高对农产品品牌重要性的认识，塑造一批形象良好的企业家，提高企业经营者自身文化素养，文化素质与信誉是成正比例的，有品质的企业经营者才能生产出高质量的产品；树立有社会责任感的企业经营者，积极参与社会公益事业；树立产品质量意识，增强“产品质量是企业生命”的意识，取得消费者的信任；教育和动员全体企业员工维护企业的形象，良好的企业形象是农产品品牌建设的重要支撑，能使企业品牌增加知名度和美誉度。

2. 明确农产品品牌定位，塑造农产品美誉度。品牌定位是农产品品牌建设的核心内容，是消费者认识品牌的基础，清晰的品牌定位是品牌成功的标志，品牌定位不清晰，品牌建设肯定失败。因此，进行农产品品牌定位是企业经营者需要认真研究的内容。农产品品牌定位有以下几种形式，即功能定位、情感定位、品质定位、价格定位、档次定位、文化定位，实现这些定位要遵循突出农产品特点、明确农产品资源优势、明确目标群体的原则。

3. 加强农产品品牌文化建设。农产品品牌文化要从品牌产品文化、品牌传播文化、品牌管理文化三个方面进行建设。一是从产品方面培育品牌文化。企业可从产品特殊的自然、地理、人文等特征建设独特的农产品文化，农产品所拥有的悠久历史文化和人文色彩，可以使消费者在享用农产品的同时，体验到农产品品牌文化所蕴含的历史和人文气息，从而使该产品品牌在消费者心中留下深刻的印象。给农产品注入品牌文化，可以强化农产品在消费者心目中的品牌形象，凸显其品牌个性。二是从传播方面培育品牌文化。农产品品牌传播是连接经营者与消费者的桥梁，经营者通过科学的市场调查来了解消费者的价值取向，针对消费者的价值取向确定农产品传播目标，并以消费者喜好诉求向其传播品牌的理念。三是从企业管理方面培育品牌文化。企业的管理思想体现着品牌文化，一个良好的企业会在生产经营管理中体现出消费者喜好的品牌文化。要深入了解消费者的需求，并制定符合消费者需求的管理制度，将优秀的企业文化体现在企业的管理中，在售前、售中、售后服务各个环节中，企业是否制定了使消费者满意的服务和经营制度影响着消费者对品牌文化的认同。要提高员工的素质，通过提高员工的素质传递品牌文化，企业品牌文化需要企业员工去落实，通过员工向外部表现，拥有一批优秀的企业员工是企业产品品牌成功的关键，创造一流的企业品牌文化需要拥有一流的人才队伍。

4. 建立农产品品牌质量保障体系。一是加强农产品加工过程的质量管理。农产品加工企业是农产品加工的主体，决定着农产品加工过程的质量安全，在农产品加工过程中，应强化管理，提高质量水平，保证农产品在加工环节的质量要求。要坚持质量优先的原则，要求在每个环节都要按照企业确定的质量标准进行生产，尤其是对于无公害农产品、绿色食品、有机食品的加工，要保证加工现场符合要求。要坚持制度完善的原则，在整个加工过程中的每一个环节都应该明确制定质量安全保证制度和生产管理制度。要坚持管理到位的原则，在加工过程中对重要环节进行重点控制，要落实控制责任。二是选择适合的物流方式。物流是保证农产品质量的重要环节，企业不能只考虑运输成本，更要考虑农产品储运过程的质量安全。要坚持物流结构合理化，即物流网点设置布局合理，各个环节之间的比例关系合理，确保成本和质量管理符合要求。要坚持物流方式合理化，要采用适合农产品保鲜需求的物流方式，保鲜要求高的产品可采用专用车辆，保鲜要求稍低的可采用低温专用车辆，保鲜要求较低的农产品可采用隔离效果较好的货车运输。要坚持物流过程合理化，要制定最佳的运输计划，确定合理的库存定额，对物流系统进行优化管理，制定物流系统最佳运行线路。三是加强农产品质量标志的管理。无公害农产品标准已被国家列为强制性标准，但仍有些企业生产的农产品达不到标准或没有申请标志。农产品品牌建设之所以必须申请农产品质量标志，是因为消费者难以凭借感觉来获得农产品质量的准确信息，消费者只有借助政府授权的机构对农产品的评价来获知农产品质量水平。因此申请农产品质量标志是企业进行农产品品牌建设的重要内容。

5. 建立农产品品牌定价调售机制。一是建立科学的定价机制，目前多数企业的定价机制不够科学，农产品的价格决策主要是靠企业经营者根据市场价格行情来主观决策，这种模式使消费者没有消费安全感，严重地影响品牌农产品在消费者心目中的形象。要建立科学的定价和调价机制，要了解品牌农产品价格构成，品牌农产品与普通农产品价格水平的差别主要表现在品牌农产品价格的生产成本高于普通农产品，品牌农产品价格影响因素主要包括品牌农产品市场的供求关系、需求弹性、消费者的心理因素、竞争状况以及政府行为。二是制定科学的调价机制。品牌农产品经营企业在建立科学合理的调价机制上要重点考虑农产品新鲜程度变化、市场供求关系及竞争情况等。品牌农产品新鲜程度变化造成价格调整是品牌农产品价格调整的经常性措施，农产品新鲜程度变化造成调价的方式主要是主动调节，是企业按照预先制定的调价机制投入市场后的农产品按照时间间隔进行有计划的主动调节。农产品生产经营者多且行业进入门槛很低，竞争也就非常激烈，企业经营者必须根据竞争态势进行经常性调整价格。农产品生产周期长、受自然条件影响大、供给数量很难短时间大幅度提高或降低，导致供求不平衡现象时常发生，品牌农产品价格必须根据供求关系及时进行价格调整。

6. 提升农产品品牌宣传效率。一是扩大农产品品牌的知名度。实施农产品品牌战略，就要增加对品牌产品的宣传投入，可以利用广告、人员推销、网络营销、专题报道、展销会等多种促销手段，扩大影响、提高公众对名牌的认知度，并与客户建立良好的联系。要制定和实施正确的广告策略，应认真研究广告的特点、优化广告策略、提高广告效率。农产品广告策略包括确定广告目标、选择广告媒体、设计广告内容等方面，在确定农产品广告目标时，要考虑农产品广告的传播对象、内容、时间、地点、市场；在选择农产品广告媒体上，常用的农产品广告媒体主要有报纸、杂志、电视、网络等；在设计农产品广告内容上，广告设计没有固定的模式，它是技术与艺术的结合，设计应突出本企业农产品的特点。二是实施积极的公共关系战略。当前农垦企业公关策略普遍缺乏，影响农产品品牌美誉度的建设，农垦企业需要运用公共关系策略，争取更多公众的支持。在企业内部，公关部门需要沟通、协调决策者与各职能部门之间与基层人员的关系，在企业外部，公关部门需要沟通或协调企业与公众的关系。可以采用宣传性公关，主要运用宣传部门，运用报纸、杂志、广播、电视等各种传播媒介，向社会各界传播有关信息，扩大企业品牌的形象。可以采用征询性公关，这种方式主要通过开办各种咨询业务、制定调查问卷、进行民意测验、设立热线电话、聘请兼职信息人员、举办信息交流会等各种形式，逐步形成良好的信息网络。可以采用交际性公关，通过语言、文字沟通为企业广结良缘，可采用座谈会、招待会、谈判、电话、信函、慰问、专访等形式。可以采用服务性公关，通过各种实惠性服务，以行动去获取公众的了解、信任和好评。可以采用社会性公关，通过赞助文化、教育、体育、卫生等事业，支持社区福利事业，参与各级政府、社区重大社会活动来塑造企业的社会形象，提高企业农产品的知名度和美誉度。

7. 各级地方政府应加大对农产品品牌建设的支持力度。一是加强农产品标准化建设，建立和完善品牌服务体系。各级政府应建立健全法律法规，加强农业标准化体系建设，为农业标准化提供政策支持。二是加大对农产品品牌建设的投入。各级政府应重点加大对产业化龙头企业的支持，帮助企业创建农产品知名品牌，实现农产品品牌化，重点培育一批有基础、有优势、有特色、有前景、有品牌影响力的龙头企业。龙头企业可以通过规模经营、辐射和带动农户加工、转化农产品，实现与“农”的对接；可以通过科技开发和技术创新，对农产品进行精深加工，实现多次增殖，将资源优势转化为品牌优势；可以通过强有力的品牌效应开拓和占领市场，实现与“贸”的对接。三是扶持龙头企业开拓国际市场，扩大农产品品牌的影响，各级政府应简化行政审批手续、放宽审批条件，支持重点龙头企业扩大出口，要支持重点龙头企业参与境外质量管理体系、环境管理体系和各类产品的认证，积极开拓国际市场，鼓励龙头企业参与国际市场的农业企业参股购并，利用国际农产品品牌，实施“走出去”战略。四是加大对农产品品牌的保护力度，制定相应政策、法规保护农产品品牌。政府要继续加大对农产品品牌保护的相关政策和法规建设，保证农产品品牌保护有法可依，要在政策法规的制定上，积极提倡、鼓励和推动农产品品牌保护，营造有利于农产品品牌保护的良好环境。加大农产品品牌保护的执法力度，要强化行政执法机构、落实责任，保护农产品品牌。加大打假力度，全面保护农产品品牌，有关部门是行政执法的责任承担者，要承担起打假的任务，全面保护农产品品牌。

8. 加强农产品品牌人才建设。一是要积极引进和聘请专门的品牌策划与管理人才，或聘请专门的品牌策划公司进行农产品品牌策划。二是加大对企业管理者的农产品品牌知识培训。当前许多农垦企业经营者对品牌建设、品牌管理和市场运作缺乏一定的知识。随着农业专业化、市场化、现代化发展，农业经营者必须懂政策、懂市场、懂科技、懂管理，这样才能履行好职责，做好农产品品牌建设。各级主管部门要积极组织多种形式的农产品品牌知识和技能培训，提高农业经营者的品牌经营观念，通过有关学习，使农业经营者掌握品牌定位、品牌设计、品牌应用与保持、品牌拓展与延伸等方面的要求。

9. 强化农业行业组织在农产品品牌建设方面的作用。一是农业行业组织（协会）要加强对企业内产品质量的监督检查。行业组织应积极主动制定农产品质量行业标准，约束行业内的质量行为，加强产品质量的监督检查，还应组织企业管理人员进行质量管理培训，指导企业提高产品质量，维护和提升整个行业的品牌信誉度和知名度。二是加强品牌的保护与管理。行业协会应加强集体农产品品牌和地理标志许可的管理，对于不恰当使用者或给其他使用者造成损失的使用者还应要求赔偿损失。

农垦企业加强农产品品牌化经营刍议*

农产品品牌是指农业生产经营者在其农产品或农业服务项目上使用的用以区别其他同类和类似农产品或农业服务的名称及其标志，通常是由商标等要素建成整体的品牌识别系统，并通过广告等各种形式传播给消费者。农垦企业近几年加强了农产品品牌的管理，但在品牌经营上仍存在一些问题，如企业对农产品品牌作用认识不够、品牌定位不准、缺少品牌管理人才以及各级政府对品牌支持不到位等。本文就农垦企业加强农产品品牌化经营问题谈几点建议，供参考。

一、加强农产品品牌化经营的重要性

1. 加强农产品品牌化经营是增加农业职工收入的重要手段。随着市场上消费者购买力的增强和对高品质产品需求的增加，越来越多的消费者愿意以较高的价格选择品牌农产品，品牌是信誉的凝结，一个品牌一旦在消费者心目中确立起来后，就可以成为产品质量和安全象征，消费者就会放心购买和持续消费，从而使经营品牌农产品的生产者增加收入，增强其可持续生产与经营能力，因此，农产品品牌化经营是实现农业增收的重要举措。

2. 加强农产品品牌化经营能有效地开拓农产品销售市场。目前多地出现卖粮难、农户种地不增收问题，其主要原因之一是产品结构不合理，低档、无特色农产品占据市场主导地位，没有品牌的农产品更容易滞销，只有实行品牌化经营，才能生产出高质特色的农产品，才能避免出现滞销、低价销售等农产品卖难问题。

3. 加强农产品品牌化经营可降低推介成本，促进企业增收。随着农产品品牌市场竞争的加剧，农产品种类和品牌出现快速增长，消费者在市场上面临的可选择信息越来越多，农产品被消费者优先选购的难度增大，农产品生产经营者推介产品、吸引消费者购买的成本也越来越高，因此，加强品牌化经营，能够降低信息搜寻和选择成本，用品牌将经营商品进行整合，能达到降低推介成本、增加收入的目的。

---

* 本文撰写于 2018 年 1 月 2 日。

4. 加强农产品品牌化经营是提高农产品质量的有效方式。市场的竞争最终体现在品牌的竞争，随着农产品品牌化经营的不断深化，越来越多的优质农产品走进市场，农产品品牌化经营是自觉提高农户和农业企业农产品质量的有效方式。

5. 加强农产品品牌化经营可推进农业产业化的发展。实现农产品品牌化经营战略，主要从农产品生产规模化、产品标准化、经营品牌化做起，以市场为导向，以特色资源为依托，以龙头企业为拉动力，注重农产品深加工，提升农产品附加值，推动农业产业结构调整，延伸农业产业链，提升农产品生产经营的综合效益，进一步促进农业产业化的发展。

6. 加强农产品品牌化经营是发展农业电商的重要举措。农产品有知名品牌、地理标志是发展电商的切入点，品牌农产品是一个体系，包括品牌、安全、诚信、服务等，在网上被认可度高、成交度高，充分表现出电子商务的优越性。目前，互联网不仅是一种营销工具，也是一种生活方式和思维模式，电商与农产品品牌结合，由品牌推动农产品电子商务成为农业经济发展的新动力。

二、加强农产品品牌化经营的几点建议

1. 立足资源优势，搞好品牌农业规划。要围绕区域优势主导产品和产业制定品牌农业发展规划，挖掘和整合农业资源优势，大力培育区域品牌，集中力量打造一批优势农产品知名品牌。如农垦齐齐哈尔管理局 2016 年水稻播种面积 102.9 万亩，占全局播种面积的 48.47%，水稻产量 64 万吨，占全局粮食总产量的 58.71%，是全局的主导农产品，应重点围绕水稻农产品进行品牌打造，目前农垦齐齐哈尔管理局水稻产品品牌有 10 多种，各自在市场上推介品牌，缺少竞争优势，应进行品牌整合，统一打造全局品牌。

2. 扶持龙头企业，加大农产品品牌的培育力度。培育新型农产品生产和经营主体是创建农产品品牌的关键，要重点培育一批懂农产品品牌和品牌经营的企业家，以及懂技术、会经营的农业职工。扶持或引进一批具有开发、加工及市场开拓能力的产业化龙头企业，对其主导产业和特色产业进行深度开发，并与家庭农场或农民专业合作社建立紧密型利益联结机制，形成打造农产品品牌的利益共同体。

3. 抓好品牌的定位与传播。目前在市场上农产品品牌定位不准，主要表现同质化现象突出，常常出现“一品多牌”和品牌内涵单薄等问题。品牌代表着高品质，提高农产品品质是实现农产品品牌化的基础，一是进行农产品标准化生产，将标准化生产贯穿生产、加工、包装、储存、运输、流通的各个环

节；二是提高农产品科技含量，要积极与科研院所合作，加大对农产品的科技投入。在农产品经营过程中，产品的形象包装、品牌的传承和推广也是非常重要的环节，要结合农产品个性特征，挖掘其独有的魅力，寻求恰当的诉求定位，加大农产品品牌促销，提高其在消费者中的知名度。

4. 抓好农产品品牌信息化。品牌信息化工作要以互联网为载体，以农产品品牌信息库为依托，利用信息技术与相关网站窗口，将农产品的产地环境、操作规程、生产标准、包装标识、个体识别码等品牌信息，以图片、文字、视频等媒体形式迅速、准确、全面地展示给消费者。不仅有利于提高农产品品牌服务水平，而且可以通过互联网向市场展示优质农产品从产区环境到销售渠道、从产品特性到品牌识别的全部信息，让消费者通过网络了解到购买的农产品的生产、加工、销售等全部环节的信息，增强了消费者对农产品品牌的认知，扩大了农产品品牌在消费者中的影响，提高了农产品品牌的美誉度和知名度。

5. 完善农产品标准体系建设。质量是品牌的生命，标准化是品牌化的基础。各单位要围绕主导产业和主导产品，建立完善的农产品标准体系建设，做到有标可依、有标必依，利用互联网媒介传播功能，建立完善农产品品牌宣传、查询、识别、验证、反馈等信息网络，实行立体化全方位监管，打击假冒农产品品牌的违法行为，提高维权护牌意识，加强农产品品牌保护。

6. 加大农产品品牌的保护。创立品牌是为了更好地使用品牌，发挥品牌化经营的作用，使用农产品品牌要重点保护好品牌。一是增强农产品品牌保护意识。由于农产品地域性强，农产品品质受外界环境影响大，产品品牌可识别性差，所以农产品品牌容易被仿冒，甚至受到冲击，给品牌所有者造成损失。二是积极依托各级政府组织实施农产品质量认证，积极开展无公害农产品、绿色食品、有机食品认证。经过各种质量认证的优质农产品是农产品品牌质量培育、品牌营销以及增强品牌信誉度的有力保证。三是各级地方政府和主管部门要加大对农产品品牌建设的支持。各级地方政府要制定优惠的税收政策，加大公共财政投入，扶持优质农产品基地建设，放宽金融信贷政策，对重点农产品品牌企业进行信贷支持。要建立区域公共品牌建设与保护机制，加强地理标志等知识产权保护，建立有特色的区域品牌产地市场，为农产品品牌构建完善的信息网络、物流体系及产品推广和销售服务平台。四是利用信息化加强农产品品牌的保护。农产品品牌信息化改变了传统的品牌保护方式，在农产品生产销售环节利用现代信息技术对农产品直接进行品牌标识，通过建立农产品品牌资料库、农产品生产信息库、农产品品牌特征识别库等一系列信息系统，利用互联网媒介传播功能，建立完善农产品品牌宣传、查询、识别、验证，反馈等信息系统，围绕名牌建设，组织标准化生产和管理措施进行示范推广，强化全程质量控制。

7. 建立农产品品牌应急管理机制。在出现农产品安全、质量等事件时，相关部门与当事人要及时与各级新闻媒体、地方政府、管理部门及公众等进行充分互动和沟通，通报产品质量出现问题的原因、环节，发布相应的应急预案和采取的措施，让公众迅速、准确地了解真实情况，尽快消除公众对品牌的误解和疑虑，可以最大限度地降低信息不畅对农产品品牌造成的不利影响，控制品牌危机的发展。

8. 处理好与农产品品牌与商标、营销体系及监管体系的关系。一是处理好农产品品牌与商标的关系。农产品商标是农产品品牌建设的重要内容，品牌与商标都需要塑造形象并提高商誉，但商标更注重营销体系的建设，提高消费者的影响力。二是处理好农产品品牌与营销体系的关系。营销体系是产品生产者与消费者之间的纽带，消费者通过营销体系了解农产品的质量和品牌，产品生产者通过营销体系推销、宣传产品的特点和优势，如果营销体系建设不完善，品牌生命力就会不持久也不会形成知名品牌。三是处理好农产品品牌与监管体系的关系。各级政府和主管部门要推动农产品的差异化发展，尤其是要发展特色农产品，加强农产品品牌归属管理，强化农产品品牌推介、评选、推优等活动，鼓励企业提高产品质量，做大知名品牌，开展农产品品牌征集、审核推荐、品牌评价以及品牌培育和保护制度。加强农产品品牌诚信体系建设，维护广大消费者的利益和品牌经营者的合法权益，引导、支持品牌经营主体自觉维护品牌形象，依法进行品牌经营。加强行业协会管理，制定品牌发展规划，建立品牌标准体系建设，开展技术服务，组织品牌营销，加强品牌管理。

对农垦企业加快发展绿色低碳循环农业产业化经营的几点建议*

绿色低碳循环农业产业化经营是新型的现代农业生产模式，其核心是经营一体化，发展方式是以市场为导向，以农业高新技术为支撑，要求农业经济、生态、社会效益高效统一，围绕农业支柱产业或主导产业，优化组合各种生产要素，实行区域化布局、专业化生产、一体化经营、社会化服务、科学化管理的经济管理体制，用现代工业的管理方法来组织管理农业的生产和经营。本文就农垦企业加快发展绿色低碳循环农业产业化经营问题谈几点建议。

一、发展绿色低碳循环农业产业化经营的重要性

1. 发展绿色低碳循环农业产业化经营有利于加快农业科技进步，推进传统农业向现代农业转变。实现农业现代化，最重要的是用现代科学技术和装备武装农业。通过绿色低碳循环农业产业化经营对农户生产环节和生产要素的协调重组，可提高生产、加工、销售环节的规模化、专业化、集约化程度，为采用现代农业科学技术打下了基础；龙头企业为了提高产品质量，积极应用现代的加工技术和装备；农产品原料基地的专业化生产、规模化经营，为采用优良品种、改进栽培技术、应用农业机械、扩大仓储运输创造了条件。

2. 发展绿色低碳循环农业产业化经营有利于科技成果的应用。发展农业产业化经营有利于科、工、农融为一体，具备了连片种植、规模较大、经营集中、专业化程度较高的优势，吸引着农户、企业在生产、加工、检验、包装、储运等环节充分应用新技术、新设备，加快技术经济的有机结合，提高科技成果转化率。发展农业产业化经营有利于科技部门深化改革、开展科技承包，通过经济契约把生产基地、科技、服务、市场有效连接，为农户提供产前、产中、产后的全程服务，使科技知识、技能应用于农业生产、加工、销售等环节。

3. 发展绿色低碳循环农业产业化经营有利于农业规模化经营，提高农业的经济效益。有规模才有市场、有市场才有效益，绿色低碳循环农业产业化经营在稳定家庭农场经营机制上，对主导产业实行区域化布局、专业化生产，可以形成较大规模的产业链、产业群，实现分散的家庭经营和规模经营的有机结

---

* 本文撰写于2017年10月27日。

合。这种规模化生产经营，进一步提高了农产品市场占有率，扩大了规模效益，通过产业化经营，提高了农产品生产规模化程度，进而加快了农产品加工业的发展，实现了多次转化增值，是提高农业经济效益的一个重要途径。

4. 发展绿色低碳循环农业产业化经营有利于提高农业职工科技文化素质和经营管理素质。绿色低碳循环农业产业化经营将农业生产、加工、储运、销售等环节有机相连，实现农产品多次加工增值，使农业合理分享工业增值利润，提高了农业的经营收益和职工的收入，从根本上增加了农业职工对农业科学技术成果的需求。并且随着产业化龙头企业将农户带入市场，把分散的农户联结为一个经营整体，强化了配合协作，提高了经营活动的组织性和有序性，增强了凝聚力，广大职工在农业产业化经营实践中，通过学习技术、参与管理、进入市场竞争，不仅可以提高科学文化素质，而且增强了商品意识和市场观念，提高了科学文化素质和经营管理素质。

5. 发展绿色低碳循环农业产业化经营有利于保护生态环境。现代农业要求坚持可持续发展，不能用破坏自然环境的办法发展农业生产。绿色低碳循环农业生产过程是绿色低碳生产、资源循环高效利用，并且农业产业化经营活动的区域化、专业化、规模化程度较高，有利于保护和合理利用资源、实现资源永续利用、保护生态环境、促进农业生产可持续发展。

6. 发展绿色低碳循环农业产业化经营有利于提高农业市场化程度。引导农户进入市场，推进农产品市场化是传统农业向现代农业转变的要求。由于单个农户经营规模小、生产链条短、农产品市场流通不畅，农户很难在市场上进行竞争。绿色低碳循环农业产业化经营是在农户与市场之间架起桥梁，通过产业化龙头企业、中介组织、专业合作社，把分散的农户经营与统一的市场有机地衔接起来，并通过按市场需求组织农产品生产，把农业经济纳入市场化的轨道，为农业现代化创造了条件。

7. 发展绿色低碳循环农业产业化经营有利于促进农垦小城镇建设。随着绿色低碳循环农业产业化经营的发展，农业的分工日益深化，专业水平不断提高，会加快形成一些新的产业，带动农产品加工业、运输业、服务业等第二、三产业的发展，农业的产业结构会得到进一步的优化，为农业剩余劳动力增加了就业的机会。并且随着第二、三产业的发展，小城镇建设有了经济支撑能力，可促进农垦小城镇健康稳定发展。

二、农垦企业绿色低碳循环农业产业化经营的主要问题

1. 单独家庭农场的分散经营与大市场的矛盾突出。单独的农户生产规模小、农产品产量少且质量不高、履约率低，很难进入大市场。

2. 农业产业化龙头企业发展不足。小龙头企业多、大龙头企业少，高标

准、有带动作用的龙头企业少，尤其是缺乏具有国际竞争力的农业产业化经营龙头企业。如黑龙江农垦齐齐哈尔管理局稻米加工企业有30多家，都是民营企业，规模小、流动资金不足，大部分企业达产率不足50%。

3. 农业产业化利益分配机制未形成。农户与龙头企业普遍存在不遵守合同的现象，龙头企业与农户没有利益联结机制，有的龙头企业即使与农户签订了合同，往往也不严格遵守，企业与农户的经营往往得不到法律与制度的有效保护。

4. 农业产业化发展缺少规划引导。随着农业产业化认识的不断提高，各地各单位都相应地制定了一些政策，有的制定了一些农业产业化发展专门规划，但没有制定系统的、统一的产业化发展规划，盲目、过度重复建设和无序竞争问题已经出现。如农垦齐齐哈尔管理局有些农场的民办水稻加工厂建设过多，大部分加工厂原料收购不足，达产率低下。

5. 农业领域市场法规不配套、不完善。随着市场行情的变化，农产品加工经营者或抢收抢购、或拒收拒购，农户或待价待售、或有货难售，各方之间缺少利益联结机制，影响了农业的稳定发展。

三、加快发展绿色低碳循环农业产业化经营的几点建议

1. 建立绿色低碳循环农业产业化经营的发展模式。农垦企业应根据我国各地实践经验建立绿色低碳循环农业产业化经营发展模式，应重点建立以下几种模式：一是产业化龙头企业带动型模式。该模式具体是“产业化龙头企业＋基地＋农户”，是以农产品加工或流通企业为主，通过各种利益联结机制与家庭农场、农民专业合作社等相联系，带动农户进入市场，使农业生产、加工、销售有机结合，相互促进。产业化龙头企业应该具有开拓市场、引导生产、加工转化和销售的能力，并以契约方式，明确双方责任，结成产供销一体化的经营体系。二是中介组织带动型模式。该模式具体是“行业协会＋农户”，中介组织是指各种农业行业协会，如中国农业科技服务协会、中国种子协会、中国农业生产资料流通协会，这些农业行业协会对某个产品的再生产过程实行联合经营，如中国农业科技服务协会与农户联合，以科技服务为手段，开发“名、特、优、新”产品，带动区域绿色低碳循环农业专业化生产和一体化经营。三是主导产业带动型模式。农业主导产业带动型模式具体是“农业主导产业＋农户”模式，就是立足当地资源优势，发展具有地方特色的产业和产品，以“一场一业”“一场一品”等形式走一体化路子，逐步扩大规模、提高产品档次，组织产业群、产业链，形成区域绿色低碳循环农业主导产业和产品，从而带动区域内农业经济的发展。

2. 建立绿色低碳循环农业产业化经营的运行机制。实行绿色低碳循环农业产业化经营关键在于研究其内在运行规律，理顺各方面的经济关系。一是建立龙头企业运行发展机制。龙头企业发展机制包括企业所有制形式、内部管理制度、质量管理体系、科技创新体制、市场流通体系、品牌创建机制以及利益联结机制等。已建立完善企业发展机制的产业化龙头企业有以下标志，即企业已掌握了产品核心技术并形成了成熟的加工工艺流程，已开拓出主导产品和创建了自有品牌，且产品占有一定的市场份额，已形成完整的产加销体系和稳定的多方合作共赢利益联结机制，该机制是以龙头企业为核心，通过利益吸引众多的农户加盟，形成一定规模的产业集群。二是建设科学合理的利益分配机制。要正确处理龙头、基地、农户多元经营主体的利益关系，建立企业、专业合作社等市场主体与基地、农户之间以利益为纽带的利益共同体，使合作各方合理分享利润，实现共赢共利、共同发展，要形成以龙头企业为核心、由内到外的多层次的利益分配机制。三是建立合同约束机制。企业与农户之间是一种互为市场的关系，需要借助合同契约的形式加以确定，以明确各方面的权利和义务，龙头企业与基地和农户要签订具有法律效力的产销合同、资金扶持合同和科技成果引进开发合同，明确各方的权责利，以契约关系为纽带，进入市场、参与竞争、谋求发展，要规范合同内容、健全合同签订手续、明确各方责任，逐步实行合同可追溯管理，引导龙头企业与农户形成稳定的购销关系。基地农户接受龙头企业的指导，搞好农产品生产，按合同规定向龙头企业交售农产品；龙头企业为基地、农户提供服务，按照让利原则保护性地收购签约农户合格的产品，鼓励龙头企业采取设立风险资金、利润返还等多种形式，与农户建立更加紧密的利益关系，引导农户以土地承包经营权、资金、技术、劳动等生产要素入股，实行多种形式联合与合作，与龙头企业结成“利益共享、风险共担”的利益体系。

3. 建立绿色低碳循环农业产业化经营的服务体系。在绿色低碳循环农业产业化经营过程中必须建立社会化服务体系，一是建立农业科技服务体系。要围绕绿色低碳循环农业产业化经营战略，建立完善多层次、多渠道、多形式、多经营成分并存的科技服务体系，主要建立农业科技组织服务体系、农业技术体系、农业技术推广体系、科技人才体系。二是建立信息服务体系。各级经济组织、龙头企业、产业集团应根据实际需要，建立信息服务中心，充分利用各种通信设备，如网络等科技信息，也可通过参加各类学会或与各大信息机构联网，广泛收集国内外市场信息，及时准确地为产业化经营提供信息。三是建立市场服务体系。市场服务体系是整个绿色低碳循环农业产业化经营运行过程的一个重要环节，是商品流通的重要组成部分，也是科技成果转化的向导和载体，农产品能否占有市场最终取决于科技水平的高低。所以，只有站在国际农业科技领域的前沿，用现代化科技武装农业，才能适应市场需求；只有不断加大科技开发的力度，提高产品科技含量，才能提高市场的整体性和系统性功能。四是建立硬件、储运、供销服务体系。硬件服务包括耕地、施肥、喷药等服务，储运、供销服务包括农产品储藏、运输和农业生产资料的供给以及农产品的销售等服务。

4. 积极推进绿色低碳循环农业产业化经营规模化。农垦企业要发展绿色低碳循环农业产业化经营必须积极推进经营规模化，农业产业经营规模化的形成和扩大是一个系统发展过程，在产业链由小到大渐进的集成过程中，既要注意适度，又要符合实际情况，切不可采取不符合实际一哄而上、一哄而散的盲目做法。绿色低碳循环农业产业化经营的规模有没有凝聚力和生命力关键是看效益是不是最大化、农户利益能不能得到有效保证，必须在坚持照顾和保护农户利益不受损失的条件下，使农户自愿参与全产业链的各个环节，并享受相应的利益分配，这样才能使规模不断形成和扩大，建立在利益越捆越紧的基础上，达到规模越来越扩大、结构越来越牢固、生产力也越来越强，才能取得明显的经济效益和社会效益。重点抓好以下几个问题，一是处理好绿色低碳循环农业产业化经营规范化和多样化的关系。农业的规范化体现在市场的导向、生产要素的重组，专业化、集约化、企业化程度都要规范运行。经营形式要从实际出发，形式可多样化，按照经营主体划分，有加工企业带动、商业贸易企业带动、中介机构带动，还有主导产业带动、科研院所带动、农业合作组织带动，谁有能力、谁最适合，就由谁来带动，以此来形成规模化和多样化的有机结合。二是提高绿色低碳循环农业产业化经营效益。农业产业化的经营效益包括参与产业化经营各方获得的直接和间接的利益，即产出明显高于投入，也高于各方单独经营的效益，要追求经营效益的最大化。绿色低碳循环农业产业化经营的目的是效益，宗旨是农户受益、企业发展，根本目标是效益最大化，重点是农户得到实惠、企业得到发展，不管农业产业化经营规模是大是小、链条是长是短，不管利用何种科学技术，最终都要以效益来衡量，包括最低标准与产业化前有没有增加、农户收入是不是稳步提高、企业利润是不是持续得到增长。三是坚持社会效益、生态效益和经济效益的统一。在绿色低碳循环农业产业化经营中离不开社会效益、生态效益和经济效益，各效益之间存在相互依存、相互促进、相互制约的关系，是一个有机的整体，要正确处理好三者的关系，坚持三个效益统一的原则，使绿色低碳循环农业产业化经营健康发展。

对农垦企业加快发展绿色低碳循环农业的几点建议*

绿色低碳循环农业是一种科学的现代农业模式，其目的是实现生产、社会和环境的协调统一，实现经济效益、社会效益、生态效益的协调发展。要求农业劳动者具有较高素质，实现农业生产的区域化、专业化、集约化、绿色化、低碳化、循环化，要求有规范化、科学化、标准化的管理方式。本文就农垦企业加快发展绿色低碳循环农业问题谈几点建议。

一、加快发展绿色低碳循环农业的重要性和必要性

1. 发展绿色低碳循环农业成为现代社会发展的必然要求。现代人们的生活要求有无公害食品、绿色食品、有机食品，而这些无公害食品、绿色食品、有机食品来源于绿色低碳循环农业的发展，没有绿色低碳农业，就没有无公害、绿色、有机食品，就不能满足现代社会人们的社会需求。发展绿色低碳循环农业成为社会的需求，也是发展健康安全食品的需要。

2. 发展绿色低碳循环农业可有效地节约资源、保护生态环境。现代农业对生态与环境及资源的依赖性越来越强，目前由于化肥农药过量施用，水资源、生物资源受到严重影响，生态环境遭到破坏，严重地阻碍了农业的可持续发展。因此，实施绿色低碳循环农业发展，有利于减少对农业资源的消耗，减轻对生态的破坏和环境的污染，改善农业生产条件、减轻资源环境的压力，有效地节约资源、保护环境，实现农业的可持续发展。

3. 发展绿色低碳循环农业是发展现代农业的需要。绿色低碳农业是现代农业发展的模式，建设现代农业的过程，就是改造传统农业、发展农业生产力、转变农业增长方式、促进农业又好又快发展的过程。发展现代农业的核心是实现农业的全程绿色低碳循环生产，一方面，绿色低碳循环农业可实现农产品高产、优质、安全、生态、营养，并不断提高农产品质量，改善农业生态环境；另一方面，现代农业的生产必须实现绿色低碳环境。因此，发展绿色低碳循环农业是建设现代农业模式的重要举措。

---

* 本文撰写于 2017 年 11 月 21 日。

4. 发展绿色低碳循环农业可提高农业的综合效益。绿色食品的思想理念、管理方式和标准体系是符合世界农业发展新形势的需要，为此，要大力发展绿色低碳循环农业，通过开展国际性绿色农业活动，提高绿色低碳循环农业在国际市场上的影响力，增强绿色农产品在市场上的竞争力。发展绿色低碳循环农业能全面提高农产品的综合效益，包括经济效益、社会效益和生态效益。

二、发展绿色低碳循环农业的几点建议

（一）发展绿色低碳循环农业的指导思想

绿色低碳循环农业发展的指导思想是依据生态经济、绿色经济、低碳经济、循环经济的理念，以绿色低碳循环农业理论为指导，因地制宜，从本地区的农业生产条件的实际出发，以保护农业自然资源和环境为基础，用可持续方式开发利用农业资源，依靠农业高效技术，推动农业资源利用节约化、生产过程清洁化、产业链接循环化、废物处理资源化，构建农业共生的绿色低碳循环型农业生产模式和产业体系。坚持绿色、低碳、循环三位一体生产绿色安全农副产品，实现农业经济、社会、生态三位一体高效统一，促进农业生产的自然生态系统和社会生态系统的优化运行，实现农业可持续发展、生态环境良性循环。

（二）发展绿色低碳循环农业应坚持的原则

1. 坚持系统协调运转的原则。就是从绿色低碳循环农业系统整体出发，统筹安排、合理部署、有序推进，使农业各生产要素发挥各自功能，农业生产系统协调正常运转。

2. 坚持专业化与社会化生产的原则。绿色低碳循环农业生产要依靠科技进步，由粗放经营转为集约化经营，走专业化、社会化生产的路子。

3. 坚持节约资源、提高效益的原则。绿色低碳循环农业生产要追求少投入、高产出、高效益，最大限度地利用资源，最低限度地排放废弃物，实现资源节约、节能减排、固碳增汇、提高效益的发展途径。

4. 坚持提高农产品质量安全的原则。绿色低碳循环农业生产要以改善和提高农产品质量为目的，生产出绿色、安全、健康的农副产品，满足社会需求。

（三）发展绿色低碳循环农业需要编制科学发展规划

绿色低碳循环农业发展规划是一项多目标、多层面、多内容、多功能的系统工程。在规划的编制上，应树立系统整体和综合的观念、农业区域特色和比

较优势的观念、全面与长远发展的观念、人与自然相协调的观念、农业资源开发利用综合平衡的观念。从总体上把握规划的方向、目标，优化配置资源，合理布局生产，科学地确定规划方案。

（四）建立绿色低碳循环农业发展模式

绿色低碳循环农业在实践过程中创造出了许多不同类型的发展模式，农垦企业应根据自己的实际情况，建立自己的发展模式，应重点建立以下几种发展模式：

1. 种植业养殖业空间立体结构生态系统模式。该模式是指农业生物之间在空间垂直方向上的组合配置，即在某一区域的耕地、林地、水域、农家庭院等土地上，根据农业资源的特点和不同农业生物的特性，在垂直方向上建立由多种共生共存、多层合理配置、多级质能循环利用的立体种植、养殖等的农业生态系统模式。目前主要有农田立体模式、水域立体模式、林果地立体模式、养殖业立体模式、农家庭院立体模式。

2. 农业资源节约型模式。该模式是以提高资源利用效率为核心，以节地、节水、节能、节肥、节药、节种和农业资源综合循环利用为重点的农业生产方式。节地，要建立和推广立体种植模式，充分利用地域空间发展节地农业；节水，要推广普及管道输水、膜下滴注、水肥一体化等高效节水灌溉技术，建设旱作农业示范基地，加大旱作节水农业技术推广力度；节能，要积极淘汰落后农业机械，推广使用节能型农业机械，推广普及节能型太阳能设施农业；节肥，要大力推广测土配方施肥技术，科学施用化肥，鼓励增施有机肥，减少不合理化肥施用量；节药，要淘汰落后施药机械，推广使用高效、低毒、低残留农药，开展有机农产品基地建设；节种，要大力推广优良品种，实施定量精播。具体可根据各地农业资源状况、自然经济技术条件、区域特点和发展优势，发展各具特色的农业资源节约型模式，如农业的“节地—节时—节水”模式，畜牧业的“节粮—食草型”模式，渔业的“节饵—多层次”模式，林业的“速生—木本粮油—立体型”模式。

3. 农业废弃物（农作物秸秆）**循环再利用模式。**农作物秸秆是一种重要的生物资源，具有极高的经济价值，通过综合开发、循环利用，不仅可以变废为宝，而且可以节约资源和保护环境。农作物秸秆综合开发利用要因地制宜，推广饲料化、肥料化、原料化、基料化、燃料化等利用方式。综合利用的主要模式有：“农作物秸秆—气化—燃气”“农作物秸秆—饲料—养殖”“农作物秸秆—菌肥—种植、农作物秸秆—纸浆—纸产品”“农作物秸秆—板材—建筑材料”“农作物秸秆—食用菌”“农作物秸秆—食用菌—菌渣—有机肥—种植业”“农作物秸秆—食用菌—菌渣—生物饲料—畜禽业—畜禽粪便—种植业”“农作物秸秆—食用菌—菌渣—养殖垫料—无公害处理沼气—还田”等模式。

4. 畜禽养殖废弃物资源化循环利用模式。畜禽养殖废弃物资源化循环利用的重点是畜禽粪便资源循环利用，要从根本上解决畜禽粪便污染和增加经济效益，利用厌氧发酵技术和生物工程的方法，使畜禽粪便转化为养殖业或种植业的原料或能源，实现养殖粪便的潜在经济价值，同时达到养殖废弃物的零排放。可利用厌氧发酵技术使污水中的不溶有机物变为溶解性有机物，实现无公害生产，从而达到净化环境的目的；同时畜禽粪便的厌氧发酵产物（沼渣沼液）为种植业提供有机肥料，降低生产成本，推动绿色循环农业的发展；产生的沼气能有效地解决农业的能源问题，减轻化石能源对环境的污染。畜禽粪便经发酵后就地还田用作肥料，可减轻环境污染、提高农业生产效益。用粪便养殖蝇蛆和蚯蚓，蛆粉和蚯蚓含有丰富的营养，是畜禽和水产养殖的优质高蛋白饲料。当前畜禽养殖废弃物资源化的主要模式有："粪便—沼气—发电""畜禽粪便—沼气—沼渣沼液—肥料农药—农作物""畜禽加工—副产物—生化制品"。

5. 农村居民生活废弃物循环利用模式。人类粪便及生活垃圾利用的有效措施是实行生活垃圾的分类收集，垃圾分类越细，越有利于垃圾回收利用和处理。农村居民生活垃圾废弃物的循环利用模式，是利用以有机生活垃圾为主的废物资源化技术，将农业生产和居民日常消费垃圾收集起来，其中的有机废弃物通过资源化处理，生产出有机肥料，为农业生产使用，以减少农药、化肥的施用量，减少农业的面源污染。对生活垃圾的处理还可实行焚烧发电的方法。

6. 种养加销一体化的生态循环农业模式。该模式是在农田种植农作物，农作物为发展养殖业提供饲料，农作物秸秆、养殖业粪污制作沼气，经无害化处理后返回农田，并利用沼气作能源，利用种养业提供的产品为原料，发展农产品加工业，生产农副产品，农副产品又返回养殖业，经过深加工的食品进入销售渠道，其收入返到种养业。这种模式实现了农业生态系统内的资源循环利用，提高了资源转化率，节约了资源，保护了生态环境，构建了高产、优质、高效、生态、安全的良性循环的农业生产体系。

7. 农家庭院低碳循环农业模式。该模式是利用农户自家的庭院区域从事农业集约化生产的一种经营方式，主要是发挥庭院资源的优势，依据生态学、循环经济学的原理，运用系统工程方法，建立种植、养殖、沼气、综合利用的生态循环农业模式，既有种养综合利用，又有利用有限空间发展立体种养业。具体主要有：农家庭院"厕所、猪栏、沼气池"三位一体生态模式，农家庭院"大棚、猪（鸡）舍、沼气池"种养生态模式，农家庭院"畜—沼—鱼、鸭、果、蔬"绿色生态模式，农家庭院果蔬立体种植模式，农家庭院立体种植养殖模式。

8. 绿色休闲观光农业模式。该模式是利用农业生产活动、田园景观、园林景观、农业设施等资源环境，为游客提供休闲、观光、体验、采摘、品尝等活动，从而提供经济效益。具体有田园农业观光模式、园林观光模式、花卉观光模式、都市型现代农业休闲模式。

9. 生活型休闲农业模式。该模式是通过人们参与农业生产活动，体验农事生活，“吃农家饭、住农家房、做农家活、看农家景”等活动让游客尽享农业农村生态自然美、农家风情乐、绿色有机农产品味，从而增加农业效益。具体有农事生活体验模式、农家乐休闲模式。

10. 农业科技园区休闲农业模式。该模式是以农业科技园为载体，以开展农业高科技生产、农业立体种植与无土栽培、生态农业、科普教育等与农业休闲观光为一体，向游客展示现代高新农业科技和新奇特农作物、植物、农产品和农业高科技观光的创意，以及现代农业与休闲观光农业结合的魅力，让游客通过观光农业科技园区的各种蔬菜、花卉栽培以及设施农业和生态农业的景观，了解农业和农业科技知识。

11. 农业生态园休闲观光模式。该模式是围绕生态农业生产，利用田园景观、自然生态及环境资源，开发具有区域特色的农副产品及旅游产品，以供游客进行观光、游览、品尝、购物，参与农作、休闲、度假等多项活动。农业生态园是一个集生态农业与科技示范、休闲观光农业、绿色有机农业生产、科教普及于一体，实现生态效益、社会效益和经济效益统一的多功能的新型产业园区。

12. 农耕文化休闲观光模式。该模式是利用农耕技艺、农耕用具、农耕节气、农耕展示、农产品加工活动等，开展农业文化休闲观光活动。通过休闲观光农业的发展，继承农村特有的生活文化、产业文化及民俗文化等，并创造出具有特殊风格的农村文化。如利用居住民俗、服饰民俗、饮食民俗、礼仪民俗、节令民俗、游艺民俗等开展民俗文化休闲观光活动；利用民俗歌舞、民间技艺、民间戏剧、民间表演等开展乡土文化休闲观光活动；利用民族风俗、民族习惯、民族村落、民族歌舞、民族节目、民族宗教等开展民族文化休闲观光活动。

13. 教育农园模式。该模式是农业生产与科普教育相结合的农业经营形式。教育农园是新型的素质教育和科普教育的基地，利用园中栽植的作物、饲养的动物及配备的设施，如特色植物、热带植物、农耕设施栽培、传统农具展示等，进行农业科技示范、生态农业示范，传授农业知识。这种模式集科技、科普、教育、休闲、观光于一体，富有乡土文化特色，是开展农业科普教育的好形式。

14. 农业产业化绿色低碳农业模式。该模式是按照自然生态系统中物质循环共生的原理设计农业产业化生产体系。以绿色低碳循环农业龙头企业为依托，立足于当地农业资源的综合开发，确定农业产业化的主导产业和主导产品，把农副产品生产、加工、销售有机结合起来，推进绿色低碳农业向专业化、现代化、商品化转变。在农业产业化的生产过程中尽量延长生物链和加工链，形成“自然资源—产品—资源再生利用”物质循环过程，使投入的自然资源最少，废物的排放量最小，对生态环境的危害程度最低，实现经济效益、社会效益、生态效益最大化。该模式的主要技术包括农业产业链的设计、农产品加工技术、资源循环利用技术、清洁生产技术等。

（五）发展绿色低碳循环农业需要建立政策保障体系

1. 加快法律法规建设。从发达国家发展经验看，国家应建立完善系统的法律、法规来规范绿色低碳循环农业的发展，应重点完善农业生产、资源环境、资金投入、监督管理、标准化等方面的法律法规。

2. 加大财政支持。应大力实施奖励性的财税政策，如税收减免和财政补贴政策，应对绿色低碳循环农业生产进行补贴，对生态环境建设、生态基地建设、农业综合开发、技术推广等项目进行资金支持，应设计国家级绿色农业、有机农业示范区、示范园、示范基地。

3. 加大科技支持。绿色低碳循环农业生产基地禁用化学合成物质，要求生产技术与之配套，只有通过先进的科学技术来解决生产中的问题，绿色低碳循环农业基地才能健康稳定发展。应重点加强农业生产关键技术，病虫害防治及食品加工、包装、运输、储存等方面技术应用，为发展绿色低碳循环农业提供科技支撑。

4. 构建农业信息化网络。各级政府、主管部门应建立绿色低碳循环农业信息交流平台，为绿色有机农产品生产企业提供有效的市场信息服务。绿色有机农产品经营者应高度重视农业信息的有效利用，准确及时地把握市场和商机，利用多渠道解决低碳循环农业生产、储存、销售过程中出现的问题。

5. 加大农产品市场化建设。应加强绿色低碳循环农业市场建设，建立各级农产品管理与运销组织，采取产销联合、定点销售、开设专卖店等方法，建立和完善多元化市场与流通体系。可重点建立和完善销售龙头企业带动式和产销直挂式相结合的流通模式，同时开拓灵活多样的绿色有机农产品零售渠道，重点加强消费者服务策略、品牌形象策略和销售保证策略的建设。

6. 完善绿色有机农产品认证和监管体系。应尽快建立和完善绿色有机农产品生产质量标准体系、检验检测体系、认证体系，对绿色有机农产品生产、加工、包装、运输、销售各个环节实行全程质量监控，保证绿色有机农产品的质量安全。

7. 积极宣传，提高民众对绿色有机农产品的认识度。充分利用各种媒体，加大绿色有机农产品的宣传，一方面，使农业经营者适应形势发展的需要，调整经营理念，提高种植绿色有机农产品的积极性；另一方面，树立安全优质农产品品牌形象，扩大消费需求，推动绿色有机农业的生产。

8. 加大农业资源开发与生态环境保护力度。要重点处理好农业资源开发利用与生态环境保护的关系，在自然承载限度内和确保永续利用的前提下，科学合理地开发利用农业资源。要加强耕地质量管理，发展保护性耕作。依法治水、管水，促进水资源合理利用，推广节水技术，建立节水型栽培模式和灌溉制度。引导农户科学施肥，推广测土配方施肥技术，坚持有机肥与化肥合理匹配，抓好有机肥综合利用与无害化处理。加快高效、低毒、低残留农药品种推广应用，回收农用塑料薄膜，减轻农业面源污染。大力实施资源循环利用，逐步形成“资源—产品—再生资源”的循环流动，最大限度地减少对农业资源的消耗和对生态环境的污染。

对农垦企业加快发展现代农业服务业的几点建议*

随着经济社会的快速发展和科技的进步，农业的功能得到不断拓展，内涵不断丰富，农业与其他产业的联系日益紧密，农业产业链条不断延伸，由此派生出的农业服务业地位日益重要，并构成现代农业的重要内涵，其发展程度也成为衡量农业现代化水平的重要标志。所以，大力发展现代农业服务业是促进农业增效、职工增收的重要动力，是加速现代农业发展的重要支撑，是构建现代农业产业体系的重要内容，也是发展新型农业现代化道路的必然要求。本文就农垦企业发展现代农业服务业问题谈些建议，供参考。

一、农垦企业发展现代农业服务业的重要性

1. 农垦企业发展现代农业服务业是整合农业资源要素的需要。当前农垦企业实行家庭承包经营的形式，土地资源由一家一户个人承包经营，发展现代农业服务业可以通过产前、产中、产后的各相关环节的协调配套，有效激活家庭农场、专业合作组织等经济发展主体，盘活土地、资金、劳动等资源，进一步调动职工的生产积极性，加快推进农业产业化进程，发展现代农业服务业也能推动农垦企业各职能部门转变作风。

2. 农垦企业发展现代农业服务业是拓展农业外部功能的需要。农业除了为国家提供所需要的农副产品、确保国家粮食安全外，在推进工业化进程、缓解能源危机、推动以生物质产业为主导的产业发展、保护生态环境、传承历史文化等方面发挥着重要作用。而发展现代农业服务业，正为拓展农业外部功能创造了条件，提供了有效载体。

3. 农垦企业发展现代农业服务业是拓宽职工增收渠道的需要。农业服务业的快速发展，为农业提供更多更好的服务，从而增强农业的竞争能力。在知识经济来临的时代，农业技术装备水平的高低，往往决定着市场竞争的能力，而大力发展科技、教育和技术推广等现代农业服务业，不仅能提高农业技术装备水平，加快农业现代化建设，提高农业综合生产能力，而且还能在发展现代

---

* 本文原载于《农场经济管理》2014年第5期。

农业和新农村建设中，吸纳和加快农业富余劳动力的转移，开拓市场，拉动消费，拓宽职工群众的增收渠道，促进农垦企业经济的快速发展。

4. 农垦企业发展现代农业服务业是提升农业产业地位的需要。当前农垦企业的农业正由传统农业向现代农业转变，农业已基本实现现代化，农业的发展对服务业的依赖性更强。一方面，农业的生产方式发生了很大变化，农业服务业作为一个独立产业从农业中分离出来，在农业的产前、产中、产后形成了一系列独立的与农业存在密切联系的服务业部门，如农机具的修理与保养、农田水利建设、土壤改良、良种繁育、复合饲料的生产及生产资料的供应和销售等都实现了专业化。在产后销售环节，各种农产品运输、加工、储存、保鲜和销售业务都相继发展为独立的经济部门。农业科研、农业技术推广等服务部门也从农业中分离出来。另一方面，在农业产业分化的同时，农业与农业服务部门的经济联系越来越密切，相互依赖性越来越强，服务业提供的各种产品、技术和劳务越来越多地渗透到农业生产过程的各个阶段和各个环节，农业与农业服务业之间不仅在人力、资金、资源方面存在紧密的经济联系，而且在生产技术上存在较为密切的投入产出关系，这就客观上要求农业与农业服务业必须在分工协作的基础上按照一定的比例关系协调发展。

二、农垦企业应积极发展现代农业服务业

1. 大力构建现代农业服务体系。加快构建以农垦企业为主导，民营企业和合作经济组织为基础，农业科研和教育单位及涉农企业广泛参与，公益性服务和经营性服务相结合、专项服务与综合服务相协调的新型农业社会化服务体系，积极推进信息惠农工程建设，加快构建企业多功能信息服务站，构筑现代化信息平台，完善农业生产资料供应、畜牧防疫、植物保护和病虫害防治体系，加强农业服务队伍建设，不断完善农垦企业内部公共服务体系。

2. 加快完善市场流通体系。全面发展多种类型的农产品市场流通体系，发展大型农产品综合批发市场、区域农产品物流中心、现代农产品交易公共信息平台和电子商务平台，重点建设一批设施先进、特色突出、功能完善、交易规范的农副产品批发市场。鼓励各类投资主体通过多种方式，建立日用消费品、生产资料连锁经营等现代流通网络，形成以北大荒集团集中采购、统一配送和民营企业市场自主营销的新型营销体系。国家应减免农产品运输环节的费用，长期实行绿色通道政策，加快形成流通成本低、运行效率高的农产品营销网络，完善农业信息收集和发布制度，充分发挥北大荒集团实力强、影响力大的作用，建立和完善农垦系统市场流通体系。

3. 加快发展农产品物流体系。积极发展农产品连锁配送、专营直销、冷

链物流等现代物流，大力构建产地与销地、专业与综合、批发与零售、传统与新型相结合的农产品市场流通体系。充分利用农垦系统较强的商贸流通体系，探索建立农产品物流园区；积极推介特色优势农产品，发展订单农业，提高农产品在超市、便利店、专卖店等新型零售业务的经营比重；继续鼓励发展农业行业协会、合作经济组织和经纪人队伍，鼓励和支持农业龙头企业到城市开办农产品超市或专卖店。国家应对新办的从事农产品流通的组织、企业和个人及城镇认定的重点农副产品市场实行税收减免，不断提高农产品营销能力和参与流通领域分配的份额，逐步构建适应消费增长需求和促进农垦企业经济发展的新型农产品流通体系。

4. 加快发展新型农业技术服务。按照“强化公益职能、激活经营性服务”的要求，在以公益性农技推广体系为主导的基础上，积极鼓励和扶持经营性农业技术服务，积极鼓励具有资质的企业、个人通过合法途径开办各类服务性机构。国家应对科研单位、农业技术推广机构服务于农业的成果转让、技术培训、技术咨询、技术服务、技术承包等技术性服务，专业合作经济组织、专业合作社、专业协会从事农业技术开发、技术转让等与之相关的技术服务、技术咨询业务以及农业产前、产中、产后提供的技术服务或劳务实行税收减免。大力探索农业技术推广新机制和新办法，对农业科技推广项目实行招投标制度，鼓励各级农技推广组织、人员及有关企业公平参与项目申报。不断发展农机服务、植保服务，积极引导组建农机服务组织，鼓励开展跨区作业服务；积极开展农机推广、配件供应、农机具维修、废旧农机回收、技术咨询和指导等系列化农机服务，落实好农机具购置补贴，办好农资连锁经营企业，组建植保专业防治队伍，积极推行统一配方、统一品种、统一防治、统一服务、统一管理的一条龙专业化服务。

5. 加强农业信息服务。加快建设以传统媒体与电子网络相结合的现代农业信息化体系，为广大农户及时提供各项惠农政策、先进高效种养模式、网上绿色产品博览会等各种信息服务，推进信息进户，满足农户及时获取各类农业信息的需求；实施“农业上网”工程，积极引导农业龙头企业、专业合作经济组织和种养大户等各类市场主体发展农业电子商务，促进农产品流通与销售。

6. 提高农产品质量安全水平。建立农产品质量监管体系，实施全程监控，加大监管力度，切实落实各环节农产品质量安全监管责任，全面提升农产品质量安全与监管水平。一是推进农业标准化生产。积极采用国际标准逐步建立健全结构合理、层次分明、重点突出、科学适用、国际接轨、统一权威的现代农业标准体系，围绕培育主导产业和主导产品，坚持农业标准化实施与科技推广、产业化经营相结合，实行试点示范、典型引路，着力建设一批农业标准化生产基地，加强农产品的生产环境监测，支持搞好无公害农产品、绿色食品、有机食品的认证。二是完善农产品质量安全管理体系。建设完善的农产品质量安全检测体系，全面贯彻落实农产品质量安全法，建立农产品质量可追溯制度，积极推进农产品市场准入，切实落实农产品生产、收购、储运、加工、销售各环节的质量安全监管责任，杜绝不合格农产品进入市场。三是建立和完善农产品质量检测服务体系。建立健全农产品质量安全监测制度，逐步扩大检测品种和检测数量。

7. 建立农业金融服务体系。国家应加快农村金融改革步伐，积极推进农村金融制度创新、产品创新和服务创新，发展农村小型金融机构和增加农户小额贷款投入，努力满足农户信息需求。一是创新金融支农机制。鼓励引导农业银行、农村信用社、邮政储蓄银行等金融机构增加涉农信贷投放，扩展农业发展银行支农领域。发展农业开发和农村基础设施建设中长期政策性信贷业务，推进农村担保方式创新，探索建立政府主导，企业、金融机构和合作经济组织多方参与的农业信贷担保机制，扩大农村有效担保物范围。二是创新农业产业与资本市场对接机制。积极引导符合条件的产业化龙头企业通过上市、发行债券等方式筹集资金，发展农业产业化的投资基金，适时满足不同发展阶段农业企业的资金需求，引导龙头企业利用融资租赁工具，促进融资结构多元化。三是创新农业风险防范机制。逐级构建多元化新型农业保险体系，积极探索适应农业生产需要的风险保障机制，将自然灾害、意外事故、病虫害、疫病等均纳入政策性农业保险范围，提高农业抵御风险能力，引导龙头企业资助农户参加农业保险，建立和完善农业保险中介体系，为农业保险提供科学评估和监督。

对农垦企业建立农业生产性服务业发展模式的几点建议*

农业生产性服务业是指在农业生产的产前、产中、产后环节为家庭农场、专业合作社及其他生产性经济合作组织提供服务的行业，侧重于农业技术服务、农业信息、农产品流通以及农产品质量检测监管服务等，具体包括农资供应、农技推广和应用、农业咨询、农业物流、农业金融、农业保险等服务。发展现代农业要重视农业生产性服务体系的现代化，农业生产性服务体系发展的根本目的是促进现代化农业的发展，促进农户增收、企业增效。本文就农垦企业建立农业生产性服务业发展模式问题谈几点建议，供参考。

一、建立农业生产性服务业应遵循的原则

1. 坚持政府带动的原则。发展农业生产性服务业应依托政府部门和相关科研机构。重点加强和创新公益性农业生产性服务业的发展，组织农作物高产攻关，推动农业政策性保险发展，推广农机公共化服务，培训新型职业农工，开展农业技术咨询，通过建立示范推广基地和农业科技产业示范园，形成农业科技发展的示范性平台，构建各类公共的农业生产性服务业平台，满足农户对于农业生产性服务业的需要。

2. 坚持企业带动的原则。积极推动产业化龙头企业带动农户的发展。一是推广“企业＋基地＋农户”模式。产业化龙头企业为基地农户提供优质生产资料、农业技术信息、资金技术等服务，农户按照与龙头企业签订的合同组织生产，农产品则由龙头企业按照合同收购。二是推广“企业＋园区＋农户”模式。龙头企业兴建农业园区，通过园区为农户提供全过程综合配套服务，推广知识、技术、信息等。三是推广“企业＋专业合作社＋基地＋农户”模式。农户种植农作物，龙头企业进行加工和销售，专业合作组织充当中介机构，为农户提供农资采购、技术培训、信息指导等服务，同时，专业合作社为龙头企业提供产品收购、农产品物流运输等服务。

3. 坚持市场带动的原则。一是农业服务公司要坚持市场化运作，要实行

---

* 本文撰写于 2017 年 11 月 23 日。

企业化经营，通过企业化运作，实现农业种植或生产的标准化和体系化。二是加强农产品市场建设，以农产品批发市场为平台，通过合同契约的方式，批发市场与农户或专业合作社进行合作，批发市场提供产销一体化经营服务。

4. 坚持农业专业组织带动的原则。要依托市场建立各类农业专业合作社，服务内容以技术服务为主，逐渐向农资供应、良种培育、市场供求、信息服务、业务培训、病虫害防治、农产品加工、质量标准、基地认证、市场扩展、网络购销等环节延伸。在各级政府和主管部门指引下，专业合作社应成立技术服务室，聘请技术专家，为农户进行技术培训；通过统购分销等方式，降低农户的农资采购成本；通过统一良种引进，试验示范，开展农产品品牌建设，统一采取标准化服务，为农户拓展分销渠道；由合作社为农户提供短期借款、融资担保、融资租赁等服务，组织农户进行信息交流和参加农业保险等。

二、建立农业生产性服务业的发展模式

1. 农业流通和物流发展模式。一是以产业合作组织为主体的模式，该模式也是产销对接模式，具体包括产地市场对接、订单农业、农超对接、电子商务、专营店等模式。二是以企业为主体的物流运作模式，该模式是由农产品加工企业建立贸工一体化，农产品流通企业建立订单直供，农产品批发中心联结农户和批发商，农产品流通企业建立农业物流网络。三是鲜活产品流通模式，具体包括电子商务配送、城市配送、连锁经营、产销联盟等。

2. 农业科技推广模式。一是公益性推广模式。以政府或主管部门为主导，逐级建立农业技术推广站组成的公益性农业技术推广服务体系，组织实用技术培训，设立示范样板基地，建立科技服务实体，结合技术服务推广新产品、新农药等生产资料。二是科技项目带动模式。通过农业科技推广计划以及项目的实施，推广先进实用的农业新技术、新品种，实现农业科技与推广机构的有效对接，如科技示范园区模式、农业专家大院服务模式、科技入户模式、科技下乡模式。三是市场引导模式。具体指企业产业化（公司＋农户）服务模式及技术协会或农业合作组织服务模式，包括龙头企业带动型示范模式、“设施农业＋企业”模式、“特色农业＋龙头企业＋专业协会＋农户”模式。

3. 农业信息化服务模式。一是公司主导模式，主要有“公司＋农户”模式、“公司＋基地＋农户”模式，由农业龙头企业组织实施，基地是公司农业信息服务的窗口，龙头企业以经济利益为纽带，上联市场、下联农户，公司与农户通过基地的示范效应进行信息服务。二是“政府（或主管部门）＋企业”混合型模式，由政府或主管部门牵头企业参与的农业信息化服务模式主要有“科技园区＋示范区＋辐射区”模式、“政府＋科研机构（大学）＋农户”模

式、“农技专家＋农户”模式、农业运程诊断系统模式。

4. 农业保险经营模式。一是专业性农业保险公司经营模式，由专业保险公司独家按照“政府引导、市场化运作、专业化经营、以险养险”的原则经营，有助于激发保险公司的创新活力，提高农户的担保能力。二是农业保险互动模式，依托各类专业合作社或龙头企业等农业产业化组织，在国家财政补贴支持下，由参保农户按“自愿互利、自负盈亏、风险共担、利益共享”的原则成立农业保险公司。三是商业保险公司与政府联办共保模式，按照“政府推动、商业运作、节余滚存、风险共担”的原则，按一定的比例进行联办共保。四是政府扶持下商业公司自主经营模式，政府主要给予财政补贴、业务开展和理赔技术等支持，但不参与农业保险经营。五是引进外资或合资保险公司模式，该模式下的保险公司以“自负盈亏、险种全面、保费低廉、管理科学”的方式寻求发展，凭借经营农业保险多年的经验技术以及资金雄厚的实力，积极拓展业务。

5. 农业金融服务模式。通过政策手段建立起从产前到产后的农业生产领域立体式金融网络服务体系，除给予农业生产优惠政策外，鼓励多元化农业投资。金融部门要积极创新农业服务金融产品，强化农业金融对农业生产的支撑服务，在融资、信贷、风险、担保等方面将农业融资风险降到最低限度。目前该模式主要包括“涉农银行＋养殖公司”“涉农银行＋农民专业合作社＋农户”“涉农银行＋龙头企业＋农民专业合作社”等模式。要积极推行涉农服务的银行与农户或农民专业合作社的合作，完善担保机制，便捷小额贷款服务，拓展农户借贷渠道。

6. 农业合作服务发展模式。通过建立“农业合作组织＋农户”的模式，完善农业生产全过程链条，特别是以农户为中心进行产前、产后环节的对接，农业生产性服务业向农资供应、良种引进、市场信息、防疫防治技术、农产品加工及市场拓展等环节延伸，形成“农民专业合作社＋农户”“公司＋基地＋农户”“公司＋农民专业合作社＋基地＋农户”“公司＋园区＋农户”等多种模式。农业生产性服务业得到不断创新与发展，增强向农户提供产业化服务的能力。通过契约形成稳定的协作关系，各方共同获利，形成范围广、层次多样的农业生产性服务业网络。通过建立统购分销等方式，农户可有效地降低交易成本、经营风险、市场风险。通过引进良种和良种试验示范，开展品牌化建设、标准化服务，拓宽农产品销售市场，提升农产品品质和销售价格，增加职工收入。

对加快农垦企业乡村旅游产业发展的几点建议*

休闲农业和乡村旅游是依托农村农业生态环境、田园景观、农业生产设施、农耕与民俗文化、农家生活等丰富的资源，通过科学规划和合理开发，为游客提供观光、休闲、度假、体验、娱乐、教育、展示、健身等多种服务的新型产业形态，具有连接城乡要素资源和融合农村农业、一二三产业发展的功能，发展乡村旅游和休闲农业可以进一步促进实施乡村振兴战略。本文就农垦企业发展乡村旅游问题谈几点建议。

一、目前农垦企业乡村旅游产业发展存在的主要问题

1. 各级领导不重视旅游产业的发展。多数农垦企业领导重视农业的发展，因为农业是主导产业，尤其是种植业，经济比重大，而忽视休闲农业、观光农业的开发，把其当作副业对待，乡村旅游产业发展缓慢。

2. 盲目开发，缺乏规划。当前乡村旅游产业各地迅速兴起，有些单位在旅游产业开发上模仿或照搬已有的景区模式进行开发，不切合实际，盲目开发，注重眼前利益，没有长远规划，缺乏科学的论证，有的破坏了生态环境，违背乡村旅游让人们回归大自然的愿望。

3. 产品单一，同质化现象严重。在乡村旅游开发上，多数是以农业观光为主，并以发展农家乐为主要发展模式，没有进一步挖掘当地民俗文化、风土人情，造成旅游项目开发单调，产品单一，同质化严重，没有特色，地域文化不鲜明、不突出，文化品位普遍不高。

4. 管理不当。在乡村旅游产业开发中存在管理不当，秩序混乱，使得资源、资金、人力等要素没有形成合力，乡村旅游经营规模小，经营品牌意识不强，管理者和消费者缺乏维权意识。

5. 缺少人才。从事乡村旅游工作的管理人员和服务人员普遍文化水平不高、素质低下、管理能力弱，乡村旅游产业缺少专业人才队伍，服务意识不强，多数处在粗放经营状态，制约其进一步发展。

---

* 本文撰写于2018年11月26日。

二、加快乡村旅游产业发展的几点建议

1. 制定科学的乡村旅游资源开发规划。各单位要因地制宜地科学编制乡村旅游产业发展规划，要坚持城乡融合、整体规划、多规合一的理念，合理规划功能区域，统一路、水、电、气等公共设施。在景区景点设计上，要在保证农业功能不变的前提下，在产业发展、区域布局、主题项目、基础设施、公共设施、生态保护等方面进行综合规划，要推进田园变公园，并依托特色资源，积极开发一批特色鲜明、民俗风情浓郁的旅游产品，促进乡村旅游特色项目落地。

2. 积极开发多种类型模式的乡村旅游产业。要依托农业生产资源、乡土文化资源等建设一批设施完备、功能多样的农业休闲、观光度假区。目前乡村旅游开发的主要模式有农场庄园型、农家乐型、景区依托型、民俗风情型、特色产业带动型、旅游小城镇带动型等模式。各单位要根据本地的资源、文化、资金、技术等优势，建立不同类型的乡村旅游产业，要突出特色，尤其是文化特色，防止千篇一律，要重点在知识性、趣味性、娱乐性、观赏性、参与性上下功夫，进一步加快乡村旅游产业的快速发展。

3. 要加快文旅融合发展。文化是旅游产业发展的灵魂，只有扎根当地文化土壤，突出文化特色，乡村旅游产业才能有吸引力，才能实现可持续发展。目前很多地方的乡村旅游产品雷同，有些产品缺乏创新设计，其文化品位不高、特色不突出、参与性不强，很难使游客满意。黑龙江农垦企业有北大荒文化、军旅文化、黑土地文化、知青文化等，发展乡村旅游产业有自己的独特优势，乡村旅游产业要重点挖掘本地的民俗文化、北大荒文化、军旅文化、知青文化，包括传统建筑、农耕器具、民间技艺、手工制作、风俗礼仪、风土人情，并通过主题开发、节庆活动、文化展示、网络营销、互动体验等形式，建设一批精品民俗度假村，打造一批乡村旅游度假基地，以满足消费者观光、休闲、度假、文化体验、健康和养生的多样化需求。

4. 加快“旅游＋”模式的发展。在乡村旅游产业发展上要以旅游业为核心，积极推动“旅游＋文化”“旅游＋养老”“旅游＋体育”等产业融合发展，通过“旅游＋”连续生成项目使之成为发展的动力，不断催生旅游项目、旅游产品和旅游业态，形成旅游“一业兴，百业兴”的产业发展格局。农垦企业要结合各自特点，重点在“旅游＋医疗”“旅游＋文化”“旅游＋会展”“旅游＋温泉”“旅游＋森林”“旅游＋生态农业”“旅游＋生态养殖”“旅游＋婚庆”“旅游＋体育”等方面发展乡村旅游产业。如巨浪牧场地处大庆市，有温泉资源，出井温度 56 ℃，温度恒定在 40～90 ℃，正在通过“旅游＋温泉”模式积

极开发休闲康养旅游产业。

5. 保护好农业的生态资源。要通过科学规划、有效治理、加强管理，保护好乡村的自然资源和生态环境，提高乡村旅游开发者和参与者的环境保护意识，加强人居环境的整治，加强生活垃圾、生产生活污水处理，整治村容村貌，发展农业废弃物资源化利用，加快乡村亮化、美化、绿色建设，做到全覆盖，推进路、水、电、气等基础设施建设，加大农业生态资源的保护力度，进一步加快绿色可持续发展。

6. 加大乡村旅游产业的政策扶持。各单位应将推动乡村旅游产业发展放到加快经济发展的重要位置。要制定完善的财政扶持政策，重点扶持特色型、绿色型、大众满意型乡村旅游企业；在准入方面，要结合不同地域的人文、自然、生态等情况，不断完善准入制度和标准；要加大资金投入，各单位要积极主动地开辟投融资渠道，强化乡村旅游产业的投资保障，健全适合乡村旅游产业项目金融投资体系，积极引导社会和民间资本投资乡村旅游产业；加强乡村旅游产业市场监管，尽快完善监管治理体系，建立健全治安管理、环境保护与卫生监管制度等，同时推行行业协会建设，加强行业自律，保障乡村旅游市场健康有序发展。

7. 抓好乡村旅游产业人才队伍的建设。乡村旅游产业必须有一支视野广、执行力强、专业功能扎实的营运队伍，乡村游产业的发展，一方面要加大技术、文化、旅游专业人才引进力度，从高校、城镇企业吸引各类优秀人才，提供宽松的就业环境；另一方面应加大当地人才的培养，建立职业人员队伍培训机制。农垦企业也可以通过发展乡村旅游产业吸引一批企业家、知识分子、大学生到乡村创业创新，引导一批农村本土优秀人才归乡返乡，成为新型职业农工，培养本土人才成长，培养一批懂农业、懂经济、爱农村、爱旅游的乡村旅游产业带头人。

8. 加强乡村旅游市场营销。一是强化宣传，加强与主流媒体，特别是新闻媒体的合作，利用互联网及哈洽会、绿博会等平台推介旅游产品；二是加强与知名旅行社、行业协会的联系与合作，不断提高旅游品牌的影响力；三是强化旅游行业的监管，推行旅游行业管理向产业综合协调转变。

9. 积极组织广大农户参与乡村旅游产业创建。旅游产业是劳动密集型产业，就业门槛低，普通农民就可参与。休闲农业和乡村旅游根植于农业，发展在农村，供给的主体是农民，消费的主体是市民，连接的对象是城乡，一二三产业融合度高，利益联结范围广，综合效益大。实践证明，休闲农业和乡村旅游是农村人居环境整治的最佳入口，但是如果没有利益联结，农民就无法通过环境改善获得实实在在的好处。农垦企业要充分调动广大职工群众参与旅游产业合作的积极性、主动性、创造性，开展职业教育、就业培训，提高职工的技能和素质。引导职工和社会群众及企业形成合力，共同创建和维护美好家园。鼓励职工群众创业或入股经营休闲农业和乡村旅游，使休闲农业和乡村旅游成为职工就业的重要渠道。探索“旅游公司＋农民专业合作社＋互联网＋农户”的利益联结机制，提高职工的收入。将农垦企业闲置的资产进行有效整合，坚持公司农户共同参与、利益共享、风险均摊的方式，以规模化解决个体农户不易办到、政府不能包办的事情，让农户通过资金、土地、林地、劳动力等资源入股，实现资源变资金、资产变股金、农户变股东的经营方式。

10. 加强乡村旅游产品品牌建设。农垦企业在休闲农业和乡村旅游产业发展上要树立品牌意识，加强品牌建设，要大力发展主导产业，立足现有旅游资源，打造重点旅游品牌，并加大旅游产品品牌的宣传和保护。休闲农业和乡村旅游要在塑造品牌形象方面走差异化品牌战略，避免出现同质化现象，要分别打造符合本单位实际情况的品牌，要结合自身优势及市场需求多元化进行品牌定位，走差异化经营之路。品牌定位后要针对当前市场进行营销推广，推广的方式要多种多样，除了线下进行互动外，更主要的是线上营销，要利用好网络、电视、报刊等平台，选择广告、微电影等形式进行精准营销，建立完善自身官网和微信公众号，融入旅游电商服务，开展旅游信息发布、产品在线预订等服务，加强与旅游者联系的同时还要将品牌产品推广出去。

加快乡村旅游产业发展，推进农垦新型城镇化建设*

新型城镇化是指以城乡统筹、城乡一体、产业互动、生态宜居、和谐发展为基本特色的城镇化，其核心在于不以破坏生态环境为代价，实现城乡基础设施一体化和公共服务均等化，促进经济社会发展，实现共同富裕。在新型城镇化的进程中，旅游凭借区域综合发展协调能力发挥了重要作用。新型城镇化不只是创建新城，也包括对老城区的扩张升级，旅游业引领的新型城镇化包括现有城区的扩张与升级、城镇特色化的发展、城乡一体化的发展等方面。本文就发展乡村旅游产业，推进农垦新型城镇化建设问题谈几点建议，供参考。

一、加快乡村旅游产业的发展对推进城镇化建设的重要性

1. 加快乡村旅游业发展可以有效解决城镇中的剩余劳动力就业问题。通过旅游产业的开发，不断聚集游客，并通过为游客提供消费服务，促进旅游区农业工人转化为服务业人员，并为农业工人带来收益，解决了在城镇化发展中带来的剩余劳动力安置问题。

2. 加快乡村旅游业发展可以促进城镇基础设施配套完善。旅游业是低污染、低消耗、关联度高、拉动性强的综合产业。发展旅游业可以促进城镇基础设施的完善和环境的优化，减少了以工业为依托的城镇化发展中的环境污染问题，并且随着城镇化进程的加快以及能源消耗水平的快速增长，环境基础损耗或被占用程度也会发生巨大的变化，因此，加快旅游业的发展可以加快基础设施完善配套，减少环境污染。

3. 加快乡村旅游业发展有利于实现城乡统筹。旅游是物流、人流、资源流不断“搬运”的过程，旅游通过搬运游客及搬运消费能力，形成消费聚集、人群聚集、产业聚集，从而形成土地集中，促使农业工人从第一产业转向第二、三产业，由此带来收益能力的提高和农业工人身份的转变。旅游产业开发提升了基础设施建设和公共服务设施建设的水平，实现了城乡统筹一体化发展，推进了新型城镇化的建设。

---

* 本文撰写于 2018 年 7 月 16 日。

4. 加快乡村旅游业发展有利于实现就地城镇化。旅游景区有的依托于中心城镇，有的依托于村落，有的依托于小城镇，如果发展旅游产业，就可以加快人群聚集、消费聚集、服务聚集，农工身份就会由农业人员转为非农业人员。旅游各要素的延伸带动旅游产业发展，形成产业融合与产业聚集和人群聚集，形成以产业为依托的城镇化基础，加上旅游服务设施的需求和消费的集中化，形成旅游配套基础设施及社会体系的完善等，由此实现了就地城镇化。

二、加快乡村旅游产业发展、推进新型城镇化建设的几点建议

1. 实现乡村旅游产业开发与城镇化建设有效结合。乡村旅游产业开发要与城镇化建设相结合，与当地经济发展相适应，应有区域性的统一规划，坚持政府主导、多种经济要素参与，按客观规律办事，统筹兼顾。新型城镇化要充分考虑当地居民的文化程度、能力素质以及旅游资源的稀缺性、独特性与不可再生性，在城镇开发时应尽可能通过提高当地居民的文化素质，提高其保护资源环境的意识，在实现旅游发展的同时保护好旅游资源原有的自然与历史韵味，不要人为地破坏资源，在加大基础设施建设和房地产开发时，要科学考虑乡村旅游产业的发展定位，科学合理地利用当地资源，推进配套基础设施及社会体系建设。

2. 加快乡村旅游社区建设。乡村旅游社区建设是旅游引导就地城镇化的模式之一，该模式要基于城乡一体化的发展，以旅游产业链打造为核心，以乡村休闲度假功能为主导，以乡村休闲业态为特色，以乡村商业休闲地产为支撑，以田园乡居生活为目标，通过土地整合，加快基础设施建设和文化特色发掘，进行城镇改造升级，向旅游综合社区发展。旅游对于新农村社区建设具有较强的产业推进价值，有助于农工转移到第二、三产业，把城镇居民生活资源转化为生产资源，实现就地发展旅游产业的目的。

3. 加快乡村旅游产业综合体系建设。旅游综合体系是一种特殊的新型城镇化模式，主要是城乡之间（城市的郊区、大型旅游景区外围区域）具有一定旅游资源与土地空间的地方，依托良好的交通条件，通过旅游的“搬运效应”，将城市（或大型旅游景点）旅游消费力（游客）搬运到开发地，从而带动该地旅游资源的综合开发，实现旅游产业聚集、旅游人口聚集和相应配套设施的发展。旅游综合体是指以旅游产业的整合为支撑，以休闲化消费的聚集为动力，以基础设施和服务配套为重要基础，以服务与管理创新为基本保障，吸引广大农业工人参与乡村旅游产业发展建设，有利于提高农业工人的综合收益。

4. 加强保护地方村镇文化特色。乡村旅游资源的开发必然带来当地文化

的冲击和居民思想的变化，而这些变化一方面有利于乡村旅游产业的发展，另一方面也可能带来地方文化特色的消失，失去地方特色的旅游必然会出现千村一面、千景一面的问题，从而降低乡村旅游产业持续发展的潜力。随着乡村旅游产业的发展，旅游产业与城镇文化产业的结合愈发紧密，通过挖掘地方村镇文化特色，有意识保护地方特色文化，可有效地避免千村一面、千景一面的问题，从而达到村村镇镇有故事、路路有景致、处处皆旅游的效应。因此，强化地方文化保护意识，深度挖掘地方村镇文化特色，积极塑造地方村镇旅游新形象，可以推动乡村旅游产业的可持续发展。

5. 积极提升信息化水平，推动城镇化建设。在完善乡村旅游基础设施建设的基础之上，完善旅游目的地公共信息服务系统，整体提升城镇化的现代服务水平。乡村旅游信息化水平的提升，需要城镇多部门合作，要依托各类信息技术和数据网络，整合手机的客户端、旅游信息触摸屏、旅游网站、旅游咨询服务中心等多种旅游公共服务信息渠道，形成为公众提供各类旅游公共信息服务的多元化综合体。要建立乡村旅游目的地交通数据库管理系统平台，对各类旅游信息进行合理的归类归位，及时更新，对旅游产品进行推介公布。乡村旅游要充分利用大数据时代的技术优势，对村镇旅游的客源市场和市场需求进行分析，并有针对性地提供旅游产品，要实施旅游智慧交通服务，为游客提供完善的交通信息服务。

6. 建立城镇社区为主体的旅游产业参与机制。乡村旅游产业的参与主体主要为政府、旅游企业、旅游协会、村镇的居民。在乡村旅游资源开发中，多数地方存在资金缺乏、经济基础差、基础建设落后等问题，因此，各地政府部门从组织上协调旅游发展涉及多部门的决策与管理，包括招商引资、制定景区发展规划、旅游景区配套设施建设等各个环节。要积极鼓励村镇社区的居民积极参与，主要包括加强社区居民的培训、传播旅游规划知识、宣传旅游文化发展等内容；在景区的经营、维护和发展等方面进行持续的教育与培训，使其参与者具有针对性；要积极解决居民就业问题，增加居民就业收入；协调好投资商与居民的关系，旅游企业要加大景区经营与管理，要尽可能地使用当地人力资源和物资，指导村镇居民正确地参与旅游经营。

关于大山种羊场发展生态旅游产业的调研报告*

黑龙江省大山种羊场地处大庆市杜尔伯特蒙古族自治县境内，嫩江左岸，农场总人口 3 693 人，辖区面积 22 万亩，其中耕地 6.75 万亩、草原 4 万亩、林地 3 万亩、滩涂 4 万亩、水面 2.2 万亩。2017 年粮食总产 36 092 吨，是农林牧渔工商服为一体的农牧企业，2017 年生产总值 14 808 万元，农场环境优美、气候宜人，盛产水稻、玉米等粮食作物。近几年大山种羊场加大生态旅游产业的建设与发展，2018 年已进入旅游景区建设和宣传期，预计 2018 年接待游客 2 万人，旅游收入 1 000 万元，并且随着旅游工程项目建设的加快，年接待游客达 4 万人以上，旅游收入达到 3 000 万元。

一、发展生态旅游产业的优势

1. 生态资源优势。农场有非洲地貌型草原 4.7 万亩，缓坡丘陵错落有致，野生榆、杏等低矮灌木丛生，豆、菊、莎、禾科牧草茂盛优质，鸡、狐、鼠等野生动物种群丰富，拥有防风、知母、龙丹草、柴胡等珍稀名贵中草药，拥有珍稀山竹 460 亩。农场紧靠嫩江流域，场内河流湖泊星罗棋布，千年塔头保护良好，有 2.2 万亩自然水面，盛产鲤、鲫、河虾等，原生态自然资源得天独厚。

2. 地理区位优势。农场距齐齐哈尔市域 75 千米，距大庆市杜尔伯特蒙古族自治县 75 千米，距大庆市萨尔图机场 110 千米，距离 111 国道 20 千米、庆西公路 17 千米，距离连环湖景区 55 千米、扎龙自然保护区 150 千米，区位优势十分明显。

3. 生态农业优势。农场主要种植水稻，面积 5 万亩，全部采用无污染的嫩江水灌溉，注册“十三叶”绿色大米品牌，该品牌大米粒青如玉、晶莹剔透、口感滑软爽口、营养丰富，品牌具有较高的知名度，被中国绿色食品发展中心授予“绿色农业优质稻米之乡”和“质量追溯体系单位”。农场具有 30 多年种羊培育历史，“三元杂交”培育的“荒坡羊”具有肉质鲜嫩、味美多汁、

---

* 本文原载于《中国农垦》2018 年第 7 期。

膻味轻、口感好、风味独特、香气浓郁、容易消化、营养丰富的特点，羊肉蛋白质含量高、胆固醇含量少，是上好的绿色食品和保健食品。

4. 基础设施优势。农场拥有“三纵两横”南北两个出口的交通网，农场内部交通设施完善，有发往杜尔伯特蒙古族自治县、大庆市的班车。近几年，农场加大小城镇建设，城镇化率为83.6%，宾馆、广场、供水、供电、供暖、污水处理等基础设施齐全，银行、邮政、商业服务、加油站等服务设施健全，发展旅游业有一定的承载能力和接待能力。

5. 文化资源优势。农场区域内有省级古文化保护遗址，坐落在场部西北1千米处，该遗址曾有新石器时代、青铜器时代、辽金时期的文物大量出土，现有800余件文物存放于杜尔伯特博物馆。

二、发展生态旅游产业存在的主要问题

1. 缺少旅游产业发展系统规划。农场没有制定切实可行的发展旅游产业的发展规划，缺少发展旅游产业的可行性发展措施。

2. 基础设施和服务设施不配套。农场道路、供电、供水等基础设施仍存在不完善、不配套的地方，农场宾馆、餐饮、商业等服务设施仍不完善。

3. 缺少发展旅游产业的机制和政策。旅游产业投入不足，投入机制不活，效益观念不强，没有制定开发旅游产业的优惠政策。

4. 缺少发展旅游产业的人才。当前主要缺少发展旅游产业的经营人才和管理人才，尤其是专业从事旅游产业的经营人才匮乏，限制旅游产业的发展。

5. 重点旅游景点尚未形成。目前农场只具备开发旅游产业的优势资源，尚未形成全面发展旅游产业的条件，主要是农场尚未开发出发展旅游产业的重点旅游景点。如农场招商引进的北京唐自头影视基地，目前还没有进行实际拍影，尚不具备发展旅游产业的条件。

三、加快发展生态旅游产业的几点建议

1. 制定发展生态旅游产业的发展目标和规划。大山种羊场发展旅游产业要以招商引进的北京唐自头影视基地入驻为切入点，以非洲地貌型草原和蒙古草原文化为核心，以发掘新石器、青铜器、辽金文化遗址为亮点，以农场自然景观、生态农业、休闲农业等为基础，重点发展生态自然景观、水体景观、草原景观、影视基地文化景观、古文化遗址等精品景点。建设“三生同步、三产融合”的田园综合体，打造高品质的“轻生活＋微度假＋慢享受”的城市近郊旅游目的地，实现创建AAA级旅游度假区的目标。按此发展目标，制定五年

发展规划，首先，用两年时间建设重点影视基地景点，这是大山种羊场发展旅游产业的关键，也是发展农场旅游产业的重点目标；其次，用两年时间打造古文化遗址景点，用五年的时间打造大山种羊场全域旅游目的地。

2. 加快重点旅游景点发展与建设。一是加快建设北京唐自头影视基地。要推进合作的进程，尽快进行开机拍片，在拍片同时加大旅游配套设施的建设，2019 年达到 AAA 级旅游景点建设的标准。二是加快场部西山古文化的遗址开发。该遗址属黑龙江省辽金文化保护遗址，坐落在农场场部西北 1 千米处，总面积 225 万$米^2$，土崖高 20 余米，新石器时代、青铜器时代、辽金时期的文物有大量出土，文物都存放于杜尔伯特博物馆。目前该遗址不具备发展旅游产业的条件，需要加快开发与建设，要与杜尔伯特蒙古族自治县协商做好古文化遗址保护与发展旅游产业的问题，包括在大山种羊场建古文化博物馆、遗址旅游景点等设施，2019 年完成景点配套设施建设。

3. 加快发展与重点旅游景点相关的配套旅游景点建设。一是草原风光游。在影视基地旁边有 4.7 万亩非洲地貌型草原，每年春秋季节，都会有大批游客到农场看草原，观赏杏花和兰花，采摘黄花、韭菜花，可以打造草原风光游、蒙古风情游、草原音乐节等项目，开展骑马、射箭等活动，可以利用缓坡丘陵地开展汽车和摩托车拉力赛、自行车越野赛、滑雪等运动，可以建设跑马、越野、低空飞行等草原项目，打造花海景观区和烧烤广场。二是莲花泡水面观光游。在影视基地附近有 5 000 亩自然水面，水质良好，可开发水面观光游览，开展体验划船、下网捕鱼、吃本地鱼、垂钓比赛等项目，在岸边进行烧烤、野炊等活动，游览崖边日出日落、寻鸟捕鱼、采摘桑葚、采挖野菜，冬季可以开展冬捕冬泳等项目，也可打造水上演艺、观景灯塔、沙滩娱乐场等精品项目，在湖边建设游客接待中心、酒店、文化商业街等服务项目。三是建设嫩江江岸观光项目。农场紧靠嫩江，江岸线长 13.9 千米，新修建的江坝宏伟壮观，两岸全是农场的水稻种植基地。应加快影视基地附近和紧靠嫩江江坝两岸的生态农业旅游项目的开发，重点建设农业生态园和水果采摘园，让游客采摘无公害、绿色有机的水果和蔬菜等农产品，将旅游产业与大农业、绿色农产品有机结合，开展农业生产体验、农业休闲观光、特色农产品销售等项目。

4. 开发精品旅游线路。一是开发场外两条旅游线路，即大山种羊场—齐齐哈尔市旅游线路，大山种羊场—杜尔伯特蒙古族自治县旅游线路。二是建设一条场内环游旅游线路，即影视基地景点—莲花泡水面观光景点—农场场部（古文化博物馆）—西山古文化遗址景点—嫩江江崖观光景点—影视基地景点。

5. 加大投资推进旅游产业的发展。发展旅游产业要采取投资多元化的政策。在旅游产业开发上，属于娱乐设施、餐饮业、宾馆、旅游商品等项目要吸收民营资本来开发，以个体或私营企业投资为主。在基础设施建设上，要以农场自筹资金和争取国家投资为主，主要是道路、供电、供水、供暖、排水、绿化、亮化、美化等硬件设施。在旅游景点开发上，要以招商引资或引进民营资本投资为主，在招商引资上要制定优惠政策，建立良好的投资环境，重点做好北京唐自头影视基地投资落实，这是农场发展旅游产业的龙头项目，加快草原风光游和莲花泡水面游项目招商引资。在争取政策支持上，要积极利用和争取国家对休闲农业发展的政策支持，主要是土地政策、融资政策、税收政策、产业发展政策等。农场也要在财力允许的范围内加大对旅游产业的投资，主要在道路、供电、供水、美化、亮化等方面加大投资；要积极争取地方政府在农场发展旅游产业方面的支持，包括西山古文化遗址的开发，引进和建设古文化博物馆等方面的支持。

6. 加快推进多种经营主体参与生态旅游产业的开发与建设。一是引进战略投资者参与旅游产业的开发与建设。目前已经签订战略合作框架协议的企业，要加快推进落实的步伐。据调查，农场预计在三年内建设项目投资 4 亿元，其中一期工程 2018 年投资，建设野生冬钓馆，蒙古包餐饮综合服务体，田园综合体、候鸟式养老、旅游会务接待中心综合楼以及莲花湖游乐设施。二是引进民营企业和农民专业合作社参与生态旅游产业的开发与建设。农场要制定优惠的政策和投资环境，鼓励民营企业和农民专业合作社参与生态旅游产业的开发与建设，目前已有多家民营企业与农民专业合作社参与进来，有些主体正在洽谈中。

7. 加大旅游产业的宣传和旅游管理人才的培养力度。要引进市场化的机制，打造旅游产业品牌，通过制作旅游风光片、宣传册等方式，利用电视、网络等新闻媒体加大对旅游产业的宣传，特别要利用哈洽会、绿博会等平台，在全社会进行广泛宣传，并与国内外各大旅行社建立紧密的联系。农场应有计划地引进和培养旅游管理人才，可采取招聘或自行送出去培养的方式，建立旅游产业管理人才队伍。

关于赴宁夏农垦集团学习考察旅游产业发展情况的报告*

为学习借鉴宁夏农垦集团典型景区发展建设经验，有效推进大山种羊场旅游产业快速发展，由农垦黑龙江省农垦齐齐哈尔管理局和大山种羊场组成专项学习考察组，于2018年7月23—28日赴宁夏农垦集团考察学习旅游产业的建设发展状况。根据大山种羊场旅游资源和重点发展方向，学习考察组前后利用4天时间，有针对性地参观考察了宁夏农垦沙湖景区、宁夏农垦博物馆、西夏王葡萄酒庄、5 000头肉牛养殖基地以及镇北堡西部影城、水洞沟、沙坡头景区等。整个行程紧凑有序、具体深入，考察组一行受益匪浅，达到了开阔视野、解放思想、更新观念、学习经验的目的。现就学习考察情况报告如下：

一、考察基本情况

（一）宁夏农垦沙湖景区实地考察

7月24日，考察组一行与宁夏农垦沙湖景区领导班子进行了座谈交流，然后对该景区的实际运作情况进行了实地考察学习。沙湖景区地处贺兰山下、黄河岸边，总面积80.1千米^2，22.52千米^{2}的沙漠和45千米^{2}的水域毗邻而居，构成了西部罕有的荒漠湿地特色景观，因其集江南水乡之秀丽与塞北大漠之雄浑于一体，被誉为“塞上明珠”。从自然资源上来说，沙湖拥有45千米^{2}水域，芦苇星罗棋布，盛产鳙鱼，有著名的鸟岛；从游玩项目上来说，湖西四周有滑沙、骑驼、骑马、游泳、垂钓、滑翔、沙滩排球、足球等游乐设施，还有旅游飞机空中观光节目。景区于1990年开发建设，2007年成为首批全国AAAAA级景区之一，景区建立之初，是以宁夏回族自治区政府主导组建筹建委员会，租用农垦前进农场土地，每年给农场租金600万元，前期没有规划，走了不少弯路，2001年作为宁夏农垦集团下属企业跟农场分离，进行公司化运行，后进行股份制改革，首旅集团（北京首都旅游集团有限责任公司）以现金入股并占股30%，宁夏农垦集团占股47%。

---

* 本文原载于《农场经济管理》2018年第10期。

（二）企业实地考察

7月25日，在宁夏农垦集团有关人员陪同下，考察组一行参观了其下属企业——西夏王葡萄酒庄和5 000头肉牛养殖基地。葡萄酒庄是垦区集团以垦区职工葡萄种植为生产基地建设的大型企业集团，开发出国宾系列和西夏王系列葡萄酒，建设葡萄酒庄进行产品宣传并兼顾餐饮和旅游，每年实现缴纳税款约3 000万元、纯利润约600万元。肉牛基地结合本地使用牛肉的习惯和养殖市场，创新以安格斯牛为主的“回收—集中育肥—出售”的经营模式，在工作人员只有17人的情况下，每年实现利润250余万元。

（三）镇北堡西部影城实地考察

考察组结合正在建设中的大山种羊场唐字头影视基地，7月26日有针对性地参观考察了镇北堡西部影城。该影城的“明城”以原始、粗犷、古朴的面貌著称，始建于明朝弘治十三年（1500年），“清城”建于1740年，是“明城”被大地震摧毁后乾隆年间修建的另一座兵营，两城堡相距200余米，分别位居阴阳太极八卦图中的阴阳鱼眼位置。20世纪80年代初，著名作家张贤亮把镇北堡介绍给电影界后，从此，这里与影视结缘。1993年在文物保护的基础上，通过智力策划、设计、创意，运用现代企业管理理念，将一片荒凉、两座废墟打造成银川市首家AAAAA级旅游景区，被评为“国家文化产业示范基地”和“国家级非物质文化遗产代表作名录保护性开发综合实验基地”，2011年荣获“中国十大影视基地”，2012年被评为“亚洲品牌500强”。该影视城享有“中国电影从这里走向世界”的美誉，参与《牧马人》《老人与狗》《红高粱》《灵与肉》等200余处影视片重要场景拍摄。从废墟到集“影视文化”“民间文化”“非遗文化”于一身的文化宝石和AAAAA级旅游景区，可见文化的巨大影响力，从与影视结缘到“中国电影从这里走向世界”和“亚洲品牌500强”，可见经营开发的巨大作用。这也坚定了大山种羊场建设影视基地的信心。

（四）水洞沟景区实地考察

考察组一行于26日下午参观考察了水洞沟景区。水洞沟是中国最早发掘的旧石器时代文化遗址，也是中国保存最完整的长城立体军事防御体系，被誉为“中国史前考古发祥地”。在博物馆可以穿越到四万年前体验原始人的生产、生活及灾难场景，也可以在原始人家园体验原始人的趣味生活，可以在明代藏兵洞体验地道战的惊险刺激，也可以翻越长城做一回纯正蒙古人。该景区开发了各种游玩项目，并在2017年推出大型历史战争实景史诗剧《北疆天歌》，再现西夏王朝的传奇故事。大山种羊场拥有新石器时代文化、青铜器时代文化和辽金文化三个时期的古文化，通过进一步发掘、开发、打造，相信可以促进旅游产业进一步发展。

（五）沙坡头景区实地考察

7月27日，结合大山种羊场地处黑龙江两部，沙化比较严重的地区，考察组一行考察沙坡头景区，领略了“天下黄河富宁夏”的黄河、“大漠孤烟直”的大漠、“驾长车，踏破贺兰山缺”的贺兰山，通过合理的开发、经营，变成了经济效益、生态效益、社会效益于一体的AAAAA级景区。

二、经验借鉴和体会

1. 景区建设要高标准规划。沙湖景区突出沙与湖自然天成的苍凉与丰饶、粗粝与柔美，于漫漫黄沙上看候鸟低翔，于丛丛芦苇中听驼铃悦响。沙坡头集大漠、黄河、绿洲为一体，驼背上的惬意履行，沙漠的浩瀚、诡异、神秘莫测，使人心灵震撼，心驰神往。镇北堡西部影城和水洞沟分别突出影视文化和古文化。每个景点之间，或游船、或驼队、或索道、或游览车，有效连接在一起。沙湖景区负责人在座谈时就提到沙湖景区曾经因规划标准不高而走弯路的问题，在实地考察时，景区负责人又讲到湿地博物馆曾经是五层楼，后被炸成一层，后引入水中莲花和沙漠风情改造而成。

2. 现代企业经营管理理念和股份制合作在景区发展中十分重要。通过引进战略合作者壮大旅游产业。沙湖景区的战略合作者是首旅集团，占股30%，总经理和营销经理均是首旅集团指派。沙坡头景区的战略合作者是港旅集团（中国港中旅集团公司）。游船、低空飞行等项目乃至游客接待中心、购物中心均可招商引资。可以引进的不仅是资金，更多的是经营管理理念。镇北堡西部影城也是运用现代企业管理理念，通过智力策划、设计、创意发展成银川市首家AAAAA级旅游景区，宁夏华夏西部影视城有限公司成立于1993年9月21日，系股份有限责任公司，由张贤亮任董事长。

3. 景区发展过程中不可忽视文化的力量。镇北堡西部影城是在一片荒凉，两座废墟，无水、无电、无路，只有几十家破旧羊圈的基础上，以极少的资金投入，在短短的时间里成长为中国西部最具规模、知名度最高的影视城及旅游胜地，充分证明了“文化是第二生产力”的论断，给西部大开发提供了一个成功的范例。水洞沟是亿万年前原始人类生存过的地方的一个考古现场。洞沟地区是3万年前人类繁衍生息的圣地，1923年，法国古生物学家德日进、桑志华在这里发现了史前文化遗址，通过发掘，出土了大量石器和动物化石，水洞沟因此而成为我国最早发现旧石器时代的古人类文化遗址。通过复原古人生活场景，通过开发明长城而发展成 AAAAA 景区，并创造史诗剧《北疆天歌》。

4. 科学发展，推进旅游产品供给侧结构性改革。沙湖景区 2001 年接待游客 120 万人，为历史最高，后期逐步减少，现日均接待游客 2 000～3 000 人，每年分给农垦集团利润约 600 万元。因农场多个连队拆迁补偿，接收农场职工子女就业等负担沉重，因自然保护区、生态红线划定、水质强制要求等，首旅集团总投资的 2 亿建设资金中，环保费用占 8 000 余万元。传统景区经营成本不断增高、经济效益在逐步下滑。

5. 发展旅游产业要结合当地生态状态。发展生态旅游产业要求在发展中保护，在保护中发展。通过赴宁夏农垦集团考察旅游产业，切身吸取了发展的经验教训，以及他们在发展旅游产业中逐渐摸索出来的开发旅游产业的经验，尤其是生态资源开发方面，提出有效地开发生态资源，并在开发中保护，在保护中开发，保护与开发相结合的理念。

三、大山种羊场旅游产业开发基本情况

大山种羊场在 2017 年编制《大山种羊场全域旅游规划提案》的基础上，2018 年开始跟黑龙江千百岁乐康旅游开发有限公司合作，于 1 月和 5 月分别签订了战略合作框架协议和正式合同，双方组建一家旅游公司，农场以资源入股，占股 30%，旅游开发公司以资金入股，占股 70%。2018 年旅游开发公司概算总投资 6 800 万元，主要建设游客服务中心、码头、蒙古部落、乌克兰风情街等。目前，已投资 800 万元，完成沙滩、花箱建设，蒙古包已订购完成，已完成总投资 2.3 亿元的医养项目申报工作。农场投资 216 万元的景区大门和停车场建设已基本完成。

四、大山种羊场发展旅游产业的思考

目前大山种羊场的旅游产业发展存在规划标准不高、引进的旅游公司实力不强等问题，为此下一步要重点做好以下工作：

1. 高标准规划、全方位设计。一是旅游产业开发要高标准设计。推荐聘请在国内较为有名的设计单位进行设计，分析大山种羊场旅游资源优势，进行旅游主题和旅客群体定位，避免因同质化建设而造成回头客较少，以及因重复建设而造成资源浪费。在功能板块的设计上，要坚持以人为本，为旅客提供优质服务，在每个景点名称、选址和设计方案上，推荐征求专家和团队的意见，充分论证，注重效果，提高利用率，增强吸引力。

二是抓好旅游景区的开发建设。在景区建设上，以悠牧小镇为核心景区，建设游客服务中心和接待中心，辐射嫩江边景点（沙滩、冲锋舟等）、古文化景点（博物馆等）、草原文化景点（低空飞行、越野拉力赛等），进一步整合资源形成精品旅游线路，争取通过拍摄影视剧提升影响力。同时，以田园综合体建设为方向，结合乡村旅游发展，推广民宿，进行循环农业、创意农业、农事体验旅游。

2. 坚持全域旅游的发展原则。全域旅游不是要把整个区域建成景区，而是将整个区域里的元素都考虑到旅游标准中。比如，以前在景区旅游时，公路可能只具备交通功能，而在全域旅游格局下，还要具备观赏功能；民宿不仅能够提供住宿，还要展示当地的文化和风格；水面不仅能发展养鱼业，同时也可进行观光旅游，发展旅游业。

重点要坚持“三个原则”：一是统筹协调，融合发展。把促进全域旅游发展作为推动经济社会发展的重要抓手，从区域发展全局出发，统一规划、整合资源，凝聚全域旅游发展新合力。大力推进“旅游＋”，促进产业融合、产城融合，全面增强旅游发展新功能，使发展成果惠及各方，构建全域旅游共建共享新格局。二是因地制宜，绿色发展。注重产品、设施与项目的特色，推行各具特色、差异化推进的全域旅游发展新方式。牢固树立“绿水青山就是金山银山”理念，坚持保护优先，合理有序开发，防止破坏环境，摒弃盲目开发，实现经济效益、社会效益、生态效益相互促进、共同提升。三是改革创新，示范引导。突出目标导向和问题导向，努力破除制约旅游发展的瓶颈与障碍，不断完善全域旅游发展的体制机制、政策措施、产业体系。

3. 要多渠道融资，积极引进战略合作者。一是进一步引进战略投资者。在大山种羊场旅游初步发展阶段，最重要的是资金和经营问题，需要引进“首旅”“港旅”等战略投资者进行开发，积极创新投融资模式，通过合资、合作、产权转让、入股、拍卖、使用权转让、经营权转让、PPP、产业基金等多种形式吸引社会资本参与投资。建立战略合作者的良好股权比例和利益分配机制，研究其他投资者、参与者的利益分享机制。在初步建设阶段，管理和营销层面上可以引进大型旅游集团为主，也可考虑给予让利机制，以促进旅游产业发展壮大。

二是进一步加大农场资源性整合。在农场方面要进一步加大人、财、物等各种资源的整合力度，加快旅游供给侧结构性改革，实现旅游与其他产业相互协调、融合发展；进一步优化发展环境，树立共赢理念，提升招商引资和对企服务的能力，切实推动农场旅游全域化、品质化、规范化、效益化的发展。

4. 挖掘文化资源，创文旅品牌。省级文化保护遗址——辽金文化遗址坐落在大山种羊场场部西北 1 千米处，总面积 225 万米^2，土崖高 20 余米，新石器时代、青铜器时代、辽金时期的文物均有大量出土，现在都存放于杜尔伯特博物馆。以古文化为载体抓招商、抓投入，作为精品文旅项目纳入旅游项目库。农场已与北京唐自头影视公司签订合作协议，下一步重点推进以东北生活特色和辽金时期生活、战争为题材的影视作品，将进一步扩大旅游品牌的影响力。

5. 引入“互联网十旅游”发展模式，建设智慧旅游。以促进建设智慧旅游为导向，依托企业网络、品牌、产品、服务、渠道和客户资源的优势，充分利用现有的有线和无线通信网络，以旅游行业应用为核心，以软、硬件基础资源和数据资源为支撑，融合卫星定位能力、M2M 能力、行业短信服务能力、监控平台能力、协同通信能力和总机服务、门户网站、呼叫中心、安全服务、数据中心与灾备服务、规划咨询、系统集成等产品或服务，为满足旅游从业人员提高办公效率、提高服务水平、增强监管效率的需求，构建服务于各旅行社、各景点、各旅游相关部门、导游、游客的应用产品。

6. 利用好国家发展乡村旅游产业的政策。目前，旅游消费主体呈现基础客群全民化、旅游需求品质化、休闲体验常态化的特征，市场主体全要素创新提速以及行政主体从决策到措施更加科学有力，特别是国家提出了乡村振兴、田园综合体建设一系列口号和优惠政策措施，促进了旅游产业的发展。但由于竞争加剧、成本上升、领先发展后学习和模仿的对象缺乏等各类原因，旅游产业存在传统旅游模式面临挑战、边际收益率将呈下降趋势等问题。在国家旅游形式整体大转型的关键时刻，农场要加大引导和支持休闲产品开发，充分利用国家发展乡村旅游产业的政策，完善旅游公共服务供给，推进旅游产业的发展。

7. 发展旅游产业要注重生态环境保护。大山种羊场旅游资源多，开发难度比较大，开发应采取先易后难的方式，要集中财力，加大重点旅游景点的开发与建设。在旅游资源开发中，要制定好科学开发的规划，要注重生态环境的保护，要坚持在开发中保护，在保护中开发的原则。

齐齐哈尔农垦加快发展服务业的对策建议*

服务业是国民经济的重要组成部分，服务业的发展水平是衡量一个地区现代化程度的重要标志，也是反映一个地区综合实力的重要内容。近几年，随着社会主义新农村建设步伐的加快，农垦企业服务业规模稳步扩大，结构和质量得到大幅度提高。但是，当前农垦企业在服务业发展中还存在不容忽视的一些问题。本文就农垦企业服务业发展中存在的问题及加快发展服务业等谈些建议，供参考。

一、农垦企业服务业发展现状及存在的问题

（一）农垦企业服务业发展现状

近几年农垦企业服务业实现了持续、稳定、健康的发展。一是服务业总体规模不断扩大。如黑龙江农垦齐齐哈尔管理局 2012 年服务业增加值 218 237 万元，比上年增长 34.6%，比 2007 年增长 331%。二是服务业发挥着安置就业主渠道的作用。服务业与工业相比，具有较高的就业弹性，服务业就业人员占全部就业人员的比重从 2007 年的 11.97%提高到 2012 年的 17.48%。三是服务业内部结构不断得到改善。农垦企业近几年服务业内部结构不断优化，体系日趋健全，传统服务业发展稳定，新兴服务业得到了发展，初步形成现代服务业与传统服务业共同发展的趋势，如旅游、信息、咨询、科技服务、社区服务、金融保险、房地产、教育文化等新兴产业得到快速发展，新兴服务业的发展增强了农垦企业服务业可持续发展的动力。四是服务业已成为农垦企业经济增长的重要支柱。如黑龙江省查哈阳农场 2012 年服务业增加值已占 GDP 的 42.19%，服务业对农垦企业经济增长的贡献率得到大幅度提高。

（二）农垦企业服务业发展存在的主要问题

近几年，虽然农垦企业服务业得到较快发展，但受众多因素的制约，服务业仍是农垦企业经济发展的薄弱环节，与农垦企业社会经济发展需求相比还存

---

* 本文原载于《中国农垦》2013 年第 12 期。

在许多问题，与先进发达地区相比还存在较大差距，主要表现在：一是服务业总量偏小、比重偏低。如齐齐哈尔管理局 2007 年服务业增加值为 50 578 万元，占 GDP 的比重为 35.71%，到 2012 年增加到 218 237 万元，占 GDP 的比重为 34.9%，下降了 0.77 个百分点。二是发展层次不高，竞争力不强。主要表现为新兴服务业比重低，发达国家或我国发达地区服务业主要以信息、咨询、科技、金融等新兴产业发展为主，而农垦企业主要是以传统服务业发展为主。另外，服务业整体效率不高，竞争力弱，缺少现代服务理念，现代经营方式、服务效率和附加值低。三是发展不平衡，差距比较大。从农垦企业服务业占 GDP 的比重看，农垦企业与先进地区比差距较大。齐齐哈尔管理局 2012 年服务业增加值占 GDP 的 34.9%，而全国第三产业占 GDP 比重为 45.9%，低 10.96 个百分点。农垦企业之间服务业发展水平差距也比较大。如 2012 年，克山农场服务业增加值占 GDP 比重为 42%；依安农场为 17.13%；富裕牧场为 19.16%。四是服务业就业吸纳能力不足。服务业向社会提供的就业岗位较少，占全社会就业总人数比重较低，发达国家三分之二的劳动力从事服务业，中等收入国家约为二分之一，而我国服务业从业人员占到三分之一。黑龙江垦区从事服务业人员（2012 年末）占全社会就业人员的 17.48%，远远低于我国平均水平。五是整体实力弱，对经济增长的拉动作用不强。农垦企业经济主要靠第一产业的发展，目前第三产业发展的动力不足，对经济拉动的后劲不强。

二、加快农垦服务业发展的几点建议

发展农垦服务业是优化农垦产业结构、繁荣农垦经济、提高农垦职工生活质量的重要措施，是扩大农垦企业就业的主渠道。因此，要把促进农垦服务业发展作为产业结构优化升级的战略重点，营造有利于服务业发展的政策和体制环境，具体应做好以下九项工作。

1. 提高对发展服务业重要性的认识。农垦企业要从战略高度重视加快发展服务业，在社会上形成发展服务业的良好氛围。加快发展服务业不仅对优化经济结构、扩大就业、提高小城镇居民收入、增加财政收入等具有重要作用，而且是转变发展方式、有效化解资源环境约束、实现经济可持续发展的迫切需要。要在全社会大力营造加快服务业发展的氛围，积极引导广大干部职工群众转变观念，提高对发展现代服务业重要性的认识，积极推进政府机关和部门转变观念、转变职能、转变作风，深化审批制度改革，简化办事程序，提高服务效率，各管理职能部门应各司其职，协调配合，支持服务业的发展。

2. 进一步优化农垦企业服务业发展环境。处理好服务业对内对外开放关系，打破部门垄断，消除体制性障碍，稳步有序地推进金融、旅游、教育、医疗等服务业领域的开放，制定公开、透明、统一的准入政策，形成有利于服务业发展的市场环境。加快服务业市场整顿和服务产品标准化体系建设，建立和完善诚实、守信的信用体系，形成有利于服务业发展的消费环境。加快清理和规范影响服务业发展的各类法规、政策、规定，有针对性地制定促进服务业发展的扶持政策，建立和完善监督机制，形成有利于服务业发展的良好氛围，创造系统完善、公正规范、健康有序的社会环境。

3. 优化农垦服务业结构，加快构筑现代服务业体系。一是改造提升传统服务业。在巩固传统服务业规模优势的基础上，依靠科技进步，运用现代信息技术手段积极创新经营方式，加大对商贸流通业、住宿餐饮业、交通运输业等传统服务业的改造力度，提高其服务质量和效率。二是开拓服务业发展的新领域。根据市场需求，培育新的消费热点，推进农垦小城镇社区建设，实施小城镇居民体育健身工程，扩大广播、影视等在农垦小城镇的覆盖率，提高公共服务均等化水平，丰富广大职工群众的物质文化生活。三是积极发展现代服务业。重点加快发展技术含量和附加值高的现代信息技术服务、金融保险、旅游会展业、文化传媒业、房地产业、现代物流、中介服务等行业，提升经济运行效率，带动服务业整体水平的提高。

4. 积极发展农业生产服务业。建立健全农业产业化服务体系，加大对农业产业化扶持力度。积极开展农业生产资料统供、重大病虫害统防统治等生产性服务，完善农副产品流通体系，发展各类流通中介组织，积极培育一批大中型涉农商贸企业集团，切实解决农副产品的销售问题。加强农业科技服务体系建设，建立农业技术推广、农产品检测与认证、动物防疫和植物保护等农业技术支持体系。加快农业信息服务体系建设，逐步形成连接国内外市场、覆盖生产和消费的信息网络，加快农机社会化服务体系建设，推进农机服务市场化、专业化、产业化。

5. 积极发展农垦旅游产业。农垦企业大部分地处祖国的边疆，地域广阔，自然资源丰富，加之近几年农业现代化的发展和农垦小城镇的建设，农垦企业旅游资源丰富，发展旅游产业有较好的优势条件。一是积极开发现代农业观光游，农垦企业可根据本单位的资源和农业生产发展的具体情况，重点打造一批生态农业、设施农业、精准农业等旅游景点，发展农业观光游；二是利用良好的自然生态环境开发自然风光游；三是利用开发地热、风能、太阳能、生物质能源等清洁能源建设生态农垦城，开发生态旅游；四是积极开发少数民族文化，发展民族风情游；五是开发北大荒文化，发展农垦文化旅游。

6. 积极发展民营服务业。为加快民营经济进入服务业领域的步伐，必须进一步深化服务管理体制改革，消除民营经济进入服务业领域的各种市场壁垒和体制性障碍，按照“非禁即入，有需则让”的原则，最大限度地放宽市场准入，打破行业垄断，为多种所有制服务业经济的共同发展创造公平的竞争环境。鼓励社会资金投入服务业，提高非公有制经济在服务业中的比重，进一步打破市场分割和地区封锁，推进统一开放、竞争有序的市场体系建设。

7. 提高农垦服务业整体素质，增强对经济增长的贡献率。一是积极发展服务业行业协会，推行行业标准。支持建立各类服务行业协会、学会等民间组织，充分发挥它们在维护市场秩序、加强行业自律、制定行业标准、沟通政企关系等方面的作用，积极引导和采用国际标准，广泛推行服务公约和服务规范制度，提高服务质量。二是实施品牌战略。建立服务品牌推进制度，创建一批在同行业中具有明显竞争优势的服务名牌企业。三是加强服务业人才的教育培训。在积极引进各类高层次服务人才的同时，也要加强服务人才的培养。

8. 加大投入和政策扶持力度，推动服务业发展。各级政府及各主管部门应从财税、信贷、土地和价格等方面进一步完善促进农垦服务业发展的政策体系，对农垦流通基础设施建设和物流企业实行财税优惠，并给予适当的投资支持。农垦企业也要根据自身的财力，加大对服务业的投入，重点在基础设施方面加大投入。

9. 建立和完善服务业发展的考核评价体系。强化对服务业发展目标管理，改变农垦企业服务业缺少系统考核的现状，并进一步加大督察考核的力度，强化对服务业目标任务的考核措施，建立科学的绩效考核和评价体系。

对农垦企业加快发展民营经济的几点建议*

民营经济越来越成为我国经济发展的重要组成部分，在我国经济社会发展中发挥着越来越重要的作用。民营经济是建设小康社会的重要力量，是构建社会主义和谐社会的动力。本文就农垦企业进一步加快发展民营经济的问题谈些建议，供参考。

一、农垦企业加快发展民营经济的重要性

1. 民营经济是促进企业经济快速发展的重要力量。改革开放以来，民营经济已成为农垦企业经济发展的重要组成部分。一是民营经济发展迅速。据调查，到2013年末，农垦齐齐哈尔管理局注册登记的私营企业为280户，比2008年增长54.6%，占全局企业总数的67.9%，注册资金总额113 623万元，增长66.1%；注册登记的个体工商户为4 070户，比2008年增长45.4%，资金总额15 207万元，增长43.1%。二是民营经济占全局经济比重大幅度上升。到2013年农垦齐齐哈尔管理局民营企业GDP占农垦企业GDP比重为18%，而在2008年为3%，增长15个百分点，民营企业国内生产总值117 309万元，而2008年为5 810万元，五年间年均增长83%。三是民营经济已成为农垦企业经济增长的主要动力，改革开放以来，尤其是近几年，农垦齐齐哈尔管理局民营经济保持快速发展的势头，已成为农垦企业经济的重要组成部分，成为经济增长的动力源泉。2013年农垦齐齐哈尔管理局民营工业企业增加值为58 821万元，与2008年的439万元相比，年均增长166%。

2. 民营经济是实现职工就业和增收的重要途径。农垦系统民营企业多数是劳动密集型产业，主要是服务业和农副产品加工业，而且就业方式灵活，已成为农垦企业解决社会就业问题的重要渠道。据统计，到2013年末，登记注册的私营企业雇工人数为6 135人，比2008年增长55%，登记注册的个体工商户从业人员为4 441人，比2008年增长57%。

3. 民营经济是小城镇发展的重要经济支撑。近几年农垦企业小城镇快速发展，城镇化率大幅提高，到2013年齐齐哈尔管理局城镇化率达到84%。随

---

* 本文原载于《中国农垦》2014年第6期。

着小城镇发展速度的加快，人口向城镇快速集聚。农垦齐齐哈尔管理局从 2009 年到 2013 年小城镇新增人口 8 万多人，城镇化率的快速提高和城镇人口的快速集聚需要经济作为支撑，进一步发展民营经济是农垦企业加快第二、三产业发展的重要举措，也是解决小城镇经济支撑和职工群众就业的重要渠道。

二、当前农垦企业民营经济的发展状况

1. 农垦企业民营经济发展的主要特点。近几年来，随着农垦系统经济体制改革的深入，原有的场办国有企业由于经营不善等原因逐渐退出，个体私营企业和个体工商户得到快速发展，民营经济规模进一步扩大，其特点主要表现在：一是民营经济主要集中在传统行业，产业趋同。民营经济主要分布在劳动密集型产业和简单的加工业，如建筑业、食品及农副产业加工业、餐饮业、批发零售业等，这些行业进入门槛低，技术及工艺简单，因此有利于民营经济的进入和资本的积累。二是民营经济规模较小。虽然近年来民营企业平均注册资金规模逐步扩大，但个体户仍是民营经济的主体形态，与国有大型企业相比，民营经济增速仍然较慢，资金规模依旧小而分散，特别是缺少一批产业关联度大、技术水平高、带动力强的大型产业化龙头企业。三是民营经济主要是以家族式管理模式为主。由于特定的发展环境和发展阶段的限制，大多数民营经济是以家族式管理模式为主。四是民营经济发展稳定性较差。民营企业主要集中在门槛相对较低的传统产业，很容易引发竞争过度的现象，企业发展波动性较大，稳定性偏低。五是民营经济整体发展模式较为粗放。受资金、技术、人才、规模等因素的制约，目前农垦企业民营经济在发展中存在着整体素质不高、增长方式粗放、产业结构不合理等问题。六是民营企业经营策略和经营手段短期行为严重。有些民营企业虽然总体规模不小，也有自己的商标和品牌，但缺少现代营销意识和手段，商标意识淡薄，品牌经营能力不强，个体私营经济在经营策略和经营手段上过于追求眼前利益，短期行为严重。

2. 农垦企业民营经济进一步发展的制约因素。一是观念落后，因循守旧。企业领导干部对发展民营经济的重要性认识不足，对发展个体私营经济不放心、不放手；许多个体私营业户受传统观念和小农经济思想影响，满足于现状，小成即满、小富即安，缺乏开拓创新精神，对企业的发展缺乏长远规划。二是在市场准入上对非国有企业有较多限制。按照我国相关规定，在电信、金融、广播电视等行业和区域，仍限制民营经济合法进入。三是融资渠道少，融资问题是民营企业发展的瓶颈。目前我国各大银行主导的存贷款业务，主要服务对象是国有大型企业，而民营经济大多是中小企业，普遍存在贷款难、融资难的问题，而且金融业市场门槛过高，民营经济很难进入。近几年，国家虽然

放宽了对民营企业的贷款政策，但民营企业融资难问题仍没有解决，民营经济融资呈现出“三多三少”的局面，即民间借贷多、银行贷款少，短期贷款多、长期贷款少、抵押贷款多、担保贷款少。四是民营企业的自身素质不高。大部分民营企业仍以家族式管理为主，不少企业存在“一流设备、二流管理、三流产品”的现象，相当数量的民营企业自主创新能力低，具有自主知识产权的产品不多，缺少品牌意识。不少民营企业家自身素质不高，存在违反《税法》《劳动法》《知识产权法》《商标法》等现象。另外，民营企业人才匮乏，存在严重的人才瓶颈，技术、管理人才的短缺制约着民营企业的持续快速增长。五是政策监管和服务功能亟待进一步加强。目前在民营企业管理中存在的问题可以归纳为“热、冷、乱、狂”四个字，决策招商者热、市场审批者冷、管理执行者乱、执法监督者狂。一些地方存在对民营经济不敢放手发展，缺乏主动性，监督不力、不公，国家监管部门监管国有企业松、监管民营企业严。另外，在民营企业管理中，存在复杂烦琐的审批制度，如注册、征地、取得经营许可、进入新的行业、投资立项、兼并收购等具体活动中，对民营经济的制约比对公有制经济的制约要大得多。

三、加快农垦企业民营经济进一步发展的几点建议

1. 进一步解放思想转变观念。民营经济发展是一个关系农垦企业经济持续发展的大问题，发展民营经济是增加职工收入和加快企业发展速度、提高企业经济实力的重要途径。没有民营经济的快速发展，农垦企业就没有经济发展的动力，就难实现职工群众增收致富的奋斗目标。各级各部门应消除一切妨碍民营经济发展的错误认识，积极鼓励、支持民营经济发展，积极鼓励社会各界投身于民营经济发展。

2. 推进政策法规体系建设，实现民营企业平等市场准入。根据《中小企业促进法》等规定，应进一步解放思想，深化改革，研究制定配套具体政策，消除影响民营经济发展的体制性障碍，确立平等的市场主体地位，实现公平竞争，进一步清理和废除影响、限制民营经济发展的各项规定，除国家有明确限制的领域外，所有投资领域都要以同等的条件对民营资本开放。在平等准入、公平待遇的原则下，允许民营经济进入法律法规未禁止的行业和领域，准许进入公共事业、基础设施和社会事业等领域。

3. 拓宽融资渠道，改善民营经济融资环境。一是加大信贷支持，积极探索商业银行对民营企业贷款支持的有效途径，引进和鼓励金融机构创新适应民营企业特点的金融产品，简化贷款审批程序，提高对民营企业的信贷比重。二是拓宽直接融资的渠道，进一步引进和发展中小金融机构。发展地方中小银行

是解决中小民营企业融资难问题的重要途径。当前我国中小银行不仅数量不足，而且面临进一步发展的诸多障碍，金融管理部门应探索引进或创办一批中小银行，如农村合作银行、村镇银行、农村商业银行、农民互助银行、农业租赁银行等，使其合理有序发展，重点做好对民营企业的融资服务。三是加快信用担保体系建设。建立以民营中小企业为主要服务对象，以商业性担保机构为主体，政策性、互助性担保机构为补充，担保机构和再担保机构配套协作的信用担保体系，扩大信用担保资金的规模，增强担保机构的担保能力和抗风险能力，提高信用担保资金的使用效率，为民营经济发展营造一个宽松的经营环境。四是推进信用制度建设。民营企业应该建立一套比较规范的信用风险管理制度，并将信用贯穿于企业生产、经营、管理的全过程，并增强信用的透明度。各级政府和主管部门应尽快建立民营企业的信用评价体系和信用档案，加强民营企业经营者的个人信用建设，重点增强企业家的信用意识。

4. 加强民营企业的内部管理。企业管理包括生产管理、采购管理、质量管理、营销管理、财务管理、人力资源管理等，企业管理水平的高低直接决定了企业的经营状况，也会影响企业的对外融资，因此，民营企业经营者必须从战略的高度重视企业的内部管理。应该建立健全财务管理制度，完善企业内部监督与审计，规范财务信息的编制，并妥善保管财务会计档案，加强人力资源管理，重视员工的考核、培训，优化人力资源的配置，形成科学合理的选人用人留人机制，并将其制度化。加大科技的投入，加快技术改造及新产品的开发，重视科技创新，提高产品的技术含量，积极参与市场竞争，提高企业的市场竞争力。

5. 国家应加大对民营经济的政策支持。一是加大对民营企业的规划管理，将民营企业经济发展纳入农垦企业区域经济发展规划，并按国家产业的区域发展要求不断加强对民营经济发展的政策引导。二是加大对民营经济的政策支持和法律保护，重点在民营企业的筹建、发展、融资、管理、监督以及法律保护、社会保障等方面给予帮助与扶持。三是适当降低民营企业的税收负担，降低民营企业的经营成本，应借鉴发达国家的成功管理经验，对中小民营企业实行优惠税率，支持民营经济的快速发展。

6. 转变发展方式，加快民营经济结构调整。充分发挥市场的引导作用，支持民营企业安全发展。要大力发展主导产业、优势特色产业、农副产品加工业和高新技术产业、现代服务业，克服粗放型经营的弊病，走投入少、产出多、资源消耗低、环境污染少、经济效益好的集约型的内涵扩大再生产的路子，淘汰、禁止、限制发展污染严重、低水平、浪费资源的中小企业。大力节约资源、能源，加强污染治理和环境保护，增强可持续发展能力，加快推进循环经济发展。

7. 增强政府和主管部门服务意识，改善民营经济发展的环境。一是简化审批手续，提高服务效率。政府和主管部门要切实解决民营企业投资审批手续复杂、审批程序过多过严、办事效率低下等问题，把工作重点转移到宏观调控和为企业产权保护、信息咨询、教育培训、市场监管和利益协调等方面上来，规范市场经济秩序，保护投资者的合法权益。二是优化发展环境，促进平等竞争。解决民营企业在工商登记、企业税费负担、土地使用、人事档案管理、社会保障及各种社会服务等方面与国有企业待遇不同问题。三是建立健全民营经济社会化服务体系。按照建设服务型政府的要求，为民营企业提供信用担保、投资融资、创业辅导、技术支持、信息服务、管理咨询、市场开拓、国际合作等方面的服务，建立健全为民营企业产前、产中、产后服务的社会化服务体系。四是充分发挥政府部门职能优势。加强与银行的联系和沟通，积极向银行和社会推介项目，为企业招商引资铺路、搭桥，推进民营经济的快速发展。

8. 加强民营企业的诚信管理。近几年来，有些民营企业由于欺诈行为引发的偷逃资金、拖欠账款、逃避银行债务、恶意偷税漏税、产品质量低劣等问题，已在一定程度上影响了民营企业整体信用形象，成为制约民营企业发展的因素。因此，树立良好的信用意识，提高企业信用度是改变民营企业形象、增强企业品牌意识、缓解企业融资困难、创造生产经营良好环境的有效手段。一是加大对民营企业的管理培训，重点加大对民营企业经营者的企业管理、市场营销、法律法规等方面知识的教育培训，提高经营者管理水平，增强遵法守法意识。二是完善民营企业经营者测评考评制度，探索建立职业经理人测评和推荐制度，加快企业经营管理人才职业化、市场化的步伐。三是建立民营企业诚信档案和定期考核制度，重点建立企业家个人信用档案管理与考评。

9. 加快推进民营企业体制机制改革，建立和完善民营企业产权管理制度。当前多数民营企业产权不清已成为进一步发展的瓶颈，不利于实现规模经营，不利于建立现代企业制度。对家族式的民营企业应该实现从单一的家庭管理向由家族控股、聘用现代职业经理人管理的现代模式过渡，以实现产权主体的多元化。董事会应由企业的直接利益相关者组成并真正实现监控功能，建立企业内部权力机构，完善科学的激励约束机制，实现所有权与经营权真正分离。

图书在版编目（CIP）数据

农业产业化发展研究 / 段博俊，段景田著．—北京：中国农业出版社，2020.8（2023.12 重印）
ISBN 978 - 7 - 109 - 26830 - 2

Ⅰ.①农… Ⅱ.①段… ②段… Ⅲ.①农业产业化—产业化发展—研究—中国 Ⅳ.①F320.1

中国版本图书馆 CIP 数据核字（2020）第 078997 号

农业产业化发展研究
NONGYE CHANYEHUA FAZHAN YANJIU

中国农业出版社出版
地址：北京市朝阳区麦子店街 18 号楼
邮编：100125
责任编辑：孙鸣凤　　文字编辑：张　毓
版式设计：王　晨　　责任校对：沙凯霖
印刷：北京科印技术咨询服务有限公司数码印刷分部
版次：2020 年 8 月第 1 版
印次：2023 年 12 月北京第 2 次印刷
发行：新华书店北京发行所
开本：700mm×1000mm　1/16
印张：23.75
字数：440 千字
定价：88.00 元